"十三五"国家重点出版物出版规划项目

中国汽车工程学会
汽车工程图书出版专家委员会 **推荐出版**

车辆工程先进技术研究丛书

汽车碰撞安全工程

Vehicle Crash Safety Engineering

邱少波 著

北京理工大学出版社
BEIJING INSTITUTE OF TECHNOLOGY PRESS

内容简介

本书系统地探索了困扰汽车安全界的多个关键问题，如整车耐撞性与约束系统的能量均衡、传统约束系统与安全气囊的技术极限突破、用微结构化技术解决耐撞性与轻量化之间的冲突、被动安全与主动安全的系统整合等。同时将安全、轻量化和智能化等进行有机整合，提出了安全技术未来发展的多途径解决方案，并在最后提出了如何从人文立场出发制定科技发展策略，以及如何保证让科技服务于社会的问题。

本书可供车辆工程的汽车安全工程师、结构工程师、产品工程师等工程技术人员学习参考，也可供车辆工程专业学生学习参考。

版权专有　侵权必究

图书在版编目（CIP）数据

汽车碰撞安全工程/邱少波著 . —北京：北京理工大学出版社，2016.1（2019.4重印）
ISBN 978-7-5682-1047-8

Ⅰ．①汽…　Ⅱ．①邱…　Ⅲ．①汽车-安全性-碰撞试验　Ⅳ．①U461.91

中国版本图书馆 CIP 数据核字（2015）第 190541 号

出版发行 /	北京理工大学出版社有限责任公司
社　　址 /	北京市海淀区中关村南大街 5 号
邮　　编 /	100081
电　　话 /	（010）68914775（总编室）
	（010）82562903（教材售后服务热线）
	（010）68948351（其他图书服务热线）
网　　址 /	http：//www.bitpress.com.cn
经　　销 /	全国各地新华书店
印　　刷 /	三河市华骏印务包装有限公司
开　　本 /	787 毫米×1092 毫米　1/16
印　　张 /	23
字　　数 /	481 千字
版　　次 /	2016 年 1 月第 1 版　2019 年 4 月第 3 次印刷
定　　价 /	96.00 元

责任编辑 / 孟雯雯
文案编辑 / 多海鹏
责任校对 / 周瑞红
责任印制 / 王美丽

图书出现印装质量问题，请拨打售后服务热线，本社负责调换我与本书的作者已共事超过 25 年，他始终工作在汽车安全技术研究与产品开发的前沿，是我国在该领域的学术带头人之一。他与其团队的工作业绩见证了中国汽车安全行业从无到有、从小变大的发展历程：2000 年，在一汽红旗轿车上开发出中国市场上第一个机械式安全气囊；2002 年，在红旗轿车上开发出中国第一个电子安全气囊；2007 年，在国内首次推出配有侧撞气帘的奔腾 B70 轿车；2012 年，全新自主研发的红旗 H7 轿车通过欧洲 ENCAP 五星测评；2013 年，国内首款搭载 ACC、AEBS、LDW 等先进驾驶辅助功能的自主车型红旗 H7 轿车面市……

当前，能源、环保、交通和安全方面的四大公害已是汽车产业发展必须解决的问题，低碳化、信息化、智能化成为汽车技术发展的重大方向。我与本书作者在此方面经常进行交流，他在安全研究方面的学术底蕴，特别是在智能汽车和智慧城市方面的前瞻思考和深入钻研给我留下了深刻印象。今天，我十分高兴看到他将多年的研究经验总结成专著，这其中既凝聚了他与团队的成就，也是对我国汽车技术创新的一个重要贡献。

这本著作从科学理论和应用技术两个维度思考问题，较系统地探索了困扰汽车安全界的多个关键问题，如整车耐撞性与约束系统的能量均衡、传统约束系统与安全气囊的技术极限突破、用微结构化技术解决耐撞性与轻量化之间的冲突、被动安全与主动安全的系统整合，等等。这不仅是作者多年经验知识的总结，又是他对未来汽车安全技术的前瞻性审视。此外，作者对传统的汽车碰撞安全机理进行了梳理，叙述了自己的能量分析理论模型及其应用，同时将安全、轻量化和智能化等进行有机整合，提出了安全技术未来发展的多途径解决方案。著作中叙述了很多下一代技术与产品方案，无论是对基础理论研究，还是对技术创新、产品开发，都会起到开拓思路的参考作用。

该著作的结尾第 11 章还对汽车安全技术引入了人文思考，从科技之外反思科技，提出了如何以人文立场为上层建筑制定科技发展策略，以及如何保证科技的理性与尊严的问题。作者以超越专业的视角审视本专业的技术挑战，并在著作中手绘许多插图，用一种简洁、直接的思维逻辑把理论原理准确地传达给读者。

我认为，本书是汽车安全技术研究方面一本难得的专著，对工程师而言是一本宝贵的参考书，是作者几十年来的理论造诣和实践的结晶。作为同事，我为作者感到骄傲，也衷心祝愿他再接再厉，在汽车安全技术以及智能汽车与智慧交通的自主创新方面取得更大的成绩。

中国工程院院士 李骏

前言

本书为具备一定汽车安全基础知识的工程师编写,试图从产品诞生过程的角度对安全性能开发方法进行分析,从社会环境的角度对技术发展进行理解,对于车辆技术法规、NCAP 试验规则、人体伤害评价与测试方法、有限元仿真分析方法、多刚体仿真分析方法等相关基础知识,建议读者参阅更详细的相关专著文献。本书只帮助读者理解如何运用这些知识和工具,而没对相关基本原理进行系统性介绍。

20 年前国内汽车界被动安全设计才开始起步时,关于车体结构设计和乘员约束系统匹配的知识很零散,还找不到能系统解答本专业技术问题的参考书,所以只能尝试着将杂志上散落发表的知识拼凑成自己想象的理论构架。虽然经过一段时期的工作以后,对基本的被动安全知识有了一定的了解,但是针对一个设定的产品安全目标,往往还是觉得茫然,不知应当如何下手去规划一个开发路线和计划。随着经验的积累,当初某些模糊的概念与猜测已逐渐变得清晰起来。每当一个长期困惑得出解释的时候,你会发现道理其实非常简单,但它却花费了自己太多的搜索时间。为此,本人一直希望能同刚开始车辆安全工作的年轻同事们分享自己的经验,避免他们走不必要的弯路。

虽然有些问题会得到暂时的答案,但这些答案经常会引发更多的问题。所以本书不着重提供知识,而只是尝试一些分析问题的方法,所得到的结论远非"正确"。从这个角度讲,本书并不是一本教材,而是一个"对话"。

进行车体设计时,遇到的第一个问题是:"什么是'好'的碰撞波形?"本书在总结工业界关于这个问题的共识答案的基础上,通过对美国高速公路安全管理局(NHTSA)新车评价试验(NCAP)数据库的分析,制定了车体碰撞波形质量的评判标准,可用来对车体的碰撞性能进行对比控制。可以说,如果车体的波形响应没有达到一定的质量标准,后续的约束系统调整工作将会十分困难,有时甚至是注定要失败的。随之而来的问题是,确定了那些目标波形以后,如何用结构设计去实现它呢?目标波形是指在时间域里对碰撞特性的描述,是没有办法直接体现其与结构尺寸的对应关系的。为此,本书强调了位移域内对目标波形进行分析的重要性,并提供方法建议,以便使车体结构工程师们可以针对目标波形开展结构设计的"能量管理",将时间域内的碰撞波形与空间域内的结构强度分布联系起来。

即便是结构工程师们已经设计出了"好"的碰撞波形,也并不意味着一定会取得优异的乘员保护效果,因为特定的乘员约束系统并不具备普适的接口性能,只有和车体的碰撞响应进行"匹配"才能发挥其最佳潜能。本书的观点认为,成功匹配约束系统的一个前提是能够把足够的人体碰撞动能导入车体变形吸能渠道里去,而不是单独让约束系统去承担。本书将这个双渠道吸能现象称为"重叠吸能"现象，并通过对美国 NCAP 数据库的观察，总结了控制重叠吸能率的设计方法。在保证足够的乘员碰撞动能被车体变形吸收以后，约束系统工程师可以根据本书第 4 章提供的图示分解法对子约束系统（安全带、安全气囊、转向柱、仪表板）进行外特性概念设计。虽然目前仿真工具已经很发达，但是在进行运算之前，工程师还需要对算题进行边界条件定义。约束系统的边界变量种类繁多，相关影响错综复杂，可以说是"牵一发而动全身"，进行遍历性组合尝试显然很不现实。掌握概念设计方法，可以让工程师在执行大量仿真运算之前，有选择地确定计算计划，针对性地设置边界变量。随着仿真工具能力的提升，工程师有越来越过度依赖于 CAE 软件的倾向，从而退化了自己的工程判断能力。本书第 3 章和第 4 章利用碰撞力学和统计分析方法对基本概念进行了解析，希望能引起工程师对碰撞过程事物本质的重视，以便让工程师在拥有强大计算能力的同时能够掌握明确的方向感。

用于碰撞安全性能开发的资金有时会占车型开发总费用的三分之一，是耗资最大的验证领域之一。车型项目经理能否按照项目的安全性能目标、资金限制、时间节点做好周密的安全开发计划，关系到整个车型开发的成败。几乎每一个车型都会纠结于充分验证和削减消耗的矛盾之中，一方面是因为安全性能验证在时间上贯穿车型的三个研发阶段，方法上又在 CAE、台车与整车三个层面上同时开展，其间的交错有时令人眼花缭乱，项目经理很难判断"验证矩阵"的合理性；另一方面，增加一项试验或减少一项验证，项目经理如果没有安全专业背景，很难理解其连带后果是什么。按照本书第 5 章的推荐方法，读者可以建立起一个安全工程师与项目经理沟通的平台。安全工程师也可以参照这种思维角度，有条不紊地编制整车碰撞、台车碰撞、CAE 仿真三个层面的验证矩阵，同时清晰地意识到哪些是自己有意忽略掉的未验证内容，以便在研发资源、时间、成本上取得综合平衡。

从事技术研发领导工作的读者可以参考本书观点，延伸阅读相应的参考文献，理解本专业的前沿技术趋势，对新技术的研发方向进行决断。

汽车安全工程师必须认识到，技术法规永远不是车辆安全设计的最终目标，那只是安全性能的最低要求，汽车耐撞性设计也不是碰撞安全的最终解决方案。汽车安全对策必须放在社会大环境里去思考，现有的产品安全技术以及安全性能设计工具必须加以根本变革，才能应对智能化时代与第四次工业革命带来的挑战和机遇。安全工程师应当用社会和未来的眼光看待技术开发。为此，本书对未来安全技术从约束系统、轻量化车身、CAE 工具和智能避撞四个领域进行了趋势分析与判断。结合亲历的前瞻技术研究项目，吸气式气囊、微结构材料应用、分布式 CAE 仿真平台被选择为前三个领域里的代表性技术加以介绍。需要指出的是，车辆安全的技术发展极有可能会在这四个领域里取得突破，但是不会局限于书中所述的解决方案。

被动安全技术已经开始出现与主动安全技术融合的趋势。例如，利用现有的避撞技术进行碰撞的提前预警，尽早起爆气囊，就会挽救更多的生命。互联智能驾驶技术也会使事故率大大降低。若车辆结构和行为发生改变，事故模式也许会与现在有所不同，约束系统将会发生相应进化，而避撞技术会使当今坚固的耐撞车身重量大大降低。

前　言

本书第 10 章提醒安全工程师们要随时对这些趋势加以关注。

一个有责任的安全工程师肯定不会止步于车辆的五星安全，他一定会更关注一切技术措施所带来的最终社会效益。发源于北欧的道路交通"零"伤亡运动的理念是：为移动出行而付出的任何伤亡代价都是不可接受的。交通系统的安全性能起因于车辆，但措施并不局限于车辆。要想达到"零"伤亡目标，一定要关注车辆在交通环境里的行为表现，一切技术法规都是以事故现象观察为依据的。我们对国内道路交通事故的成因、机理的对策分析还不够充分，通过本书的第 11 章叙述，希望唤起工程界对此的关注，为营造一个没有交通事故的社会而努力。

本书的编写是在众多同事与同行的帮助下完成的。

我的同事们，一汽技术中心安全研究室的郝玉敏、朱学武、于佰杰为第 3 章、第 4 章、第 5 章的概念验证提供了 CAE 运算支持和工程实例信息；周剑参加了第 3 章、第 4 章 NCAP 数据处理及 4.3.3、4.4、4.5 节的编写，并对作者的先期数据进行了补充和修正。徐楠对照片进行了处理和编辑。鞠伟、单勇参加了 3.5 节的编写。唐洪斌博士为 6.3 节提供了参考素材，包括多年以前的技术研究存档。刘维海博士为第 6 章提供了大量实验信息。张惠博士、刘斌、尚炳旭、朱明为 10.2 节内容提供了 H7 轿车 ADAS 系统的研发过程信息，并对 10.2 节提出了修改意见。

一汽技术中心 CFD 设计室的潘作峰提供了 3.4 节中相关的研究报告及插图。一汽技术中心"开发策划与科技信息部"的高波部长与张晓艳策划了本书的撰写计划，并促成了与北京理工大学出版社之间的愉快合作。没有他们二位的精心组织，恐怕本书将永远是草稿状态。

我的合作伙伴们给本书提供了诸多指导与灵感。马正东教授（Mechanical Engineering，University of Michigan，Fellow of ASTM）与本人共同编写了 8.3 节和第 9 章。马正东教授在材料科学与计算力学领域的造诣和成就令本人十分叹服。本人所在机构与密西根大学就上述章节内容（微结构轻量化材料、数字化汽车与分布式计算平台）开展了合作，并卓有成效。一汽技术中心的同事李亦文博士、秦民博士提供了中方研究素材，密西根大学机械工程系的曲悦同学为第 8 章制备了 U of M 方面的素材。

本人曾与美国 ATI/ITI 公司和中国台湾创盟公司就第 7 章所述内容（吸气式约束系统）进行合作。ATI/ITI 的于彬先生、David S. Breed 博士和创盟公司的骆光祚博士为第 7 章提供了详尽的研发背景素材。于彬先生曾与本人所在单位合作共同开发了国内首次上市的机械式安全气囊（1995 年）和电子式安全气囊（1997 年），并促成了国内首次上市的先进驾驶辅助系统（ADAS）的开发（一汽 H7 轿车，2013 年）。在国内对被动安全专业还很陌生的时候，于彬先生毫无保留地与国内同行分享了他的专业知识与见地，本人至今仍受益匪浅。另外，作为气囊技术的发明人之一，Breed 博士，H. H. Bliss 奖项得主，在业界备受尊重。书稿撰写得到此二位资深专家鼎力支持，本人深感荣幸。

吉林大学的硕士研究生马悦对公式（4.37）进行了理论修正，极大地提高了拟合精度。吉林大学的博士研究生武栎楠对本书初稿进行了文字校对并修正多遍，同时还补充了很多在编写过程中遗失的参考文献索引信息。与其一起分担这项工作的还有博士/硕士研究生金景旭、张秋实、周浩和谢力哲。

  北京理工大学出版社的李炳泉和李秀梅两位女士，给予本人以全方位的信任，并付诸艰辛努力谋求最佳的表达效果，而非甘于草率和简陋。多海鹏老师用严谨的学术态度提供了很多专业表达的修改意见。

  我的朋友，福特先进工程研究中心（Ford Research and Advanced Engineering）的安全技术总监 Saeed Barbat 博士对第 4 章约束系统设计的能量理论提出了诸多宝贵的意见。Stanford 大学的 PhD 研究生 Lina Y. Qiu，对 3.3.6 节的数据分析方法提供了详细指导。

  一汽技术中心的李红建博士为本书的编写提供了资源、信息、人力等全方位的支持，同时也是本人开展车身性能、被动安全、主动安全以及智能驾驶等多方面研究工作的坚强后盾和伙伴。其独立的研究成果和丰富的实践经验也给本书提供了丰富的观点。

  吉林大学的张君媛教授长期以来一直鼓励本人发表独立见解，并与本人开展了多年愉快的合作，其中包括理论和实践方法方面的深入探讨，同时也给本书相关研究提供了持续和无偿支持。本人受益于多项由张君媛教授主持的研究项目，因此，特请她对本书的观点进行全面检查。

  没有这些同事与同行的支持和鼓励，本人无法完成本书的撰写任务。尤其是李骏院士，他是一汽"安全技术平台"和"智能化技术平台"的倡导者，为平台建设投入了大量的精力。李骏院士在日常工作中也给本书相关内容提供了技术支持，并不辞辛劳为本书作序。为此，本人向以上同人表示深深的谢意。

  同时，还要感谢研究生时代的导师王立江教授。虽然已毕业多年，导师的严密学风和批判精神一直在深深地影响着学生的研习行为，虽不能时时伴尊师以左右，但谆谆教诲总能响在耳边。借此之际，谨表对导师的敬意和感激。

  令人敬仰的前辈耿鼎发先生对本人的激励难以言表，特此表达崇敬之意。

  最后，尤其要感谢我的家人李海丰女士和胡勤孝大人，她们总会用智慧引导我前行，永远是我生活中的支柱，更要感谢她们在本书编写期间的理解和付出。

谨以此书献给我的父亲

邱飞坦先生

第1章 概论 ·· 1
　1.1 道路交通安全现状 ·· 1
　1.2 车辆碰撞安全技术目标 ··· 3
　1.3 碰撞安全技术现状与未来 ·· 6
第2章 乘员伤害评价 ··· 11
　2.1 损伤度量方法 ·· 11
　2.2 头部伤害 ·· 13
　2.3 颈部伤害 ·· 17
　2.4 胸部伤害 ·· 19
　2.5 下肢伤害 ·· 21
　2.6 损伤风险曲线 ·· 23
第3章 车体耐撞性 ··· 33
　3.1 车体前方耐撞性要求 ··· 33
　3.2 前端结构碰撞刚度设计 ·· 38
　　3.2.1 碰撞安全性对前端刚度的要求 ··································· 38
　　3.2.2 刚度与碰撞加速度峰值 ··· 42
　　3.2.3 前端压缩空间的最低要求 ·· 51
　3.3 碰撞波形优化 ·· 53
　　3.3.1 波形时域分析 ··· 54
　　3.3.2 波形位移域分析 ··· 55
　　3.3.3 车体加速度波峰平均高度对乘员伤害的影响 ··············· 56
　　3.3.4 二阶能量比 ·· 57
　　3.3.5 碰撞波形长度的影响 ·· 63
　　3.3.6 碰撞波形质量综合评价 ··· 63
　　3.3.7 正面刚性壁障碍碰撞结论的扩展 ······························· 66
　3.4 如何实现碰撞波形目标 ·· 67
　　3.4.1 纵向能量管理 ··· 67
　　3.4.2 横向能量管理 ··· 72
　　3.4.3 前端结构能量管理总结 ··· 77
　3.5 行人保护 ·· 80
　　3.5.1 行人头部保护 ··· 80
　　3.5.2 行人小腿保护（基于FlEX-PLI腿型） ························· 84
第4章 乘员约束系统设计 ··· 89
　4.1 乘员约束能量分解 ·· 89
　4.2 约束系统与车体的耦合判据 ··· 92

4.3 吸能分配比的实现方法 ································· 98
   4.3.1 时间判据 ····································· 99
   4.3.2 乘员车内位移判据 ······························· 103
   4.3.3 乘员速度判据 ··································· 106
   4.3.4 应用案例分析 ··································· 108
4.4 约束系统能量单阶梯形图解分析法 ························ 108
   4.4.1 单阶梯形能量图的应用方法 ······················· 110
   4.4.2 安全带参数计算 ································· 111
   4.4.3 安全气囊刚度与泄气孔参数计算 ··················· 111
   4.4.4 气囊点火时间（TTF） ···························· 113
   4.4.5 转向柱设计 ····································· 114
   4.4.6 应用案例分析 ··································· 114
   4.4.7 单阶梯形法求解系统参数流程 ····················· 115
4.5 约束系统能量双阶梯形图解分析法 ························ 116
   4.5.1 双阶梯形的构造 ································· 116
   4.5.2 双阶能量梯形的应用 ····························· 119
4.6 约束系统试验主观评价 ································· 133
4.7 向其他试验条件的推广 ································· 135
4.8 约束系统的未来发展趋势 ······························· 136

第5章 碰撞安全开发过程管理 ································· 138
5.1 安全性能验证 ··· 138
5.2 编制正面碰撞试验计划 ································· 140
   5.2.1 气囊起爆条件 ··································· 142
   5.2.2 根据区域性法规进行试验矩阵设计 ················· 149
   5.2.3 阶段性碰撞验证规划 ····························· 162
5.3 整车碰撞矩阵、台车矩阵与CAE活动之间的交互关系 ········· 173
5.4 侧撞矩阵 ··· 180

第6章 碰撞安全试验验证技术 ································· 183
6.1 整车试验 ··· 183
6.2 正面碰撞滑车试验 ····································· 189
6.3 侧面碰撞滑车试验 ····································· 199
6.4 乘员约束系统部件与子系统外特性试验 ···················· 204

第7章 未来约束系统技术 ····································· 210
7.1 概述 ··· 210
7.2 被动安全技术发展趋势 ································· 212
   7.2.1 传感技术 ······································· 213
   7.2.2 气体发生器技术 ································· 221

第8章　轻量化耐撞车身设计 231
8.1　轻量化耐撞设计要求 231
8.2　各种轻量化材料的应用 234
8.2.1　高强度钢 234
8.2.2　铝 237
8.2.3　镁 238
8.2.4　碳纤维和碳纤维复合材料 241
8.3　轻量化微结构材料 246

第9章　计算分析技术 261
9.1　碰撞仿真分析现状 261
9.2　虚拟碰撞实验室 263
9.3　网络分布式虚拟汽车平台 263
9.4　分布式仿真平台的中央求解器 Mega-Solver 266
9.5　分布式仿真平台的若干关键技术 268
9.5.1　分布接口算法技术 268
9.5.2　分布式网络结构设计 269
9.5.3　XML 模型描述 269
9.5.4　黏合算法 270
9.5.5　非匹配界面的处理 276
9.6　网络分布式仿真平台的搭建 281

第10章　避撞安全技术 288
10.1　智能化汽车发展趋势 288
10.2　现阶段智能化解决方案 291
10.3　自动驾驶汽车发展趋势 303
10.4　智能驾驶技术未来发展的挑战 308

第11章　迈向"零"目标 320
11.1　政府管理与组织的关键作用 320
11.2　系统性道路安全措施 324
11.3　道路安全管理最佳实践 325
11.4　国家道路安全战略的重要性 328
11.5　设立国家与地区道路安全目标的重要性 329
11.6　道路安全事故数据的重要性 330
11.7　我国现状 336
11.7.1　国家战略 336
11.7.2　道路伤亡数据 336
11.8　车辆安全性设计对道路安全数据的需求 340

附录 347

第1章

概　论

1.1　道路交通安全现状

联合国 WHO 组织发布的 2004 年、2009 年、2013 年《世界预防道路交通伤害报告》表明[1]，每年全世界的道路交通死亡人数高达 124 万人，致伤 5 000 万人。90%的道路交通致死事故发生在发展中国家，每年会给这些国家带来 1 000 亿美元的损失，达到了其国民生产总值的 1.0%～1.5%，已经到了影响持续性发展的程度。WHO 预计 2020 年全球道路交通死亡人数将增至 190 万，道路交通伤亡已经成为 5～29 岁儿童/青少年死亡的全球性首因。

观察每 10 万人口死亡率数据可以发现，通过采取系统性针对措施，经济发达国家在降低死亡率方面取得了显著成就，但是发展中国家道路交通死亡率仍然居高不下，甚至呈现上升趋势。从统计数据上看，我国道路交通死亡在 2001 年以后经历了一个从上升转为下降的过程。

2009 年 11 月，第一次道路安全问题全球部长级会议在莫斯科举行，会议肯定了许多经济发达国家在过去 30 年间有针对性的、以数据为基础的伤害预防规划及实施而做出的努力，并由此看到了实现无伤亡道路交通网络的希望。会议肯定了《世界预防道路交通伤害报告》提出的措施建议，并促使联合国大会宣布 2011—2020 年为"道路安全行动十年"。

鉴于"全球性道路交通安全危机"已经形成，联合国大会责成 WHO 组织实施 2011—2020 年的"十年道路安全行动"[2]，行动目标为"到 2020 年，稳定并随后降低预期的全球道路死亡水平"。行动计划由下列 5 项支柱性内容组成：

（1）道路安全管理；

（2）更安全的道路与基础设施；

(3) 更安全的车辆；

(4) 更安全的交通参与者行为；

(5) 迅速的事故后响应。

其中，车辆安全技术的进步对降低交通事故死亡率的贡献是非常显著的。美国国家高速公路管理局 NHTSA 估计，1960—2002 年，汽车的安全技术至少挽救了 328 551 个生命。"十年道路安全行动"在车辆安全方面的主要努力方向是：制定全球统一的技术法规；推广 NCAP（新车评价试验）活动；所有新车强制装配最低标准安全装备；推广避撞技术；鼓励营运车辆购买、使用和保有更安全的车辆。文献 [1] 尤其强调了以下车辆安全技术的重要性。

1）提高车辆能见度

所谓"昼间行车灯"，就是指白天行车时打开的前车灯，用来增加其本身的能见度。奥地利、加拿大、匈牙利、北欧国家以及美国某些州的法律要求汽车在白天要不同程度地开灯行驶。这一措施可使道路交通事故减少 8%~15%，被汽车撞倒行人和骑自行车者的事故分别减少了 15% 和 10%。从一个为时四年，涉及美国九个州的研究结果来看，装有自动昼间行车灯的车辆比不装昼间行灯的车辆涉入多车相撞事故的比例要少 3.2%。在匈牙利推行昼间行车灯法律以后，白天发生的正面相撞事故减少了 13%。除了前面提到的昼间行车灯以外，安装高位刹车灯、双轮机动车昼间行车灯及提高非机动车可见度，都可以大幅降低事故率。

2）车辆碰撞保护设计

研究表明，车辆防撞设计是减少道路交通伤亡的最有效措施。英国对 1980—1996 年期间的事故分析表明，在耐撞性设计方面所做出的努力可减少 15% 的交通伤亡，相比之下，酒精控制措施可减少 11%，道路设施措施可减少 6.5%。碰撞保护设计包括：

(1) 保护行人和骑自行车者的车辆前端设计。

(2) 保护乘员：保证车体的完整性，保护乘员不受内饰的伤害，避免乘员被抛出车外，避免对车内其他乘员造成伤害，改善不同级别车辆之间的碰撞兼容性。

(3) 与路边障碍相撞时的保护：目前法规里规定的试验工况主要模拟两车正面偏置相撞和侧面车—车相撞。根据美国的事故数据统计[3]，79% 的伤害来自于正面相撞事故中的偏置碰撞。侧撞的事故发生率虽然低于正面碰撞，但是危险性却远高于正面碰撞，因为侧撞时乘员的身体直接暴露于碰撞区。除此之外，车辆与路边障碍的碰撞，例如与树木、杆柱、道路护栏的碰撞，也越来越受到关注。代表消费者利益的新车评级试验 NCAP 就已经把侧向柱撞列为评价内容。

(4) 碰撞兼容性：欧洲的工作重点放在轿车与轿车之间"正面—正面"或"正面—侧面"碰撞的兼容性；中低收入国家则更注重轿车与卡车之间的碰撞兼容性问题，除了考虑正面相撞的兼容性，同时还要考虑与卡车后面相撞的兼容性。卡车的碰撞区设计必须同时考虑与小型机动车、行人、非机动车相撞的可能性。据估计，在卡车的前端、侧面、后端加上吸能式防护装置，可减少此类死亡事故约 12%[4]。

3）车辆智能化技术

新技术的产生为安全保护提供了更多的选择措施。智能化技术可用来完成使车辆规避险境、避免碰撞、降低伤害、自动进行事故后处理等任务。新一轮智能安全技术的出现主要是受技术进步的驱动，且新的高端技术为这些功能提供了可能性，但是用户和社会公众对这些新技术的反应还有待观察。因此，法规应当对这些新技术加以规范。这类技术主要包括电子稳定控制（ESC）、主动巡航（ACC）、自动避撞（AB）、偏道预警（LDW）、盲区探测（BSD）、倒车后视、酒精探测自锁、限速识别与自适应速度控制，等等。

1.2 车辆碰撞安全技术目标

实践证明，在高收入国家行之有效的安全技术研究方法是："事故伤害观察—总结提炼模型—采取防护措施。"可见，对事故特征、成因的分类分析是一切措施的起点。事故数据库越完善，安全防范措施就越有针对性，措施效能就越高。可靠的数据是描述道路交通事故损失、评估危险因素、制定应对措施、给政策制定者提供信息和形成公众意识的基础。没有可靠的信息，就无法理性地、令人信服地抓住预防道路交通事故的重点。

一些国家有全国性的协同数据库系统，可以更全面地分析事故成因，例如美国的国家"汽车抽样系统"NASS（National Automotive Sampling System），包括了"死亡分析报告体系"FARS（Fatality Analysis Reporting System）、"总体性评估系统"GES（General Estimates System）、"碰撞特性数据系统"CDS（Crashworthiness Data System）和"碰撞伤害研究与工程网络"CIREN（Crash Injury Research and Engineering Network）共4个数据库的内容。

在保证数据准确的同时，数据的获取和传播渠道也非常重要。交通事故数据系统需允许界外团体与各界人士获取，以保证数据的有效传播。在数据管理方面，美国走在了其他国家的前面，任何人都可以方便地从官方网站上下载 NASS 和美国 NCAP 试验数据，这不但有利于美国政府的管理和制定有力政策，同时也对全球性的技术发展起到了极大的促进作用。我国的交通事故数据通过《中国交通年鉴》《中国统计年鉴》进行定期公布[5]，同时，公安部、卫生部也会发布事故统计数据。除此之外，登录卫生部统计信息网页也可获取相关数据[6]。

数据的分析结果会通过道路设施建设、交通法规、车辆技术法规等形式对社会产生影响。当对事故模式采取了针对性技术措施以后，通过同一种数据统计和分析模式，人们还可以观察这些措施的有效性。车辆设计首先以车辆技术法规要求为最基本性能目标，同时，每个车厂还会根据自己对事故数据的理解，在性能和功能上不同程度地超越法规的要求，一方面的动力是技术进步的主动愿望，另一方面的动力来源于市场上的竞争对手。

目前，各国的车辆安全技术法规主要来源于美国和欧洲两大体系，这两大体系制定的出发点是有差别的。例如，美国 FMVSS 系列法规制定的假设出发点是，交通参与者，尤其是驾驶员的可教育性是有限的，所以并不能保证所有交通参与者都按照一个标准的、理想的行为模式参与交通。非标准的安全措施使用方式和人为疏忽是不可避免的。例如，理想状况是 100%的驾驶员在驾驶时都应当佩戴安全带，但事实上经过这么多年的宣传努力，前排和后排乘员的安全带佩戴率分别只有 82%和 76%[7]。因此，美国政府立法机构在意识到教育作用局限性的同时，还强调人人享有均等的受保护权利，这意味着车辆设计要给系安全带的乘员和不系安全带的乘员提供相同等级的保护技术，不得有歧视或偏倚倾向。美国国会在 1998 年 6 月颁布了 "21 世纪运输均等权利法案（The Transportation Equity Act for the 21st Century，TEA21）"[8]，要求社会"依据 FMVSS 208 法规，改进对不同尺寸、系安全带与不系安全带的乘员的保护效果；同时，依靠智能安全气囊等技术，将气囊给婴儿、儿童和其他乘员带来的危险降至最低"，因此而引发了"智能安全气囊法规"（新版 FMVSS 208）的产生。

另一方面，欧洲的车辆安全法规以交通参与者遵纪守法为前提，在欧经会法规 ECE R94 "关于车辆正面碰撞乘员保护认证的统一规定"中并不要求车厂对不系安全带的乘员保护效果进行检验，也就是假设所有人在驾驶过程中都必须按照交通法规要求使用安全带，如果不遵守交通法规规定，当事人应当为此付出相应代价。表面上看起来，美国的社会价值观也许和这种态度有些不一致，但是欧洲法规也确实在以下两方面带来了正面效果。

（1）敦促公众系安全带。安全带是有史以来最有效的交通保护措施，这一点已经得到公认。从表 1.1[7]的统计结果来看，欧洲的安全带使用率确实远高于美国。

表 1.1　各国安全带使用率　　　　　　　　　　　　　　　　%

国　家	前排佩戴率	后排佩戴率
奥地利	89	49
法国	98	83
德国	95~96	88
荷兰	94	73
挪威	93	85
瑞典	96	90
瑞士	86	61
英国	91	84~90
美国	82	76

（2）降低车辆的技术成本，有利于整体经济的可持续性发展。以安全气囊系统为例，由于欧洲碰撞法规以乘员佩戴安全带为基本假设，所以气囊的容积、输出力都可以比美国 FMVSS 208 法规要求的低，随之带来的效益是气囊点爆展开时导致乘员伤害的概率变小，气囊成本价降低。为了满足美国 FMVSS 208 "智能气囊"的要求，车型开发时所需要的碰撞试验样车数量将是依据欧洲法规开发时所需数量的 2~3 倍（见

本书第 4 章）。

中国 GB 系列强制性车辆安全技术法规是参照欧洲 ECE 指令体系制定的，强制性认证管理制度方面也和欧洲比较接近，而与美国的"自行认证"形成对比。联合国欧经会于 1958 年制定了《关于采用统一条件批准机动车辆装备和部件并相互承认此批准的协定书》（简称《1958 年协定书》），旨在整个欧洲范围内对汽车产品制定、实施统一汽车技术法规（即 ECE 法规），并开展统一的形式批准，以促进第二次世界大战后的汽车贸易与技术交流。"欧洲经济委员会车辆结构工作组"（UN/ECE/WP29）是《1958 年协定书》的具体执行机构[9]，专门负责 ECE 法规的修订和实施工作。碰撞安全法规由被动安全技术专家组 GRSP 负责修订，原机械工业部组织行业专家代表团从 1997 年第 24 届 GRSP 会议开始一直参加每年两次的 GRSP 专家组会议。

到目前为止，《1958 年协定书》缔约方已经达到 48 个。越来越多欧洲以外的国家，如日本、澳大利亚、南非、新西兰、韩国也签署了《1958 年协定书》，逐步采用 ECE 技术法规替代自己本国原有的技术法规。中国尚未签署《1958 年协定书》，但近年来一直积极参加 WP29 的有关工作，并于 2000 年 8 月签署了 WP29 的《全球汽车技术法规协定书》（即《1998 年协定书》），随后中国以第 9 个缔约方的身份定期参加 WP29 及其管理委员会会议。预计中国将来有可能签署《1958 年协定书》。

《1998 年协定书》规定，某项全球统一法规一旦获得缔约方管理委员会的一致通过，即可成为全球性技术法规（GTR）。所有对该 GTR 法规投赞成票的缔约方有义务迅速将该法规引入各自国家的法律法规体系之中，并将是否采用该 GTR 法规，或是否接受符合该 GTR 法规的产品，以及 GTR 法规的实施日期等信息上报联合国。到 2011 年，已经完成全球注册的 GTR 法规共有 11 项，见表 1.2，从进展速度及目前的内容来看，还没有形成系统性，近期不会对缔约国的汽车工业经济造成重大冲击，但是远期影响将是巨大的。

表 1.2 已经完成全球注册的 GTR 法规项目

	法规编号	法 规 名 称	缔约方通报采用状况最后期限
1	GTR 1	关于车门锁和车门保持件的全球技术法规	2006 年 1 月 18 日
2	GTR 2	就气体污染物排放、CO_2 排放物以及发动机燃油消耗对装有点燃或压燃式发动机的两轮摩托车的测量规程	2006 年 8 月 22 日
3	GTR 3	摩托车制动系统全球技术法规	2008 年 1 月 15 日
4	GTR 4	就污染物排放方面对压燃式发动机及燃用天然气（NG）或液化石油气（LPG）的点燃式发动机的试验规程	2008 年 1 月 15 日
5	GTR 5	道路车辆车载诊断系统（OBD）技术要求	2008 年 1 月 15 日
6	GTR 6	用于机动车辆及机动车辆装备的安全玻璃材料	2009 年 5 月 12 日
7	GTR 7	头枕	2009 年 5 月 13 日
8	GTR 8	电子稳定控制系统（ESC）	2009 年 8 月 26 日
9	GTR 9	行人保护全球技术法规	2010 年 1 月 13 日
10	GTR10	非循环排放全球技术法规	2010 年 8 月 24 日
11	GTR11	农林拖拉机与非道路机动机械车辆排放（NRMM）	2011 年 1 月 12 日

新车抽样评价试验（NCAP）也是车辆设计的一个重要依据，其起源于美国，始于 1978 年。目前美国、欧洲、中国、日本都有自己的 NCAP 评价试验方法。NCAP 试验是从消费者的角度出发，用大众能理解的简单评级方式（星级）来帮助消费者做出选择，目的是用市场需求给车厂提供设计安全车辆的动力，而不是单纯让区域法规成为汽车设计的技术导向。NCAP 试验里面适当地增加了一些超出法规要求的性能指标，如美国 NCAP 刚性壁撞击试验采用 56 km/h 的撞击速度，就高于 FMVSS 208 法规里规定的最高 48 km/h 刚性壁撞击试验速度。同时，NCAP 鼓励车厂采用比较成熟的，但是还没有体现到法规里去的新技术，如装电子稳定装置 ESC 装备的车辆在欧洲的 Euro-NCAP 评价里就能得到加分，其他主动避撞安全系统也将陆续在 Euro-NCAP 里获得加分。

除了关注被试车辆在试验期间的瞬间表现外，NCAP 还关注其性能表现的稳定性，即当环境条件发生变化以后，车辆是否还能提供相同的安全性能表现。例如，在偏置碰撞中，如果观察到乘员头部有可能滑移到气囊保护区之外，那么 NCAP 就要对产品进行"扣分"。利用这些扣分项，可确保高安全性能的车辆具备一定的性能冗余。美国的高速公路安全保险研究所（IIHS）的试验规范也是一种用户评价试验[10]。

总之，车辆碰撞安全设计的目标来源于三个方面：官方法规、NCAP 试验性能要求、事故统计分析结果。

1.3 碰撞安全技术现状与未来

按照碰撞事件发生的时间，可以把车辆危险状态分为稳定行驶、异常行驶、危险临近、临撞、碰撞和撞后 6 种状态[11]，见表 1.3 和图 1.1。

表 1.3 车辆危险状态分类

阶段	与碰撞事件相距时间/ms	车辆状态
稳定行驶阶段	约 −3 000	无安全隐患
异常行驶阶段	−3 000~−500	发现安全隐患，如侧滑、偏离航线、超速、重心失稳等
危险临近阶段	−500~−50	如不采取纠正措施，就会发生碰撞事故
临撞阶段	−50~0	采取任何纠正措施都不会避免事故的发生
碰撞阶段	0~200	从车体碰撞接触开始到碰撞结束
撞后阶段	>200	碰撞后

传统的碰撞安全技术主要提供碰撞状态的保护，由于集中在事故发生以后的阶段，所以被称为"被动安全技术"，意指无力干涉碰撞的发生，只能被动地对乘员提供保护。根据表 1.3 所述的阶段分类，目前碰撞安全技术的发展已经不仅仅局限于碰撞阶段保护。碰撞安全被动保护技术又可分为车体耐撞技术和乘员约束技术两大分支。

第 1 章 概论

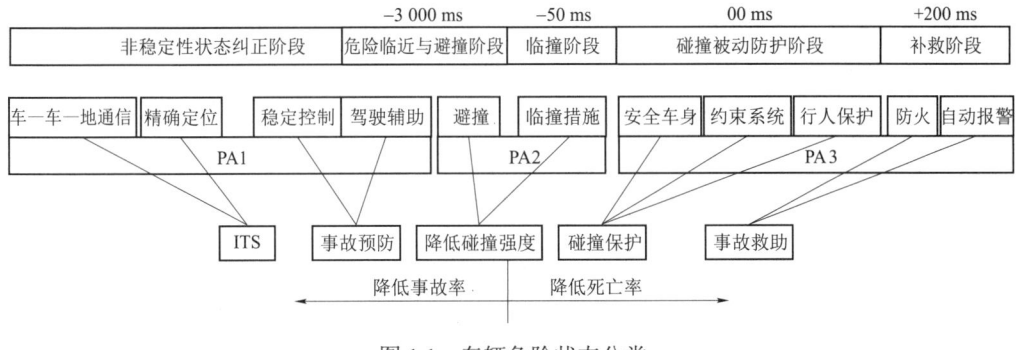

图 1.1 车辆危险状态分类

避免碰撞发生的技术称为避撞技术，纠正不稳定行驶状态或者避免其发生的技术称为驾驶辅助技术。避撞与驾驶辅助技术是近年来新兴安全技术发展的热点。本书将对驾驶辅助技术、避撞技术、被动安全技术的系统设计方法进行探索和介绍。安全技术专业的格局和开发组织方式也随着避撞安全技术的进步而产生了相应变化，见表1.4。

表 1.4 车辆安全专业格局的变化[12]

车辆稳定控制系统	驾驶员警告与信息系统	避撞系统	耐撞车身与乘员保护系统	其他被动安全系统
（1）ABS （2）ESC （3）翻滚控制 （4）紧急制动辅助EBA （5）主动转向	（1）胎压监测 （2）道路偏离预警 （3）盲区探测 （4）疲劳监测 （5）安全带提醒 （6）车速检测与控制 （7）交通标志识别 （8）碰撞警告 （9）车辆定位导航 （10）平视显示系统 HUD （11）自适应前照灯	（1）自适应巡航ACC （2）换道辅助 （3）道路保持与自动航向纠正 （4）防追尾 （5）避撞自动制动	（1）前方气囊 （2）侧向气囊 （3）防下滑膝部气囊 （4）侧撞防护气帘 （5）脚部气囊 （6）颈部保护装置 （7）乘员分类系统 （8）乘员坐姿探测 （9）后排乘员保护 （10）侧翻保护系统 （11）儿童约束系统 （12）耐撞车身	（1）行人保护 （2）碰撞兼容方案 （3）碰撞后自动报警系统 （4）燃油切断系统 （5）电源自动切断功能 （6）逃逸技术 （7）汽车黑匣子

被动安全技术的发展开始趋近于饱和状态。21 世纪初以来，碰撞安全技术的发展重点逐渐从碰撞阶段扩展到了临撞阶段、危险临近阶段和异常行驶阶段。针对不同的危险阶段，不同年代的技术内容概况如图 1.2 所示[13]。公众尤其对其中的盲区探测、主动随动前照灯、倒车影像、避撞系统、先进 ACC、个人安全协助服务系统、LDP 偏道纠正等安全技术表示出了极大的兴趣。

汽车碰撞安全工程

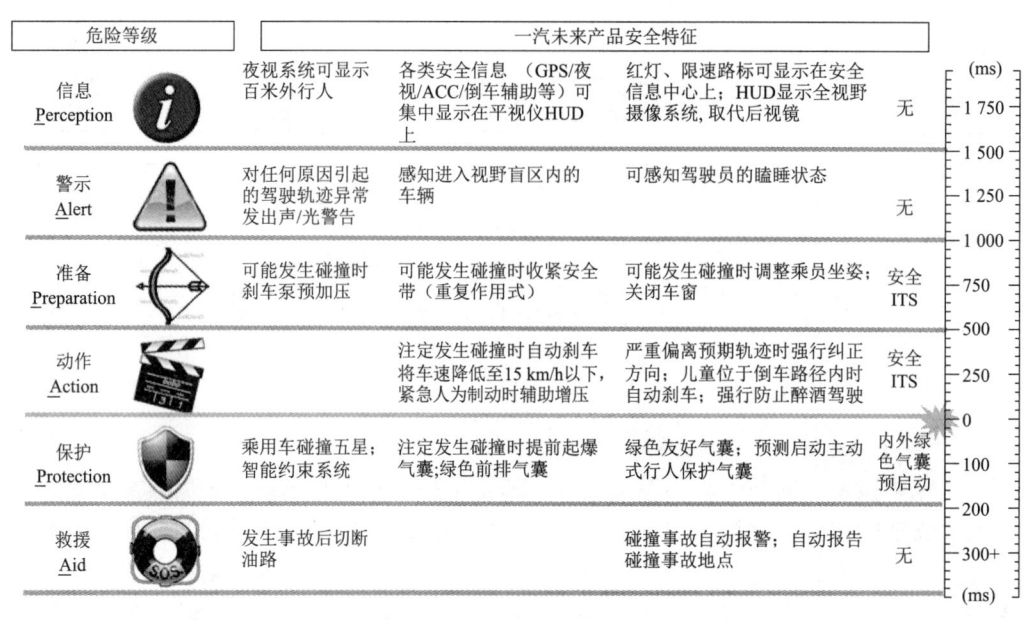

危险等级		一汽未来产品安全特征			(ms)
信息 Perception	*i*	夜视系统可显示百米外行人	各类安全信息（GPS/夜视/ACC/倒车辅助等）可集中显示在平视仪HUD上	红灯、限速路标可显示在安全信息中心上；HUD显示全视野摄像系统，取代后视镜	无 1 750
警示 Alert	⚠	对任何原因引起的驾驶轨迹异常发出声/光警告	感知进入视野盲区内的车辆	可感知驾驶员的瞌睡状态	无 1 250 1 000
准备 Preparation	⌒	可能发生碰撞时刹车泵预加压	可能发生碰撞时收紧安全带（重复作用式）	可能发生碰撞时调整乘员坐姿关闭车窗	安全 ITS 750 500
动作 Action	🎬	注定发生碰撞时自动刹车将车速降低至15 km/h以下，紧急人为制动时辅助增压	严重偏离预期轨迹时强行纠正方向；儿童位于倒车路径内时自动刹车；强行防止醉酒驾驶	安全 ITS	250 0
保护 Protection	🛡	乘用车碰撞五星；智能约束系统	注定发生碰撞时提前起爆气囊；绿色前排气囊	绿色友好气囊；预测启动主动式行人保护气囊	内外绿色气囊预启动 100 200
救援 Aid	SOS	发生事故后切断油路	碰撞事故自动报警；自动报告碰撞事故地点	无	300+ (ms)

图1.2 安全电子的集成模式[13]

为了避免从正常行驶状态进入异常行驶状态，舒适性能将起到非常重要的影响作用。舒适性事关驾驶人员的疲劳程度，操作、获取信息及通信的便利性会影响到驾驶人员的注意力集中度，因此其都是驾驶安全应该考虑的影响因素。舒适性和便利性的定义十分宽泛，国际上还没有对其技术内容进行统一定义。如果按照舒适便利技术的影响范围来分类，暂且可以将舒适便利技术分为三类[14]，其中Ⅰ类技术模块与安全性的关联度最大。如果说驾驶辅助技术在驾驶员进行具体操作或驾驶受到外界干扰时能够防止进入异常行驶状态，那么舒适便利性对安全性的影响则是可以在常态下防止不自觉地、缓慢地进入异常驾驶状态。鉴于涉及的相关技术比较广泛，本书不对影响安全的舒适便利性技术做深入探讨。

安全技术的发展呈现出了集成化、智能化和系统化的趋势。随着智能化程度的提高，各种安全子系统不断增多，一辆车上仅安全系统的电控单元（ECU）就可能达到十多个。为了增加电控系统的可靠性和降低器件成本，安全系统传感器的集成和控制器的集成显得越来越重要[15]，[16]。预计安全电子的集成化将成为下一轮安全电子产品商务竞争的焦点，其可能的集成度、集成模式和进程如图1.3所示。当前安全电子的多传感器和多ECU现状主要是由子系统多家供货造成的。如果几个子系统由一家供应商统一开发，共用一个控制器，在技术上是完全可行的，如光学"盲区探测—偏道预警—防撞报警"三合一系统就很容易实现传感器与控制器集成。但是，进一步把这个系统再与其他执行系统，如转向系统、刹车系统，用单一ECU集中控制起来就很难，因为其涉及不同生产厂的商业利益问题。

无论是在传感还是在控制层面，被动安全与主动安全集成和融合的趋势是不可避免的。最初期的融合将发生在硬件领域，如多种系统共用的光学探测传感器、惯量传

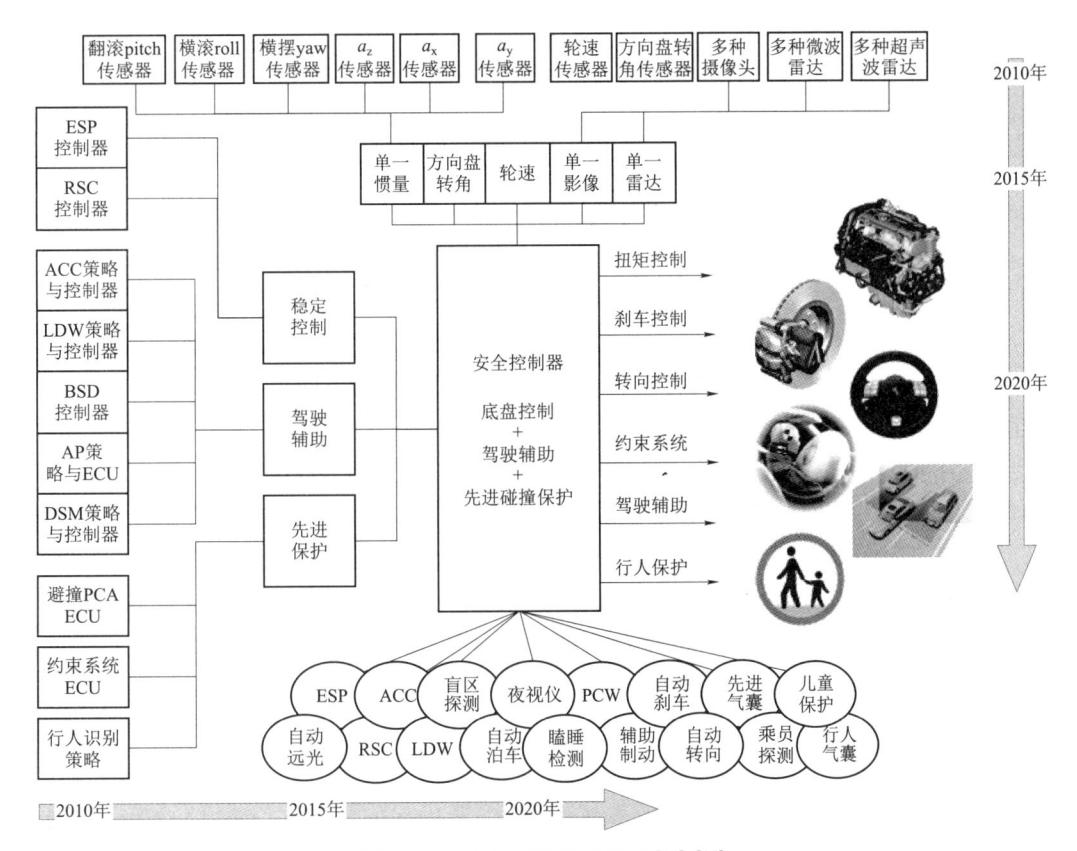

图 1.3 安全电子的集成模式[15], [16]

感器、加速度传感器。然后，融合将向控制器发展，如乘员约束系统控制器与 ESC 控制器的融合、其他被动安全控制器与碰撞先期预警控制器的融合及辅助驾驶控制器与被动安全控制器的融合，等等。最后从控制策略与决策算法上也可能发生深度融合，最新的人工智能科学理论，如机器学习理论，会进入车辆的安全设计领域。

汽车安全工程师必须认识到，技术法规永远不是车辆安全设计的最终目标，其只是安全性能的最低要求，汽车耐撞性设计也不是碰撞安全的最终解决方案。汽车安全对策必须放在社会大环境里去思考，现有的产品安全技术以及安全性能设计工具必须加以根本变革，才能应对智能时代和第四次工业革命带来的挑战和机遇。

参考文献

[1] 联合国 WHO，世界预防道路交通伤害报告，http://www.who.int/publications/list/9241562609/zh/.

[2] 联合国 WHO，十年道路安全行动，http://www.who.int/roadsafety/decade_of_action/en/.

[3] Fatality analysis reporting system (FARS), http://www.nhtsa.gov/FARS.

[4] NHTSA Compatibility Research Update. http://www.nhtsa.gov/search?q=compatibility

&x=16&y=2.
[5] 中国交通运输协会，中国交通年鉴，http://www.zgjtnj.com/.
[6] 中华人民共和国卫生和计划生育委员会统计信息中心，居民病伤死亡原因调查总结，http://www.nhfpc.gov.cn/htmlfiles/zwgkzt/ptjnj.
[7] WHO UN, Global status report on road safety, Time for action, 2009. http://www.who.int/ violence_injury_prevention/road_safety_status/2009/en/.
[8] 美国TEA21法案，http://www.fhwa.dot.gov/tea21/sumcov.htm.
[9] 欧洲经济委员会车辆结构工作组（UN/ECE/WP29），http://www.unece.org/trans/main/wp29/wp29wgs/wp29gen/wp29glob_registry.html.
[10] 美国高速公路保险研究所（IIHS）试验规范，http://www.iihs.org/iihs/ratings/technical-information/technical-protocols.
[11] 邱少波. 汽车安全技术创新趋势及一汽对策. 中国工程院"2010汽车自主创新论坛"，2010年12月25–26日，重庆.
[12] Qiu Shaobo. Truck Safety Situation in China, Developing Global Sustainability — China/ U.S. Partnership Forum, Sustainable Worldwide Transportation Consortium, UMTRI, University of Michigan, May 20 and 21, 2011.
[13] 邱少波. 卡车安全技术. 汽车安全、品质与发展高峰论坛，中国质量检验协会机动车安全检验专业委员会，2011年6月22日，北京.
[14] 邱少波. 一汽智能安全技术发展技术路线. 汽车安全高层论坛演讲稿集编，中国汽车工业协会CAAM，2010年3月3日，牙克石.
[15] 邱少波. 全球汽车安全发展趋势. 中国汽车电子产业发展高层论坛，吉林省工信厅/国家工信部，2010年9月3日，长春.
[16] 邱少波. 集成式汽车安全技术. 中国汽车工程学会CSAE年会演讲稿集编，2010年7月15—17日，长春.

第 2 章

乘员伤害评价

2.1 损伤度量方法

为了有针对性地为乘员提供适当防护，必须理解乘员的碰撞伤害机理。在非测试场合，国际上用简易伤害指标 AIS（Abbreviated Injury Scale）对伤害程度进行分级，见表 2.1。医学界无法对 AIS 进行量化测试，但是 AIS 具有非常重要的统计意义，所以在进行宏观数据分析时其作用非常重要。

表 2.1 简易伤害指标 AIS

AIS	严重度	伤害类型	导致死亡的概率/%
0	无伤	无	0
1	轻微	表面伤害	0
2	中度	可恢复	1~2
3	严重	可能恢复	8~10
4	重伤	不治疗不可能完全恢复	50
5	危重	治疗后也不能完全恢复	50
6	致死	不能存活	100

AIS 系统由 AAAM（Association for the Advancement of Automotive Medicine）和 AMA（American Medical Association）所定义[1]，但是没有直接的量化测量方法。美国 NHTSA 将人体载荷的承受极限与 AIS 指标联系起来，建立了 NCAP 评分体系，其重要意义是，虽然伤害程度不能直接测量，但是我们可以理解人体承受某种外界机械载荷以后会出现哪些可能的后果。AIS 对分析交通事故统计数据、观察影响因素及制

定改进措施都非常有帮助。

　　汽车乘员伤害主要属于钝器撞击伤害，乘员保护是从理解乘员各个部位的伤害机理并从人体所能承受的外部机械作用极限值入手。在汽车行业，工程师用伤害测试假人在碰撞试验中代替真人来评价受撞击伤害的程度。工程界把对人体伤害的生物力学响应反映在试验假人身上，因此，应当注意，尽管车辆碰撞安全防护设计已经为降低碰撞伤害做出了巨大贡献，但到目前为止，车辆碰撞保护设计仍是以降低试验假人的伤害水平为目标，其与实际降低真人伤害还是有差距的。

　　汽车安全试验标准最早由美国运输部发起，其中最主要的要求是试验假人的伤害指标测试必须完全达标。20世纪70年代的美国安全法规要求进行56 km/h的刚性壁碰撞试验。试验里要求采用混合Ⅱ型假人在三个部位进行撞击载荷测试：头部加速度、胸部加速度和大腿载荷。20世纪80年代后期，正面碰撞试验标准里开始引进混合Ⅲ型假人，要求提供更多的测试项目，包括胸部变形、颈部力与力矩、小腿力与力矩。同时，侧撞假人SID开发成功并被引用到法规试验，以对肋骨、脊柱和骨盆的加速度进行测量。这些法规里规定的人体载荷限制并不保证完全避免伤害，而只是表明在此水平载荷作用下发生严重伤害的概率较低（大概在30%）。严格来讲，车辆法规里规定的生物力学限值并不是人体的损伤度限值，只是规定了一个人体所能承受外部机械载荷的最大限值，在这个机械载荷作用下，某个部位（如胸部）很有可能（如30%的可能）发生某一程度以上的伤害（如AIS 3+级）。因此，在车辆碰撞试验中，我们只能测取车辆撞击给身体各个部位所带来的机械载荷，而无法直接测量乘员的受伤程度。

　　在碰撞测试中遇到的问题是，人体的机械载荷和伤害结果并不是严格的一一对应关系。对身体的同一个部位施加同样的机械外力载荷，有的人可能会受伤，而有的人则可能毫发无损，即伤害的程度是有离散性的。身体所受的外力和导致的身体损伤级别AIS之间需要通过生物力学试验进行标定测试，但是并不能保证这种因果关系在所有人身上同样稳定再现，而再现可能性的大小就是伤害风险分析。伤害风险分析可以回答机械外力和伤害程度对应关系的可信度。

　　例如，在试验室里发现，股骨在受到一定程度的轴向压缩力时就会发生骨折，但是这个力值因人而异。通过试验、事故与案例的统计和回归分析，伤害风险的研究发现，承受5 kN时骨折的可能性很小，大概为4%，因此可以认为这个载荷是安全的。但是，当载荷上升到9 kN时，骨折的可能性就上升到了29%，这个伤害的可能性已经高到足以要求我们采取防范措施，因此我们就可以依据这个可能性水平制定法规：在碰撞时，大腿轴向撞击力不允许超过9 kN，意味着不骨折的可能性为71%。有的国家或地区的法规比较严格，将股骨的撞击力限制在6.8 kN，这意味着不出现骨折的可能性为90%，如果进一步降低到3.8 kN，则不发生骨折的可能性将上升到97%～98%。法规就是用身体载荷外力量值去控制各种伤害的可能性。

　　由于无法用仪器测试和度量人体的伤害程度，故我们只能测量身体所承受的外力，然后推知伤害等级的可能性。

2.2 头部伤害

头部是全身最关键和脆弱的部位。如果头部有外伤,头骨发生骨折或塌陷,内部软组织就会受到挤压损伤。如果没有外部创伤,头部撞击和剧烈运动也会引起内部软组织伤害,其主要原因是内部软组织与头骨之间发生过度碰撞,即汽车安全界所称的"三次碰撞"。"一次碰撞"是指碰撞事件的起因,如车与障碍之间的碰撞;"二次碰撞"是指乘员肢体在车内与车体发生的碰撞;"三次碰撞"是指乘员的内部器官与身体腔体之间发生的碰撞。头部承受过大的外部加速度作用以后就会引起大脑组织发生"三次碰撞"(见图 2.1 和图 2.2)。

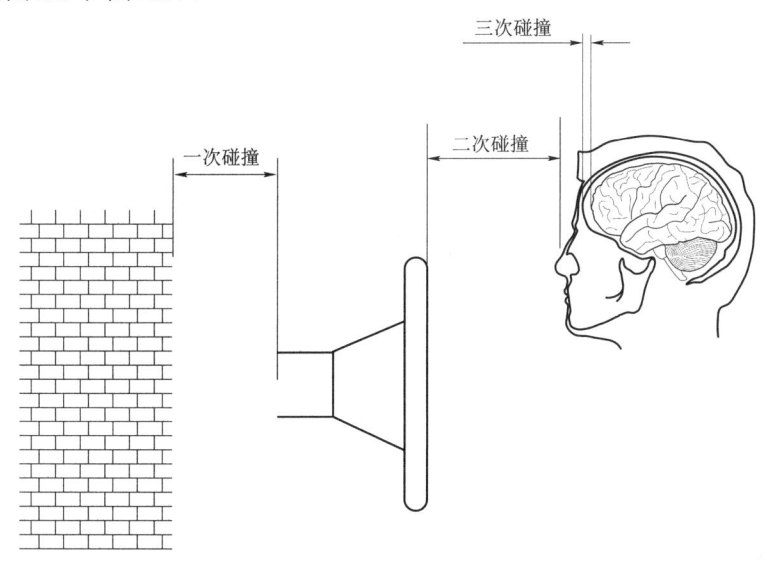

图 2.1 三次碰撞

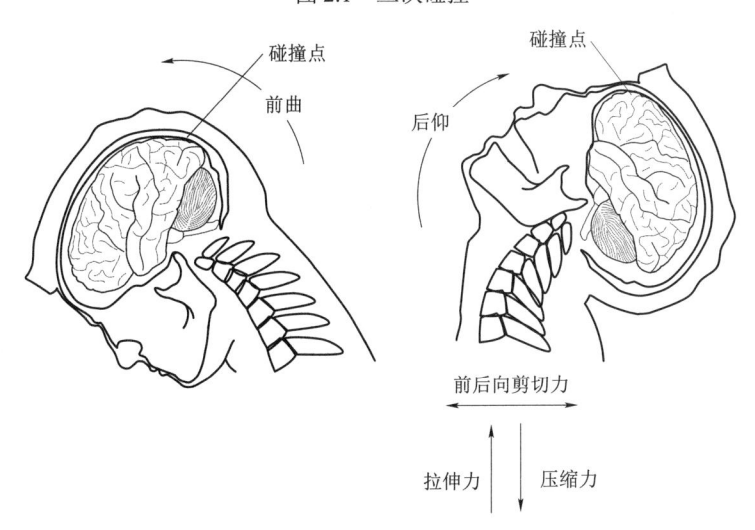

图 2.2 脑部"三次碰撞"伤害与颈部受力

脑组织浮动在一层脑脊髓液薄膜上，平时可以防止与颅骨内表面发生磕碰。在不承受直接打击的情况下，汽车事故引发的头部剧烈运动就足以引起大脑与颅骨之间的激烈碰撞。大多数脑伤属于中等程度损伤，也就是常说的"脑震荡"。脑震荡的生理症状包括：短时意识丧失、定向障碍（交替性意识）、头疼、恶心、呕吐、身体协调丧失、晕眩、失衡、视觉模糊、耳鸣、嘴里有金属味道、疲劳、睡眠规律改变，等等；在认知和情感上的表现为：长期和短期记忆丢失、困惑、注意力与思维能力下降。虽然90%的脑震荡受伤者可以在4个月内恢复健康，但是少数人的症状会持续一年以上甚至成为永久性症状。更严重的伤害程度包括更长时间的意识丧失、黑视（由于脑脊髓液流失而引起）、痉挛、瞳孔扩大、发音含糊和四肢麻木无力等。

图 2.3 表示了两种作用在头部的加速度形式，虽然两个加速度曲线下的面积相等，但是对头部损伤的效果是不同的。生物力学研究结果表明，头部损伤的严重程度不光与头部加速度峰值有关，同时还与加速度持续作用的时间有关，也就是说，如果持续时间很短，即使大脑承受很高的加速度峰值也不会有危险。普通车辆的刹车加速度一般在 $-11\sim-8\ \text{m/s}^2$，赛车利用宽轮胎、特殊轮胎材料、给轮胎增加气动下压力等措施可以达到 $5\ g$。

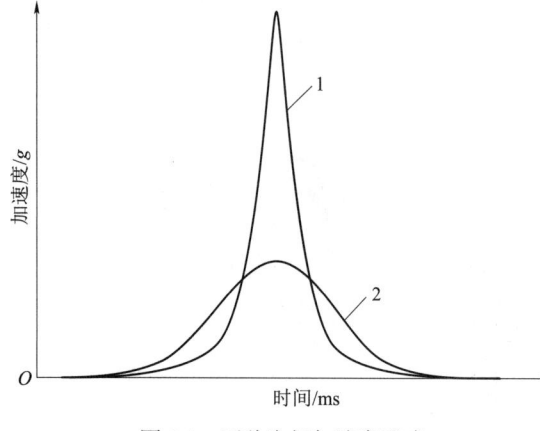

图 2.3 两种头部加速度形式

车辆与刚性壁之间发生 50 km/h 的碰撞时，假设全部停止过程需要 0.2 s，如果车体设计不当，其加速度峰值将会超过 $100\ g$。从 $5\ g$ 到 $100\ g$，不同的持续作用时间对人脑有不同的伤害结果。

加速度幅值与脉冲持续时间对伤害程度影响的初期试验数据只有六个数据点，来源于早期的美国军方资料，这就是著名的韦恩伤害曲线 WSTC（Wayne State Tolerance Curve）[2]，是当今头部伤害评价方法的原型基础。由于韦恩伤害曲线在 $80\ g$ 处渐近于加速度作用时间轴线，因此早期的内饰头型撞击标准是 $80\ g$ 以上的加速度作用不能超过 3 ms。韦恩伤害曲线从公布开始就受到多方评论，主要的问题有：数据太少、测量方法不确定、加速度水平定义不准确、试验中没有可以直接度量功能性脑损伤的生物力学指标，等等。

首次对头部伤害进行评价的指标是 Gadd 伤害指标 SI（Severity Index）[3]，其将伤害值定为加速度峰值与作用时间之间的乘积。鉴于身体不同部位对加速度的承受能力不同，根据经验值对不同的身体部位采用不同的加权指数。对于头部，加权指数 $n = 2.5$。SI 计算公式如下：

$$\text{SI} = \int_0^t a(t)^n \, \text{d}t \tag{2.1}$$

式中，t 为加速度作用时间。

在进行不同车型与不同碰撞模式的头部损伤对比时，这个模型的一致性不是非常令人满意，为此 SI 的表述方法得到了进一步修正。对图 2.4 所示的加速度波形积分，在任意两个时间点 t_1 和 t_2 之间，平均加速度 $\bar{a}$ 可以表示为：

$$\bar{a} = \frac{1}{t_1 - t_2} \int_{t_1}^{t_2} a(t) \, dt \qquad (2.2)$$

同时考虑时间因素和头部的加权指数 2.5，构建一个新的头部伤害指数 HIC（Head Injury Criterion）[4]：

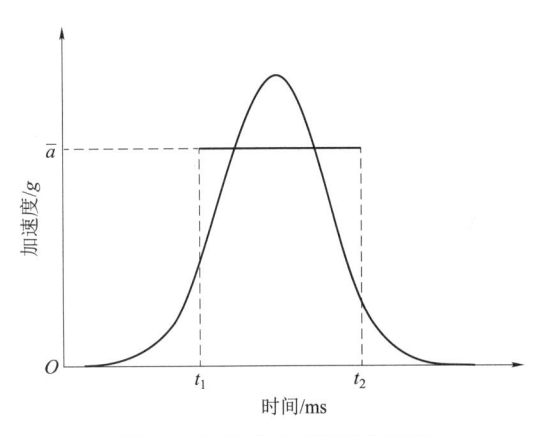

图 2.4 加速度波形的积分区域

$$\text{HIC} = \max_{t_1, t_2} \left[(t_2 - t_1) \bar{a}^{2.5} \right] \qquad (2.3)$$

$$\text{HIC} = \max_{t_1, t_2} \left[(t_1 - t_2) \left(\frac{1}{t_1 - t_2} \int_{t_2}^{t_1} a(t) \, dt \right)^{2.5} \right] \qquad (2.4)$$

HIC 是美国高速公路安全管理局 NHTSA 于 1972 年开始采用的，一直被沿用到当今碰撞试验的假人伤害评价计算中。起初，NHTSA 对 $\Delta t = t_1 - t_2$ 的时间区域长短规定是任意的，后来的经验发现，比 36 ms 更长时间的加速度并不会带来更大的伤害，另外短于 3 ms 的加速度峰值也不会给大脑带来实质伤害，因此积分区间取小于 36 ms 的任意区间。综合这两种现象，可以从两方面来评价头部加速度耐受极限，一是在 36 ms 以内的 HIC_{36} 的限值（如规定小于 1 000），二是持续 3 ms 以上的加速度峰值（如规定小于 80 g）。AAMA 建议将 HIC 的采样时间降低至 15 ms 间隔[5]，同时要求 15 ms 区域的 HIC_{15} 小于 700。

AAMA 推荐 15 ms 计算区间的理由是，HIC 计算所依据的那些最原始的骨生物力学断裂数据显示，样本的头骨骨折或者脑组织损伤都是在 15 ms 以后发生的[6]。AAMA 还引用了一个志愿者试验的研究结果，试验对象承受了高于 1 000 的 HIC_{36} 冲击，并没有出现头骨损伤和脑组织损伤，因此结论是 HIC_{36} 也同时高估了头部与气囊发生长时间撞击时的伤害风险。缩短区间以后，更多的尖细加速度峰值会被纳入伤害计量中，因此 HIC 值会上升。对此，文献[6]根据引入 295 次 NCAP 试验数据观察，认为 HIC_{15} 的 700 限值和 HIC_{36} 的 1 000 限值对长时间事件的评价没有严格度的区别，因为限值降低到 700，补偿了间隔缩短后的伤害值的上升效应。对于短期冲击，两个指标在数值测量上没有表现出任何差异，HIC_{15} 标准有可能更加严格。AAMA 建议，由于成人 HIC 的 700 限值与儿童、5 百分位女性之间的比例关联度还不十分确定，故还是应当采用较严格的 HIC_{15} 标准。文献[7]也认为，HIC_{15} 的指标比 HIC_{36} 更加严格。

由于头部结构与伤害机理的复杂性，任何一种生物力学指标都不可能全面描述头部的伤害行为。与 WSTC 曲线类似，HIC 仍然存在很多问题，例如，HIC 是否适用于非碰撞引起的脑部加速损伤评价？HIC 如何评价擦边碰撞损伤？对 36 ms 的 HIC 时间区域，伤害值 1 000 与等加速度值 60 g 相当（$a = \sqrt[2.5]{1\,000/0.036} \approx 60\,g$），那么高于 1 000 的 HIC 意味着什么呢？高于 1 000 或者低于 1 000 的 HIC 是否与大脑承受 60 g 时的损伤程度成比例地上升或者下降呢？因此，在 FMVSS 208 以及其他国家的车辆法规里所采用的 HIC 并不包含任何直接的生物机体伤害机理含义。文献 [8] 认为，当 HIC 小于 1 000 时，严重伤害的概率小于 20%，但是，HIC 的计算目前还不能当作一个伤害度量的预测方法，只能在仿真生物力学试验里当作一个"及格/不及格"的判据。

HIC 的判定是基于头骨断裂判据，而不是脑组织损伤判据，在道路交通事故里经常有在未发生头骨断裂的情况发生脑组织损伤的情况，这是 HIC 所不能预测的。还有，HIC 对头部角加速度的影响没有加以考虑。

文献 [9] 的研究表明，头部载荷主要来源于两种作用：直接作用和非直接作用。直接作用是指头部直接与车室内饰部件发生碰撞，生物力学响应的特征是以线性加速度为主，伴以轻微的角加速度。非直接作用时，头部在没有任何接触的情况下就出现一个猛烈动作。非接触作用的头部载荷主要是因为躯体突然动作，通过颈部联动作用于头部，其会引起较大的头部角加速度。

HIC 只把头骨当作刚体考虑平动动能，以模拟直接作用为主。文献 [10] 提出了考虑头骨变形和非刚体脑组织特性的 HIP（Head Impact Power）指标。HIP 的计算是基于平动动能与转动动能的总变化率而测量的，是"黏滞性指标"[11] 的进一步发展。黏滞性指标认为，对于黏滞性器官（脑组织就具有黏滞特性），当其压缩量 C 与压缩速度 v 之间的乘积超过一定量值以后，器官就有可能受损。黏滞性指标后来也被用于评价其他胸腔内的黏滞特性器官损伤。因为头部组织的复杂性和执行试验的难度，目前还没有公认的准确伤害的预测方法，因此除了 HIC，更全面的评价指标[12] 还没有被官方标准所采纳。

其他的头部伤害指标还包括：

HAC（Head Acceptability Criterion），用于 ECE R80。计算公式同 HIC，时间区域不限，HAC 取最大值。

HIC（d）：权重式 HIC，用于 FMVSS 201。计算方法基于 HIC_{36}：

$$HIC(d) = 0.754\,46 HIC_{36} + 166.4 \qquad (2.5)$$

HPC（Head Performance Criterion）。在 ECE R94、R95 中，HPC_{36} 数值计算与 HIC 相同。如果头部接触时间能明确确定，则将其定义为积分区域的开始时间 t_1，t_2 定为记录结束时间。行人保护采用 HPC_{15} 指标。

HCD（Head Contact Duration）指头部接触时间。HCD 是头部接触期间内的最大 HIC 值。为确定接触时间，首先要计算接触头部的接触力 F：

$$F = \sqrt{(m \cdot a_x - F_x)^2 + (m \cdot a_y - F_y)^2 + (m \cdot a_z - F_z)^2} \qquad (2.6)$$

式中，m 为头部质量；a_i 为 i 方向上的头部加速度；F_i 为 i 方向上的颈部上端力。

当接触力稳定超越下限（200 N），并穿越上限（500 N）至少一次时，在与下限水平的平面上确定接触区域（见图2.5）。HCD 是所有接触区间里的最大值。HCD 概念被应用于 SAE J2052 和 ISO/TC22/SC12/WG3 N 282（1990）。

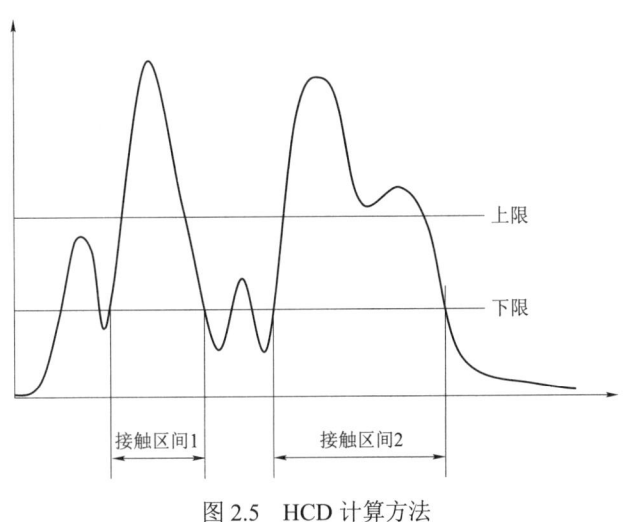

图 2.5 HCD 计算方法

2.3 颈部伤害

颈部轴向负荷极限是由文献 [8] 在再现足球伤害的基础上确定的，拉伸与剪切载荷极限是由文献 [13] 在重建实际碰撞过程的基础上建立的，弯曲载荷极限由志愿者台车试验所测定的[35]。上述研究所测颈部承受载荷的极限见表2.2。

表 2.2 颈部承受载荷的极限

载荷类别	限 值
轴向压缩	4 000 N
轴向拉伸	3 300 N
前/后向剪切力	3 100 N
前曲弯矩	190 N·m
后仰弯矩	57 N·m

表 2.2 中限值曾被 FMVSS 208 采用，作为独立评价指标。随后，NHTSA 提出了一种颈部载荷极限综合指标 N_{ij}[5],[35]。综合指标的"ij"是 4 种损伤机理的指数，代表了颈部载荷的 4 种主要模式，即拉伸后仰、拉伸前屈、压缩后仰、压缩前屈，分别表示为 N_{TE}、N_{TF}、N_{CE} 和 N_{CF}。4 种载荷的方向示意如图 2.2 所示。

由安全气囊引起的颈部伤害通常是"拉伸后仰"类。颈部拉伸载荷会导致颈前、颈后软组织拉延。如果后仰弯曲力矩叠加在拉伸载荷上，前部软组织就会比颈后软组织的拉伸量更大一些。在这种工况下，拉伸后仰相对于拉伸前屈、压缩后仰、压缩前屈更容易引起伤害，因此 N_{TE} 是最大的。N_{ij} 的计算公式为：

$$N_{ij} = (F_z / F_{int}) + (M_y / M_{int}) \tag{2.7}$$

式中，F_z 是轴向载荷，F_{int} 是为均一化而制定的基础载荷，M_y 是绕前屈/后仰弯矩，M_{int} 是为均一化而制定的基础载荷。每一时刻，F_z 和 M_y 都一定是 4 种载荷组合之一，所以每一时刻的 N_{ij} 只能根据当时的那一种载荷组合计算。

对于 N_{TE} 工况，NHTSA 推荐的基准限值见表 2.3[6]。

表 2.3 按比例修正的推荐基准限值

假人类别	拉伸载荷/N	后仰弯矩/(N·m)
CRABI 12 个月	1 465	17
HybridⅢ 3 岁	2 120	27
HybridⅢ 6 岁	2 800	39
HybridⅢ 小尺度女性	3 880	62
HybridⅢ 中尺度男性	6 170	125

N_{ij} 计算，在所有时刻对 4 种工况进行测量，其最大值不得超过 1.0。

其他法规体系里类似的颈部指标还有以下几个：

M_{OC}（Moment about Occipital Condyle），绕枕骨髁力矩，应用于 SAE J1727 和 SAE J1733。计算方法如下：

$$M_{OCy} = M_y - D \cdot F_x \tag{2.8}$$

$$M_{OCx} = M_{xy} - D \cdot F_y \tag{2.9}$$

式中，M_{OCi} 为在 i 轴方向上的总力矩（N·m）；F_i 为 i 轴方向上的颈部力（N）；M_i 为 i 轴方向上的颈部力矩（N·m）；D 为力传感器轴线与枕骨髁轴之间的距离。

M_{TO}（Total Moment），颈部下端总力矩，应用于 SAE J1733。计算方法如下：

$$M_{TOx} = M_x - D_z \cdot F_y \tag{2.10}$$

$$M_{TOy} = M_y - D_z \cdot F_x + D_x \cdot F_z \tag{2.11}$$

$$M_{TOz} = M_z + D_x \cdot F_y \tag{2.12}$$

式中，M_{TOi} 为 i 轴方向上的力矩（N·m）；F_i 为 i 方向上的颈部力（N）；M_i 为 i 方向上的颈部力矩（N·m）；D 为力传感器轴线与枕骨髁轴之间的距离。

NIC（Neck Injury Criterion），颈部伤害标准，用于 ECE R94 正碰标准。测量轴向拉力与轴向压缩力，在头部与颈部交接处测量剪切力。超过规定标准的力值时，其作用时间不能长于标准规定。

NIC（尾部碰撞），用于 ISO 标准建议，尚未执行[16]。计算方法如下：

$$\text{NIC} = a_r \cdot 0.2 + v_r^2 \tag{2.13}$$

其中

$$a_r = a_x^{T1} - a_x^{head} \tag{2.14}$$

$$v_r = \int a_r \tag{2.15}$$

式中，a_x^{T1} 为第一背椎的 x 方向加速度（m/s²）；a_x^{head} 为头部质心 x 方向加速度（m/s²）。

LNL（Lower Neck Load Index），颈部下端载荷指数，在 SAE J1727 和 SAE J1733 中用于在尾部碰撞时衡量颈部下端椎骨同时承受力与力矩作用的最危险工况。LNL 计算如下：

$$\text{LNL} = \frac{\sqrt{M_{y-下}(t)^2 + M_{x-下}(t)^2}}{C_{力矩}} + \frac{\sqrt{F_{x-下}(t)^2 + F_{y-下}(t)^2}}{C_{剪力}} + \left|\frac{F_{z-下}(t)}{C_{拉力}}\right| \tag{2.16}$$

式中，$M_{y-下}$ 为 y 方向力矩；$M_{x-下}$ 为 x 方向力矩；$C_{力矩}$ 为力矩基准值；$F_{x-下}$ 为 x 方向力；$F_{y-下}$ 为 y 方向力；$C_{剪力}$ 为剪切力基准值；$F_{z-下}$ 为 z 方向力；$C_{拉力}$ 为拉力基准值。

2.4　胸　部　伤　害

前方碰撞的胸部伤害指标起初是基于混合 II 型假人的胸部合成加速度，没有测量胸部变形的能力，因此，只有将加速度当作胸部载荷限值的唯一指标。

当气囊开始装备汽车以后，和之前直接与方向盘或仪表板相撞相比，胸部加速度大大降低。这时，继续追求高精度的伤害指标已经没有什么意义，军方的约束系统试验表明，人类在短时间（44 ms）内承受 $45\,g$ 的载荷时不会受到伤害。同时，另有试验表明，人类在胸部承受 $49\,g$ 的分布载荷时没有受到伤害[5]。气囊的伤害标准定在 $60\,g$，是因为气囊对人体施加的均布载荷比上述志愿者试验的条件更加宽松。另外，标准允许周期短于 3 ms 的加速度脉冲峰值可高于 $60\,g$。

然而，对于没有气囊只使用安全带的乘员保护方案，$60\,g$ 限值并不是一个很低的要求。可测量胸部变形量的混合 III 型假人对安全带约束系统提出了更高的要求。

仅加速度和作用力载荷还不足以充分评价事故对胸腔内伤的严重程度。胸腔内伤可引发比脑组织内伤更严重的致死伤害。在混合 III 假人引进的初期，在安全带载荷的作用下，允许胸部有 51 mm 的变形，在安全气囊作用下（载荷比安全带更加均匀）允许有 76 mm 的变形[14], [15]。这个限值的研究基础是文献 [16]，结论是 33% 的胸部压缩（对 50 百分位男性来讲相当于 76 mm 即 3 in①）会导致严重伤害（AIS 3 级），但不至于致命。后

---

① 1 in=0.025 4 m。

来 NHTSA 又将压缩量降到了 63 mm（2.5 in）[17]。

1999 年的一项美国法规建议里提出了"胸部综合指数"CTI（Combined Thorax Index）概念。CTI 的限值为 1.0，其定义为：

$$\text{CTI} = \frac{A_{\max}}{A_{\text{int}}} + \frac{D_{\max}}{D_{\text{int}}} \tag{2.17}$$

式中，$A_{\max}$ 为实测最大胸部加速度；$D_{\max}$ 为实测最大胸部位移。A_{int} 和 D_{int} 最大允许基准值见表 2.4。

表 2.4 胸部最大允许基准值

假人类别	大尺寸男性	中尺寸男性	小尺寸女性	6 岁儿童	3 岁儿童	1 岁儿童
胸部变形基准值 D_{int}/mm	114 (4.5 in)	103 (4.0 in)	84 (3.3 in)	64 (2.5 in)	57 (2.2 in)	50 (2.0 in)
胸部加速度基准值 A_{int}/g	83	90	90	90	74	57

在侧撞标准中，胸部伤害采用 SID 肋骨和脊柱的综合加速度进行评价，伤害指标叫作 TTI（Thoracic Trauma Index），计算式如下：

$$\text{TTI}(d) = 1/2 \left[G_R + G_{LS} \right] \tag{2.18}$$

式中，G_R 为上肋骨与下肋骨的加速度峰值较大值，单位为 g；G_{LS} 为下端脊柱加速度峰值，单位为 g。标准要求 TTI 为 85~95，双门车可采用较高限值。

对胸部的压缩试验表明，生物力学响应具有速度相关特性。生物力学研究界建议生物试验应当采用"黏滞指标"[11]，也叫"软组织指标"。黏滞响应是瞬时胸部变形率（V）与瞬时胸部变形（C）的乘积。胸部压缩量定义为瞬时胸部变形相对于初始胸部厚度的比率。在对胸部进行 2~20 m/s 速度的冲击试验时发现，黏滞性指标与生物力学响应较为吻合。黏滞指标限值为 $[V*C]_{\max} = 1.0$ m/s。

其他胸部载荷限值评价指标的定义形式还有以下几个：

ThPC（Thorax Performance Criterion），胸部性能指标，用于 FMVSS 214 和 SAE J1727 的侧撞胸部载荷评价。两个基本测量要素是肋骨变形指数 RDC（Rib Deflection Criterion）和 VC 指数，用于法规 ECE R95 和欧盟指令 96/27 EG。

TTI（d）（胸部创伤指数），用于侧撞试验，是腰部脊柱（第 12 脊髓节）侧向最大加速度与上（第 8）下（第 4）最大加速度之间的平均值。

$$\text{TTI}(d) = \frac{A_{\max.\text{rib}} + A_{\text{腹部脊柱}}}{2} \tag{2.19}$$

$$A_{\max.\text{rib}} = \max\{A_{\text{上肋骨}} \cdot A_{\text{下肋骨}}\} \tag{2.20}$$

式中，$A_{\text{上肋骨}}$ 为上肋骨最大加速度（g）；$A_{\text{下肋骨}}$ 为下肋骨最大加速度（g）；$A_{\max.\text{rib}}$ 为上、下肋骨加速度中最大者；$A_{\text{腹部脊柱}}$ 为下部脊柱加速度（g）。

ThAC（Thorax Acceptability Criterion），胸部接受度指标，通过加速度绝对值和加速度作用时间度量，应用于法规 ECE R80。

ThCC 或 TCC（Thoracic Compression Criterion），ECE R94 采用的胸部压缩指标。

RDC（Rib Deflection Criterion），法规 ECE R95 和欧盟指令 96/27 EG 在侧撞试验中的肋骨变形指标。

APF（Abdominal Peak Force），腹部力峰值，是前、中、后腹 y 方向三个力之和的最大值，用于欧洲侧撞法规 ECE R95 和欧洲指令 96/27 EG。

2.5 下肢伤害

乘员约束系统性能的提高可使上部肢体的伤害大大减少，但是，对下部肢体远远没有达到像头部和胸部那样的关注程度，因为下肢伤害一般不会导致死亡。然而，下肢伤害会导致肢体失能，诱发沉重的心理负担，极大影响生活质量，以致在整体上增加社会成本。

足部伤害是在前方碰撞时，前地板、油门/制动踏板发生向车室内部的内侵后移，与脚踝部发生撞击而引起的。关门夹脚也会引起脚部伤害。

小腿事故非常常见，其形式常为胫骨或腓骨骨折。直接施加在小腿上的横向力可以导致胫/腓骨骨折，从脚底部向上传来的力也可以导致胫/腓骨骨折。因为胫骨离表皮非常近，所以可能发生开放性骨折，可导致感染并难以愈合。胫骨或腓骨骨折可在 4～6 个月愈合，愈合后可能会导致两条腿长度不一致。

儿童要比成人更容易发生股骨骨折。股骨骨折的主要原因是股骨下面的力往上作用压缩股骨并使其断裂。股骨骨折一般需要在骨髓内植入加强杆加以治疗。经手术愈合后的股骨损伤很少需要进行后续治疗。

股骨上方是髋骨。理论上讲，髋骨骨折也包括髋臼骨折。导致髋骨骨折的载荷来自于车辆碰撞时从脚部传过来的撞击力。髋骨骨折有很多种类，取决于髋骨从哪里开始断裂。髋骨骨折需经外科手术治疗，需要摘除受损骨骼并植入人工材料的髋骨和髋关节，有时还需要采用加强板或者支棒。

骨盆骨折会导致连带性病发症甚至死亡。这些骨折部位可能包括骨盆腔内环绕膀胱和生殖器官的区域。骨盆骨折通常会导致出血过多，从而引起休克。

下肢伤害主要和骨骼的强度有关。骨骼是一种动态平衡组织，可以不断进行吸收和平衡。骨骼的强度主要是由钙含量在发挥作用，其强度在性别和各个年龄段之间都会发生变化。在成年人阶段，直到三十或四十岁之前，骨骼的重建过程都是平衡的。老年化引起的钙缺失，尤其是更年期后的女性，易引起下肢骨折[18],[20]。下肢伤害分 6 种：膝关节—大腿—骨盆骨折，膝部韧带撕裂，胫骨骨节断裂，胫骨/腓骨棒断裂，跟骨、踝骨和中足骨折，脚踝、韧带伤害。

文献［19］归纳了与股骨、胫骨、髌骨相关的事故证据，并得出了如表 2.5 所示的下肢静载荷极限统计。

表 2.5 按年龄与性别分类的下肢静载荷承受极限

部位	载荷类型	年 龄	男 性	女 性
股骨	弯曲	—	233～310 N·m	180～182 N·m
胫骨	扭转	—	175 N·m	136 N·m
	轴向压缩	—	7.5 kN	7.1 kN
	弯曲	20～39 岁	234 kN	—
		70～79 岁	—	184 kN

有很多关于大腿对动态载荷承受能力的研究，载荷时间分为短时（8～18 ms）和长时（30～40 ms）。一般认为，引起骨折的轴向压缩力在 4.4～23.7 kN，波动很大。对动载的承受力一般要比静载时高，文献[21]的研究结果为 8～26 kN，平均值为 18 kN。

20 世纪 70 年代和 80 年代开发过很多复杂的评价指标[21],[36]，包括断裂伤害指标[22]、膝盖—大腿—骨盆（KTH）伤害指标[23]，以及时间相关指标[23]。根据文献[22]的动态载荷试验，无断裂载荷为 3.67～11.54 kN。志愿者在 3.6～4.4 kN 的动态试验中只出现了轻微膝部疼痛。髌骨断裂阈值与加载方式有关，如果适当分布载荷，断裂的载荷极限值应当高于股骨。对于膝关节，当打击点低于转动中心（膝盖处于弯曲状态），载荷达到 5.15 kN 时，会出现骨骼断裂与韧带拉伤[24]。

当踝关节受到沿胫骨轴向的静力载荷时，踵骨在 3.3～5.5 kN 时出现断裂[27]。在中等强度的撞击中，足内翻与足外翻是踝关节伤害的主因机理[25]。内翻 60°～70° 时，开始出现韧带拉伤[26]。

文献[27]、[28]、[29]、[30]研究了作用于踝关节上、关节下和腿部的动态载荷对脚部转动的影响。研究表明，虽然轴向载荷峰值、弯矩与韧带拉伤并没有固定的关联关系，但是 60° 的外翻是引发踝部韧带损伤的角度界限。

目前，胫骨的载荷极限用胫骨指数 TI（Tibia Index）来衡量[29]。TI 是轴向压缩力 F_z、内翻/外翻力矩 M_x 与背屈/跖屈力矩 M_y 的合力矩 M_R 的加权组合量。TI 计算公式如下：

$$\text{TI} = \frac{M_R(M_x, M_y)}{M_C} + \frac{F_z}{F_C} \tag{2.21}$$

式中，M_C 和 F_C 为基准弯曲力矩和基准轴向压缩力，其数值见表 2.6。

表 2.6 颈部基准弯曲力矩和基准轴向压缩力

项目	混合Ⅲ型 5 百分位女性	混合Ⅲ型 50 百分位男性	混合Ⅲ型 95 百分位男性
M_C/(N·m)	115	225	307
F_C/kN	22.9	35.9	44.2

50 百分位男性的 M_C 和 F_C 数值来源于骨骼极限试验[28]。5 百分位女性与 95 百分位男性的 M_C 和 F_C 数值来源于文献[28]建议的标度分析。

内翻/外翻力矩 M_x 与背屈/跖屈力矩 M_y 及力矩方向示意如图 2.6 和图 2.7 所示。UN R94 的 TI 限值是 1.3。

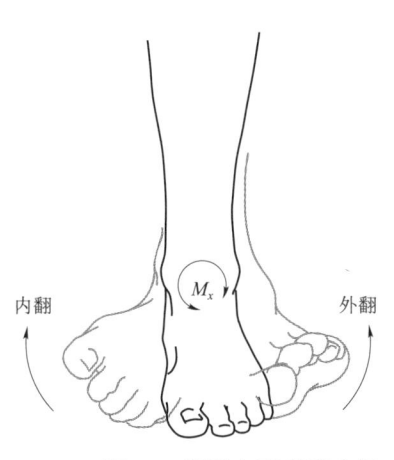

图 2.6 脚踝内翻/外翻力矩

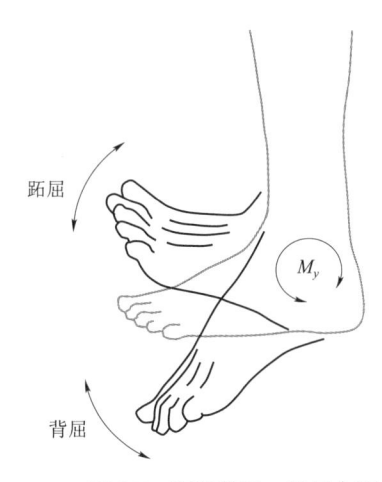

图 2.7 脚踝背屈、跖屈力矩

股骨载荷极限：文献[31]的研究发现，大腿轴向力是膝盖和上腿伤害的良好度量值，10 kN 载荷与 35%的骨折伤害率相对应。混合Ⅱ和混合Ⅲ形假人都可以测量大腿的轴向载荷。文献[32]~文献[34]完成了正面碰撞大腿载荷极限的研究，将 50 百分位男性大腿载荷极限确定为 10 kN，5 百分位女性限值为 6.8 kN。美国标准里只有对大腿的伤害限值，对膝盖以下的伤害并没有予以应有的关注。

骨盆载荷极限伤害：在美国侧撞法规中规定了骨盆载荷限值，最大横向载荷限制为 130 g。PSPF（Pubic Symphysis Peak Force）耻骨峰值力，用于欧洲侧撞法规 ECE R95 和欧洲指令 96/27 EG。

各国和地区法规采用的人体载荷极限评价指标不尽相同，水平限值各异，代表性试验规范的测试粗略概览见附表 1 和附表 2。

2.6 损伤风险曲线

由于对人体伤害的评价找不到直接的"伤害度量值"，我们只能在法规里制定一系列人体对外部机械载荷的承受极限。受到这些机械冲击时，没有一个必然的后果。同样一个 HIC 水平的脑部机械冲击，对不同健康状况、不同年龄段和不同性别的人意味着不同的后果，有的可能只是轻伤，有的则可能导致死亡。因此，我们在法规里面规定的机械载荷限值只是意味着一种"导致某种程度伤害的可能性"。

这里涉及了两个要素："伤害程度"和"可能性"。目前，对伤害程度的评价只有 AIS 系统比较有效，因此我们可以用 AIS 作为评价指标。首先，必须按照身体的各个部位把 AIS-0～AIS-7 的表征给定义出来，以下肢体为例，几个 AIS 等级下的伤害表征如下：

AIS-2：骨盆或其组成部分、耻骨或尾骨发生破裂，股骨破裂，但无坐骨神经损伤；封闭性髌骨、胫骨或腓骨破裂，跗骨破裂，膝部疼痛。

AIS-3：髋骨错位，骶骨—髂骨关节破裂或错位，耻骨分离；错位，有创伤或股骨、髌骨、胫骨、腓骨或跗骨骨折与错位；膝部和踝部关节有撕裂创伤，膝部和踝部韧带断裂；关键腱断裂；主要神经或脉管破损。

AIS-4：在膝部上面或下面截肢；下肢粉碎；在同一肢体内长骨发生多处骨折。

依此办法可以把所有部分的伤害程度都描述出来。目前，AIS 分级最新的版本是 2005 版，将全身划分为 9 个区域。

人们在不同载荷冲击强度作用下受伤害的可能性可用概率密度函数（PDF）来描述，其分布呈正态形式。实际上，真实的生物力学耐受极限的概率密度函数是未知的，只能从关注群体里通过随机采样来估算。

对指定的机械载荷形式和指定的伤害级别，不同的载荷值对应着不同伤害发生的可能性，即载荷越低，发生该级别损伤的可能性越低；载荷越高，发生该级别损伤的可能性就越高。但是，载荷幅值与伤害概率不是线性关系，而是呈现出如图 2.8 所示的形态。这条曲线就是伤害风险曲线（Injury Risk Curves）。

图 2.8 中的伤害风险曲线只是针对一个伤害部位（如头部）、一个伤害级别（如 AIS-3）、和一种机械载荷度量（如 HIC）而言的。如果上述三个要素中的任何一个发生改变，伤害风险曲线就会变化为另外一种形态，但是整体的曲线形态与此类似。全身的伤害风险曲线是由多个曲线簇所构成的。

在实验室里，人们往往会测量到一系列分布在如图 2.9 所示的两条灰色曲线之间的载荷强度与伤害可能性关系数据，所以对有限的数据进行回归分析十分重要。

NHTSA 所采用的逻辑回归分析方法由文献［37］等所提出。逻辑回归是当前比较常用的机器学习方法，用于估计某种事物的可能性，如某用户购买某商品的可能性、某病人患有某种疾病的可能性，在这里用来估计在规定水平载荷下人体受伤的可能性。这里的"可能性"不是数学意义上的"概率"，不可以直接当作概率值使用。这种可能性估计可以和其他特征值加权求和，而不是像概率值那样直接进行相乘运算。

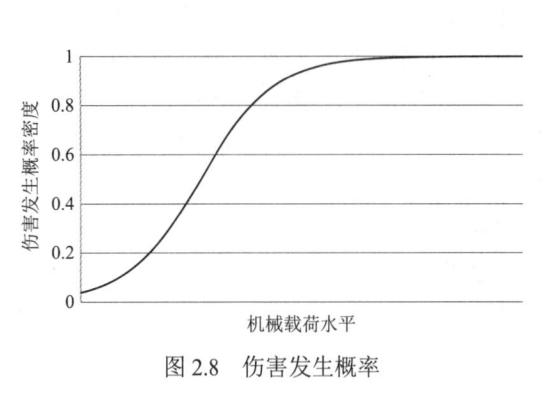

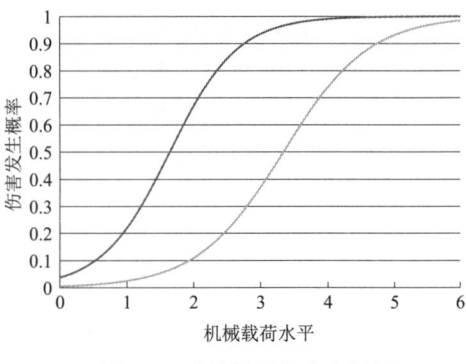

图 2.8 伤害发生概率

图 2.9 试验数据的分布区间

现在我们需要用图 2.9 所示的实验数据回归产生一个类似概率值的 0～1 的数值，用 1 代表"伤害发生"，用 0 代表"伤害没有发生"。在回归模型里，结果越接近于 1 或者 0，表示发生或不发生的可能性越大。在 0～1 对数值归一化还有一个好处，即对全身各个部位的评价叠加在一起以后可以进行总体伤害的加权求和评价，使得各个部位之间的伤害指标具有可比性。逻辑回归是被逻辑方程归一化后的线性回归，广泛用于社会科学分析中，被 NHTSA 采用，作为伤害可能的评价方法。逻辑回归方程的定义为：

$$f(z) = \frac{e^z + 1}{e^z} = \frac{1}{1 + e^{-z}} \tag{2.22}$$

逻辑回归方程曲线和图 2.10 所示。

与普通回归一样，逻辑回归建立一个或多个自变量与一个因变量之间的关系，使我们既可以观察模型的拟合程度，又可以观察自变量与因变量之间的关联强度。然而，逻辑回归的含义和计算方法与普通回归有很大区别。普通回归用最小二乘法寻找最佳拟合线，可以根据自变量的每单位变化量去预测因变量的变化幅度；而逻辑回归只对事件发生的可能性进行判断，只关心其二值性（0 态或者 1 态）。从相关自变量的变化信息中，我们往往对因变量的精确量值变化并

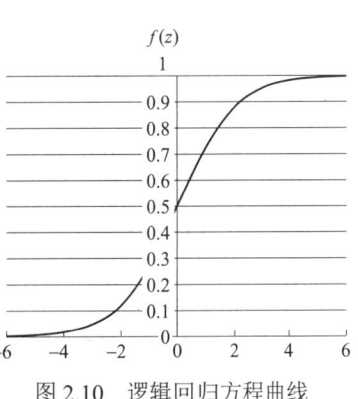

图 2.10 逻辑回归方程曲线

不感兴趣，而只对事件一定会发生（概率为 1）或一定不会发生（概率为 0）感兴趣。这就意味着，在线性回归里，自变量与因变量之间的关系是线性的，而逻辑回归却是采用了一个非线性的回归线。

与逻辑回归概念相关的重要概念是胜算比。胜算比是一件事件发生的可能性与不发生的可能性之比。设 p 为事件发生的概率，则胜算比为：

$$\frac{p}{1-p} \tag{2.23}$$

在逻辑回归里，因变量就是胜算比的对数：

$$\ln\left(\frac{p}{1-p}\right) \tag{2.24}$$

对不同的 AIS 伤害级别，损伤曲线是不一样的。以颈部伤害为例，如果采用 N_{ij} 指标，根据实测统计数据和回归分析，对所有尺度乘员计算出来的伤害曲线分别为：

$$P_{\text{颈部}-N_{ij}}(\text{AIS 2+}) = \frac{1}{1 + e^{2.054 - 1.195 N_{ij}}} \tag{2.25}$$

$$P_{\text{颈部}-N_{ij}}(\text{AIS 3+}) = \frac{1}{1 + e^{3.227 - 1.969 N_{ij}}} \tag{2.26}$$

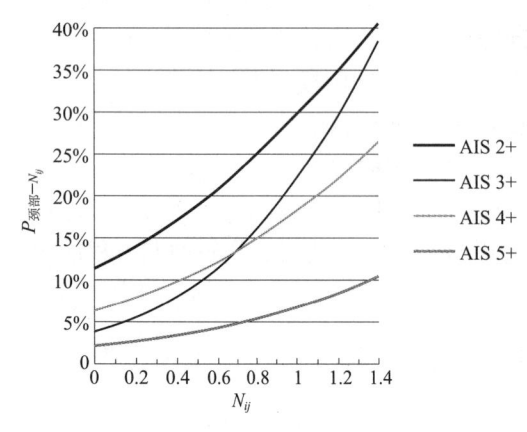

图 2.11 N_{ij} 对应于不同损伤等级的损伤概率

$$P_{\text{颈部}-N_{ij}}(\text{AIS 4+}) = \frac{1}{1+e^{2.693-1.195N_{ij}}} \quad (2.27)$$

$$P_{\text{颈部}-N_{ij}}(\text{AIS 5+}) = \frac{1}{1+e^{3.817-1.195N_{ij}}} \quad (2.28)$$

各曲线对比如图 2.11 所示。

不同的部位、不同的假人类别、不同的伤害指标会产生不同的伤害曲线，如用颈部的拉伸与压缩力评价伤害风险，曲线就变成了另外一个样子，对于 50 百分位：

$$P_{\text{颈部}-\text{拉}/\text{压力}}(\text{AIS 3+}) = \frac{1}{1+e^{10.9745-2.375\times\text{拉}/\text{压力}}} \quad (2.29)$$

对于 5 百分位：

$$P_{\text{颈部}-\text{拉}/\text{压力}}(\text{AIS 3+}) = \frac{1}{1+e^{10.958-3.770\times\text{拉}/\text{压力}}} \quad (2.30)$$

上述两条对应曲线如图 2.12 所示。在图 2.11 中没有假人类别的区分，原因是各种假人的 N_{ij} 已经通过其计算公式里的基准载荷进行过归一化处理。

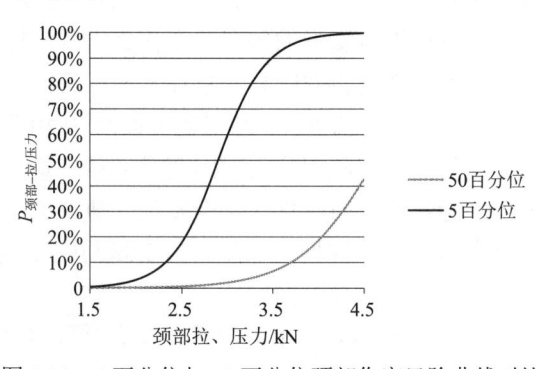

然后，利用 $P_{\text{颈部}-N_{ij}}$ 和 $P_{\text{颈部}-\text{拉}/\text{压力}}$ 风险值求得颈部伤害风险值 $P_{\text{颈部}}$：

$$P_{\text{颈部}} = \max(P_{\text{颈部}-N_{ij}}, P_{\text{颈部}-\text{拉力}}, P_{\text{颈部}-\text{压力}}) \quad (2.31)$$

美国 NCAP 进行评分时，将身体各个部位的风险值相加，得到联合风险 P_{joint}，正面碰撞为：

图 2.12 5 百分位与 50 百分位颈部伤害风险曲线对比

$$P_{\text{joint}} = 1-(1-P_{\text{头部}})\times(1-P_{\text{颈部}})\times(1-P_{\text{胸部}})\times(1-P_{\text{腿部}}) \quad (2.32)$$

侧面碰撞为：

$$P_{\text{joint}} = 1-(1-P_{\text{头部}})\times(1-P_{\text{颈部}})\times(1-P_{\text{腹部}})\times(1-P_{\text{骨盆}}) \quad (2.33)$$

美国 NCAP 评分方法见表 2.7。

表 2.7 美国 NCAP 评分方法

正面碰撞		侧面柱撞	移动障碍侧撞		翻滚试验
驾驶员	乘员	前座	前座	后座	
损伤判据	损伤判据	损伤判据	损伤判据	损伤判据	
伤害风险（伤害曲线）P_{joint}	伤害风险（伤害曲线）P_{joint}	伤害风险（伤害曲线）P_{joint}	伤害风险（伤害曲线）P_{joint}	伤害风险（伤害曲线）P_{joint}	翻滚风险 P_{roll}

第 2 章 乘员伤害评价

续表

正面碰撞		侧面柱撞	移动障碍侧撞		翻滚试验
驾驶员	乘员	前座	前座	后座	
相对风险 RR = P_{jiont}/BASE*	相对风险 RR = P_{jiont}/BASE*	相对风险 RR = P_{jiont}/BASE*	相对风险 RR = P_{jiont}/BASE*	相对风险 RR = P_{jiont}/BASE*	相对风险 RR = P_{roll}/BASE*
驾驶员得分（50%）	乘员得分（50%）	得分（20%）	得分（80%）	后排得分（80%）	翻滚得分（3/12）
		前排得分（50%）			
正面碰撞得分（5/12）		侧撞得分（4/12）			
= 车辆安全评分 VSS（Vehicle Safety Score）					
*：BASE（基础风险）= 15%					

按照"相对风险"结果计算得分评价为：0~0.66，5 星；0.67~0.99，4 星；1.00~1.32，3 星；1.33~2.66，2 星；>2.66，1 星。

损伤风险曲线在欧美广泛地被应用于制定法规、指导消费者试验评价和评价安全系统有效性中。可以说，损伤风险曲线是观察、改进、评估汽车安全的基础。由于国内基础交通事故统计数据的缺失，我国还没有建立损伤风险曲线分析与利用的机制。

到目前为止，用于预测事故伤害的方法主要有两种：

① 人体对机械载荷的耐受极限（如 HIC）；

② 在这个载荷作用下发生伤害的可能性（伤害风险曲线）。

耐受极限与伤害风险中间的联系是按照伤害等级定义 AIS 进行的统计分析，如图 2.13 所示。

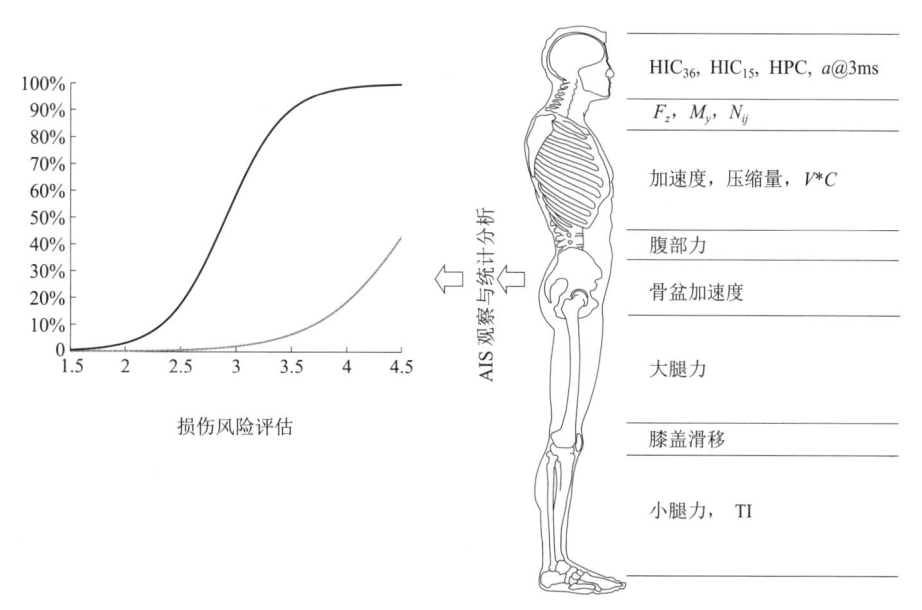

图 2.13 身体损伤等级评估方法

参考文献

[1] Association for the Advancement of Automotive Medicine. Abbreviated injury scale; 1990 revision: update 98 [M]. AAAM, 1998.

[2] Gadd C W. Criteria for injury potential [J]. Impact Acceleration Stress Symposium, National Academy of Science, Washington DC,1961, National Research Council Publication No. 977: 141–144.

[3] King, W.F., Mertz, H.J., Human Impact Response, Measurement and Simulation, Proceedings of the Symposium on Human Impact Response, GM Laboratories, Warren, Michigan, Oct 1972.

[4] Versace J. A review of the severity index [R]. Proceedings of the Fifteenth Stapp Car Crash Conference, SAE Technical Paper No. 710881, 1971.

[5] Eppinger R, Sun E, Bandak F, et al. Development of improved injury criteria for the assessment of advanced automotive restraint systems–II [J]. National Highway Traffic Safety Administration Vehicle Research & Test Center (VRTC), 1999: 1–70.

[6] Hodgson V R, Thomas L M. Effect of long-duration impact on head [R]. SAE Technical Paper, 1972.

[7] Haddadin S, Albu-Schäffer A, Hirzinger G. Dummy crash-tests for the evaluation of rigid human-robot impacts [C] International Workshop on Technical Challenges for dependable robots in Human Environments. 2007.

[8] Mertz H J, Prasad P, Nusholtz G. Head injury risk assessment for forehead impacts [R]. SAE Technical Paper 960099, 1996.

[9] McElhaney J H, Stalnaker R L, Roberts V L. Biomechanical aspects of head injury [M] Human impact response — Measurement and Simulation. Springer US, 1973: 85–112.

[10] Newman J A, Shewchenko N, Welbourne E. A proposed new biomechanical head injury assessment function-the maximum power index [J]. Stapp car crash journal, 2000, 44: 215–247.

[11] Lau I V, Viano D C. The viscous criterion-bases and applications of an injury severity index for soft tissues [R]. SAE Technical Paper, 1986.

[12] Takhounts E G, Craig M J, Moorhouse K, et al. Development of brain injury criteria (BrIC) [J]. Stapp Car Crash J, 2013, 57: 243–266.

[13] Mertz H J, Patrick L M. Strength and response of the human neck [R]. SAE Technical Paper 710855, 1971.

[14] Proposal for the ISO/TC22N2071, ISO/TC22/SC10 (Collision Test Procedures): TEST PROCEDURE FOR EVALUATION OF THE INJURY RISK TO THE CERVICAL SPINE IN A LOW SPEED REAR END IMPACT; Muser, H. Zellmer, F. Walz, W. Hell, K. Langwieder, K, Steiner, H. Steffan; Rear end impact test procedure,

working group drat 5, 05/2001.

[15] Viano D C, Lau V K. Role of impact velocity and chest compression in thoracic injury [J]. Aviation, space, and environmental medicine, 1983, 54(1): 16−21.

[16] Neathery R F, Kroell C K, Mertz H J. Prediction of thoracic injury from dummy responses [R]. SAE Technical Paper, 1975.

[17] Eppinger R, Sun E, Bandak F, et al. Development of improved injury criteria for the assessment of advanced automotive restraint systems–II [J]. National Highway Traffic Safety Administration, 1999: 1−70.

[18] Fildes B, Lenard J, Lane J, et al. Lower limb injuries to passenger car occupants [J]. Accident Analysis & Prevention, 1997, 29(6): 785−791.

[19] Nyquist G W. Injury tolerance characteristics of the adult human lower extremities under static and dynamic loading [R]. SAE Technical Paper, 1986:79−90.

[20] Rastogi S, Wild B R, Duthie R B. Biomechanical aspects of femoral fractures in automobile accidents [J]. Journal of Bone & Joint Surgery, British Volume, 1986, 68(5): 760−766.

[21] Viano D C. Considerations for a femur injury criterion [R]. SAE Technical Paper, 1977:455−473.

[22] Nyquist G W. A Pulse-Shape Dependent Knee-Thigh-Hip Injury Criterion for Use with the Part 572 Dummy [J]. ISO/TC, 1982, 22.

[23] Lowne, R.W. A Revised Upper Leg Injury Criterion, [J]. ISO/TC, 1982,117.

[24] Viano D C, Culver C C, Haut R C, et al. Bolster impacts to the knee and tibia of human cadavers and an anthropomorphic dummy [R]. SAE Technical Paper, 1978:403−428.

[25] Lestina D C, Kuhlmann T P, Keats T E, et al. Mechanisms of fracture in ankle and foot injuries to drivers in motor vehicle crashes [R]. SAE Technical Paper, 1992:59−87.

[26] DIAS L S. The lateral ankle sprain: an experimental study [J]. Journal of Trauma and Acute Care Surgery, 1979, 19(4): 266−269.

[27] Begeman P, Balakrishnan P, Levine R, et al. Dynamic human ankle response to inversion and eversion [R]. SAE Technical Paper, 1993:83−93.

[28] Mertz H J. Anthropomorphic test devices [M]//Accidental Injury. Springer New York, 1993: 66−84.

[29] Mertz H J, Irwin A L, Melvin J W, et al. Size, weight and biomechanical impact response requirements for adult size small female and large male dummies [R]. SAE Technical Paper, 1989.

[30] Schreiber P, Crandall J, Hurwitz S, et al. Static and dynamic bending strength of the leg [J]. International Journal of Crashworthiness, 1998, 3(3): 295−308.

[31] Morgan R, Eppinger R H, Marcus J. Human cadaver patella-femur-pelvis injury due to dynamic frontal impact to the patella [C] The Twelfth International Conference on Experimental Safety Vehicles. 1989.

[32] Patrick L M, Mertz H J, Kroell C K. Cadaver knee, chest and head impact loads [R]. SAE Technical Paper, 1967.

[33] Melvin J W, Stalnaker R L, Alem N M, et al. Impact response and tolerance of the lower extremities [R]. SAE Technical Paper, 1975.

[34] Melvin J W, Fuller P M, Daniel R P, et al. Human head and knee tolerance to localized impacts [R]. SAE Technical Paper, 1969.

[35] Mertz H J, Hodgson V R, Thomas L M, et al. An assessment of compressive neck loads under injury-producing conditions [J]. Physician and Sports medicine, 1978, 6(11):95−106.

[36] Begman P C, King A I, Mertz H J. Correlation of Field Injuries and GM Hybrid HI Dummy Responses for Lap-Shoulder Belt Restraint [J]. Journal of biomechanical engineering, 1980, 102: 487−493.

[37] Laituri T R, Prasad P, Sullivan K, et al. Derivation and evaluation of a provisional, age-dependent, AIS3+ thoracic risk curve for belted adults in frontal impacts [R]. SAE Technical Paper, 2005.

[38] Viano D C, Lau V K. Role of impact velocity and chest compression in thoracic injury [J]. Aviation, space, and environmental medicine, 1983, 54 (1): 16−21.

附表 1　正面碰撞生物力学测量限值简要对比

身体部位	评价指标	单位	C-NCAP FWRB 5% HⅢ	C-NCAP FWRB 50% HⅢ	C-NCAP ODB 5% HⅢ	C-NCAP ODB 50% HⅢ	Euro-NCAP FWRB 5% HⅢ	Euro-NCAP FWRB 50% HⅢ	Euro-NCAP ODB 5% HⅢ	Euro-NCAP ODB 50% HⅢ	IIHS SOB 5% HⅢ	IIHS SOB 50% HⅢ	IIHS ODB 5% HⅢ	IIHS ODB 50% HⅢ	UN R 94 FWRB 5% HⅢ	UN R 94 FWRB 50% HⅢ	UN R 94 ODB 5% HⅢ	UN R 94 ODB 50% HⅢ	FMVSS 208 FWRB 5% HⅢ	FMVSS 208 FWRB 50% HⅢ	FMVSS 208 ODB 5% HⅢ	FMVSS 208 ODB 50% HⅢ	FMVSS 208 5% HⅢ	OOP HⅢ 6岁	OOP HⅢ 3岁	CRABI 12
头部	HIC₁₅	—	500	—	500	—	500	500	500	500	—	—	—	560	—	—	—	—	600	600	600	600	600	600	570	390
头部	HIC₃₆	—	—	650	—	650	—	—	—	—	560	560	560	—	—	—	—	1 000	—	—	—	—	—	—	—	—
头部	a(-3 ms)	g	—	74	—	74	74	74	74	74	—	—	—	—	—	—	—	80	—	—	—	63	—	40	36	30
胸部	压缩量	mm	23	22	23	22	18	—	74	22	—	60	—	60	—	—	—	50	52	63	—	60	60	60	55	50
胸部	a(-3 ms)	g	—	—	—	—	—	—	—	—	—	—	—	—	—	—	—	—	—	—	—	—	—	—	—	—
胸部	v_{Cmax}	m/s	—	0.5	—	0.5	0.5	0.5	0.5	0.5	—	0.8	—	0.8	—	—	—	1.0	—	—	—	—	—	—	—	—
大腿	$F_{轴向}$	kN	—	—	—	3.8	2.6	—	—	3.8	—	—	—	—	—	—	—	—	—	—	6.8	6.8	10	6.8	—	—	—
大腿	膝盖位移	mm	—	6	—	6	—	—	—	6	—	12	—	12	—	—	—	15	—	—	—	—	—	—	—	—
小腿	TI	—	—	0.4	—	0.4	—	—	—	0.4	—	0.7	—	0.7	—	—	—	1.3	—	—	—	—	—	—	—	—
小腿	压缩力	kN	—	2	—	2	—	—	—	2	—	4	—	4	—	—	—	8	—	—	—	—	—	—	—	—

注：ODB（Offset Deformable Barrier）：偏置吸能障碍壁；
FWRB（Full Width Rigid Barrier）：全宽刚性障碍壁；
SOB（Small Overlap Barrier）：小重叠障碍壁。

附表 2　侧面碰撞生物力学测量限值简要对比

身体部位	评价指标	单位	C-NCAP MDB SID 2s	C-NCAP MDB ES-2	Euro-NCAP MDB WS 50	Euro-NCAP Pole WS 50	IIHS MDB SID 2s	UN R 95 MDB ES-2	FMVSS 214 MDB SID 2s	FMVSS 214 MDB ES-2	FMVSS 214 Pole ES-2	FMVSS 214 Pole SID 2s	FMVSS 201 Pole SID-H3
头部	HIC_{15}	—	500	—	—	—	—	—	—	—	—	—	—
头部	HPC	—	—	—	500	500	620	1 000	—	—	—	—	—
头部	HIC_{36}	—	—	650	—	—	—	—	—	—	—	—	—
头部	a (-3 ms)	g	—	72	72	72	—	—	1 000	1 000	1 000	1 000	1 000
胸部	压缩量	mm	—	22	28	28	34	42	44	—	44	—	—
胸部	$v_{C\max}$	m/s	—	1.0	—	—	1.0	1.0	—	—	—	—	—
腹部	腹部力	kN	—	—	47	47	—	2.5	2.5	—	2.5	—	—
腹部	压缩量	mm	—	3	1.7	1.7	—	6	6	5.5	6	5.5	—
骨盆	(PSP) F	kN	3.5	—	—	—	—	—	—	—	—	—	—
骨盆	骨盆力	kN	3.5	—	—	—	—	—	—	5.5	—	5.5	—

第 3 章

车体耐撞性

3.1 车体前方耐撞性要求

车体是在碰撞事故中保护乘员的第一道屏障。乘员受到伤害的原因主要有两种。

第一种是挤压伤害。当车室内空间被压缩得比人体体积还小的时候，人体必定要受到组织损伤。以平头卡车为例，碰撞后的生存空间就是车体耐撞性的主要测试目标。卡车驾驶室内部挤压效果如图 3.1 所示。

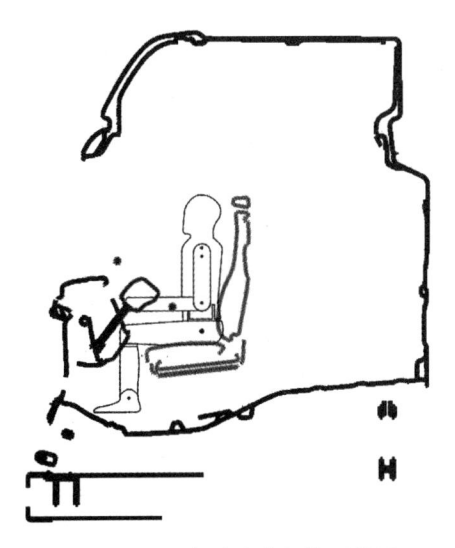

图 3.1 卡车驾驶室内部挤压效果

第二种是肢体与车室内部之间的碰撞引起的伤害。如果把车体与障碍物发生的碰撞称为一次碰撞，那么乘员与车室内部发生的碰撞则被称为二次碰撞，这种碰撞一般发生在头、胸与方向盘、仪表板、挡风玻璃之间。也有人把人体内部器官与体腔之间的碰撞称为三次碰撞（见第 2 章　乘员伤害评价）。碰撞安全工程上用车体耐撞技术解决一次碰撞的吸能问题，用乘员约束系统（安全带、安全气囊）解决二次碰撞的吸能问题。

从上述两种伤害形式出发，车体耐撞性能的总体设计原则是：

（1）车室以外的前端结构（发动机舱、前悬架）要有足够的塑性，以便利用前部变形充分吸收掉车体的碰撞动能，把传入车室的碰撞能量降低到最小。车体最主要的吸能标志就是降低撞击加速度的峰值。为此，需要把车体设计分为两个区来考虑：一个是前端的塑性变形区，保证碰撞时获得最小的加速度峰值；另一个是车室内的刚性不变形区，保证基本的乘员生存空间。

（2）车室的刚度要尽量高，以便在碰撞事故中保证给乘员留有足够的生存空间，避免发生挤压伤害。同时，把乘员阻挡在车室之内，避免乘员被抛出车外遭受更严重的伤害。车室还要保持形状完整，以便在车辆事故后乘员能轻易从内部自行开启车门逃生，或接受外部救援的时候能够顺利从外部开启车门将乘员安全撤出。

（3）在结构完整的车室内部，再用弹簧与阻尼把乘员和车室隔开，降低二次碰撞的强度。

车辆耐撞性设计概念如图 3.2 所示。

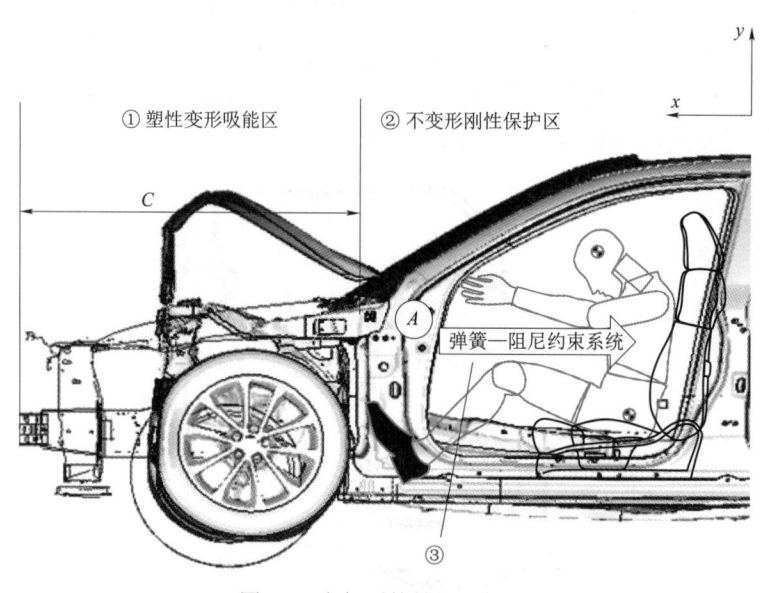

图 3.2　车辆耐撞性设计概念

碰撞后车室的生存空间可以用车室前墙向内的塌陷量来衡量。欧洲新车安全等级评价 EuroNCAP[1] 采用 40%部分重叠的正面碰撞试验，美国新车评价 NCAP 试验也开始采用 25%重叠度的正面碰撞试验，这些试验的撞击载荷集中在驾驶员一面的单侧，这对车室抗塌陷变形能力是一项严峻的考验。低重叠度碰撞也被称作偏置碰撞 ODB（Offset Deformable Barrier）。各种重叠度的正面碰撞试验如图 3.3 所示。

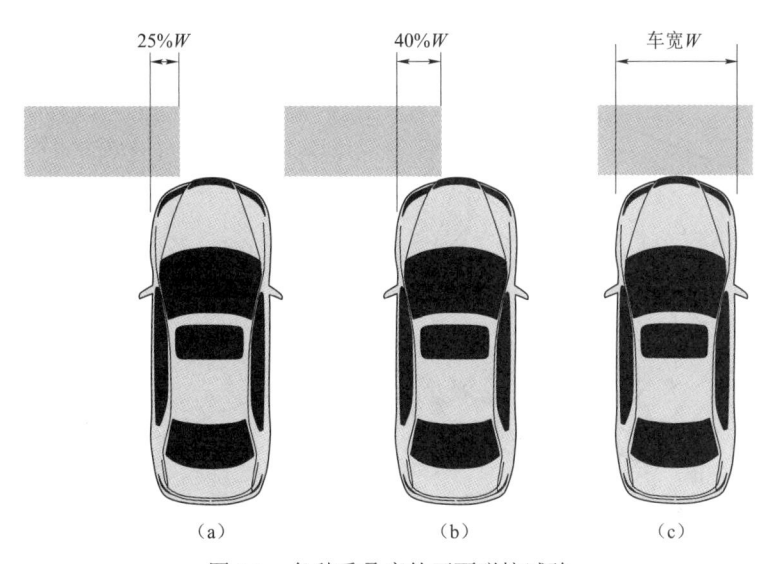

图 3.3　各种重叠度的正面碰撞试验
（a）25%重叠度；（b）40%重叠度；（c）100%重叠度

全宽刚性壁（FRB）的碰撞工况最简单，对称性、一致性较好，可利用的公开数据量较大（如美国高速公路运输与安全管理局 NHTSA 的 NCAP），比较适于用来作解析模型验证。本书范围内的碰撞能量分析将以这种工况为基础，所用分析方法可按照此原理移植到其他各种碰撞模式。

用图 3.4 中的尺寸可以衡量碰撞后驾驶室的整体空间变形程度。表 3.1 所示为这些监控点在碰撞试验前后的变化举例[2]。

图 3.5 所示为驾驶员前部地板与立墙的局部变形测量方法。尤其关注这个区域是因为在偏置碰撞中这部分的变形最为严重，可能对乘员下肢造成伤害，并推动方向盘和转向柱，压缩生存空间，对乘员胸部造成伤害。

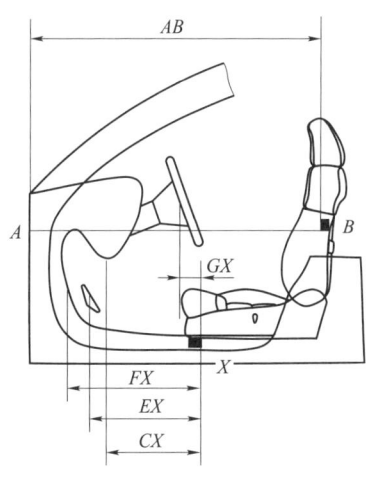

图 3.4　尺寸示例

表 3.1　监控点在碰撞试验前后的变化举例

部位	描　述	单位	试前	试后	尺寸变化
AB	车门开口	mm	792	713	79
CX	左腿膝盖接触点到 X	mm	254	215	39
DX	右腿膝盖接触点到 X	mm	220	195	25
EX	制动踏板到 X	mm	539	532	7
FX	放脚点到 X	mm	610	615	−5
GX	转向柱中心到 X	mm	65	113	−48

X：座椅导轨前端。

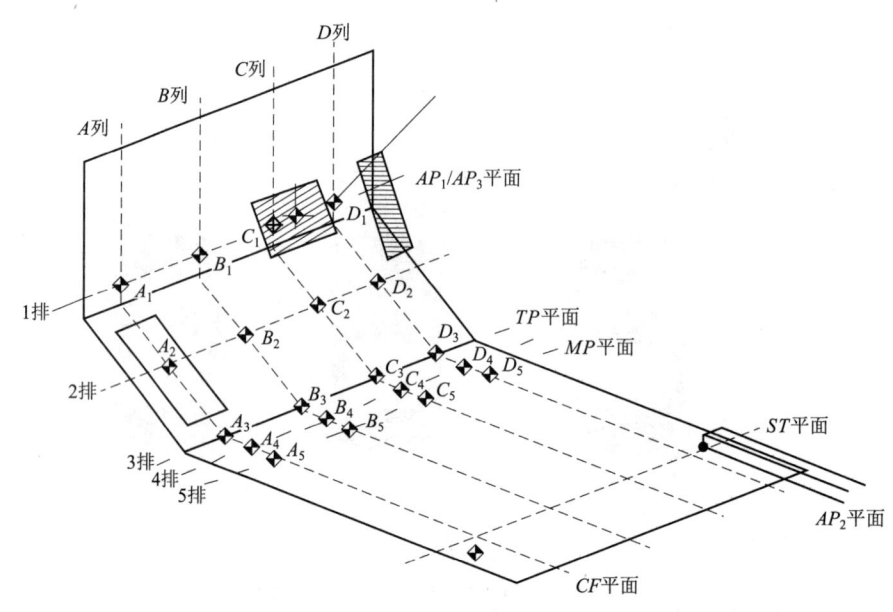

AP_1 平面：通过 D_1 点的 Y-Z 平面
AP_3 平面：通过 D_1 点的 X-Y 平面
CF 平面：通过脚底板中点死亡 X-Z 平面
TP 平面：脚挡板与脚底板的折线的 Y-Z 平面
D 列：车辆与 AP_2 平面的交线
3 排：车辆与 TP 平面的交线
2 排：1 排与 3 排的中间点

AP_2 平面：通过 D_1 点的 X-Z 平面
MP 平面：ST 平面与 AP_1 平面中间的 Y-Z 平面
BP 平面：通过制动踏板中心的 X-Z 平面
A 列：车辆与 CF 平面的交线
1 排：车辆与 AP_3 平面的交线
5 排：车辆与 MP 平面的交线
4 排：3 排与 5 排的中间点

图 3.5　驾驶员前部地板与立墙的变形测量方法[2]

其他考察车室完整性的方法还有：观察碰撞后前风挡是否有脱落、不借助其他工具是否就可以徒手将车门打开，等等。

IIHS（Insurance Institute for Highway Safety）评价试验是美国除了 NCAP 之外的另一项重要评价试验，整体的最终结果分为"差、边缘、可接受、好"四个等级。各个级别对前地板变形的规定见图 3.6。

在保证完整的车室生存空间的基础上，剩下的任务就是如何保证乘员不与车室内部发生严重磕碰，基本的办法是在乘员与车室之内加一个弹簧—阻尼约束系统（见图 3.2）。这个弹簧的刚度不能太大，因为太硬的弹簧同样会给乘员带来伤害；也不能太软，弹簧刚度过小仍然可能会让乘员与车室前方部件发生磕碰（弹簧触底）。最佳的弹簧刚度应当

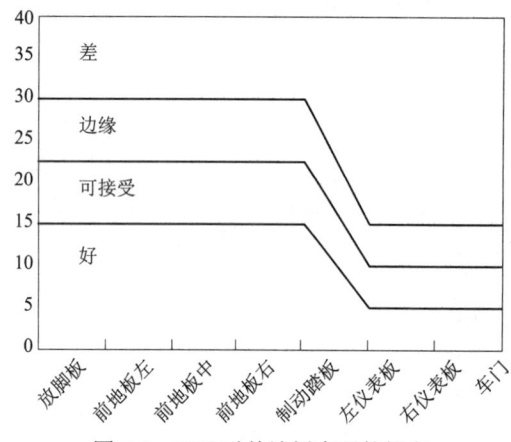

图 3.6　IIHS 对前地板变形的规定

可以使乘员比无约束碰撞状态更缓慢地冲向前方，最后，在即将接触前方部件的那一瞬间完全停止下来。这个设计原则可以获得最大的乘员制动距离（相对于车室），最大限度地利用室内空间。显然，长距离制动会减小乘员身上的冲击载荷，因此图 3.4 中所示的各个尺寸参数越大，对乘员保护越有利，但是车辆的空间设计对这些尺寸都有严格制约。

如何选择这个弹簧的刚度，并与有限的室内空间取得平衡，就是乘员约束系统的设计任务。约束系统设计的另外一个难点是，如何控制乘员的碰撞姿态，在有空间的地方应尽量让肢体受控地往前移动，在没有空间的地方应马上让肢体停止运动。在车辆中，各个肢体部位的前移空间是不同的，有的肢体可以往前移动多一些，有的肢体的前移空间就很小[2]（见图 3.2 和图 3.4），肢体前移距离的差异带来的直接后果就是造成乘员的关节过度弯折导致关节、神经伤害和肢体甩动角加速度，尤其是颈部，如果头部向前、后甩动过大，惯性弯矩就会超出颈椎的承受力，严重时会引起中枢神经伤害。从关节损伤的角度来看，乘员保持原有姿态往前平移最为理想，但是这显然和"肢体制动距离最大化"原则相冲突，因此，解决肢体转动与空间利用最大化之间的冲突是约束系统设计的另外一个重要任务。

在用弹簧吸收约束乘员动能的同时，还需要加入阻尼单元，用途是防止弹簧回弹，否则弹簧会把已经通过压缩变形吸收进去的动能重新"吐回"给乘员，再次对乘员造成伤害。

应当注意，图 3.2 中弹簧系统左端的安装基点 A 是固定在车体上，而不是固定在一个静止的基础上的。在碰撞过程中，这个基点随车体经历了一系列的加速度历程，所以弹簧—阻尼约束系统的设计一定要考虑 A 基点提供的动态输入，也就是车体碰撞的减速动态过程。

A 基点的动态输入特性可以用车体碰撞加速度的时间历程来描述。如果采用图 3.2 中所示的 SAE 坐标系定义，碰撞时车体加速度将被标记为负值。典型的车体加速度响应碰撞波形如图 3.7 所示。每个车型都有自己独特的加速度历程曲线，如同每个人的个

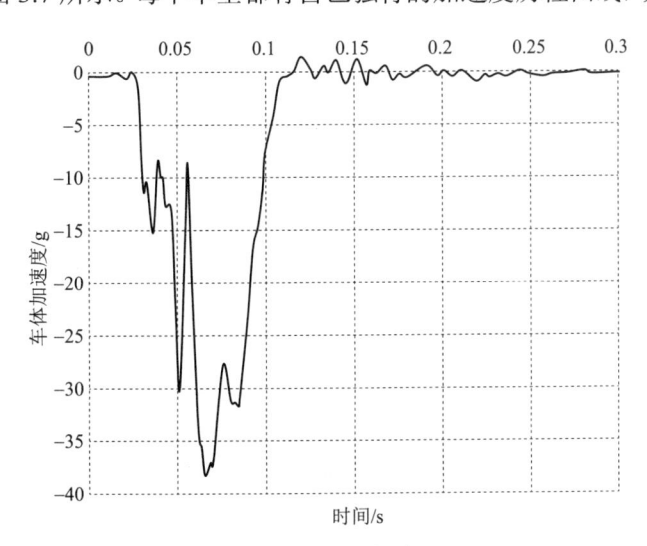

图 3.7 典型碰撞波形

性签名一样，反映了各自不相同的结构特征，我们将其称为该车型的"碰撞波形"。对应不同的碰撞波形，即不同的 A 基点振动特性，同样一个弹簧—阻尼约束系统的响应是不一样的，因此对乘员的保护作用也不同。这就意味着，约束系统不是普适的，必须对某个特定的车体碰撞波形进行"匹配"设计才能发挥其最好的保护效果。"弹簧—阻尼"约束系统与 A 基点动态冲击的联合作用叫作车体与约束系统之间的"耦合"效应。

"耦合"设计首先要回答这样一个问题：什么样的碰撞波形最有利于车体与约束系统之间的耦合？这个问题将在下节进行详细讨论。

碰撞安全性能设计由两大部分工作内容组成：车体耐撞性设计与约束系统耦合匹配设计。车体耐撞性设计有两大目标，一是控制挤压变形，二是控制碰撞加速度的波形。

对碰撞安全设计任务的总结如图 3.8 所示。

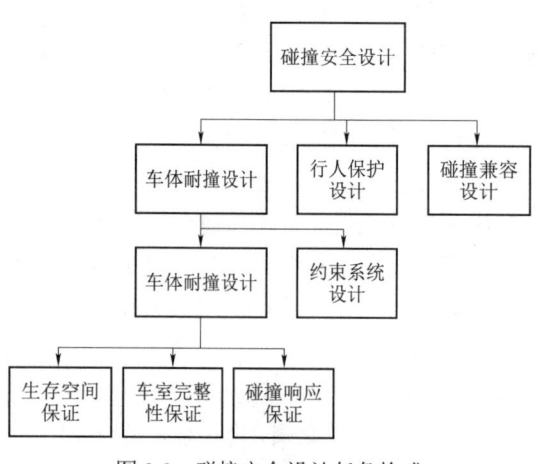

图 3.8 碰撞安全设计任务构成

3.2 前端结构碰撞刚度设计

3.2.1 碰撞安全性对前端刚度的要求

为了避免车室受到挤压变形，应当从两方面采取工程措施。首先，应保证车室的强度高于前端结构的强度，前端变形的发生先于车室的变形。另外，图 3.2 中的前部塑性压溃区要尽量多地吸收碰撞动能，传入车室部分的能量越少，车体变形自然就越小。

假设车辆撞在一堵刚性壁壁上，因为要求车室是刚性的不允许变形，故前端的塑性变形量就是车辆在碰撞中所行驶过的制动距离 s。

$$a = \frac{v_0^2}{2s} \tag{3.1}$$

由式（3.1）可以看出，为了使车身的加速度 a 尽可能小，应当尽量增加停止距离，也就是增加前端碰撞压缩量 s。实际上，现代车辆的设计要求内部空间逐渐加大，而外部尺寸则要求越来越小，因此 s 是很有限的，一般为 0.5～0.8 m，这就要求在这个压缩范围之内发生尽可能多的塑性变形，为此需要做以下两方面的考虑。

首先，不能有空载行程，否则会浪费空间、降低吸能效率。在前端压溃的全程范围 C 内，如果有任何一段结构，如 II 阶段刚度非常薄弱，抵抗力下降，就会无谓消耗

掉 C_{II} 这段位移，从而降低吸能效率（见图 3.9），这段结构就会对整体的刚度起到一个"短板效应"影响，这就要求不能有"刚度空隙"。

抵抗力下降有很多时候是由承载纵梁的失稳造成的。承载梁在碰撞时有轴向压缩和弯折变形两种吸能形式。弯折变形（见图 3.10）所吸收的碰撞能量远小于轴向皱褶压缩，故避免纵梁类吸能件弯折就是一种提高吸能效率的有效方式。

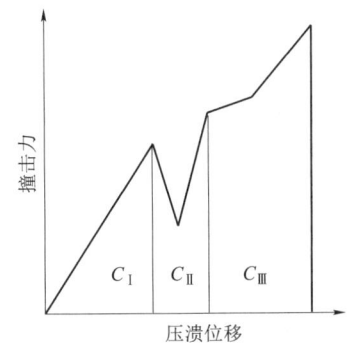

图 3.9　撞击力与压溃位移的关系

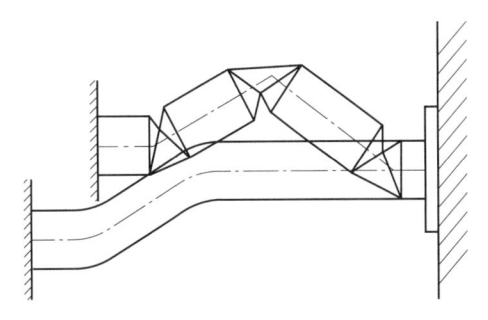

图 3.10　弯折变形

规则的皱褶变形呈手风琴状。弯折变形中，首先在梁上会出现一些离散的塑性压溃，然后，以这些起始压溃点为铰链发生整体弯折。更多的情况是弯折和皱褶的复合压缩形态。

如图 3.11 所示的纯皱褶变形是最理想的压溃形态，可以最大限度地吸收碰撞能量。轴向皱褶压溃也叫渐进式压溃，在实际碰撞中是很难实现的，除非是正面垂直撞击或与碰撞物只有轻微的斜角（5°～10°）。弯折变形是最容易发生的，因为这种变形提供了最短的能量传递路径。如果结构不经过有意地精心设计迫使其发生皱褶方式压缩，那么碰撞变形一般都会自然采取弯折形式。发生弯折变形一般是由某一个薄弱点的应力集中所引发的，因此，设计时要尽量避免形成应力集中，才能诱导其沿轴向的稳定坍缩。

影响坍缩模式的成因非常复杂，对其的相关研究不是很多。如果纵向承载梁失稳，会导致刚度突然下降，因此对耐撞性的设计非常重要。文献 [22] 的研究表明，当梁件长度超过一定临界值时就会发生弯折。通过对弯折和皱褶坍缩两种模式发生条件的统计分析，作者提出了适于评价方形截面钢梁和圆形截面钢梁的经验公式：

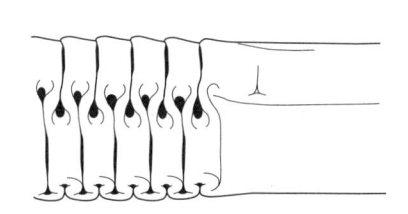

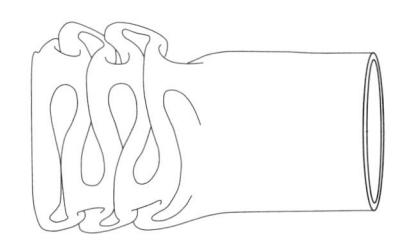

图 3.11　纯轴向皱褶变形

$$\left(\frac{L}{C}\right)_{\mathrm{cr}} = 3.423 \mathrm{e}^{\left(\frac{0.04C}{t}\right)} \tag{3.2}$$

$$\left(\frac{L}{2R}\right)_{\mathrm{cr}} = 3.355 \mathrm{e}^{\left(\frac{0.032R}{t}\right)} \tag{3.3}$$

式(3.2)适于评价方形截面，其中，L 为长度，C 为正方形边长，t 为壁厚。式(3.3)适于评价圆形截面，其中，R 为半径。

其次，耐撞强度分配要从前往后呈递进式增长，后段的强度高于前段的强度。假设Ⅱ段的强度小于Ⅰ段的强度，低强度碰撞的能量也会引起Ⅱ段结构损伤，故仅从损伤成本和维修成本上考虑是不合理的，同时也会降低前端结构的吸能效率。另外，碰撞更容易传导到车室，提前引起车室压溃变形。

紧凑型乘用车的典型力—变形曲线见图 3.12[4]，力值几乎呈线性增长，因此在概念设计时可以近似假设刚度是恒定的。压溃区刚度恒定增长假设是估算压溃吸能最常用的模型[5],[6]，该模型假设撞击力与前端压溃变形呈线性关系，刚度为恒定，压溃吸能与压溃量成抛物线增长关系。车体所承受的最大撞击力 F 可以反映出对车体的刚度要求。假设车体刚度恒定，撞击力 F 呈线性增长，撞击动能为 E，则有：

$$E = \frac{1}{2} \cdot m \cdot v_0^2 = \frac{1}{2} \cdot k \cdot s^2 \tag{3.4}$$

$$k = \frac{m v_0^2}{s^2} \tag{3.5}$$

式中，k 就是前端塑性压溃区的刚度，与整车质量、碰撞速度和压缩量有关。如果车室的整体刚度高于 k，则可以抵抗车室的内向塌陷变形。

撞击合力可由装有测力单元的障碍墙测取，如果实验室没有测力障碍墙，也可以用质量与加速度的乘积来近似估算，二者十分接近（见图 3.12）。

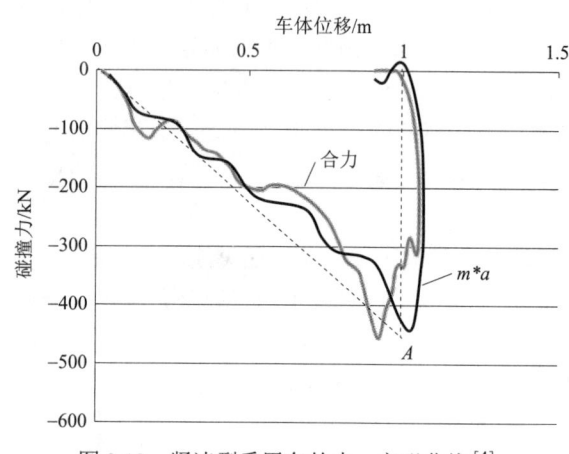

图 3.12 紧凑型乘用车的力—变形曲线[4]

出于造型的考虑，近年来前端结构变得越来越短，使前端刚度逐渐提高[7],[38],[39]，但目前还没有发现前端刚度与乘员伤害指标之间有直接联系[6],[36],[37]。同样，对 2011—2014 年的 NCAP 试验统计（附录Ⅰ～附录Ⅲ）没有发现前端刚度与乘员伤害之间的直接影响规律（见图 3.13），其与星级评价成绩的关系也不明显（见图 3.14）。

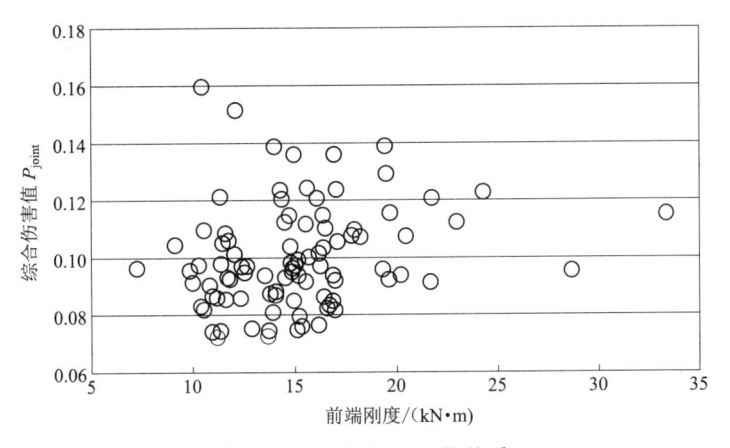

图 3.13 刚度和 P_{joint} 的关系

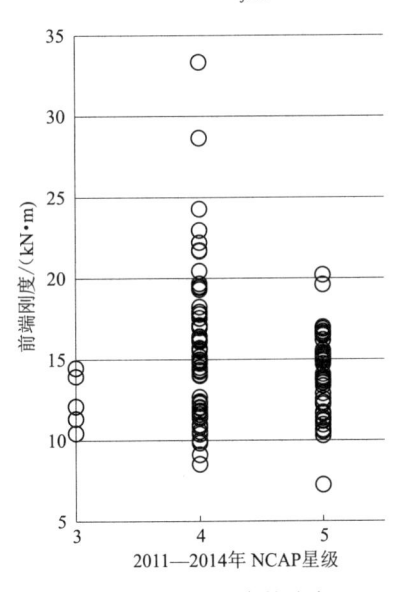

图 3.14 前端刚度的分布

由于前端缩短、刚性增加，出于车室刚度应大于前端刚度的考虑，车室的刚度也应随之提高，才能避免车室的侵入变形，这就意味着车身的质量需要有所增加，或者需要采取额外的轻量化措施才能保证原有的安全性能。

文献［2］和［7］的研究也表明，前端刚度 k 和内侵塌陷量之间没有明显的线性关系，是否发生塌陷还要取决于车室刚度与前端刚度之间的相对关系。只要刚性车室的前端能抵挡得住最大撞击力，那么前端刚度对内侵量就没有影响。但是应当注意，前端刚度与车体碰撞加速度有明显关系，加速度又与伤害值有直接关系，所以说刚度对伤害值有间接影响。

虽然没有发现刚度与伤害指标之间的直接关联，但是刚度提高的直接后果是导致碰撞加速度增加（见图 3.15），显然，缩短前端长度的要求给约束系统的后续匹配带来了更大的压力。

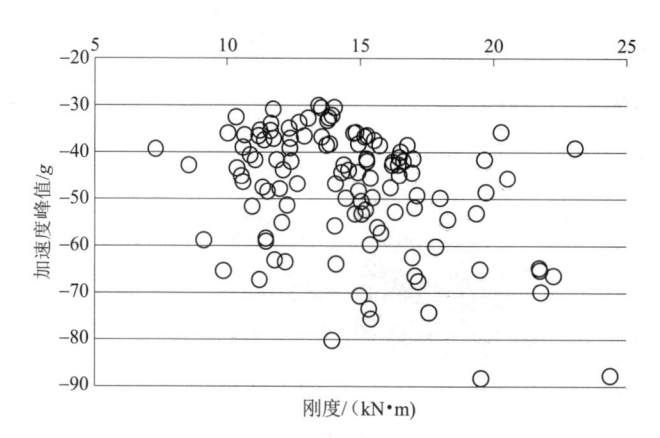

图 3.15 刚度与加速度峰值的关系（刚度越大，加速度越大）

3.2.2 刚度与碰撞加速度峰值

3.2.2.1 碰撞加速度峰值对安全性的影响

从直觉上理解，车体碰撞得越猛烈，即加速度越大（车体碰撞是一个减速过程，其加速度为负值，为方便起见，以下统称为碰撞加速度），乘员越不安全。

加速度的历程，即车辆是如何被制动的，加速度曲线的形态是什么样的，其在约束系统匹配阶段是一个非常重要的工程参数，属于约束系统与车体结构之间的"耦合匹配"技术，将在本书第4章进行详细讨论。但是仅就加速度峰值高度而言，即已经直接影响到乘员的伤害值。

在 NCAP 试验中，常采用 12 条伤害风险曲线来评价乘员保护的安全性概率[8],[9],[10]。附录 I 中的试验数据源自美国 NCAP 试验（http://www.safercar.gov/Safety+Ratings）司机位置的 50 百分位男性假人，其伤害风险曲线数据见表 3.2。

表 3.2 伤害风险曲线

伤害指标	风 险 曲 线
头（HIC$_{15}$）	$P_{head}(\text{AIS 3+}) = \Phi\left(\dfrac{\ln(\text{HIC}_{15}) - 7.45231}{0.73998}\right)$ 其中，Φ = 累积正态分布函数
胸（变形，mm）	$P_{chest_{defl}}(\text{AIS 3+}) = \dfrac{1}{1+e^{10.5456 - 1.568*(\text{Chest}_{defl})^{0.4612}}}$
大腿（力，kN）	$P(\text{AIS 2+}) = \dfrac{1}{1+e^{5.795 - 0.5196\text{Femur\_Force}}}$
颈（N_{ij} 与拉伸/压缩，kN）	$P_{neck\_N_{ij}}(\text{AIS 3+}) = \dfrac{1}{1+e^{3.2269 - 1.9688N_{ij}}}$ $P_{neck\_Tens}(\text{AIS 3+}) = \dfrac{1}{1+e^{10.9745 - 2.375\text{neck\_Tens}}}$ $P_{neck\_Comp}(\text{AIS 3+}) = \dfrac{1}{1+e^{10.9745 - 2.375\text{neck\_Comp}}}$ $P_{neck} = \text{maximum}(P_{neck\_N_{ij}}, P_{neck\_tens}, P_{neck\_Comp})$

严重伤害概率 P_joint 用下式表示：

$$P_\text{joint} = 1-(1-P_\text{head})\times(1-P_\text{neck})\times(1-P_\text{femur}) \tag{3.6}$$

五星 $P<0.100$，四星 $0.100<P<0.150$，三星 $0.150<P<0.200$。

碰撞加速度峰值对 P_joint 有直接影响，如图 3.16 所示，即降低撞击加速度峰值是降低综合伤害指标的有效途径。

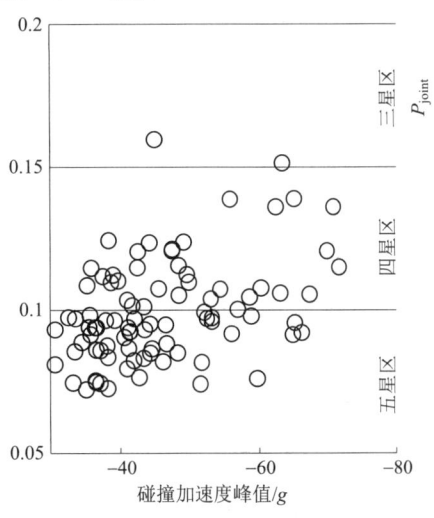

3.2.2.2 等效加速度方波

在图 3.17 中，虽然两条撞击速度试验曲线 A、B 的时间历程不同，但是曲线下的面积是一样的，即加速度 a 可以采用各种曲线形状来包围出同样的面积，即初始碰撞动能相同，但是减速过程可以不同。例如，在保持碰撞时间及加速度曲线下面积不变的条件下，图 3.18 中的矩形加速度 a_v1 曲线可以变为图中的三角形曲线 a_v2。两条曲线相比，虽然乘员人体加速度 a_o 曲线下面的面积仍然相等，都等于单位质量内的人体质量初始动能，但在三角波情况下的人体加速度却有获得更高峰值的机会。相比之下，矩形加速度波形可以把人体加速度抑制在一定的低水平之下。对于一定的初始碰撞动能和固定的碰撞压缩空间，矩形加速度波形是对乘员保护最有利的一种碰撞形式，代表了一种均匀的能量释放过程，可以避免过高的集中加速度峰值，能把峰值保证在较低水平，因此其是所有形态里最理想的波形。

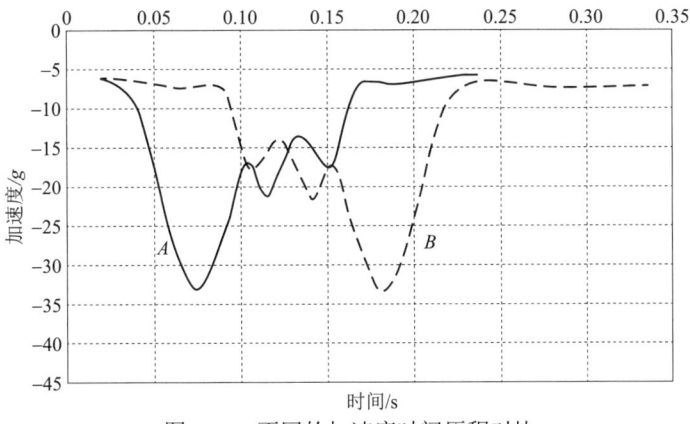

图 3.16 碰撞加速度与 P 有直接关联关系

图 3.17 不同的加速度时间历程对比

在实际碰撞过程中，车体在纵向的刚度变化幅度比较大，且碰撞力是一个波动过程，因此碰撞加速度曲线不会是一个理想的矩形，而是呈现出从零逐渐上升到峰值的趋势。以"初始动能相等"和"压缩空间相等"为边界条件，任何一个形态的加速度波形都可以被等效成一个矩形方波，即被称为"等效矩形波"ESW（Equivalent Square

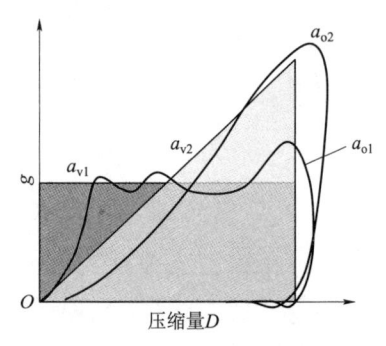

图 3.18 位移域内车体加速度与乘员加速度的简化

Wave)。等效的原则是保证任意矩形方波下的面积相等。

设车体质量为 M，初始碰撞速度为 v_0，相对于地面的最大位移为 C，且在此距离内完成全部前端结构压缩。等效加速度方波幅值高度为 ESW，在恒定的加速度 ESW 作用下，碰撞力做功等于整车的初始碰撞动能：

$$\frac{1}{2}mv_0^2 = \text{ESW} \cdot M \cdot C \quad (3.7)$$

$$\text{ESW} = \frac{v_0^2}{2C} \quad (3.8)$$

如果 ESW 的单位为 g、v_0 的单位为 km/h、C 的单位为 mm，则：

$$\text{ESW} = \frac{v_0^2}{0.25C}(g) \quad (3.9)$$

可用 ESW 方法在变形域内进行碰撞力做功分析。图 3.18 中的三角波可以被等效成图中的矩形波，而不改变二者的初始碰撞动能，二者的压溃距离也相同。ESW 越低，乘员的最大加速度响应就可能越低，因此，车辆耐撞性设计应当追求尽可能低的 ESW 水平。给定碰撞速度和前端可利用压缩空间以后，ESW 就是一个固定值。ESW 的设定会直接影响到车体实际碰撞时的最大加速度响应。根据附录Ⅰ～Ⅲ的数据统计，ESW 与车体加速度峰值之间的关系见图 3.19，呈现出比较稳定的正比关系，因此，在概念设计阶段其是一个很有用的初始目标输入。

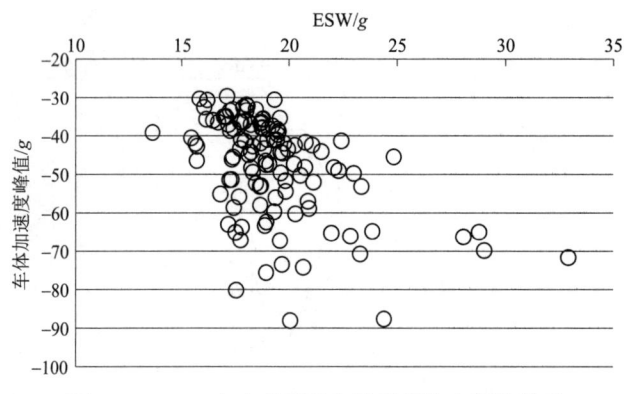

图 3.19 ESW 与车体碰撞加速度峰值之间的关系

从图 3.20 可以观察到，五星车辆的 ESW 大部分分布在 $16\sim20\,g$，四星车辆的 ESW 分布在 $16\sim30\,g$。可以认为，五星级别车辆的 ESW 应当控制在 $20\,g$ 以下。依照现有技术，尽管加速度方波在车辆设计中很难实现，但完全可以将 ESW 当作一个用来决定最大压溃空间 D 的尺寸参数的初始设计目标。

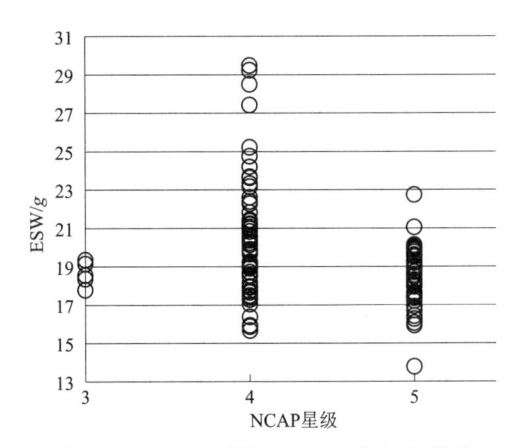

图 3.20　NCAP 星级和 ESW 之间的关系

3.2.2.3　前端压溃距离对加速度峰值的影响

可利用压缩空间 D 由图 3.21 所示中的 D_1 和 D_2 两大部分组成，由车体总布置方案所决定。一旦 ESW 目标值确定以后，总压缩空间 D 就由式（3.9）所确定。

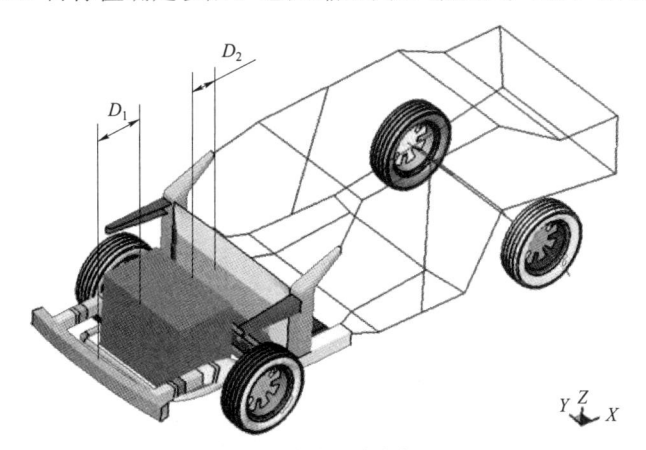

图 3.21　前端压缩空间 D

假设一个乘用车欲进行 56 km/h 的刚性壁正面碰撞试验，且想保证其 ESW 小于 20 g，求所需的最小压缩空间长度 D。根据式（3.9）有：

$$D = \frac{v_0^2}{0.25 \times 20} \cong 500 \text{ mm} \tag{3.10}$$

这就意味着，为尽量保证碰撞后车室的完整性，即避免前挡板受到发动机从前往后的挤压变形，在总布置设计阶段，应当保证 D_1 和 D_2 之和大于 500 mm。压缩量的设计是总布置概念设计时期的一个关键参数，与车体碰撞响应有着很密切的联系。由图 3.22 可见，附录 Ⅰ～Ⅲ中 NCAP 五星级车型的可利用压缩空间 D 在 400～900 mm，大量的四星级车辆可用压缩空间低于 400 mm。五星级车辆碰撞后的静态压溃量 C（在压缩回弹以后的静止状态进行测量）值也较高，分布在 600～800 mm。四星车辆的压溃量 C 有很多处于 600 mm 以下。其实际测量结果和公式估算范围是比较接近的。

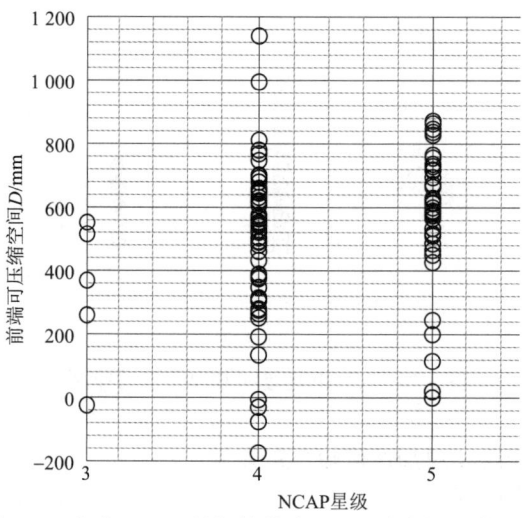

图 3.22　各个 NCAP 星级的前端可用压缩空间 D 的分布

可见，车前端的可压缩量 D 值和最大实际压溃量 C 都会随着星级的提高而加大（见图 3.23），因此在造型允许的条件下，应当尽量加大这两个长度。理想条件下有：

$$车室塌陷变形量 I = 实际压溃变形量 C - 可压缩空间 D \qquad (3.11)$$

因此，二者的差值应当越小越好。实际观察可以发现，五星级车辆的 I 值分布在 0～200 mm（见图 3.24）。

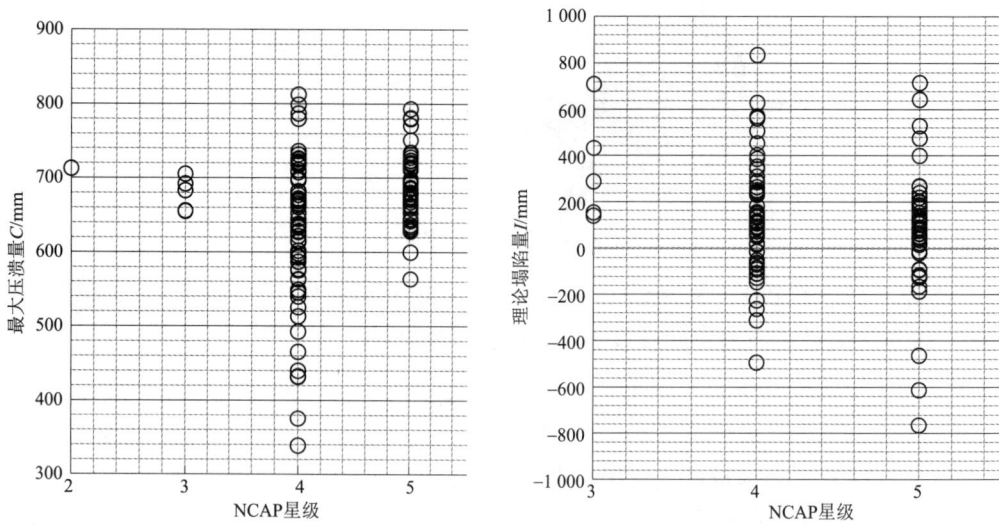

图 3.23　各个 NCAP 星级的前端压溃量 C 分布　　图 3.24　各个 NCAP 星级的理论内侵量 I 的分布

撞击波形的加速度峰值越低越好。总压溃量 C 与加速度曲线的波峰直接关联，图 3.25 表明，用加长压溃量的方法可以控制波峰高度，附录 I 试验数据的回归关系如下：

$$g = 0.068\ 9D - 92.582 \qquad (3.12)$$

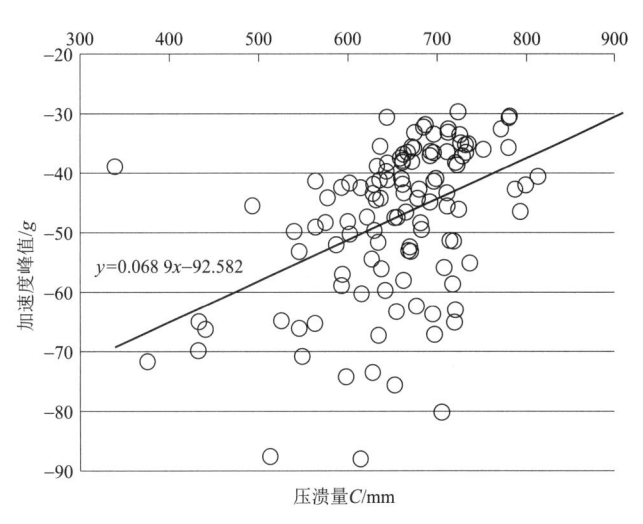

图 3.25 压溃量 C 与加速度峰值之间的分布关系

在图 3.25 中，压溃量与加速度峰值之间没有呈现出绝对的线性分布。线性回归的 R 平方系数较小，用式（3.12）直接推断 g–D 关联尚觉稳定性不足，因此需要继续用第三方中间变量进一步观察加速度峰值与压溃行程之间的关系。从试验数据中可以观察到，波形长度 L 与压溃量、加速度峰值也都成正比，分别见图 3.26 和图 3.27，数据分布规律可用来对式（3.12）做进一步修正。

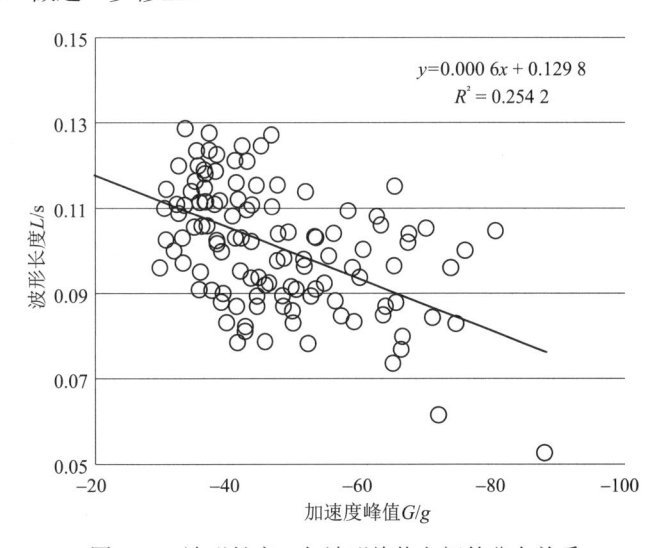

图 3.26 波形长度 L 与波形峰值之间的分布关系

由图 3.26 有：

$$L=0.000\,6G+0.129\,8 \tag{3.13}$$

由图 3.27 有：

$$L=0.000\,1C+0.033 \tag{3.14}$$

将式（3.14）代入式（3.13）有：

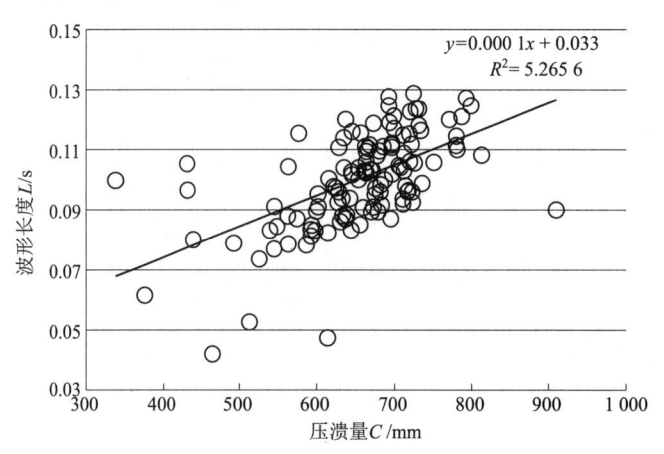

图 3.27 波形长度 L 与压溃量之间的分布关系

$$G=0.17C-161.33 \tag{3.15}$$

取式（3.12）与式（3.15）的平均值可得到基于多参数测试得到的 g–D 线性回归（见图 3.28）：

$$G=0.1195C-126.96 \tag{3.16}$$

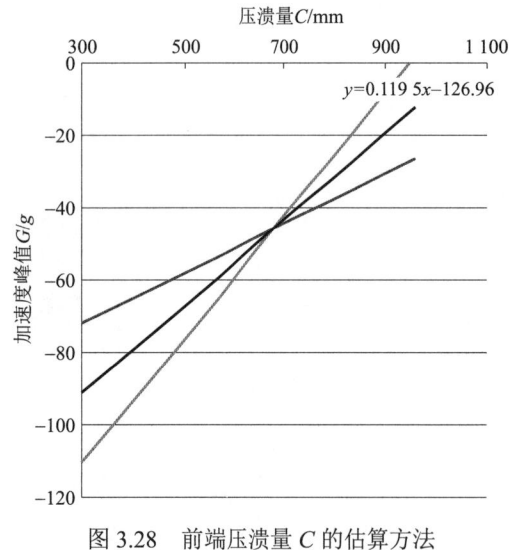

式中，G 的单位为 g，压溃变形量 C 的单位为 mm。根据式（3.9），由整车的目标 G 值即可进行前端纵向尺寸总布置设计。注意图 3.28 的结论只适用于 56 km/h 的刚性壁正面碰撞试验。

3.2.2.4 前端刚度与波形效率

对于前端很短的紧凑型轿车，压溃量很小，加速度峰值又不能很高，故对其前端吸能的效率设计是一个挑战。为了度量前端机构吸能的效率，文献［11］和［12］引入了波形效率参数。波形效率 μ 定义为：

$$\mu = \frac{\text{加速度}-\text{位移曲线下的面积}}{\text{曲线外围矩形面积}} \tag{3.17}$$

图 3.28 前端压溃量 C 的估算方法

$$\mu = \frac{\frac{1}{2}mv_0^2}{m \cdot G_{\max} \cdot C} \tag{3.18}$$

由前述可知，矩形方波是比较理想的波形。从波形走向形态上来看，"好"的波形就是接近矩形，即在保证等曲线包围面积的条件下，尽量不出现波峰凸起及保持峰顶平缓。局部波峰很高，可以认为其结构吸能过程不够均匀和充分，会给约束系统提供在此峰值上叠加出更大人体加速度峰值的可能，又因为其结构吸能效率很低，因此"波形效率"很低。

在变形域内，图 3.29 表示了典型的加速度—位移波形。A_G 是包括实际 A—D 曲线的矩形面积，A_{ESW} 为 ESW 波形在变形域内的面积。我们把 A_{ESW} 与 A_G 二者面积之比 η 定义为"波形效率"：

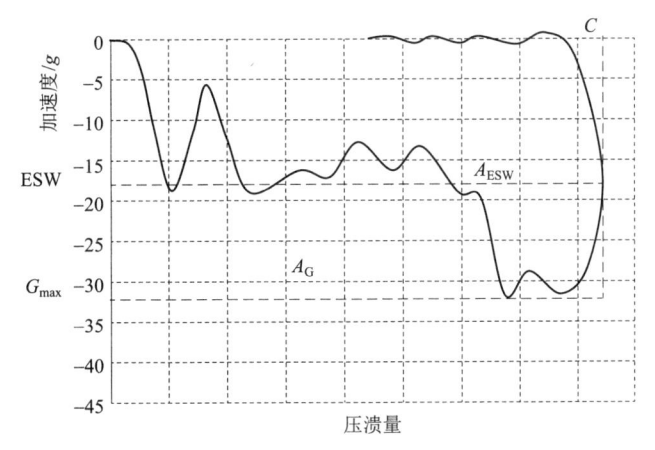

图 3.29 波形效率 η 的计算

$$\mu = \frac{A_{ESW}}{A_G} = \frac{\text{ESW}}{a_{max}} \quad (3.19)$$

按照这个定义，一个波形的上端很平坦，其波形效率就高；如果波形上下起伏较大，则其效率就会很低。

在附录Ⅰ～Ⅲ的 NCAP 试验结果统计中，波形效率与评星等级的分布关系见图 3.30。

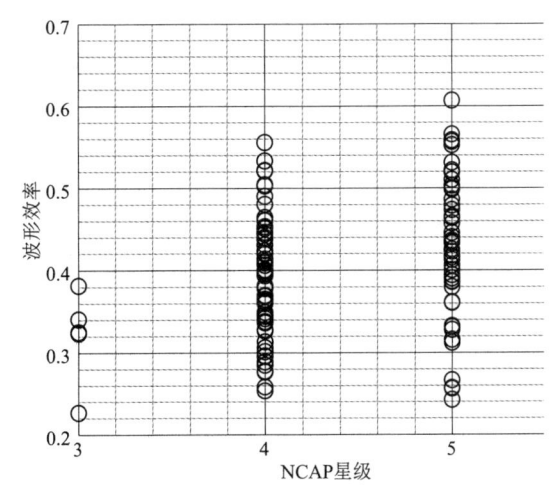

图 3.30 各个 NCAP 星级的波形效率分布

由图 3.30 可以观察到，五星级车辆的 η 值大多在 40%以上，一般分布在 35%~55%；三星、四星级车辆的 η 值则有很多分布在 40%以下，一般分布在 25%~45%。从分布趋势上看，波形效率 η 的分布中心对于各种星级的车型有较大的差异，五星级车辆的波形效率较高，四星级车辆的波形效率分布较低，其也可以从另一方面反映出结构吸能效率对安全性能的影响。

观察车辆各个碰撞响应参量可以看到，波形效率对加速度峰值有直接影响（见图 3.31）。如果欲将加速度峰值控制在 50 g 以下，则波形效率应当高于 35%。

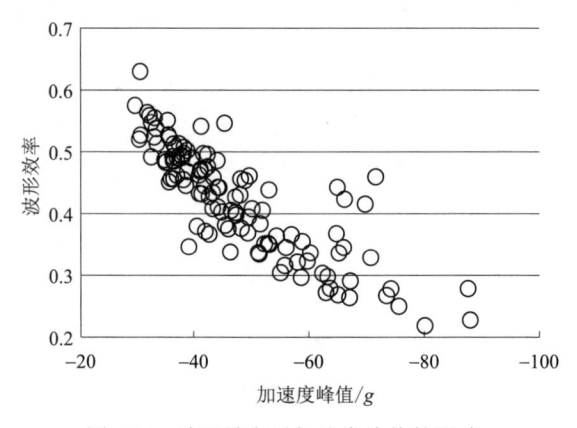

图 3.31 波形效率对加速度峰值的影响

对于紧凑型轿车的前端设计，前端压溃空间受到非常严格的限制，为此，专门构建了一个加权系数 $G*C$：

$$G*C = |加速度峰值 G| (g) + 压溃量 C (\text{cm}) \quad (3.20)$$

如果我们要求前端很短，同时又要求碰撞加速度峰值很小，那么 $G*C$ 就必须很小。对附录Ⅰ~Ⅲ数据库的统计表明，波形效率对 $G*C$ 有决定性的影响。如果波形效率很低，前端压缩空间又很小，那么加速度峰值一定会很高。保证波峰效率的方法有防止弯折变形形成"刚度间隙"，或者采用高强度钢与优化截面，增强纵梁的横向稳定性，或者采用智能材料吸收集中载荷。高效吸能的紧凑型轿车前端的加速度—压溃量曲线必须呈现出直线上升的趋势，而中型轿车的加速度—位移曲线的前端则允许存在一段缓慢上升区间。从图 3.32 中可以看出，波形效率与 $G*C$ 的分布关系更加趋于严格收敛，说明波形效率对 $G*C$ 的影响更加明确，因此，紧凑型和小型轿车对波形效率的控制相对于中型轿车来讲更加重要。

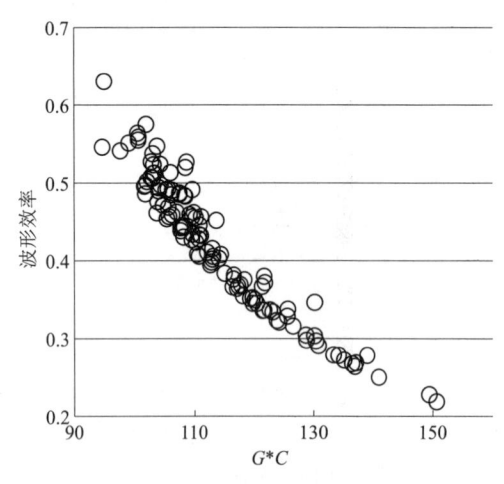

图 3.32 波形效率对 $G*C$ 参数的影响

3.2.3 前端压缩空间的最低要求

案例分析 1

（1）设：碰撞安全目标为美国 NCAP 五星，试验工况为正面刚性碰撞，速度为 56 km/h，验证前端设计纵向尺寸 D_1、D_2 和总压溃量等设计目标。

（2）设定碰撞峰值限制。根据附录 Ⅰ～Ⅲ 的数据统计，各个级别车辆碰撞的加速度峰值分布见图 3.33。五星车辆的加速度峰值多分布在 30～40 g，四星的则大多数高于 40 g，40 g 是四星与五星之间加速度峰值的明显分界线。因此，将碰撞加速度的目标定为 35 g。根据图 3.19 将 ESW 定为 16 g。

（3）按加速度峰值求最小压溃量 C 和可压缩空间 D。将 ESW 目标 16 g 代入公式（3.9），求得最小压溃距离应为 800 mm。为保证获得最小的车室塌陷变形量，根据公式（3.9），$D = D_1 + D_2$ 应当尽量大，根据图 3.24，五星级车辆的前端压溃变形量与 D_1+D_2 之间的差值应当小于 200 mm，因此在整车总布置设计时应当保证 $D_1+D_2 \geqslant 600$ mm。

（4）根据图 3.32 的波形效率与 $G*C$ 的规律，$G*C=115$，其对应的波形效率在 40% 以上。在图 3.12 中，保证力值呈直线上升可获得最大的波形效率，尽量避免朝力一位移三角的方向塌陷，即等刚度设计。保证上升线平直的时候波形效率为 50%，要想高于 50%，就必须使力—位移曲线呈弓起形态。保证波形效率的方法是从前往后在纵向上尽力消除局部的刚度薄弱环节，图 3.12 所示的力值曲线只能在 3D 结构数据完成以后才能用有限元模拟计算进行检查。

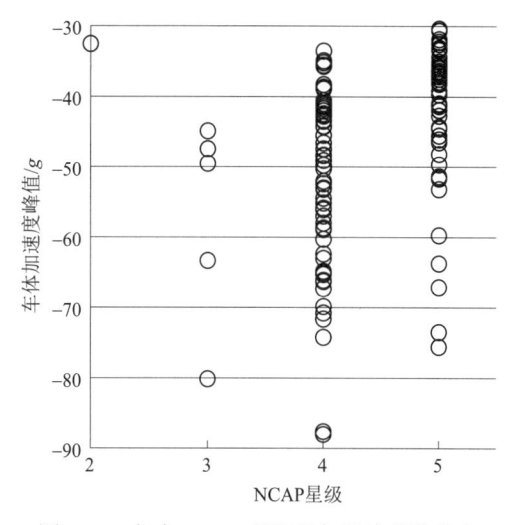

图 3.33 各个 NCAP 星级的加速度峰值分布

由图 3.12 可以看出，碰撞试验中由测力障碍壁测得的合力和由加速度 a 与质量 m 计算出来的 $a*m$ 是非常接近的，因此可以用加速度峰值和整车质量来估算最大的力值 F_{max}，在这个力的作用下，刚性车身应不发生向内的塌陷变形。

以上前端结构概念设计工作方法流程如图 3.34 所示。

除了碰撞刚度要求，还要防止车室局部塌陷，主要技术措施是载荷均布设计。载荷均布是指前方传来的碰撞载荷要以树根分支的形式作用在刚性车室上（见图 3.35），尽量避免集中在某一个部位，否则会引起这个部位的局部塌陷。保证载荷分支结构的连续性非常重要，中间不能有提前间断。载荷路径分支设计没有一成不变的，总的目标就是将主干载荷最小化地分派到各个分支结构里去。承载力分析只有在结构设计完成以后的有限元碰撞模拟分析阶段才能进行。

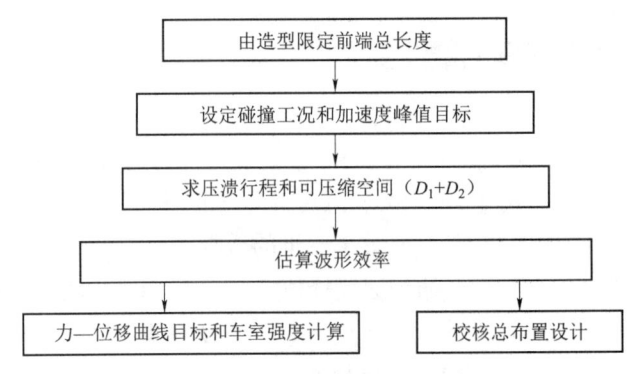

图 3.34 前端压缩空间设计流程

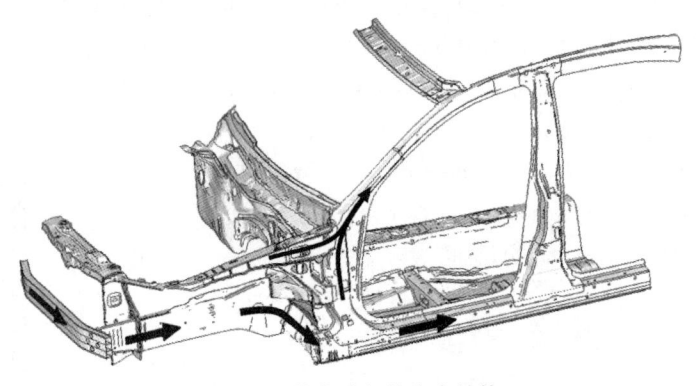

图 3.35 载荷路径的分支结构

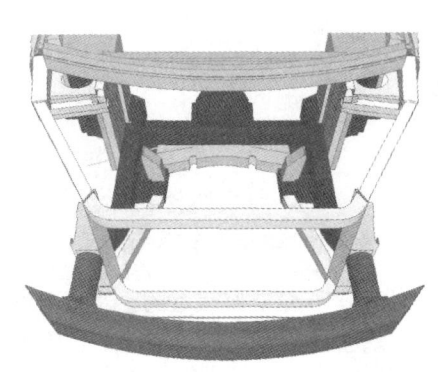

图 3.36 封闭框架式前端结构设计方案[6]

对于集中载荷，如偏置碰撞、柱撞、上骑、下钻等各种工况，应当让尽可能多的部件参与碰撞吸能，并在发生局部碰撞的时候把临近的结构件也都牵连进来。图 3.36 所示为一种"闭环"设计方案，当左侧发生部分重叠碰撞时，可以通过封闭环结构将撞击能量传递到右侧构架，利用其变形吸收碰撞能量[6]。

目前还出现了上述三维框架往微观方向发展的趋势。微观桁架结构设计技术是以结构承载性能为输入条件，以优化结构中每一个微小单元的材料属性、结构几何参数及空间布局。它属于载荷针对性设计，是基于拓扑优化思想而进一步开发的，与多材料应用技术融合，配合工艺开发，可为轻量化设计提供创新性的解决方案。与常规设计技术不同的是，功能导向的微观结构设计技术同步实施结构优化与材料应用，通过定义不同承载功能区来有针对性地进行仿真分析。

3D 桁架结构具有承载性能好、质量轻、布置灵活等优点，已成为微观桁架结构设计的基本单元。在碰撞过程中，传统的车身吸能部件通过轴向压溃塑性变形来耗散碰撞能量。对于微观桁架结构，在垂向冲击载荷作用下，桁架单元可以将沿车体纵向（x 轴方向）的压力转化成横向的横杆拉力，以维持横向整体的稳定性，并实现横向载荷的传递。这种承载功能的划分不仅可以掌握单元的承载贡献度，而且有利于根据载荷变化对各个梁的几何尺寸及空间布局进行调整和优化[13]。因此，微观桁架很适合应用于偏置碰撞、斜角碰撞、柱撞等非对称性载荷的碰撞工况。

当结构件的某一点承受集中载荷时，各个微结构单元的横拉杆会在各个单元之间发挥横向牵引作用，使"外地"更多的微结构件参与到"本地"的承载任务中来。整体结构在载荷作用下被逐步压缩至实体，最后微结构件的塑性变形与其之间的摩擦力还会进一步吸能。此种特性非常有利于保证在集中载荷作用后整体具备较高的刚度和完整性。微观桁架刚度递增的结构特性非常符合车辆碰撞刚度分布"前软后硬"的设计准则，有利于结构吸能并保持乘员舱完整，特别是在小面积重叠碰撞工况下，空间分布式微结构单元分散了主路径载荷，使材料的承载参与度达到最大化[14]。微结构材料在保险杠总成上的应用示例见图 3.37。

图 3.37　微结构轻量化保险杠总成方案

3.3　碰撞波形优化

除了挤压伤害，第二类伤害就是乘员与车体内部之间发生的"二次碰撞"。车体碰撞加速度峰值与乘员伤害值之间呈现出明显的相关关系，因此，车体前端设计的首要任务之一就是降低碰撞加速度峰值。除加速度峰值之外，加速度曲线的形态对乘员伤害程度也有很大影响。具有同样"弹簧—阻尼"特性的一个乘员约束系统在不同的车体碰撞加速度波形作用下，对乘员的保护效果很可能有较大不同，这种车体—系统之间的交互耦合作用将在第 4 章进行讨论。但是，单就车体的碰撞响应来讲，波形本身有没有"好""坏"之分呢？以下考察碰撞波形对任一约束系统的普遍性作用效果。

文献 [15]（1988 年）讨论了不同减速波形对乘员伤害的影响。文献 [15] 中用残余变形量作为评价乘员伤害的指标，发现残余变形量大时乘员伤害较低（因为残余变形量是由高水平的起始加速度所引起的）。随后，文献 [16]、[43]、[44] 在理论上证明了高水平起始加速度对降低乘员伤害是有好处的。文献 [17]（1990 年）研究了波形对胸部加速度和头部伤害的影响，并在变形域用 G_1 和 G_2 两个水平的双梯形对波形进行简化（G_1 和 G_2 以发动机碰撞为分界点），同时发现：提高 G_1 可以降低头部与胸部的伤害，G_2 存在影响胸部加速度的最佳值。文献 [18] 用方波、半正弦波和三角波对乘员伤害进行模拟，认为半正弦波最适合于匹配约束系统，波形长度对保护效果有很大影响。文献 [19] 对平均加速度、波形长度、零速度时间、波形与相位的交叉影响进行了分析，结论是单车与刚性正面障碍的对撞并不能反映车—车对撞的波形，其强度也不相等，30 m/s（50 km/h）的正面刚性碰撞相当于 41 m/h（67.5 km/h）的车—车对撞（接近速度 82 m/h（135 km/h））。文献 [20]（2002 年）认为负波形是有可能的，并且对约束效果有正面作用。文献 [21]（2003 年）对车体波形和约束系统的同步优化进行了尝试，并用改变第一阶波峰和第二阶波峰的方法研究对乘员伤害的影响，发现抬高第一阶和降低第二阶对降低乘员伤害是有利的。文献 [22]（2006 年）认为方波并不是一个理想的波形，用方波进行结构优化不一定合适。如果采用上述公认的"前段高载荷"式波形，又会给低速碰撞带来负面影响。

3.3.1　波形时域分析

实验室里的波形特征记录是在时域里完成的，所以先做波形的时域分析。

在一定的碰撞初始速度和整车质量条件下，碰撞总能量是一定的：$E=\frac{1}{2}mv_0^2$，这是一个结构安全工程师不可控的设计量。这个能量将以一次碰撞、二次碰撞的形式耗散掉，乘员身体上承受的加速度是伤害的直接成因之一。车体碰撞的加速度时间历程是一个在试验中容易测取的物理量，可以建立起乘员加速度历程与车体结构之间的联系，可将其作为车体耐撞性设计的一个入手点。碰撞波形就是碰撞加速度或者车体压溃变形量的时间历程。

时间域的典型波形见图 3.38，这是在碰撞物理试验里唯一能测得的运动学信号。通过对加速度信号的分析，可以得到碰撞的速度和位移曲线：

$$a=\frac{\mathrm{d}v}{\mathrm{d}t} \tag{3.21}$$

$$v=\frac{\mathrm{d}x}{\mathrm{d}t} \tag{3.22}$$

$$v=v_0+\int_{t_0}^{t}a\mathrm{d}t \tag{3.23}$$

$$x=x_0+\int_{t_0}^{t}v\mathrm{d}t=x_0+\int_{t_0}^{t}(v_0+\int_{t_0}^{t}a\mathrm{d}t)\mathrm{d}t \tag{3.24}$$

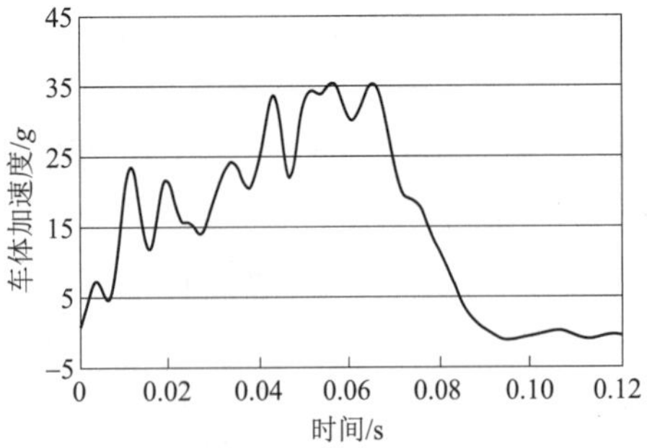

设 $x_0=0$，则：

$$x=v_0t+\int_{t_0}^{t}\int_{t_0}^{t}a\mathrm{d}t\mathrm{d}t \tag{3.25}$$

由图 3.38 加速度积分获得的速度和位移波形见图 3.39。时间域的波形可方便地用于运动学分析，尤其是当测得乘员身体各个部位的加速度以后，配合车体的加速度曲线（见图 3.40），就给观察乘员与车体之间相互运动的连带关系提供了一个有力工具。

图 3.38　车体加速度曲线

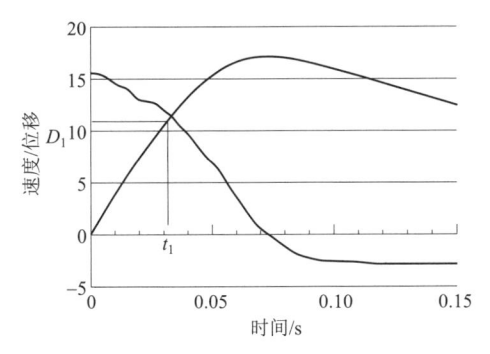

图 3.39　速度与位移曲线（用 t_1 确定 D_1）

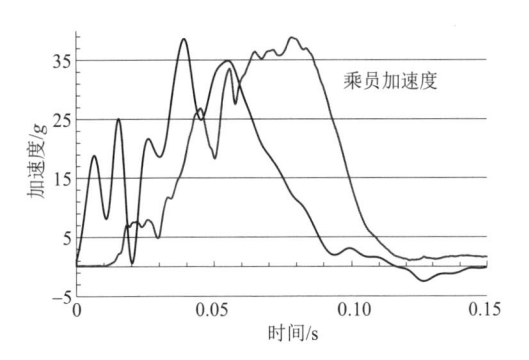

图 3.40　车体与乘员加速度的叠加分析

3.3.2　波形位移域分析

当需要进行动力学分析，即能量分析时，在碰撞变形域里对加速度分析则比较便利。碰撞加速度的波形这时可以表示成加速度与车体位移，即车体碰撞压缩变形量之间的对应关系。在变形域内做动力学参数分析会带来很多便利之处。首先，A—D 曲线能直观地表达撞击力与车体结构纵向尺寸之间的关系，在此基础上可以进一步开展结构的力学纵向分布特性设计，建立碰撞加速度与车体结构尺寸之间的直接联系。其次，在变形域内还可以观察到一些在时域内看不到的动力学特征参数（见第 4 章　约束系统概念设计）。通过位移域分析，运动学参数可以和能量过程建立直接的线性联系，也可以在进行能量过程分析时将能量的计算转换为简单的几何面积计算。变形域分析的基本原理如下：

设碰撞速度为 v_0，车质量为 m_v，则碰撞动能为：

$$E = \frac{1}{2}m_v v_0^2 = m_v \int_{v_0}^{v} v \mathrm{d}v = m_v \int_{x_0}^{x} a \mathrm{d}x = m_v \cdot e \tag{3.26}$$

因此，在变形域内，加速度曲线下的面积与质量的乘积就是总碰撞能量。加速度对压缩量的积分代表了单位质量内耗散掉的碰撞能量，因此也可以将其称为"能量密度" e，其物理含义是分摊到每单位质量里面的碰撞能量。

$$e = \int_{x_0}^{x} a \mathrm{d}x \tag{3.27}$$

$$e_{\max} = \int_{x_0}^{D} a \mathrm{d}x = \frac{1}{2} v_0^2 \tag{3.28}$$

典型的 A—D 曲线形态见图 3.41。位移域的横坐标取自于图 3.39 中的位移数据，在与纵坐标加速度 G 的关系中，通过图 3.38 的曲线消去了中间变量时间 t。曲线的积分，即能量密度曲线，见图 3.42。

最大能量密度与质量无关，只和碰撞初始速度有关，也就是说，只要初始碰撞速度 v_0 相同，所有车型、所有碰撞形式都有相同的最终能量密度，但是，在每个碰撞过程中，能量密度如何从零开始逐渐达到最大值的过程和方式是不一样的。

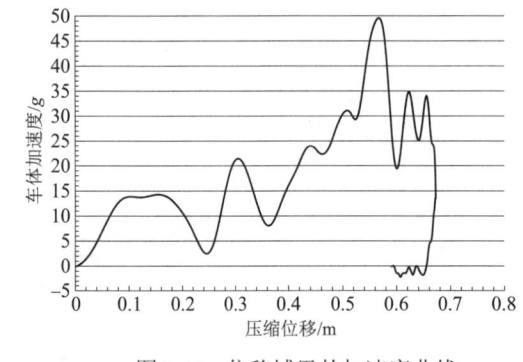

图 3.41　位移域里的加速度曲线

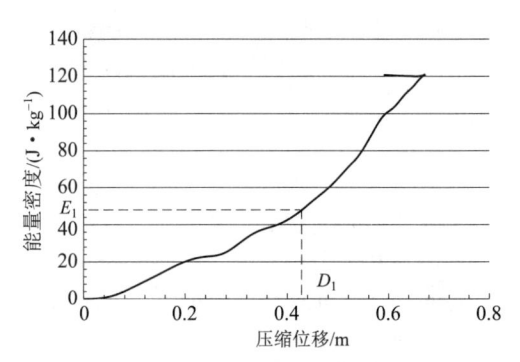

图 3.42　车体能量密度曲线

我们可以根据应用目的决定是在时间域里进行运动学分析，还是在变形域里进行能量分析。

3.3.3　车体加速度波峰平均高度对乘员伤害的影响

如果乘员身体始终与车体紧密贴合，完全同步地随车体做"一次碰撞"，乘员的伤害会减少很多。之所以会发生"二次碰撞"伤害，是因为乘员与车体之间存在间隙 δ。

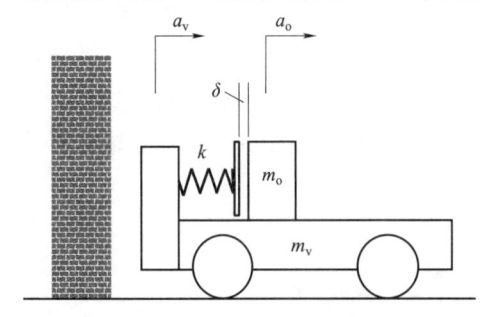

如图 3.43 所示，假设车辆以初始速度 v_0 和加速度 a_v 撞击固定障碍墙，乘员 m_o 的加速度为 a_o，乘员约束系统弹性系数为 k，乘员与约束系统之间的间隙为 δ，t_δ 为乘员与车辆碰撞的时刻，则有：

$$t_\delta = \sqrt{\frac{2\delta}{a_e}} \tag{3.29}$$

图 3.43　车体—乘员模型

假设车辆加速度是一个理想的方波，加速度为恒定值 a_e，则有

$$a_o = a_{ov} + a_e \tag{3.30}$$

式中，下角标 o 代表乘员，v 代表车辆，ov 代表乘员相对于车辆的运动。将乘员在车内相对于车体的运动简化为一维自由振动，其运动方程为

$$m_o a_o = -k x_{ov} \tag{3.31}$$

$$\frac{d^2 x_o}{dt^2} = -\frac{k}{m_o} x_{ov} \tag{3.32}$$

设 $\omega^2 = \dfrac{k}{m_o}$，方程解的形式为

$$a_{ov} = A\sin(\omega t + \varphi) \tag{3.33}$$

根据文献[12]所假设的边界条件，解得积分常数 A 和 φ 如下：

$$A = a_e \sqrt{1 + (2\pi f t_\delta)^2} \tag{3.34}$$

$$\varphi = \tan^{-1}\frac{1}{t_\delta} \quad (3.35)$$

有

$$a_o|_{\max} = a_e\sqrt{1+(2\pi f t_\delta)^2} + a_e = a_e(1+\sqrt{1+(2\pi f t_\delta)^2}) \quad (3.36)$$

文献 [12] 将 $1+\sqrt{1+(2\pi f t_\delta)^2}$ 定义为"动力放大因子"DAF，则有

$$a_o|_{\max} = \text{DAF} * a_e \quad (3.37)$$

乘员的 ESW 可根据等效方波计算公式（3.9）求得。a_e 虽是变形域中的等效能量表达方法，但是不影响其被应用到时域分析中。

公式（3.37）的含义是约束系统将车体的等效加速度又放大了一个倍数，这个倍数完全取决于约束系统的参数特性。假设某约束系统固有频率为 6 Hz，乘员被约束之前的自由行程 δ 为 50 mm，目标 $a_e = 15\,(g)$，则有

$$t = 0.03\text{ s} \quad (3.38)$$
$$\text{DAF} = 2.5 \quad (3.39)$$
$$a_o|_{\max} = 45\,g \quad (3.40)$$

由图 3.44 表明，车体通过约束系统将碰撞加速度传递到乘员身上。在约束系统（弹簧）的作用下，乘员所承受的加速度等于车体加速度再叠加一个由单自由度弹簧—质量振动系统引起的振荡加速度。当乘员与约束系统之间的自由行程为零时，放大作用最小，乘员加速度为车体等效加速度的 2 倍。

观察附录 Ⅰ～Ⅲ 中的 NCAP 试验数据，以乘员胸部约束为例，对于 56 km/h 的正面刚性壁等加速度碰撞，$a_e\sqrt{1+(2\pi f t_\delta)^2}$ 稳定地分量分布在 $15\,g \sim 30\,g$，即

$$a_o|_{\max} = a_e + (15\sim30)g \quad (3.41)$$

由上可知，控制等效加速度波峰高度 a_e 是降低乘员伤害水平的重要措施之一。式（3.41）的含义是：约束系统越软，乘员自由行程越大，对车体加速度的放大作用越小。另一方面，如何在内部空间允许的条件下使放大系数降为最小，则是车体—约束系统耦合设计的任务。

五星级车辆的 a_{oe} 分布在 $20\,g\sim25\,g$，四星级车辆的 a_{oe} 分布在 $20\,g\sim30\,g$，三星级以下车辆的 a_{oe} 则都在 $25\,g$ 以上。匹配良好的约束系统应当将 a_{oe} 控制在 $25\,g$ 以下（见图 3.45）。

3.3.4 二阶能量比

在设计工作中，矩形波的要求很难真正实现。基于车体—约束系统耦合的理论，对车体波形优化已有很多研究成果[23]～[28]，甚至是反过来如何为一个优化好的约束系统去调整结构波形也已有较深的研究[21],[26]。在产品化设计里，实现一个波形的优化是很难的。根据现有车型的典型前端布局，从碰撞能量的角度来看，整个碰撞过程可分为两大部分：障碍壁与发动机接触之前及与发动机接触之后。由于发动机在碰撞中可视为不变形的刚体，所以当障碍与发动机接触时会引起加速度波形的急速上升。为了快速评价波形的质量，同时提高等效方波分析系统性能的精度，我们把一个实际的

波形用两个方波来近似表达：与发动机接触之前 D_1 阶段及从发动机接触防火墙到碰撞结束 D_2 阶段（见图 3.21），代表了典型的车体前段二级刚度特征[6]。尤其是在概念设计阶段，设计目标波形可简化为双阶梯的形式，见图 3.46。

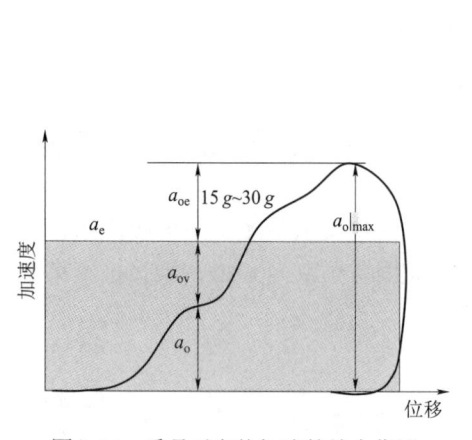

图 3.44　乘员对车体加速的放大作用

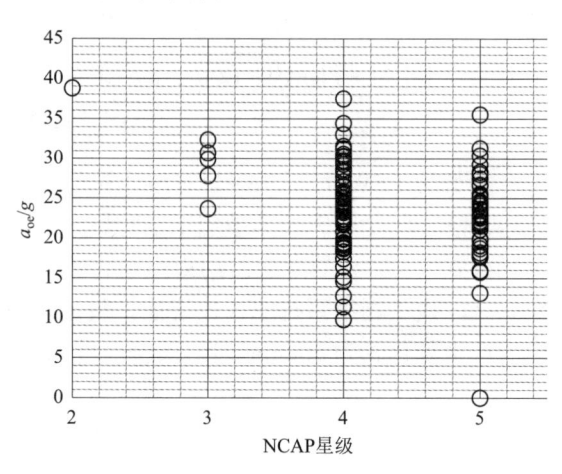

图 3.45　a_{oe} 随 NCAP 星级的分布

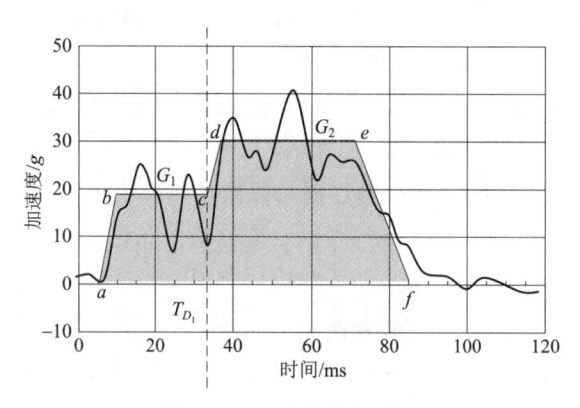

图 3.46　双阶梯简化波形

由于很难实现矩形理想波形，故学术界对什么是可实现的理想波形进行了充分讨论[23]~[28]。理想波形不仅与碰撞吸能效率有关，同时还要考虑车体与乘员约束系统之间的耦合效应。因此，矩形波虽然从结构吸能效率角度来讲是最优的，但是对约束系统的影响却不一定最优。除了对最高加速度峰值的限制以外，车体结构的设计——"怎样"控制能量的吸收过程也十分重要。

从约束系统影响的角度来讲，波形可分为三个阶段：起始阶段（气囊点爆）、气囊展开阶段和乘员挤压阶段。到目前为止，对时域内"理想波形"已有的共识如下（以 56 km/h 的正面刚性壁碰撞为例）：

（1）前部起始阶段波形越高，越有利于减少乘员的头部和胸部伤害，因为在前段，乘员还没有开始移动，所以车身结构应当趁机尽量多地吸收碰撞能量。前段抬高还有利于被气囊控制器识别，以引爆气囊系统。

（2）中段水平应当较低，最好是初段水平的二分之一。这样的中段波形能使车体的速度不至于下降太快，可维持较小的乘员—车体相对速度，从而降低乘员与约束系统的接触速度。其次，较低的中段有利于给气囊提供充分的展开时间，使气囊展开到最大的刚度再开始与乘员接触。

（3）尾段加速度应当接续中段的水平开始稳定上升直至碰撞结束，这种波形在给乘员提供衬垫的过程中有利于减小乘员的相对速度。由于乘员已经处于被妥帖约束的状态，已经准备好迎接撞击的来临，因此整个碰撞过程应当以最高波峰进行收尾。

时域内的大概形状如图 3.47 所示。

下面的观察将从另外一个角度证明起始加速度快速上升是对降低乘员伤害起积极作用的，在此引入"残余变形"（RD）的概念[12]。

假设在以 v_0 为初速度的碰撞下，车辆被压溃的距离为 C。如果没有加速度作用，车辆到达 C 压溃位移所需的时间 t_c 会更短。实际上，在加速度的作用下，t_c 时刻内车辆只行走了压溃位移 c。我们把这二者之间的差值 $C-c$ 称为残余变形量，测量方法如图 3.48 所示。

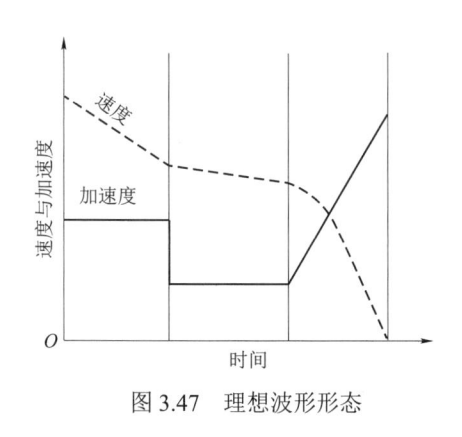

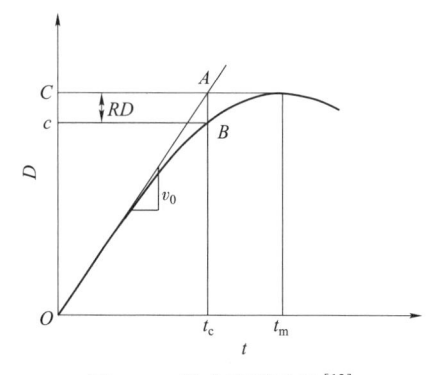

图 3.47　理想波形形态

图 3.48　残余变形示意[12]

文献［15］等其他研究也分析到了加大残余变形量对降低乘员伤害值的正面影响。附录Ⅰ～Ⅳ数据统计的试验结果也证实了这个结果（见图 3.49）。

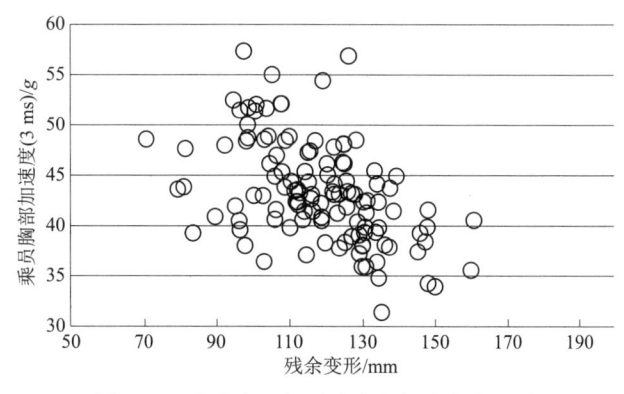

图 3.49　残余变形与乘员胸部加速度的关系

图 3.50 表明，五星级车辆的 RD 值分布在 100～150 mm，四星级车辆的 RD 分布在 80～140 mm。

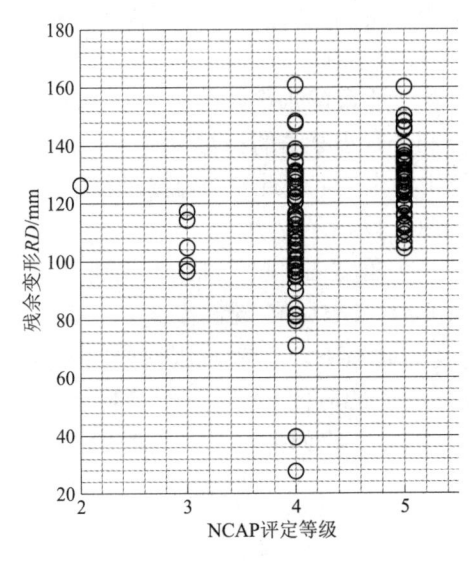

图 3.50　NCAP 评定等级与残余变形之间的分布关系

RD 值越大，也就是在 t_c 时刻 D—t 曲线和 OA 直线之间的距离 AB 越大，即 B 点位置越低，意味着一个更大的起始加速度对 D—t 曲线起到了一个压低的作用。虽然不容易找到与 RD 直接相关的结构布置参数控制量，但是上述观察可以得出的一个间接推论是：抬高起始加速度峰值可以降低乘员伤害值。根据上述结论，二阶波形中的第一级峰值显然越高越好。

在图 3.46 中，$G_1 = \frac{2}{3} G_2$ 是一个根据经验数据统计出的估计值。结构设计的困难之处在于不能在碰撞起始阶段快速地将加速度提升至矩形方波的水平，即没有足够的起始刚度。起始刚度设计不仅与高速撞击耐撞性有关，而且还要兼顾行人保护和保险损伤保护（如美国的 IIHS 等试验评价方法）的刚度要求，不可过高。显然，就耐撞性而言，双阶梯波形中的第一阶高度越高，对乘员保护越有利。现设 T_{D_1} 之前的能量与总能量之比为 α，对 NCAP 试验数据进行统计，结果表明，五星级车辆的阶梯比 α 值分布在 0.35～0.60，三星级车辆的 α 值主要在 0.40 以下，四星级车辆的 α 值则分布在 0.30～0.55，见图 3.51。

图 3.51 中的 α 是根据能量密度曲线计算得出的，方法如下：用从发动机上测取的加速度信号（NCAP 试验一般在发动机的上部布置两只加速度传感器）判读发动开始碰撞的时刻 t_1（见图 3.52）；以 t_1 为分界线，在位移曲线中（见图 3.39）将碰撞位移（即碰撞压缩量）全程划分为 D_1 和 D_2 两个阶段。在变形域内，观察图 3.42 所示的车体能量密度曲线，对应 D_1 点的能量密度数值 E_1 就是 t_1 之前的能量密度。AD 曲线的总面积，即能量密度曲线的最高点，对每个车型来讲都是一致的，只不过因为每次具体试验的

实际碰撞速度总是与 56.3 km/h 有一定的偏差，因此会有小幅的上下波动。对于 56.3 km/h 的碰撞试验，能量密度 e=122.3 J/kg。通过测取 E_1（见图 3.42）即可计算出比值 α。

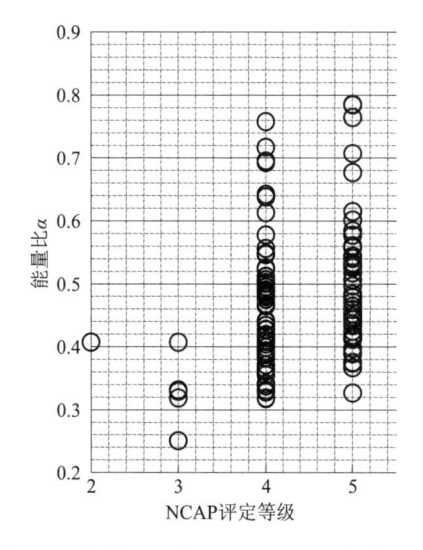

图 3.51 能量比 α 与 NCAP 级别之间的关系

在概念设计阶段，α 值不那么直观，只能在设计完成后当作一个校核指标。为此，我们将其转化为较为简单的参数阶梯比 i 来进行控制。这里将比值 $i=\dfrac{A_1}{A_2}$ 设为结构设计目标之一，A_1 和 A_2 分别为 A—D 曲线里以发动机接触时刻为分界线的前、后面积。在 A—D 曲线里并不能看到发动机接触时刻 t_1，只能通过与其相对应的位移 D_1 来确定。我们希望通过 i 值建立加速度目标值与结构参数之间的联系。通过数据统计分析可以发现，i 和 α 一样对整体表现有类似的影响（见图 3.53），故可利用 i 值来建立能量分配与结构参数之间的联系。

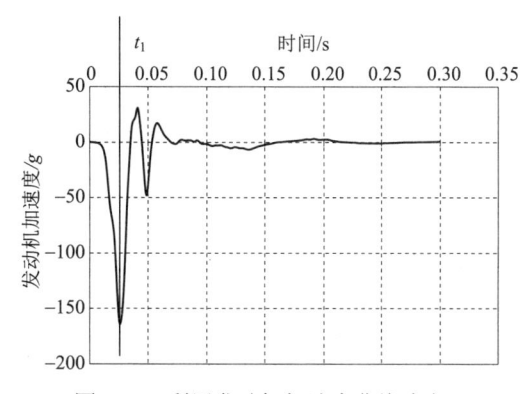

图 3.52 利用发动机加速度曲线确定 t_1

简化能量比 i 可由下式计算（见图 3.54）：

$$i = \frac{\text{面积} abcd}{\text{面积} cefg} \tag{3.42}$$

$$i = \frac{\text{ESW}_1 \cdot D_1}{\text{ESW}_2 \cdot (C - D_1)} \tag{3.43}$$

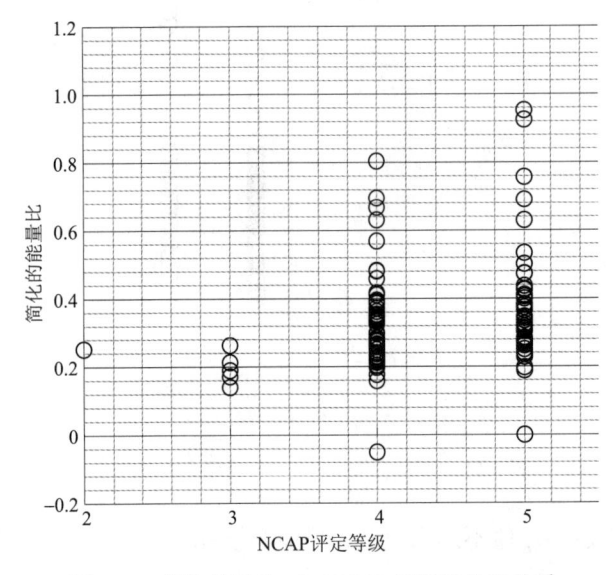

图 3.53　简化能量比 i 与 NCAP 星级的分布关系

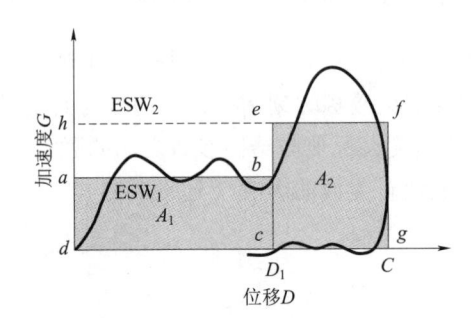

图 3.54　二阶能量比的计算

可以通过试验数据统计观察到 $\text{ESW}_1/\text{ESW}_2$ 的最佳值。如图 3.55 所示，用两个台阶的等效方波高度比 $\text{ESW}_1/\text{ESW}_2$ 衡量，各个星级之间的差异就更加明显了。五星车辆 $\text{ESW}_1/\text{ESW}_2$ 分布在 0.4~0.8，四星分布在 0.3~0.7，三星分布在 0.2~0.4。因此，两个台阶的等效方波高度比 $\text{ESW}_1/\text{ESW}_2$ 也可以作为一个明显的波形质量识别参数。例如，如果我们将 i 目标值定为 0.3，$\text{ESW}_1/\text{ESW}_2$ 目标值定为 0.5（见图 3.54、图 3.55），则有：

$$D_1/C = 0.3/0.5 = 0.6 \tag{3.44}$$

由此即可为动力总成的总布置提供空间尺寸参考。

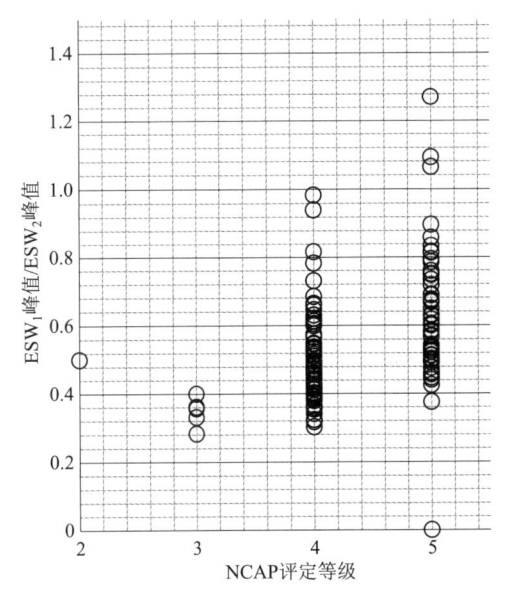

图 3.55 二阶简化能量峰值比 ESW_1/ESW_2 与 NCAP 等级之间的关系分布

3.3.5 碰撞波形长度的影响

波形的长度与加速度峰值成反比，因此，波形越长对乘员保护越有利。附录Ⅰ～Ⅲ统计出的二者关联数据见图 3.26。目前来看，加大波形长度、延长碰撞时间的唯一方法为增加碰撞距离，即加大压缩量。压缩量与波形长度之间的 NCAP 试验统计关系见图 3.27。

3.3.6 碰撞波形质量综合评价

综上所述，在概念设计阶段，加速度峰值、等效方波高度、可压缩空间、压溃量、波形效率、二阶波形高度比、加速度波长、残余变形量等参数都对碰撞试验结果有显著影响，但是，波长与残余变形量是结构总布置参数不可控的变量，因此适合于确定完结构参数以后，在简易数字化模型上用于概念再确认。总体设计原则是，首先设计前端，尽可能提高吸能效率，限制车室内侵量，将能量尽可能少地传给乘员。然后，乘员约束系统用最佳方式来承接这部分从车体传过来的能量。这些参数可以用来在概念阶段设定碰撞特征目标，也可以在一轮结构耐撞 CAE 完成以后对车体响应进行评价。如果车型开发是在某个已有的平台基础上进行升级，还可以用这几个指标对上一代平台的波形质量进行工作基础质量评估。综合总结各个星级之间的车体碰撞特征参数见表 3.3，图示化评价见图 3.56。

表 3.3 各车体碰撞响应特征值对不同星级的分布

项目	三星	四星	五星
加速度峰值 G/g		40～60	30～40
等效方波 ESW/g		17～22	16～20
可压缩空间 D/m	< 0.5	0.2～0.7	0.4～0.8
压溃量 C/m		0.50～0.75	0.60～0.75
残余变形量 RD/m	< 0.10	0.08～0.14	0.10～0.15
波形效率 μ		0.30～0.45	0.40～0.55
一阶能量密度比 α	0.25～0.40	0.30～0.55	0.35～0.60
简化能量比	0.2～0.4	0.3～0.7	0.4～0.9

可以认为，进入三星区的车体响应是很难获得美国 NCAP 五星的，但同时必须指出，即使进入五星区也不能保证最终正面防护结果获得五星成绩，因为乘员伤害结果还与约束系统和车体的耦合效果相关。只能说，绿区车体结构给后续的约束系统匹配提供了一个稳定的平台保障，并打下了良好的基础。车体进入某个星级是有一个明确的车体响应界限的，这一点是可以肯定的。

另外，为了观察各个参数对综合安全表现的影响度，我们利用支持向量机（简称 SVM）在结构参数输入和综合乘员伤害输出之间作线性回归拟合分析。在附录 I 的统计信息中，加速度峰值、等效方波高度、可压缩空间、压溃量、波形效率、二阶高度比被当作输入量，以乘员综合伤害指标 P_{joint} 作为输出结果，1～90 行数据被用作训练数据，91～120 行数据作为模型测试数据。

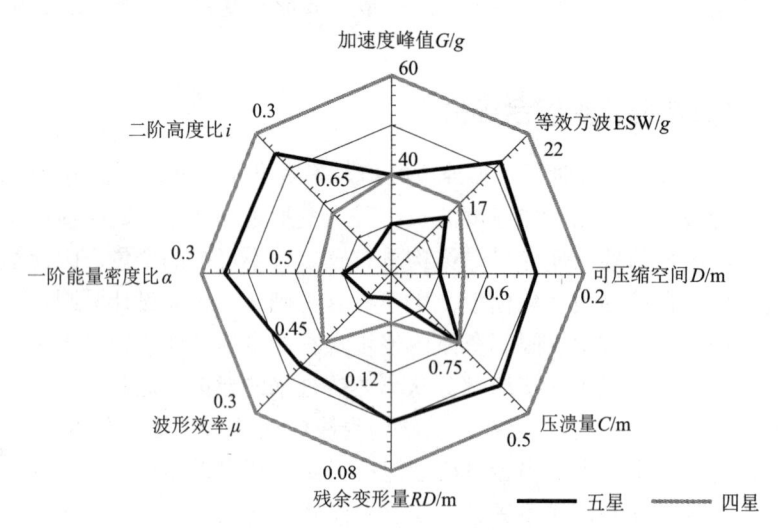

图 3.56 56 km/h FRB 试验波形评判准则

支持向量机是一种基于统计学理论的新型监督式学习机，广泛应用于统计分类以及回归分析。给一组训练数据标明类别，SVM 训练算法就会建立起一个可以将新数据自动归类的模型，属于一般化线性分类器，其特点是能够同时最小化经验误差与最大化几何边缘区。LIBSVM[1]是一个集成软件[24]，可同时用于支持向量分类（C-SVC, nu-SVC）、回归（epsilon-SVR, nu-SVR）和分布预估（one-class SVM）。现用 LIBSVM 对训练数据组进行 ε– 支持向量机回归，并对乘员综合伤害指标 P_{joint} 进行预测。

使用 5 循环交叉验证方法，在 0～5 内寻找 ε 系数的最佳值。输出量的描述方程为：

$$y = \sum_{i=1}^{l}(-\alpha_i + a_i^*)K(x_i, x) + b \tag{3.45}$$

其中，K 是核函数，x_i 从 $i=1$ 到 $i=l$ 是训练样本的输入向量，l 是训练数据的个数。$(-\alpha_i + a_i^*)$ 和 b 为求得输入的线性函数。我们使用的线性核函数如下：

$$K(X, Y) = X^Y Y \tag{3.46}$$

因此，式（3.45）可以为输入向量 x 元素的线性组合，其系数由 $(-\alpha_i + a_i^*)$ 和 x_i 来确定：

$$y = \sum_{i=1}^{l}(-\alpha_i + a_i^*)(X_i^T, x) + b \tag{3.47}$$

在 LIBSVM 中，$(-\alpha_i + a_i^*)$ 是模量参数形式的输出，因此可以据此在描述方程中确定出每一个 x 元素的系数。

回归拟合方程如下：

$$f = \sum a_i x_i \tag{3.48}$$

其变量说明见表 3.4。

表 3.4 回归方程变量说明

变量 x_i	系数 a_i	代表的车体响应
x_1	−35.185	加速度峰值 a_{max}
x_2	−43.654	车速为 0 的时刻 t_1
x_3	2.016 1	V_1（计算过程量）
x_4	−21.788	V_m（计算过程量）
x_5	2.116 6	发动机接触前能量密度 A_1
x_6	−16.675	发动机接触前能量密度 A_2
x_7	−11.614	A_1/A_2
x_8	−35.692	车体等效加速度峰值 ESW
x_9	−13.586	车体波形效率
x_{10}	−27.519	车体波形最大长度

两组拟合训练的效果检验见图 3.57。曲线 A 为实际测试曲线，曲线 B 为利用拟合方程（3.48）根据实测输入参数预测的综合伤害输出指标。

需要指出的是，根据本研究的训练范围，不能由公式（3.48）依靠车体响应参数直接得出一个明确的乘员伤害预期值。本方法的意义在于，验证各种车体参数对乘员伤害的影响趋势，分析各个车体响应对乘员伤害水平的影响程度。从图3.57的结果上来看，公式（3.48）所示的回归结果与实测结果虽然在绝对幅值上有差异，但是在影响趋势上是很一致的。从参数的幅值可以看出，加速度峰值、车体压溃结束时间、波形效率对胸部伤害值的上升具有非常重要的影响。这与前面所述的单向指标影响分析的趋势也是相吻合的。

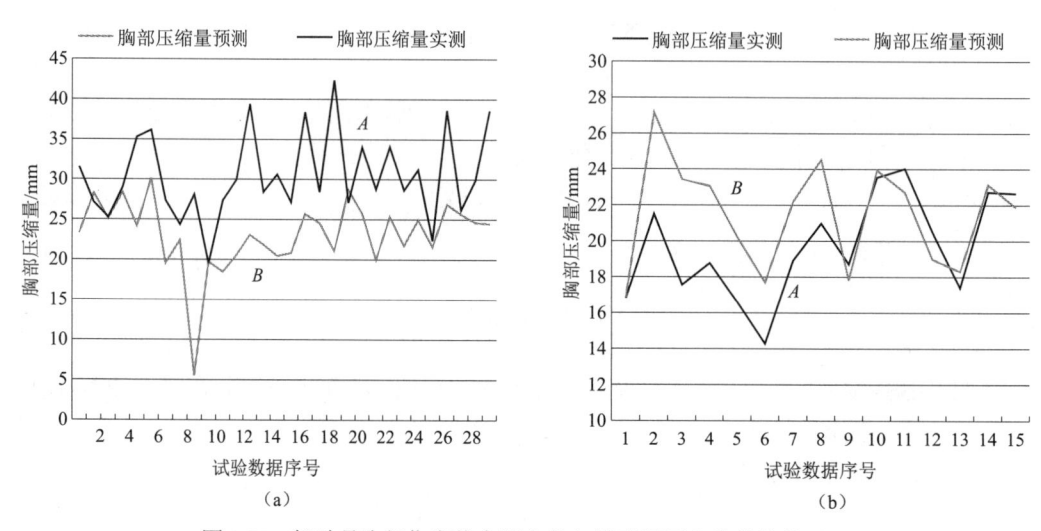

图 3.57 驾驶员胸部伤害值实测参数与模型预测参数趋势的对比

3.3.7 正面刚性壁障碍碰撞结论的扩展

目前已经有大量关于波形优化、刚度优化点的理论研究发表。从 NCAP 试验数据库的结果统计看来，有些理论预测的趋势是很明显的，虽然没有呈现出严格的线性关系，但在指导参数化概念设计的方向上是可靠的。以上是从正面刚性壁（FRB）碰撞试验数据中得到的结论，对于其他各种试验，如欧洲标准里采用的偏置吸能壁（ODB）碰撞、美国 IIHS 小重合度偏置碰撞、斜角碰撞、柱撞等，上述分析原理依然适用，只是参数需进行调整。值得注意的是，正面刚性碰撞以外的其他任何种类的碰撞，都可能引起更大的车室变形，因此应当采用局部结构加强措施。另外，非对称的碰撞会使车辆发生横向转动，导致约束系统功能非正常发挥。其他障碍壁的碰撞可以根据上述正面刚性障碍壁的性能做出相应的类比判断。

利用数学工具还可以对车辆建立更加复杂的多自由度模型，除了等效方波、二阶方波之外，为了满足不同的边界条件假设，还可以采用三阶梯或多阶梯、三角波、正弦波、正矢波等函数进行拟合，以更加精确地计算车体响应[6]。依靠现有的数字化工具计算速度，用多刚体数字化概念设计模型已经可以瞬间做出参数估算，因此更详细的数学解析推算并没有太多的工程意义。解析推算的作用是在没有 3D 数据可以利用的情况下，根据总布置参数即可快速推断整车的碰撞波形品质，或者用整车的目标响应校核整车总布置参数的合理性。如果在已有车型平台上进行升级换代，通过前述车型已有数据就可以利用数字化工具进行模拟碰撞，再根据上述波形质量标准进行目标符合性检验。本书采用方波、二阶波的近似方法会有一定的误差，但是出于解析计算便利性的考虑，没有采用更高阶的波形拟合曲线。概念设计解析计算的目的是快速判定技术设计的发展方向，如果计算繁复就失去了应用价值。

本节内容只从提高车体吸能效率的角度考虑问题，除此之外，波形设计还要考虑的问题有：行人保护与保险损失试验要求；车体与约束系统的耦合要求；触发约束系统传感器的要求；车—车碰撞兼容性的要求。

依据碰撞波形质量目标进行结构调整时，应同时注意以下工程常识：

（1）只要初始碰撞速度相同，不论车辆的质量大小及刚度如何，其加速度曲线在变形域内的积分都相等，也就是 A—D 曲线下面积都相等。

（2）质量减小会使加速度幅值升高。

（3）其他碰撞条件不变，只改变碰撞速度，碰撞过程的时间不会改变，即加速度—时间波形曲线的长度不会随之改变。

3.4 如何实现碰撞波形目标

设定了目标波形以后怎样才能实现呢？试验室里测得的目标波形是在时域里的加速度信号，如果想把时间历程与结构联系起来，最好的办法就是在同一时刻观察加速度和压溃变形各是多少，把每一时刻的压溃位移和加速度都对应起来，即把实测的时域波形（见图 3.38）变成如图 3.41 所示的变形域加速度曲线。变形域的加速度曲线直接建立了加速度与前端结构横截面位置的对应关系。根据图 3.12 可知，加速度与车体质量的乘积和撞击力的直接测量值非常接近，所以在位移 D 处的加速度与整车质量的乘积就可以代表此处前端横截面所应当能承受的撞击力。设计承载路径时，要求从前往后的载荷传递不能中断，截面力要呈现出纵向向后递增式的分布。碰撞压缩变形是按照从前往后的次序发生的，因此在纵向上（x 轴方向上）排列好合理的强度顺序就可以获取预期的加速度形态。这个用纵向刚度布局实现加速度波形目标的方法叫作"纵向能量管理"。完成纵向刚度布局以后，我们就可以给各个纵向承载结构件分配承载件的截面力，将各个前端横断面的碰撞力载荷横向地分配到多个承载结构件里去。依照这种方法，沿前端纵向上（x 轴方向）每个承载件的抗撞力要求也可以确定下来。这个在横向上（在 y–z 平面内）将截面力分配到实际结构件里的过程叫作"横向能量管理"。

3.4.1 纵向能量管理

正面碰撞有全宽刚性壁、刚性壁斜角、偏置吸能壁、柱撞等多种工况，大部分是非对称式碰撞，碰撞力只能由部分纵向吸能件承受，在这种情况下，整车截面力只能在相关承载件内分担。现以正面刚性碰撞（FRB）为例进行纵向能量管理分析，其他

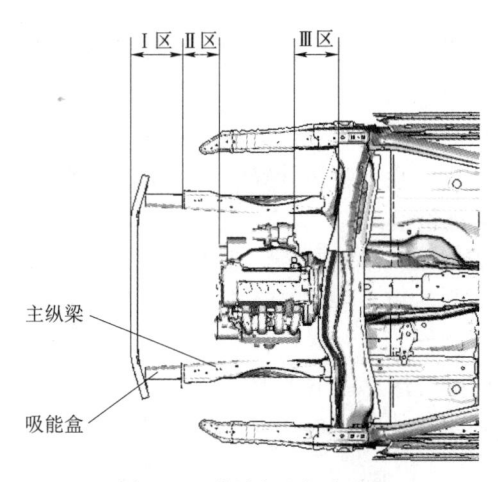

图 3.58 前端变形纵向分区

主纵梁
吸能盒

碰撞工况可做类推分析。我们将车辆前端结构划分成三大可变形纵向区域（见图 3.58）。

1）Ⅰ区纵向能量管理

Ⅰ区为从保险杠前端到碰撞盒安装基面的这一段区域。其职责是在低速碰撞时吸收绝大部分碰撞能量，在 AZT[30] 等保险试验规范工况下不得将能量传递到Ⅱ区，以避免增加车辆维修费用。能量管理原则：

（1）碰撞力满足 AZT 等低速碰撞保险试验规范要求，由吸能盒完全吸收。吸能盒可以设计成可拆卸结构，用连接件与主纵梁相连接。贵重的总成或部件，如发电机、空调压缩机、车灯、雷达等，尽量布置在Ⅱ区。低速碰撞以后拆下碰撞盒与保险杠，更换新件，可避免更大的连带损失。

（2）Ⅰ区的抗撞力由 0 增长至 F_{AZT}。

（3）在 FRB 工况中吸能尽量高，最好占总碰撞能量的 20%以上。目的之一是提高加速度波形的前峰，满足理想波形形态要求；其次是加大碰撞能量，给安全气囊点火判断控制器提供明确的输入，以便尽早完成点火决策。

（4）力—位移曲线应满足碰撞全程等刚度要求（以利于提高波形效率）。

案例分析 2

碰撞安全目标：56 km/h 正面碰撞加速度峰值 $a_{max}=35\,g$，全程压溃量 $C=800$ mm。工程问题：在碰撞速度 $v_{AZT}=14$ km/h 的 AZT 低速试验中，Ⅱ区结构不得损坏，则Ⅰ区的纵向空间 S 至少需要留多大？

分析：前端能量管理纵向力值分配如图 3.59 所示。碰撞能量按等效方波法估计为：

$$F_{AZT} \cdot S = \frac{1}{2}mv_{AZT}^2 \tag{3.49}$$

式中，S 是Ⅰ区纵向空间，m 是整车质量。

由等刚度条件得：

$$\frac{F_{AZT}}{F_{max}} = \frac{S}{C} \tag{3.50}$$

$$F_{max} = ma_{max} \tag{3.51}$$

$$S = v_{AZT}\sqrt{\frac{C}{2a_{max}}} \tag{3.52}$$

当 v_{AZT} 单位为 km/h，C 单位为 m，a_{max} 单位为 g 时，有：

$$S = 0.06 \times v_{AZT} \sqrt{\frac{C}{a_{max}}} \quad (m) \tag{3.53}$$

在本案例条件下,S=0.127 m。

2)Ⅱ区纵向能量管理

Ⅱ区的范围是,碰撞盒安装基面到发动机刚性前表面,此区域为主吸能区域。能量管理设计原则:

(1)满足 α 目标值。例如,根据图 3.56,为达到五星级性能的一阶能量比,α 最好达到 0.55 以上,为此,Ⅱ区的吸收的能量应当占总能量的 35% 以上(考虑到Ⅰ区已吸能 20%)。

(2)抗撞力由 F_{AZT} 增加至 F_E。

(3)力—位移曲线满足碰撞全程等刚度要求。

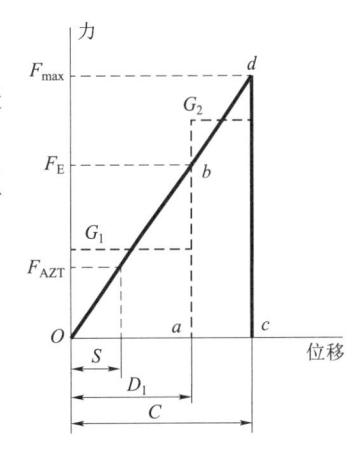

图 3.59 前端能量管理纵向力值分配

案例分析 3

在案例分析 1 中,由性能目标出发,已经确定的设计参数有:可压缩空间 $D=D_1+D_2$=600 mm,最大压溃量 C=800 mm,最大力值 F_{max},最小波形效率 40%。除此之外,根据图 3.56,再新增加一个一阶能量比 α 大于 0.55 的要求。工程问题:为满足上述边界条件要求,Ⅱ区应如何布置设计?

分析方法:

保证波形效率的简单办法是采用从前往后等刚度、截面力线性增长的前端结构设计,也就是碰撞力在位移域以直线上升到顶点(见图 3.12),三角形直线上升的恒定刚度力—位移曲线可使效率达到 50%。接下来就要解决如何保证一阶能量比 α 大于 0.55 的问题。

一阶能量比 α 的设计可以归结为 D_1 尺寸在 D 中如何分配的问题。在等刚度的前提下,为保证 $\alpha > 0.55$,需有:

$$\frac{\triangle oab}{\triangle ocd} > 0.55 \tag{3.54}$$

$$\frac{\frac{1}{2} D_1 \cdot F_E}{\frac{1}{2} C \cdot F_{max}} > 0.55 \tag{3.55}$$

$$D_1 > \sqrt{0.55} C \frac{F_{max}}{F_E} \tag{3.56}$$

式中,F_E 是发动机与障碍进行硬性接触前一瞬间的碰撞力。注意"效率达到 50%"这一要求,意味着力—位移曲线应当以三角形呈直线增长,因此有:

$$\frac{D_1}{C} = \frac{F_E}{F_{max}} \tag{3.57}$$

所以

$$D_1 > \sqrt{0.55C} = 590 \text{ mm} \tag{3.58}$$

为此，需要完成两项工程校核：

（1）如图 3.21 所示，发动机的前缘不能靠保险杠太近，距离应大于 D_1，如果 D 值已定，则只能 $D_2 < D - D_1 = 10$ mm（D_2 几乎没有空间，需要总布置权衡）。

（2）D_1 前端界面应能承受碰撞力 F_E。

$$F_E = \frac{D_1}{C} F_{max} \tag{3.59}$$

案例分析 4

其他已知条件与案例分析相同，根据图 3.56，将"一阶能量比 $\alpha > 0.55$"的要求改为"$ESW_1 / ESW_2 > 0.4$"。

分析方法：

第一台阶高 G_1 为 D_1 段的等效方波高度，故有：

$$G_1 \cdot D_1 = \frac{1}{2} D_1 \cdot F_E \tag{3.60}$$

第二台阶高 G_2 为 ac 段等效方波高度，有：

$$G_2 \cdot (C - D_1) = \frac{1}{2}(F_E + F_{max})(C - D_1) \tag{3.61}$$

注意等刚度条件：

$$\frac{D_1}{C} = \frac{F_E}{F_{max}} \tag{3.62}$$

故

$$D_1 = \frac{2}{3} C = 533 \text{ mm} \tag{3.63}$$

案例分析 2~4 中，三角形等刚度力—位移曲线可以用其他形式的波形来代替，但是分析原理和过程与此类似。

3）Ⅲ区纵向能量管理

Ⅲ区指发动机刚性后表面到前围板。此区域的作用是吸收高速碰撞的剩余能量，减缓对乘员造成的冲击。能量管理准则：

（1）抗撞力由 F_E 增加至 F_{max}。

（2）力—位移曲线满足碰撞全程等刚度要求。

这阶段的设计任务主要是解决"案例分析 3"中的最小 D_2 值要求与总成布置 D_2 最大值限制之间的矛盾。满足所有上述条件的总布置设计在实际中是很难做到的，最终的总布置结果只能是耐撞结构总布置、总成总布置、造型、工艺/材料成本之间的权衡与折中产物。

4）纵向能量管理的简化模型验证

可以用简单模型验证纵向能量管理布局。在纵向能量管理设计阶段,可以把纵向吸能件抽象为一个单一的概念纵梁。由于这个阶段的结构 3D 数据不可利用,因此不可能进入有限元性能分析,最适合的工具是搭建粗网格模型进行快速分析[28],如图 3.60 所示。如果验证结果令人满意,就把单一概念纵梁的阶段性力值特征转化为横向多路径承载的结构件总布置方案,即进入"横向能量管理"阶段。

为快速分析纵向能量管理方案设计的合理性,仿真模拟应当满足以下几个条件:

(1)模型能反映出纵向能量控制的基本设计参数,以便于开展参数调整。

图 3.60 概念设计粗网格模型
(由一汽技术中心安全研究室提供)

(2)单元数(如果用有限元)不能过多,以缩短计算时间。

(3)能进行碰撞动力学响应输出。

图 3.60 采用的有限元简化模型单元的数量少于 2 万,在微机工作站上做一次碰撞运算的时间大约为 5 min,模型里包括了五大吸能部件:保险杠、纵梁、发动机、副车架、上翼梁,反映了 Ⅰ、Ⅱ、Ⅲ 吸能区的结构特征,同时还可以利用以下结构设计参数调整出碰撞波形形态:

(1)D_1、D_2、E(见图 3.61);
(2)刚性区域长度 L_2 和 L_5(见图 3.61 中 2、5 段黑色区域);

(3)各吸能段几何特性,主要有长度 L_1、L_3、L_4、L_6 和 L_7 及截面积 δ_1、δ_3、δ_4、δ_6 和 δ_7(见图 3.61 中 1、3、4、6、7 段),还有上翼梁的长度 L_8 及截面积 δ_8,以及保险杠截面积 δ_9。

表 3.5 中数据组 1 是在进行新车型开发时,结合前述车型等同延用件(COP)的特性搭建而成的模型,总布置特征尺寸采用新车型方案。输入相应初始参数并求解方案模型,计算结果如图 3.62 中曲线 A 所示,将其转化成双阶形态可以发现其结果并没有落入五星目

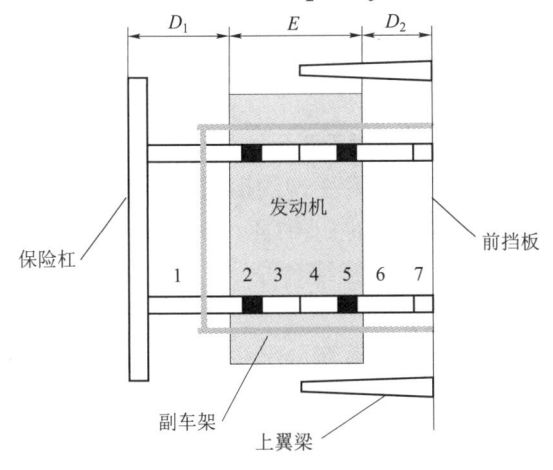

图 3.61 多刚体仿真概念模型

标包络线之内。通过多轮筛选并考虑实际的产品限制,反复运行概念模型,最终得到能够满足波形目标(图 3.62 中曲线 B)的第 2 组结构参数方案,从而完成纵向能量管理的概念验证。

表 3.5　两组不同设计参数

组号	D_1	D_2	E	L_1	L_2	L_3	L_4	L_5	L_6	L_7	L_8	δ_1	δ_3	δ_4	δ_6	δ_7	δ_8	δ_9
1	450	270	500	205	73	161	84	33	418	206	550	3.5	2.5	2.6	2.6	7.0	2.0	2.5
2	450	270	500	176	30	235	75	36	418	206	550	2.3	1.8	1.9	1.9	5.0	2.0	2.5

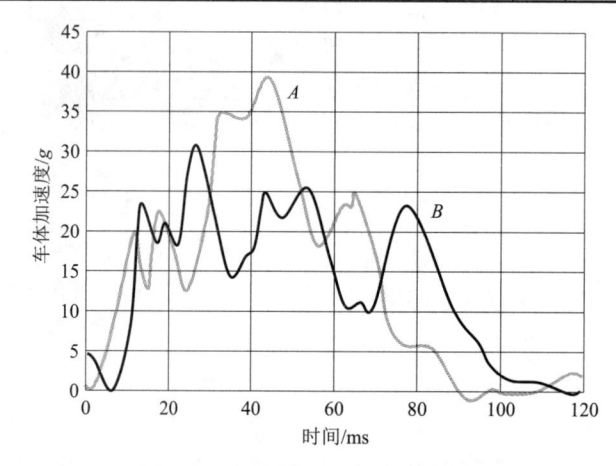

图 3.62　概念模型的碰撞波形输出

3.4.2　横向能量管理

纵向抗力分配是保证实现目标波形的基础，在一个 $y\text{-}z$ 平面内，合理的碰撞力分布则是保证平稳和连续纵抗力的条件。碰撞力在空间上合理分布可以使碰撞力与车体的质心保持对中，否则翻转力矩会使车体和乘员的运动状态恶化。控制吸能件压溃过程可以消除结构吸能的冗余，减除不必要的结构重量。

1）横向载荷分配

横向能量管理主要是对载荷路径进行立体规划。相对于正面刚性壁全宽工况而言，偏置碰撞、斜角碰撞、集中载荷（如桩柱碰撞）等非对称工况的横向载荷传递的能量更大，因此横向能量管理对非对称工况碰撞尤为重要。在按照 3.4.1 节完成三个区域的刚度设定以后，可继续对每一区域进行横向刚度分配。

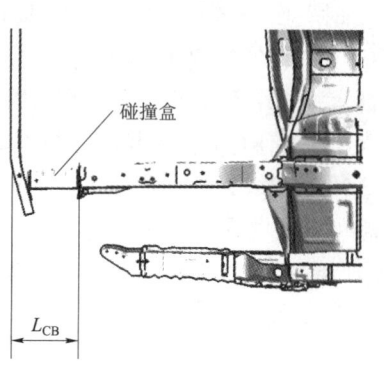

（1）Ⅰ区横向载荷分配（见图 3.63）。

常规设计中，Ⅰ区域内主要的吸能部件只有保险杠骨架总成（保险杠横梁+吸能盒），因此保险杠骨架总成的刚度就是Ⅰ区的刚度。Ⅰ区的能量管理目标是使保险杠骨架总成完全吸收 AZT 碰撞工况的碰撞能量。

设定正面 AZT 碰撞能量为 $E_{\text{AZT}}\left(\dfrac{1}{2}mv_{\text{AZT}}^2\right)$，

图 3.63　Ⅰ区横向能量管理

碰撞缓冲器可压溃距离为 L_{CB}（=0.7L），由Ⅰ区能量管理目标可得出碰撞盒的抗力目标：

$$F_{CB-m}（碰撞盒平均压溃力） = E_{AZT}/L_{CB} \quad (3.64)$$

（2）Ⅱ区横向载荷分配。

Ⅱ区的最佳设计方案是在车辆垂直方向上至少包含 2 条传递路径（前纵梁、前上边梁）。Ⅱ区承载以前纵梁为主，因此首先应确定前纵梁的吸收能量，然后将载荷拓展到上边梁的载荷路径上。在确定前纵梁承载力时首先要明确纵梁可压溃距离 L_{BF}（前纵梁前端至发动机刚性面，如图 3.64 所示）。L_{BF} 需满足以下条件：

$$L_{BF} = D_1 - L_{CB} \quad (3.65)$$

在 NCAP 试验工况下（56 km/h 刚性障碍墙碰撞），假设按照图 3.55 的 α 分布规律，将Ⅱ区吸收的能量目标 ESW_1 设定为总能量的 60%（设 α=0.65）。前纵梁前段 L_{BF} 是Ⅱ区内的主要吸能部件。根据前述车型的 CAE 仿真计算，可将主梁的吸收能量设定在Ⅱ区总能量的 75%，剩余 25% 的能量由上边梁吸收。

纵梁前端总能量 E_{BF} 为：

$$E_{BF} = 0.75(0.6 \times E - E_{AZT}) \quad (3.66)$$

单边梁压溃吸收能量为：

$$E_{BF} = 0.5 \times 0.75 \times (0.6 \times E - E_{AZT}) \quad (3.67)$$

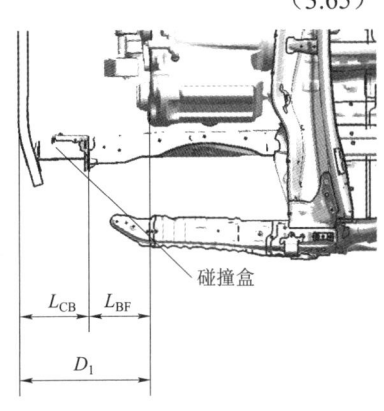

图 3.64　Ⅱ区吸能空间

减去 AZT 的能量的原因是，这一部分能量已经被保险杠总成吸收掉了。前纵梁前端平均压溃力 F_{BF-m}：

$$F_{BF-m} = \frac{E_{BF} + E_{AZT}}{L_{BF}} \quad (3.68)$$

计算截面压力的时候应当考虑纵梁必须承载此刻之前所有的能量总和，因此式（3.67）中又增加了 E_{AZT} 分项。单边上边梁压溃吸收能量为：

$$E_{SG} = 0.5 \times 0.25 \times 0.6 \times E \quad (3.69)$$

上边梁平均压溃力 F_{SG-m} 为：

$$F_{SG-m} = \frac{E_{SG}}{L_{SG}} \quad (3.70)$$

式（3.70）中未包含 E_{AZT} 是因为上边梁没有参与这部分能量吸收。L_{SG} 是上边梁在Ⅱ内的压缩距离。结构梁的耐撞抗力确定以后就可以根据薄壁梁的压溃力学模型进行断面尺寸、材料和厚度等结构参数的计算。Ⅱ区的载荷分配见图 3.65。

（3）Ⅲ区横向载荷分配。

Ⅲ区的压缩空间为 D_2（见图 3.61），总压溃吸收能量为（ESW−ESW$_1$）。全车横截面的总压溃力 $F_Ⅲ$ 为：

图 3.65　Ⅱ区载荷分配

$$F_{\text{Ⅲ}} = \frac{\text{ESW}}{D_1} \quad (3.71)$$

这里采用总能量计算截面力,是因为纵梁的根部必须能够承受住撞击的最大的撞击载荷,在撞击结束之前不至于提前坍缩。如果在主梁和上边梁之间进行 20%～80% 的力的分配,则单侧纵梁的压溃力为:

$$F_{\text{BR}} = 0.5 \times 0.8 \times \frac{\text{ESW}}{D_1} \quad (3.72)$$

单侧上边梁的压溃力为:

$$F_{\text{SR}} = 0.5 \times 0.2 \times \frac{\text{ESW}}{D_1} \quad (3.73)$$

Ⅲ区能量分配如图 3.66 所示。

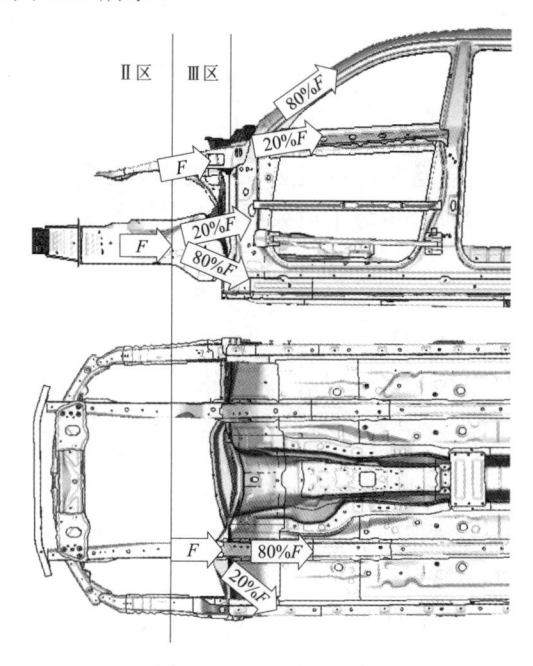

图 3.66　Ⅲ区能量分配

横向能量管理也可以用多刚体模型完成分配方案验证[32],[45]。由于参与吸能的部件更多,因此模拟精度也比纵向能量管理阶段要高一些。3D框架模型和整车有限元模型的分析对比如图3.67所示。

2)纵梁耐撞抗力与横向稳定性控制

由纵向能量管理和横向能量管理分析完成结构件的压溃力目标设置以后,需要将截面力转化为承载部件的截面几何、材料厚度、材料等级等设计参数,其主要的计算依据是薄壁梁压溃理论。

纵梁有两种压溃吸能方式:弯折变形(见图3.10)与轴向压溃皱褶变形(见图3.11)。从吸能的效果来看,纯粹的轴向皱褶变形吸能效果最好,也就是能获得更高的波形效率。这种变形形式一般只有在正面碰撞工况中,发生于较短及比较稳定的专用吸能部件上(如保险杠后面的"碰撞盒"),在偏置碰撞、斜角碰撞等不对称碰

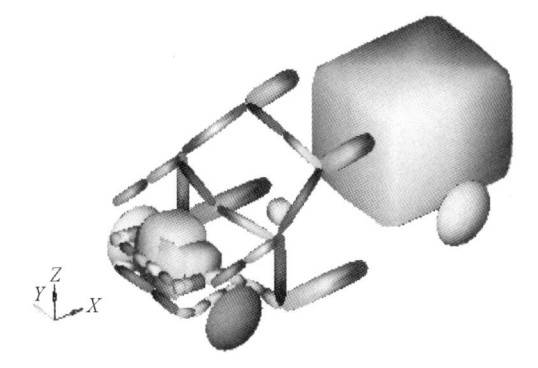

图3.67 3D框架模型和整车有限元模型的分析对比
(由一汽技术中心安全研究室提供)

撞载荷情况下,较长的结构件都会发生弯曲变形甚至是扭转变形。图3.10、图3.11所示为两种典型的变形形态。在三个区域的界面上,梁类结构件经常发生由轴向压缩、弯折与扭转变形组成的组合变形。因为这种组合变形使吸能性变得更加不可预测,碰撞过程更加不稳定,因此在结构设计时应当加以避免。虽然轴向皱褶变形最为理想,但是在实际中其也是最难实现的。在碰撞中,几乎所有的梁结构件都有失稳的倾向,进而发展到弯曲。

图3.68所示为典型的轴向压溃力—位移过程曲线。如果是矩形截面薄壁梁,则诱发压溃力峰值P_{max}可按下式计算[11]:

$$F_{max} = 2\left[\frac{k_p E}{\beta(1-v^2)}\right]^{0.43} t^{1.86} b^{0.14}(1+\alpha)\sigma_y^{0.57} \tag{3.74}$$

式中,k_p为弱化系数;E为杨氏模量;β为材料应力硬化系数;t为壁厚;b为方形截面边长;α为截面长宽比;σ_y为屈服强度;v为泊松比。

当截面为方形时:

$$F_m = 3\,270 t^{1.86} b^{0.14} \beta^{-0.43} \sigma_y^{0.57} \tag{3.75}$$

最大应力按下式计算:

$$\frac{\sigma_{max}}{\sigma_y} = \left\{\frac{k_p E(t/b)^2}{(1-v^2)\beta\sigma_y}\right\}^n \tag{3.76}$$

$$\sigma_{max} = \left\{\frac{k_p E(t/b)^2}{(1-v^2)\beta}\right\}^{0.43} \sigma_y^{0.57} \tag{3.77}$$

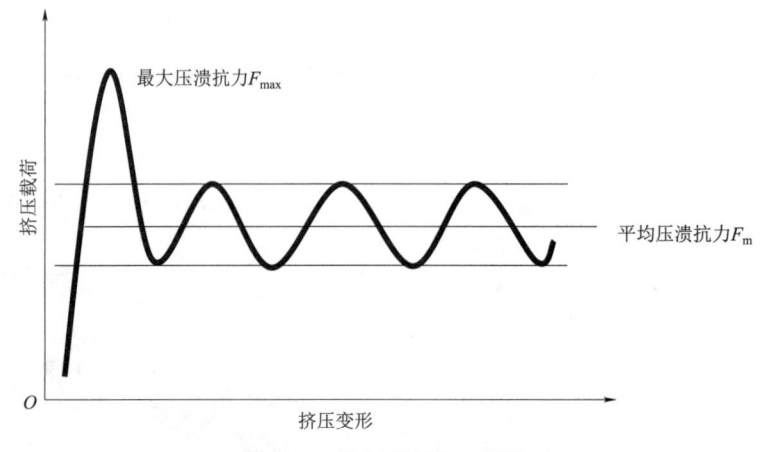

图 3.68 轴向压溃力—位移

在概念设计阶段，可以假想结构梁的变形都是理想化的，这样有利于快速决定主结构的横断面方案和材料方案。因此，横向能量管理的任务可以简单描述为，将三个结构区的力值目标分解到各个纵向承载结构件里：

$$\sum_{i=0}^{n} F_{mi} = F \tag{3.78}$$

式中，n 为承载结构件的个数。

把来自前方的碰撞载荷顺着规定的承载传送到后面，这个工作叫"载荷路径规划"。文献[33]根据塑性理论用解析手段建立了薄壁梁压缩模型。根据变形部件的内力功和外部载荷的平衡关系，矩形截面薄壁梁计算平均抗力为：

$$F_m = 38.12 M_o C^{\frac{1}{3}} t^{-\frac{1}{3}} \tag{3.79}$$

式中，F_m 为平均压溃力；M_o 为完全塑性弯矩，$M_o = \sigma_0 t^2 / 4$，σ_0 为平均屈服应力，$\sigma_0 = (0.9 - 0.95)\sigma_u$，$\sigma_u$ 为极限拉伸应力；$C = (b+d)/2$，b 和 d 为矩形截面的边长；t 为壁厚。

上述公式假设 σ_0 与应变率无关，忽略惯性力。在现实中，有些材料的应力受应变率的影响较大，有些则不敏感，即在不同速度的载荷下会呈现出不同的特性曲线。例如，室温下的钢材属于应变率不敏感材料，其复合材料则属于应变率敏感材料。考虑应变率 $\dot{\varepsilon}$ 的影响以后，静态屈服应力可以修正为以下的动态屈服应力 σ_d 形式[34]：

$$\sigma_d = \sigma_0 \left[1 + \left(\frac{\dot{\varepsilon}}{D} \right)^{1/q} \right] \tag{3.80}$$

式中，q、D 为两个因材料而异的系数。

文献[35]将式(3.79)和式(3.80)结合为：

$$F_m = 2(\pi t)^{3/2} R^{1/2} \sigma_0 \left[1 + \left(\frac{v}{4RD} \right)^{1/q} \right] \Big/ 3^{1/4} \tag{3.81}$$

式（3.81）用于计算圆形截面薄壁梁，R 为半径，v 为载荷速度。对于边长为 C 的方形截面薄壁梁，有：

$$F_m = 13.05\sigma_0 t^2 \left(\frac{C}{t}\right)^{1/3} \left[1 + \left(\frac{0.33v}{CD}\right)^{1/q}\right] \tag{3.82}$$

除上述的纯理论分析结果以外，文献［40］还对不同强度和不同截面的薄壁梁进行了试验，得出了圆形截面与平均抗力的经验公式：

$$F_m = \eta \sigma_u \phi A_0 \tag{3.83}$$

式中，η 为结构效应系数，$\eta = \dfrac{E_s}{\sigma_{us}}$，$E_s = \dfrac{E_r}{W}$，$\sigma_{us} = \dfrac{\sigma_u}{\rho}$，$E_s$ 为能量密度，E_r 为结构最大吸能量，W 为重量，σ_{us} 为单位极限拉伸应力；ρ 为密度；ϕ 为相对密度，$\phi = \dfrac{V_m}{V_e}$，V_m 为材料体积，V_e 为结构内体积；A_0 为按外缘计算的截面积。

当截面为方形时：

$$F_m = 17 t^{1.8} b^{0.2} \sigma_u \tag{3.84}$$

式（3.83）和式（3.84）没有考虑材料的弹性。文献［41］和［42］对截面最大强度 S_{max} 进行了进一步修正：

$$S_{max} = \left[k_p E \left(\frac{t}{b}\right)^{1/2}\right]^n [(1-v^2)\gamma \sigma_y]^{-n} \sigma_y \tag{3.85}$$

式中，k_p 为削弱系数，是轴向约束度的函数；n 为非加载端横向弯曲与翘曲度指数；E 为杨氏弹性模量；σ_y 为屈服强度；γ 为材料硬化系数。

最大截面力为公式（3.85）与截面积相乘，得

$$F_{max} = 2\left[\frac{k_p E}{\gamma(1-v^2)}\right]^{0.43} t^{1.96} b^{0.14} (1+\alpha) \sigma_y^{0.57} \tag{3.86}$$

对方形截面：

$$F_{max} = 9\,425 t^{1.86} b^{0.14} \gamma^{-0.43} \sigma_y^{0.57} \tag{3.87}$$

平均抗力为

$$F_m = 3\,270 t^{1.86} b^{0.14} \gamma^{-0.43} \sigma_y^{0.57} \tag{3.88}$$

3.4.3 前端结构能量管理总结

在分析车体耐撞性的过程中，首要关注的指标是乘员伤害值，在本章分析中以 P_{joint} 为代表，并以与其相关联的星级评定结果。伤害值和高星等级是最终追求的目标。

为了达到上述碰撞安全目标，我们要反过来观察：那些能有效地保护乘员，获得较高星级分数的车辆，在碰撞试验中都有哪些共同的特征。乘员保护效果是高性能车

身和高质量约束系统相匹配的结果,但是由于现代制造业特点的限制,车身与约束系统的匹配不可能同步进行。研究报告里有很多车身与约束系统同步开发的方法研究,但实施起来难度太大,因此至今很少有人采用。既然如此,是否存在一种公认的"好"车体,具有所有高等星级和低乘员伤害值所必备的共同特征呢?即先抛乘员约束系统与车体之间的耦合效应不谈,什么样的车体才是一个适于匹配约束系统的最佳平台?要回答这个问题,我们必须观察车体在碰撞中的响应,找出车体响应物理量与乘员伤害值等安全指标之间的稳定联系,进而标识出那些与高安全性强相关的车体响应特征和幅值范围。这些响应物理量包括:

(1) 碰撞加速度峰值 G_{max}。
(2) 等效方波加速度幅值 ESW。
(3) 加速度波形的长度。
(4) 残余变形量 RD（m）。
(5) 一阶能量密度比 α。
(6) 波形效率 μ。
(7) 二阶高度比 i。

本章的第一个任务是,确定这些碰撞响应与乘员伤害值之间的关系。通过数据统计,我们可以明确发现,上述物理量的响应范围与整车安全性好坏有直接和稳定的联系,并可以清晰地看出四星安全与五星安全车体之间的界限。出于造型、总成布置、材料、工艺等多因素之间的制约,全方位满足最佳响应范围几乎不太可能,但是用表 3.1 可以鉴别车体在哪方面还可能存在着安全薄弱环节,以及可以在哪方面进行改进。

现在剩下最后一个问题,就是如何在设计过程中去实现这些车体响应的最佳表现。在现代计算条件下,一个 100 万单元的整车有限元模型计算一次 150 ms 的碰撞只需要花 5 h 的时间,但是更改 3D 结构所需要的时间却很长。因此,在概念设计和总布置设计阶段把握好方向,做好结构硬点决策是非常重要的。

本章的第二个任务是,考察如何用车体设计参数影响车体碰撞的响应。在总布置阶段,可以用来操控车体安全性能的设计变量并不多,主要有:

(1) 可压缩空间 D。
(2) Ⅰ区、Ⅱ区、Ⅲ区的纵向空间 S、D_1、D_2。
(3) Ⅰ区、Ⅱ区、Ⅲ区的刚度 K_1、K_2、K_3。

有些碰撞响应量和上述设计变量不容易建立直接的解析关系,因此只能在简易多刚体模型或粗略有限元模型中对这些参量进行反复组合校验。

对于车型平台升级,可以在已有的数据基础上进行改型设计。结构更改设计之前,可以根据表 3.2 提供的最佳碰撞响应范围对前述车型进行缺陷识别,为下一步的结构更改提供方向性参考,然后再进行原有结构的取舍决断。

前端结构设计的很多参数之间是相互矛盾的,如为了及时引爆安全气囊,前端刚度要求越高越好。

引爆安全气囊时碰撞强度识别最主要的判据是 Δv，即速度变化量。碰撞强度越大，Δv 越大。碰撞强度越大，气囊的点火时间 TTF（Time to Fire）就要求越短，以保证在乘员与车体相撞之前完全展开气囊。通常，对 56 km/h 刚性壁碰撞而言，12～15 ms 时气囊控制器就应当做出判断，如图 3.69 所示，在此之前的 Δv 只有不到 2 km/h，这对

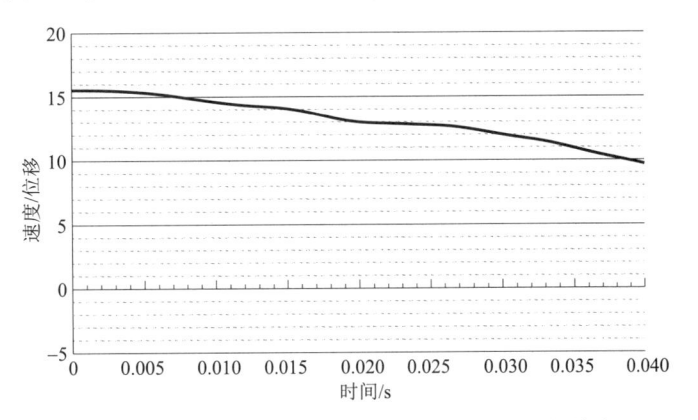

图 3.69　56 km/h 刚性壁碰撞初始阶段的 Δv 局部放大

气囊点火控制器的判断是一个挑战，且其与该车型所采取的行人保护前保险杠软化措施有关。为了提高 Δv，就必须加大前端起始加速度，即加大起始刚度，反过来会影响行人保护的小腿安全指标。类似于这样的冲突还有很多，在产品设计实践中只能根据不同的市场、客户、成本和技术进行具体权衡。

用上述分析方法和分析工具完成概念设计以后，沿纵向各个位置上的主结构断面就可以确定下来用于结构设计了。本章的方法不会给出精确的性能计算，其性能概念设计的意义在于帮助学习者在工程设计中掌握方向感，当出现性能缺陷时知道从何下手寻求解决方案。完成 3D 结构数据后进行第一轮 CAE 分析时，就可以对自己概念设计期间预估的性能进行修正了。

本章设计方法以正面刚性壁碰撞数据验证为基础，其他非对称碰撞（偏置吸能障碍壁（ODB）、斜角刚性壁碰撞、柱撞等）也可以参照本章的分析方法进行能量分析。

前端结构概念设计流程见图 3.70。

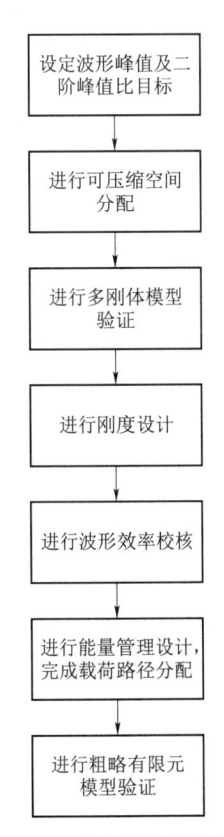

图 3.70　前端结构概念设计流程

3.5 行人保护

行人保护的研究始于20世纪70年代，并在21世纪进入快速发展阶段，其具体表现是法规更新更快、评价体系更为严格。行人保护已成为车体耐撞性研究的重点。目前，世界上各主流法规的区别见表3.6，其中以欧洲NCAP的评价体系最为细致和全面，有些国家的法规有逐步向Euro-NCAP体系靠拢的趋势。以下叙述中的行人保护控制策略是基于Euro-NCAP最新的行人保护评价规程而制定的。

表3.6 世界主流行人保护法规简要对比

撞击部位	国标	ECE	NCAP		GTR
头部	儿童1/2区域 HIC≤1 000	儿童1/2区域 HIC≤1 000	HIC≤650	1分	儿童1/2区域 HIC≤1 000
			650<HIC≤1 000	0.75分	
	儿童+成人2/3区域 HIC≤1 000	儿童+成人2/3区域 HIC≤1 000	1 000<HIC≤1 350	0.5分	儿童+成人2/3区域 HIC≤1 000
			1 350<HIC≤1 700	0.25分	
	其他区域 HIC≤1 700	其他区域 HIC≤1 700	HIC>1 700	0分	其他区域 HIC≤1 700
大腿撞击发动机罩前沿	不考察	碰撞力≤5 kN	5 kN≤碰撞力≤6 kN		不考察
		弯矩≤300 N·m	300 N·m≤弯矩≤380 N·m		
大腿撞击保险杠	碰撞力≤7.5 kN	碰撞力≤7.5 kN	5 kN≤碰撞力≤6 kN		碰撞力≤7.5 kN
	弯矩≤510 N·m	弯矩≤510 N·m	300 N·m≤弯矩≤380 N·m		弯矩≤510 N·m
小腿撞击保险杠	弯角≤19°	弯角≤19°	300 N·m≤小腿弯矩≤380 N·m		弯角≤19°
	剪切位移≤6 mm	剪切位移≤6 mm	19 mm≤MCL≤22 mm		剪切位移≤6 mm
	加速度≤170 g	加速度≤170 g	ACL/PCL≤10 mm		加速度≤170 g

3.5.1 行人头部保护

行人头部碰撞保护的第一个任务是确定可能与头部发生碰撞的区域，在这个区域里，必须控制车体的外刚度。头部与车体外表面相撞以后通常用HIC值来衡量车体的安全性。

显然，不同身高的人在前方与车体相撞时，头部接触的区域是不一样的，儿童和矮小的行人头部会与前端接触，高大的行人头部会接触到发动机舱的后部，甚至是风挡玻璃。接触区域还与碰撞速度有关，车速越快，头部接触区就越往后。Euro-NCAP用外廓环绕线（WAD：Wrap Around Distance）长度来定义头部撞击区。用软尺从前方地面开始测量，头撞击的区域一般分布在1 000～2 100 mm。根据这种"WAD坐标"，

6 岁儿童的碰撞点大约在 WAD1000，矮小身材的行人（5 百分位）头部碰撞点约在 WAD1500，中等身材的行人（50 百分位）头部碰撞点约在 WAD1800（见图 3.71）。

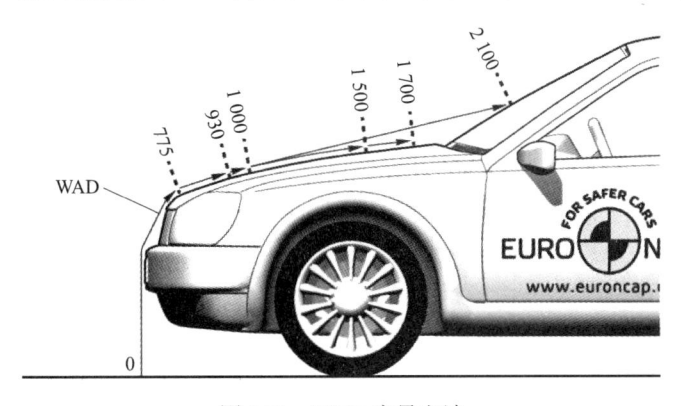

图 3.71　WAD 度量方法

行人头部保护的基本措施是降低潜在碰撞区域的车体刚度。平整的车身金属外表面并不会对头部造成过度伤害，如果外表板件下面有不可压缩的刚体部件，头部就会透过柔性的车身外表面与内部的刚性件相撞，引发过度伤害。另外一种高刚度的区域是金属板件的棱边。平板弯折出棱角以后在法向上的刚度会大大提高，因此在前侧围上缘、边梁等部位都应加以注意。常见的高刚度钣金区有：风窗上边梁、A 柱、流水槽及罩饰板、侧围上缘。外露或内藏的硬性部件有：前照灯、发动机罩锁、发动机、前悬固定座、蓄电池、刮雨器、发动机罩铰链等。硬点分布区域如图 3.72 所示。

硬点区域要尽量在造型和总布置阶段排除在撞击区域以外。对于发动机、上边梁、蓄电池、悬挂固定座等无法布置在碰撞区域外的硬点结构，则应尽量保证一个与外板之间法向距离上的最小值，使碰撞发生时外板不会与其接触。最后，要关注刚性部件的周边结构件刚度及其安装基座的刚度，以便在头部与其发生硬性碰撞时表现出一定的退让性。

图 3.72　硬点分布区域

1）风窗下边梁设计

风窗下边梁设计为开口式（如 C 型）结构，对行人头部保护有利。前风挡下边梁截面设计如图 3.73 所示。

2）流水槽盖板设计

在发动机罩外板以下的流水槽盖板部分，要容易变形吸能。主要措施有：降低密封条，增大发动机罩内、外板之间的距离，采用开放式悬臂结构密封条支撑件等。在

(a)

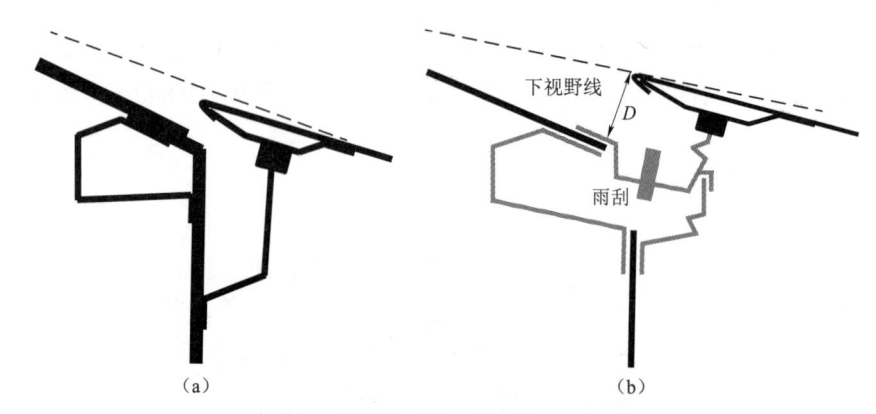

(b)

图 3.73　前风挡下边梁截面设计
(a) 封闭式前风挡下边梁设计；(b) 开口式前风挡下边梁设计

发动机罩以后的部分（罩板与风挡玻璃之间的位置），要尽量抬高流水槽盖板的高度，尽量使头部提前与流水槽盖板相接触。

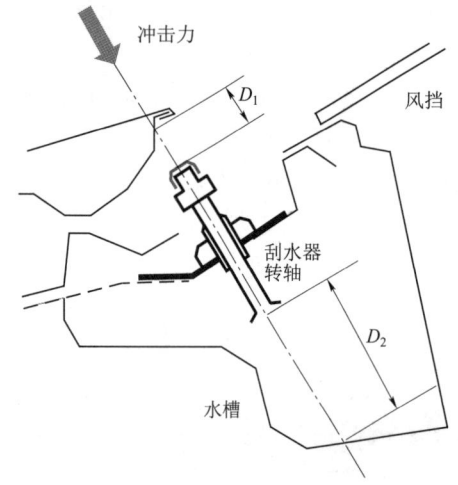

图 3.74　刮水器吸能设计

3）刮水器设计

发动机罩应覆盖刮水器转轴，且与发动机罩外板之间留有足够的空间 D_1（见图 3.74）。如不能满足 D_1 要求，则刮水器应采用压溃式设计，压溃力推荐为 1 500 N 左右。压溃设计可采用刮水器转轴压溃和刮水器支架压溃两种方式，其中，刮水器支架压溃又有材料压溃和结构压溃两种形式。

如采用压溃式结构，必须保证刮水器有足够的压溃空间，这就要求适当抬高刮水器臂的高度，以便使头部尽早与其接触，但需兼顾驾驶员视野。另外，刮水器底部沿碰撞方向到流水槽的距离 D_2 应当保证最小空间要求。

4）发动机罩内外板设计

发动机罩内、外板压边处的截面几何应保证易于变形吸能（见图 3.75）。发动机罩不同位置的刚度可通过控制发罩内、外板结构来进行控制。

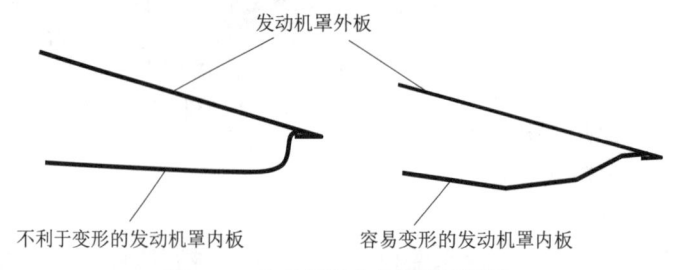

图 3.75　发动机罩内外板截面设计

5）翼子板及其支架设计

翼子板可采用塑料材料以削弱刚度，支架可采用易变形或可压溃结构，并合理布置翼子板支架的数量及位置，示例如图 3.76 所示。

6）发动机罩铰链设计

在造型阶段要考虑将发动机罩铰链布置在头部撞击区域以外。铰链加强板到发动机罩外板之间要留有足够的距离。铰链加强板在满足刚度要求的前提下应尽量缩小尺寸。

7）散热器框架设计

散热器框架与发动机罩外板间应留有足够的距离，可以采用塑料材料以减弱其刚度（见图 3.77）。

图 3.76　翼子板及支架设计

图 3.77　塑料材料的散热器框架

8）发动机罩锁设计

发动机罩锁应尽量布置在 WAD1000 线之前与 BLE 线之后，即头型试验区域和大腿试验区域的中间位置（见图 3.78）。如必须布置在头型碰撞区域内，则锁体与外板之间应保证留有最小距离。锁板及其加强板要易于变形吸能（见图 3.79）。

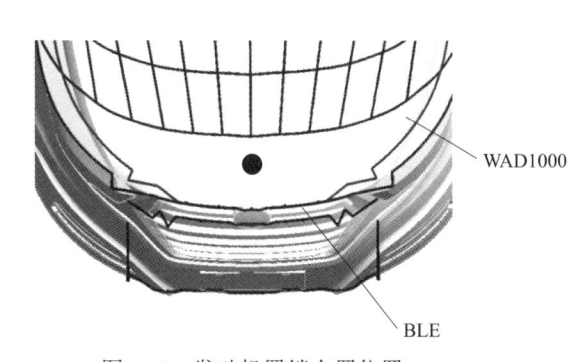

图 3.78　发动机罩锁布置位置

图 3.79　易变形的锁板结构

9）标准紧固件

如果硬点结构与发动机罩外板之间没有足够的空间，则应格外关注连接螺栓的设计。连接螺栓应尽量布置在硬点下面和侧面，从而增加吸能空间。如必须布置在硬点结构上面，螺栓应尽量采用向下连接的方式，如图 3.80 所示。

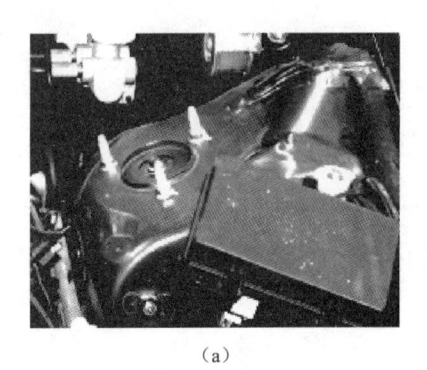

图 3.80　螺栓连接方式
（a）螺栓向上连接方式；（b）螺栓向下连接方式

3.5.2　行人小腿保护（基于 FlEX-PLI 腿型）

2013 年以后，Euro-NCAP 要求使用 FLEX-PLI 行人保护柔性腿型，同时 GTR（全球性法规）也要求在 2013 年后使用该腿型。与传统腿型相比，FLEX-PLI 腿型的优势在于：

（1）采用多段可变形骨骼连接结构；

（2）形状采用类人设计，符合人体腿部形状，变形模式复杂多样，受外界载荷作用后柔性很强；

（3）伤害模式更接近实际人体生物力学响应，测量全面。

车辆前端造型直接决定着行人保护实施对策的难易程度，如果前期造型设计没有充分考虑行人保护性能要求，将会给后期的结构设计和布置带来很大挑战。

车辆造型与行人小腿保护性能相关的参数主要有：发动机前缘参考线距离地面的高度 H_1、小腿支撑离地高度 H_2、发动机前缘参考线与保险杠上参考线的水平距离 B_1、小腿支撑与蒙皮的水平距离 B_2（见图 3.81）。各参数与 FLEX-PLI 腿型的影响关系如下：

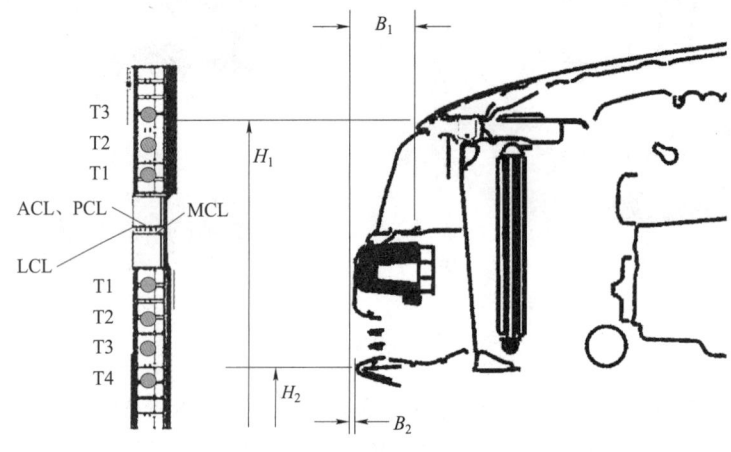

图 3.81　小腿保护相关尺寸

发动机前缘参考线与保险杠上参考线的水平距离 B_1：影响车辆前脸造型特征，B_1 越小，越有利于控制小腿膝部十字韧带拉长量和股骨弯矩伤害。

小腿支撑离地高度 H_2：影响车辆前脸下部造型特征，H_2 越小，越有利于控制腿型的运动姿态，能够有效降低膝部韧带 PCL、ACL、MCL 及胫骨弯矩伤害；

小腿支撑与蒙皮的水平距离 B_2：影响碰撞时小腿支撑起作用的时间，B_2 越小，小腿支撑起作用的时间越早，一般建议 $B_2 \leqslant 40$ mm；

前伸吸能结构：前伸吸能结构不仅影响车辆的造型特征，还影响小腿膝关节韧带拉长量，其厚度可根据能量原理和牛顿第二定律计算得出：

$$E_{小腿} = \frac{1}{2}mv^2 = \int_{\Delta x} F_{小腿} \mathrm{d}x \quad (3.89)$$

得：

$$\frac{1}{2}v^2 = a\Delta x \quad (3.90)$$

$$F_{小腿} = ma \quad (3.91)$$

式中，$E_{小腿}$ 为小腿腿型冲击器动能，m 为小腿腿型冲击器质量。

以 FLEX-PLI 柔性腿为例，$m=12.95$ kg，令 $a=150$ g，则由公式（3.90）得保险杠横梁前端面与蒙皮之间的最小可变形空间为：

$$\Delta x = \frac{E_{小腿}}{ma} = \frac{825 \text{ J}}{12.95 \text{ kg} \times 150 \times 9.8 \text{ m/s}^2} = 43.3 \text{ mm}$$

考虑到在碰撞过程中动能并不能被完全吸收，现假设吸收了 60%，那么有效吸能空间 Δx 应为 43.3 / 0.6 = 72（mm）。

结构布置时应尽可能将刚度大的零部件（如拖钩、雷达等）布置在小腿碰撞区域内、外。此外，车辆的造型对小腿区域范围也有较大影响，合理的前脸造型能有效减小小腿碰撞区域。如图 3.82 所示，其采用凸角结构，缩小了 120°试验范围。

图 3.82 小腿保护相关尺寸

参考文献

[1] 欧洲新车安全等级评价. http://www.euroncap.com/home.aspx.

[2] Test Report, NCAP-KAR-12-017, NEW CAR ASSESSMENT PROGRAM (NCAP), http:// www.safercar.gov/Safety+Ratings.

[3] W. A, N. J. Transition from initial global bending to progressive buckling of tubes loaded statically and dynamically [J]. International Journal of Impact Engineering, 1997, volume 19(5):415-437(23).

[4] Campbell, L K. Energy Basis for Collision Severity [J]. Presented at the Third

International Conference on Occupant Protection, 1974.

[5] Jiang T, Grzebieta R H, Rechnitzer G, et al. Review of car frontal stiffness equations for estimating vehicle impact velocities [J]. Department of Civil Engineering, Monash University, 2DV Experts Australia Paper Number 439, 2003, 2(1): 1.

[6] Sharpe N, Vendrig R, Houtzager K. Improved design for frontal protection [J]. TNO Automot, 2001.

[7] Saunders J, Strashny A, Wiacek C. Relationship between Frontal Stiffness and Occupant Compartment Intrusion in Frontal Crash Tests [R]. SAE Technical Paper, 2008.

[8] Department of Transportation, U S, National Highway Traffic Safety Administration. Consumer information: New car assessment program (Docket No. NHTSA-2006-26555) [J]. Federal Register, 2008, 73(134): 40016–40050.

[9] National Highway Traffic Safety Administration (NHTSA). The new car assessment program suggested approaches for future program enhancements (DOT HS 810 698) [S]. Washington: U.S. Department of Transportation, 2007.

[10] Sun E, Eppinger R, Kuppa S, et al. Development of improved injury criteria for the assessment of advanced automotive restraint systems [M]. Washington, DC: National Highway Traffic Safety Administration, 1998.

[11] Du Bois P, Chou C C, Fileta B B, et al. Vehicle crashworthiness and occupant protection [J]. 2004.

[12] Matthew H. Vehicle crash mechanics [J]. 2002.

[13] Ma Z. D., Kikuchi N., Pierre C., et al. A Multi-Domain Topology Optimzation Approach for Structural and Material Designs [J]. ASME Journal for Applied Mechanics, 73(4):565–573.

[14] Ma Z. D., Lui, Y., Nonlinear Analysis and Design Investigation of a Negative Poisson's Ratio Material [C]. Proc. of ASME 2007 International Mechanical Engineering Congress and Exposition, IMECE07–43665, Seattle.

[15] Ishii K, Yamanaka I. Influence of vehicle deceleration curve on dummy injury criteria [R]. SAE Technical Paper, 1988.

[16] Brantman R. Achievable optimum crash pulses for compartment sensing and airbag performance [C]//Proceedings: International Technical Conference on the Enhanced Safety of Vehicles. National Highway Traffic Safety Administration, 1993, 1993: 1134–1138.

[17] Matsumoto H, Sakakida M, Kurimoto K. A parametric evaluation of vehicle crash performance [R]. SAE Technical Paper, 1990.

[18] Grimes W D, Lee F D. The effect of crash pulse shape on occupant simulations [R]. SAE Technical Paper, 2000.

［19］Agaram V, Xu L, Wu J, et al. Comparison of frontal crashes in terms of average acceleration [R]. SAE Technical Paper, 2000.

［20］Motozawa Y, Kamei T. A new concept for occupant deceleration control in a crash [R]. SAE Technical Paper, 2000.

［21］Cao J Z, Koka M R, Law S E. Vehicle pulse shape optimization to improve occupant response in front impact [R]. SAE Technical Paper, 2004.

［22］Kral J. Yet another look at crash pulse analysis [R]. SAE Technical Paper, 2006.

［23］Mark S. Effect of frontal crash pulse variations on occupant injuries [C]//Proceedings: International Technical Conference on the Enhanced Safety of Vehicles. National Highway Traffic Safety Administration, 2003.

［24］Varat M S, Husher S E. Crash pulse modelling for vehicle safety research [C]//Proceedings: International Technical Conference on the Enhanced Safety of Vehicles. National Highway Traffic Safety Administration, 2003.

［25］Witteman W J, Kriens R F C. The necessity of an adaptive vehicle structure to optimize deceleration pulses for different crash velocities [C]//Proceedings of the Seventeenth International Technical Conference on the Enhanced Safety of Vehicles（ESV）, Paper. 2001, 320.

［26］Wu J, Bilkhu S, Nusholtz G S. An impact pulse-restraint energy relationship and its applications [R]. SAE Technical Paper 2003－01－0505, 2003.

［27］邱少波，潘作峰，李红建，张君媛. 车体耐撞性概念优化方法. 第九届中国汽车安全技术国际研讨会，2006 年 8 月 14－16 日，北京.

［28］Chang C C, Lin C J. LIBSVM: a library for support vector machines [J]. ACM Transactions on Intelligent Systems and Technology (TIST), 2011, 2（3）: 27.

［29］LIBSVM-A Library for Support Vector Machines，http://www.csie.ntu.edu.tw/ ~cjlin/libsvm

［30］RCAR Bumper Test, Issue 2.0, September 2010，RCAR（Research Council for Automobile Repairs），http://www.rcar.org/Papers/Procedures/BumperTestProcedure.pdf.

［31］Hahm S, Won Y, Kim D. Frontal crash feasibility study using MADYMO 3D frame model [R]. SAE Technical Paper, 1999.

［32］Wierzbicki T, Abramowicz W. On the crushing mechanics of thin-walled structures [J]. Journal of Applied mechanics, 1983, 50(4a): 727－734.

［33］Ibrahim H K. Design optimization of vehicle structures for crashworthiness improvement［D］. Concordia University Montreal, Quebec, Canada, 2009.

［34］Abramowicz W, Jones N. Dynamic progressive buckling of circular and square tubes [J]. International Journal of Impact Engineering, 1986, 4(4): 243－270.

［35］Bare C, Peterson D, Marine M, et al. Energy Dissipation in High Speed Frontal Collisions [R]. SAE Technical Paper, 2013.

[36] Deb A, Cheruvu K S, Mahendrakumar M S. Energy-Based Criteria for Crashworthiness Design of Aluminum Intensive Space Frame Vehicles [R]. SAE Technical Paper, 2004.

[37] Huibers J, De Beer E. Current front stiffness of European vehicles with regard to compatibility [J]. Cell, 2001, 1: 1.

[38] Swanson J, Rockwell T, Beuse N, et al. Evaluation of stiffness measures from the US new car assessment program [C]//18th Int. Technical Conf. of the Enhanced Safety of Vehicles. 2003.

[39] Magee C L, Thornton P H. Design considerations in energy absorption by structural collapse [R]. SAE Technical Paper, 1978.

[40] Mahmood H F, Paluszny A. Design of thin walled columns for crash energy management— their strength and mode of collapse [R]. SAE Technical Paper, 1981.

[41] Mahmood H F, Paluszny A. Stability of plate-type box columns under crush loading [J]. Computational methods in ground transportation vehicles, AMD, 1982, 50: 17–33.

[42] Wu J, Bilkhu S, Nusholtz G S. An impact pulse-restraint energy relationship and its applications [R]. SAE Technical Paper, 2003.

[43] Wu J, Nusholtz G S, Bilkhu S. Optimization of vehicle crash pulses in relative displacement domain [J]. International Journal of Crashworthiness, 2002, 7(4): 397–414.

[44] Nishigaki H, Kikuchi N. First Order Analysis for Automotive Body Structure Design-Part 3: Crashworthiness Analysis Using Beam Elements [R]. SAE Technical Paper, 2004.

[45] Zhou R, Fu Y, Kang S. Optimal design of vehicle target pulse and restraint system [J]. International journal of vehicle safety, 2005, 1(1): 168–180.

[46] Deb A, Cheruvu K S, Mahendrakumar M S. Energy-Based Criteria for Crashworthiness Design of Aluminum Intensive Space Frame Vehicles [R]. SAE Technical Paper, 2004.

[47] Motozawa Y, Tsuruta M, Kawamura Y, et al. A new concept for occupant deceleration control in a crash-part 2 [R]. SAE Technical Paper, 2003.

[48] Wierzbicki T, Abramowicz W. On the crushing mechanics of thin-walled structures [J]. Journal of Applied mechanics, 1983, 50 (4a): 727–734.

第 4 章

乘员约束系统设计

假设有某一车型，即使按照 3.3.6 节的标准进行评价，车体耐撞性评价指标表现已经很好，同时又采用了国际知名供应商提供的高质量约束系统零部件，但最后在整车碰撞里仍然有可能出现乘员保护性能整体表现欠佳的结果。出现这种情况的主要原因多是在约束系统和车体耐撞特性的耦合上出现了问题。耦合就是指约束系统的作用与车体撞击压缩过程在时间和空间上都要有良好的配合。发生碰撞以后，乘员的动能靠约束系统吸收的同时，还有一大部分动能随着车体压缩过程而流向车体变为压缩变形能。如果能充分利用这部分能量，约束系统的负荷就会减轻，乘员的整体保护效果就会提高。因此，在匹配约束系统参数时，除了要优化乘员的局部伤害效果之外，还要考虑整体的耦合效应，在保证耦合效率的大前提下，再进行局部的微调，才能获得满意的综合保护效果。

4.1 乘员约束能量分解

分析能量过程，在位移域里分析乘员动能的吸收过程。

一个具有质量 m 的单自由度质点经历了一个加速度 $a(t)$，则其动能守恒关系如下：

$$E = \int_0^t ma(t)\mathrm{d}x(t) \tag{4.1}$$

或

$$\frac{1}{2}m\dot{x}^2 - \frac{1}{2}m\dot{x}_0^2 = \int_0^x ma\mathrm{d}x \tag{4.2}$$

式中，x 为位移，a 为加速度。注意到 $\ddot{x}\mathrm{d}x = \dot{x}\mathrm{d}\dot{x}$，所以式（4.2）可以写成：

$$\frac{1}{2}(\dot{x}^2 - \dot{x}_0^2) = \int_0^x \ddot{x}\mathrm{d}x \tag{4.3}$$

汽车碰撞安全工程

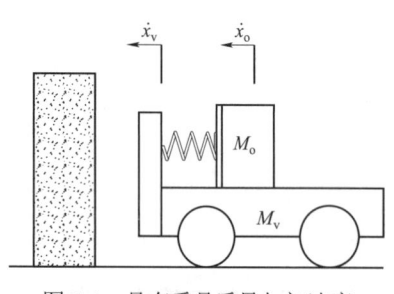

图 4.1 具有乘员质量与初速度的车辆系统

式（4.3）的内容可以解释为这个质点每单位质量里面含有的动能，我们将其称为能量密度。把式（4.3）应用到图 4.1 所示车辆 M_v 内具有初速度 $\dot{x}_o$ 的乘员质量 M_o 系统：

$$\frac{1}{2}\dot{x}_{or}^2 - \frac{1}{2}\dot{x}_{or0}^2 = \int_0^{\dot{x}_{or}} \dot{x}_{or} \mathrm{d}\dot{x}_{or} = \int_0^t \dot{x}_o \ddot{x}_o \mathrm{d}t \\ = \int_0^{x_o} \ddot{x}_o \mathrm{d}x_o = \int_0^{x_o} \ddot{x}_o \mathrm{d}(x_{or} + x_r) \quad (4.4)$$

式中，x_o 为乘员的绝对位移，x_r 为车体的绝对位移，x_{or} 为乘员相对于车体的位移。

将上述积分应用到乘员相对于车体的位移达到最大 D_{ov} 处，假设车体在乘员达到最大位移 D_o 的同时也达到最大车体位移点 D_v，此时 $\dot{x}_{ov} = 0$，$\dot{x}_o = 0$，则：

$$-\frac{1}{2}\dot{x}_{o0}^2 = \int_0^{D_o} \ddot{x}_o \mathrm{d}x_o = \int_0^{D_o} \ddot{x}_o \mathrm{d}(x_{ov} + x_v) = \int_0^{D_{ov}} \ddot{x}_o \mathrm{d}x_{ov} + \int_0^{D_v} \ddot{x}_o \mathrm{d}x_v \quad (4.5)$$

碰撞开始时，乘员的速度等于车体的撞击速度。初始状态用下脚标 0 表示。等式（4.5）左边代表了乘员在开始碰撞时的动能密度，即每单位质量里所包含的动能数量，其只与初速度有关，和乘员的质量无关，和上一章里车体的能量密度概念是一样的。以美国 NCAP 试验为例，对于 56.3 km/h 的碰撞，因为在碰撞开始之前乘员相对于车体的运动速度等于零，$\dot{x}_o$ = 56.3 km/h，因此其能量密度为 122.3 J/kg。从零时刻开始，到乘员与约束系统开始接触之前，乘员的动能是不会传递到车体变形里去的。

等式（4.5）右边第一项是乘员加速度在车内相对位移上的积分，所以代表了被约束系统所吸收的能量；等式第二部分是乘员加速度在车体位移上的积分，其物理含义是通过车体压缩变形所吸收掉的乘员动能。式（4.5）表明，乘员的初始撞击动能不但会拉伸乘员约束系统，同时还会增加车体压溃的变形程度。这两种吸能过程就好像重叠在一起一样，因此我们把这种除了用约束系统弹性吸能之外，还用车体变形来吸收乘员动能的现象称为"重叠吸能效应"，同时把经由车体变形所吸收的那部分乘员动能 $\int_0^{D_v} \ddot{x}_o \mathrm{d}x_v$ 称为"重叠吸收能量"。

大多数情况下，车体最大位移 D_v 不完全等同于车体最大压缩量 C，为了便利起见，用 C 代替 D_v 计算重叠吸能量，式（4.3）会产生一些轻微的误差。

由于有可观的初始乘员动能被车体变形所吸收，因此重叠吸能现象被认为是对乘员约束系统优化非常有利的一个现象，因为增大重叠吸收能量可以减少约束系统的吸能负担，会给约束系统的优化工作带来更大的便利。我们把重叠吸收能量定义为 E_{rd}，重叠吸收能量与总的初始动能之比定义为重叠吸能比 R_{rd}。

图 4.1 可以说明在车辆碰撞过程中乘员碰撞能量的去向和重叠吸能的作用过程。为了便于表达，我们把变形吸能结构固定在刚性壁上，而不是让车身产生变形，但是

其结构吸能的效果与车身结构吸能是一样的。为了简化碰撞场景，设 $D_v = C$，t_c、t_r 和 t_v 分别代表乘员与约束系统相接触的时刻、乘员达到最大位移 D_{ov} 的时刻、车体停止在最大压缩量 D_v 的时刻。

考虑两种极端的情况。第一种情况是假设刚性车体与刚性障碍墙相撞，所有初始乘员动能全部被约束系统吸收，如图 4.2（a）所示，此时重叠比为零，其过程可以表示为：

$$-\frac{1}{2}\dot{x}_{o0}^2 = \int_0^{D_{ov}} \ddot{x}_o \mathrm{d}x_{ov} \tag{4.6}$$

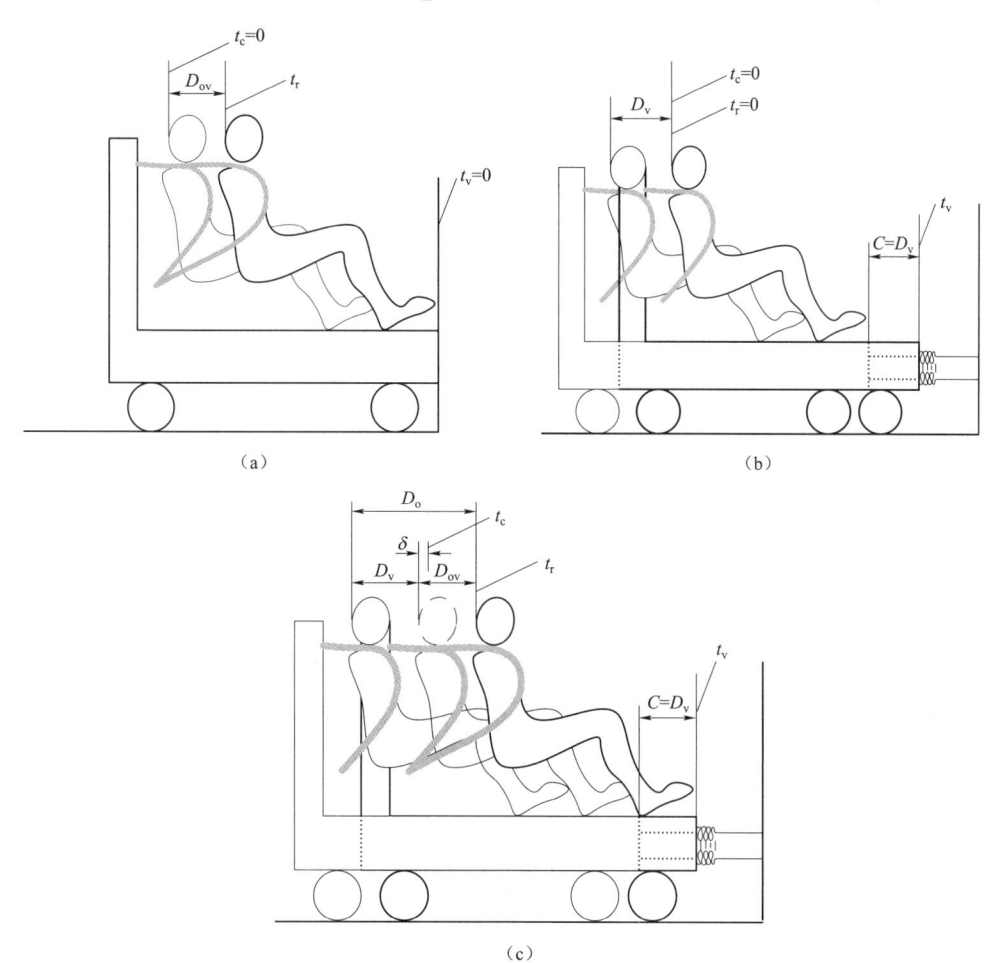

图 4.2 乘员动能的耗散方式
（a）刚性结构与柔性约束系统相结合；（b）刚性约束系统与柔性吸能结构相结合；
（c）柔性约束系统与柔性吸能结构相结合

另外一个极端情景是乘员被刚度无限大的约束系统固定在车体上，也可以把安全带想象成为一个钢带，乘员的初始动能完全被结构变形所吸收，过程如图 4.2（b）所示。为了避免乘员与刚性约束系统之间产生猛烈的"二次碰撞"，就必须给乘员提供足够远的制动距离，前端吸能结构必须设计得又软又长。由于没有能量进入约束系统，故重叠比为100%。

$$-\frac{1}{2}\dot{x}_{oo}^2 = \int_0^C \ddot{x}_o \mathrm{d}x_v \qquad (4.7)$$

在现实过程中，碰撞吸能的比例是介于上述两种极端工况之间的，如图 4.2（c）所示，乘员在时刻 t_r 与约束系统接触，之前已经发生了一个等于系统松弛量 δ 的位移。由于约束系统的机构间隙、动作时间滞后等原因，约束松弛量是始终存在的，在乘员与约束系统接触之前，不会产生重叠吸能，公式（4.5）描述的就是这种情景。无论在哪种情况，乘员的总制动位移 $D_o = D_{ov} + D_v$ 越长，约束系统就越容易进行碰撞能量管理。

虽然公式（4.5）表明，让车体结构变形承担更多的乘员初始动能，即提高重叠吸能会减轻约束系统的吸能负担，更有利于进行约束的能量管理，但是图 4.2（b）也同样表明，过高的重叠吸收能量要求必须配合更长的前端结构。反过来，如果前端吸能结构的压缩变形长度不能满足要求，提高重叠吸收能量就一定会增加乘员伤害，也就是说，无限提高重叠吸收能量并不意味着总是对乘员保护产生正面效应。

与刚性壁碰撞时，除了车体质量的惯性力可引起车体压缩以外，乘员的惯性力通过约束系统的安装固定点推动车体进一步压缩，会产生比空车碰撞更长的前端结构压缩距离，即产生重叠吸能效应。如果约束系统太软，刚度太小，则无法胜任这个能量传递任务，因此，约束系统刚度越大就越会带来更大的重叠吸能效应，即加大约束系统刚度会增大重叠吸收能量。如果不能充分利用车身重叠吸能效应，再好的车体耐撞性指标也不能保证最终获得理想的乘员保护效果。

可以设想，应当存在一个比较理想的重叠吸能比，使得约束系统的吸能容量有一定的盈余，同时又不给结构吸能增加过多的负担。同时，约束系统的刚度与车体结构的刚度之间也应当存在最佳的匹配关系。我们将这种约束系统与车体结构之间的交互作用称为"耦合效应"。对于一个给定刚度的车体前端结构，如果约束系统的刚度得到适当控制，就能得到理想的吸能配比方案，以便将约束系统的效能发挥到最大限度。这样，约束系统与车体结构之间的耦合就可以理解为：对特定的车体结构，为约束系统寻找和实现正确的重叠吸能比。

4.2　约束系统与车体的耦合判据

约束系统在概念设计阶段的任务是：

（1）提供足够的刚度，以便充分利用车体重叠吸能效应，同时使乘员停止在前方内饰之前，避免乘员与内饰之间发生"触底"性的硬性磕碰。

（2）保证足够的约束系统柔度，将乘员充分释放到内饰空间 D_{ov} 所允许的最远范围之处（见图 4.3）；增加综合制动距离（$D_{ov} + D_v$），降低乘员与约束系统硬性冲击而引起的约束伤害。

为了达到这一最佳效果，必须把乘员动能在正确的时间、按照正确的比例分配到约束系统和车体中去，这个过程就是约束系统与车体的耦合设计。

文献 [1]、[2]、[3] 对车体叠压吸能现象进行了定量分析，提出了利用乘员加速度对车体位移进行积分的重叠压吸收能量计算方法，并且提出了重叠吸能效率（Ridedown Efficient）的概念[1]、[10]和重叠吸能效应发生的条件[4]。

以下以乘员胸部分析为例，分析叠压吸收能量的计算方法，其他部位可依此方法进行类比分析。

设车体碰撞的绝对加速度为 a_v，乘员的绝对加速度为 a_o。进行能量关联分析，将二者重叠在一起，取一时间历程的实例（见图4.3）。在时间域里对 a_v 和 a_o 做二次积分，就能得到车体的绝对位移曲线 x_v 和乘员的绝对位移曲线 x_o。将车体位移与乘员相减，就可得到乘员与车体之间的相对位移 x_{ov}，见图4.4。

图 4.3 乘员在车室内的移动

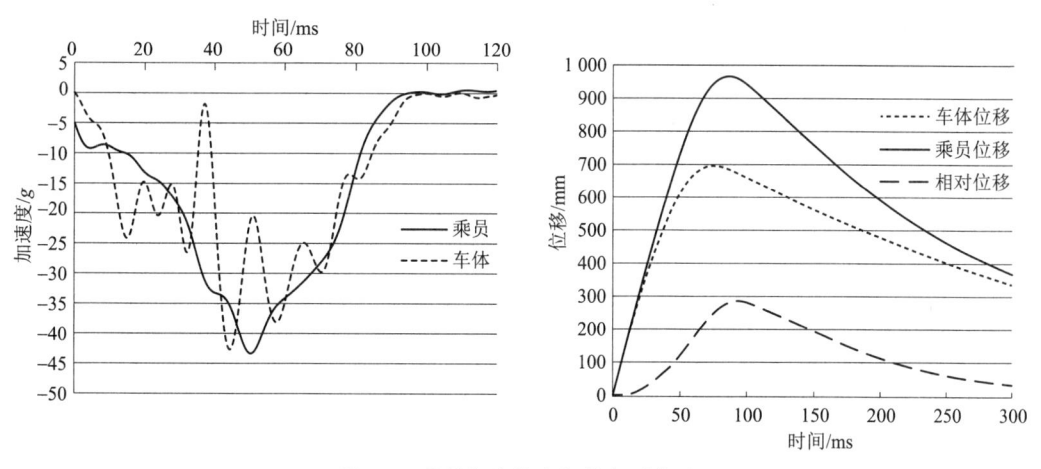

图 4.4 乘员与车体之间的相对位移

在曲线 a_o-t 和曲线 x_{ov}-t 中消去时间变量，就能得到在相对位移域里的 a_o-x_{ov} 曲线。同理，也可以得到乘员加速度在车体位移域里的曲线 a_o-x_v，如图4.5所示。

曲线 a_o-x_{ov} 和曲线 a_o-x_v 下面的面积分别与式（4.5）右侧的第一项和第二项相对应，分别等于约束系统吸能和重叠吸能的能量密度。可以看到，在式（4.5）里，重叠吸能的积分应当停在 D_v 处，这一点的时刻与位移 x_{ov} 达到其最大值 D_{ov} 的时刻相对应，其积分结果与曲线 a_o-x_v 下的面积并不完全相等。为便于理解，我们用 a_o-x_v 下的面积近似代替式（4.5）右边的第二项。

对曲线 a_o-x_{ov} 和曲线 a_o-x_v 积分，就可以得到约束系统的能量密度和重叠吸能的能量密度 E_{rd}，见图4.6。这两部分的能量和应当等于乘员胸部的初始碰撞动能。

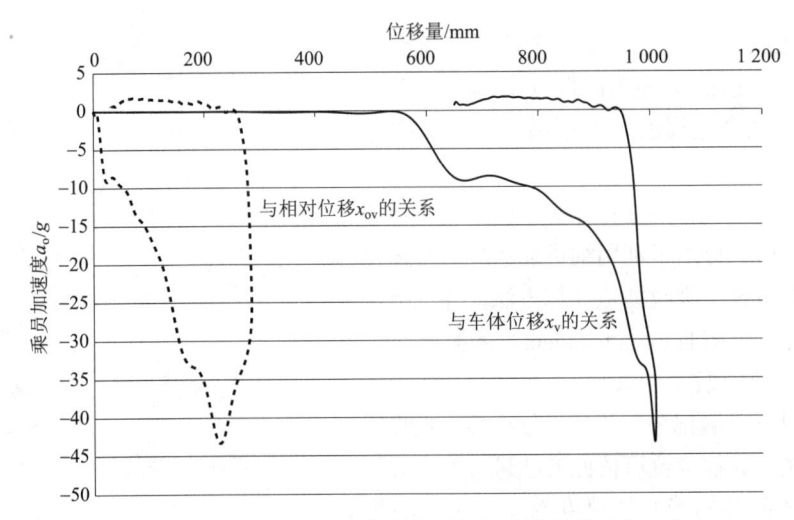

图 4.5　乘员加速度在车体位移域与相对位移域里的曲线

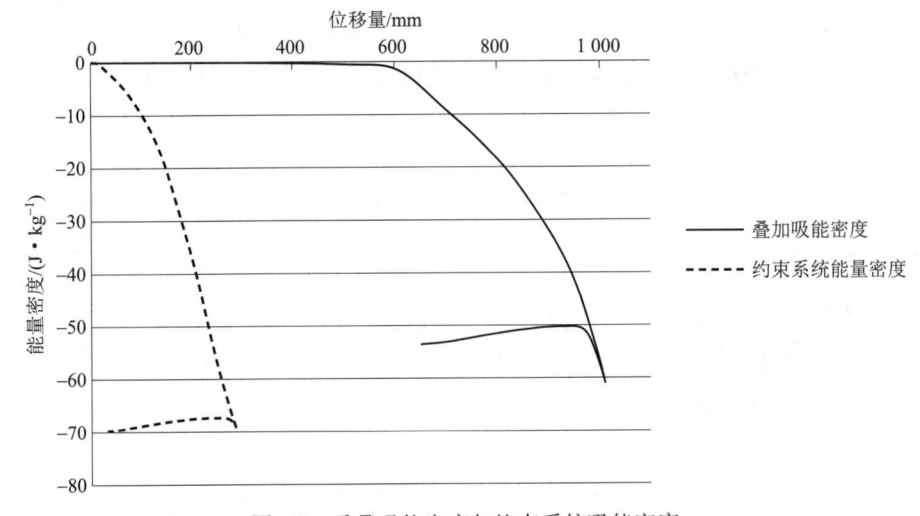

图 4.6　重叠吸能密度与约束系统吸能密度

参考文献 [11] 认为，重叠效率大小并不与保护效果成正比。这一点是可以想象得到的，如果为图 4.2（b）中的极端情况，肯定要增加乘员伤害。但是，流入车身变形里的重叠吸能所占的比例到底达到多少才为最佳呢？我们从乘员胸部的等效方波 ESW[10] 入手进行分析。

设乘员胸部质量为 m，初始碰撞速度为 v_0，相对于地面的最大乘员位移为 D_o。胸部加速度等效方波幅值高度为 ESW_o，在恒定的加速度 ESW_o 作用下，在前端结构压溃量 C 的长度内完成，其能量吸收等于整车的初始动能。

$$\frac{1}{2}mv_o^2 = ESW_o \cdot m \cdot D_o \tag{4.8}$$

$$ESW_o = \frac{v_0^2}{2D_o} \tag{4.9}$$

如果 ESW$_o$ 的单位为 g，v_0 的单位为 km/h，D_o 的单位为 mm，则：

$$\text{ESW}_o = 3.94 \times \frac{v_o^2}{2D_o} \tag{4.10}$$

重叠吸能表达式为：

$$E_{rd} = \int_0^C \ddot{x}_o dx_v \tag{4.11}$$

用 ESW$_o$ 取代式（4.11）中的 $\ddot{x}_o$，乘员胸部的重叠吸能就可以用等效方波高度 ESW$_o$ 和前端结构的压缩量 C 来近似表示：

$$E_{rd} = 9.8 \times \text{ESW}_o \cdot C \tag{4.12}$$

如果 ESW$_o$ 的单位为 g，C 的单位为 m，则重叠吸能密度单位为 J/kg。

ESW$_o$ 是与乘员的碰撞载荷直接相关的量，二者成正比关系，在结构设计里要尽力获得尽可能低的 ESW$_o$ 水平。式（4.12）表明，对于一定的前端压溃量 C，为了将乘员的伤害值控制在某一个限值以下，那么重叠吸能就一定不能高于某一个值。我们将这个重叠吸能的上限称作重叠吸能的临界值。

为估算重叠吸能的临界值，观察美国 NHTSA 的 NCAP 试验数据库[12]。NCAP 试验类型为 56 km/h 正面刚性壁碰撞，其他速度与其他障碍墙类别的分析过程可依次类推。为观察重叠吸能水平，首先统计平均的 ESW$_o$ 和 C 水平。由于 NHTSA 在 2011 年以后对五星评级采用了更加严格的评价标准，因此将数据分为 2011 年前和 2011 年后共三组（见附录 Ⅰ、Ⅱ、Ⅲ），选取的车型限于承载式车身结构的轿车和厢式车。

对附录 Ⅰ 中数据的 a_o–t 曲线进行二次积分，得到如图 4.4 所示的乘员位移曲线，测取车体位移 x_o 的最大值作为 D_o，代入公式（4.10）。乘员的初始速度 v_0 与车体碰撞速度等同，此处取 56 km/h（15.6 m/s）。根据附录 Ⅰ 数据计算的 ESW，结果见图 4.7，在 13 g 和 14 g 之间波动，平均值取 13.5 g。

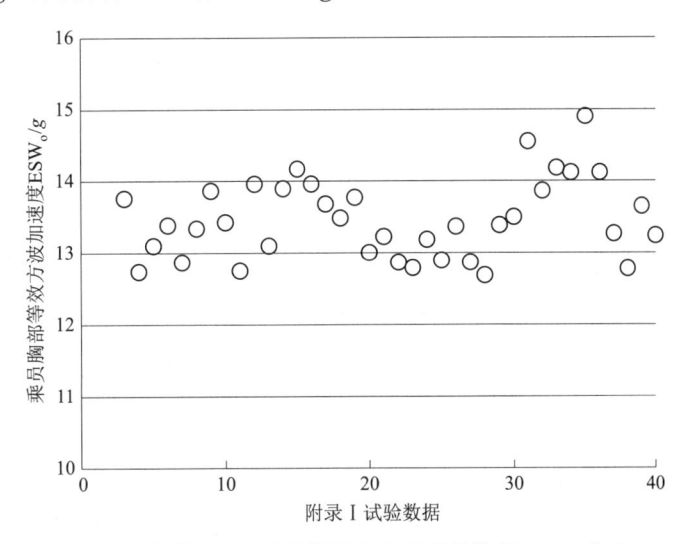

图 4.7 由附录 Ⅰ 试验数据计算出的乘员胸部 ESW$_o$ 分布

图 4.8 是根据附录 I 和 II 试验数据测得的前端结构碰撞压溃量 C，大部分分布在 $0.3\sim 0.6$ m，平均值为 0.48 m。在公式（4.12）中，用平均压溃量 0.48 m 取代 C，可计算出与等效方波 13.5 g 相对应的重叠吸能 E_{rd}：

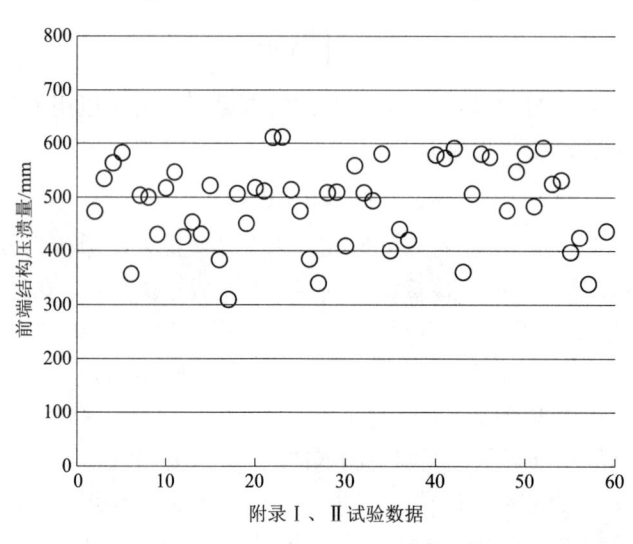

$$E_{rd} = 9.8 \times 13.5 \times 0.48 \approx 64 \text{（J/kg）} \tag{4.13}$$

图 4.8 由附录 I、II 试验数据测得前端压溃量

式（4.13）表明：如果压溃空间只有 0.48 m，为了将胸部平均加速度控制在 13.5 g 以下，那么重叠吸能就不能超过 64 J/kg。在这里，64 J/kg 应当就是这种工况下的重叠吸能临界值。事实是否如此呢，我们根据 NCAP 数据进行统计观察。

乘员的初始动能密度由下式计算：

$$E = \frac{1}{2}\dot{x}_{o0}^2 \tag{4.14}$$

在碰撞开始之前，乘员与车体之间没有相对运动，因此乘员的初始速度与碰撞速度相同，为 56.3 km/h（15.6 m/s）。由式（4.14）可得，乘员的初始动能密度为 121.7 J/kg。由此可计算出重叠吸能率：

$$R_{rd} = \frac{E_{rd}}{E} = \frac{64}{121.7} \times 100\% = 53\% \tag{4.15}$$

从图 4.9 中可以看到，NCAP 试验里高安全等级（四星与五星）的车体一般比低等级车体具有更高的重叠吸收能量。四星与五星车体的重叠吸收能量多分布在 $60\sim 70$ J/kg，同时，三星车体则会落在这个区域之外。上述观察与式（4.5）的结论是一致的，即保证重叠吸能有助于提高约束系统效率。但是，如果进一步增加车体叠压，吸收能量还会有更好的效果吗？由式（4.12）可知，重叠吸收能量与两个参量有关，车体静态压缩量 D_v 和乘员胸部的 ESW_o 的增加都会引起重叠吸收能量的增加。车体静态压缩量是受到车体总布置限制的，中小级乘用车的静态压缩量一般不会超过 0.6 m（见图 4.8），尤其是紧凑型轿车和微型轿车，可利用的压缩空间更小，因此通过增加静态压缩量的方法提高重叠吸收能量是不现实的。另一方面，如果提高 ESW_o 数值，可以提高 E_rd，但是将进一步增加乘员胸部的负担。根据附录Ⅱ、Ⅲ试验数据整理的统计结果，乘员胸部加速度峰值大约是胸部 ESW_o 值的 3.2 倍左右，见图 4.10。在上述胸部 ESW_o 值为 13.5 g 的条件下，乘员的胸部加速度峰值将达到 43 g，已经是工程目标的极限，因此 ESW_o 不宜再提高。总之，在上述条件下，可以认为 64 J/kg 是叠压吸能的最大值，如果超过这一数值，乘员的胸部伤害指数反而会增加，从而让车体重叠吸能效应失去意义。

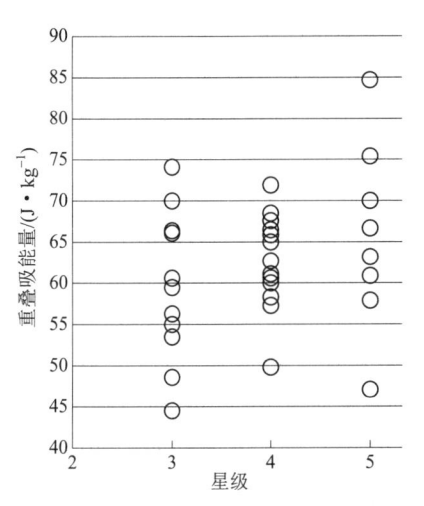

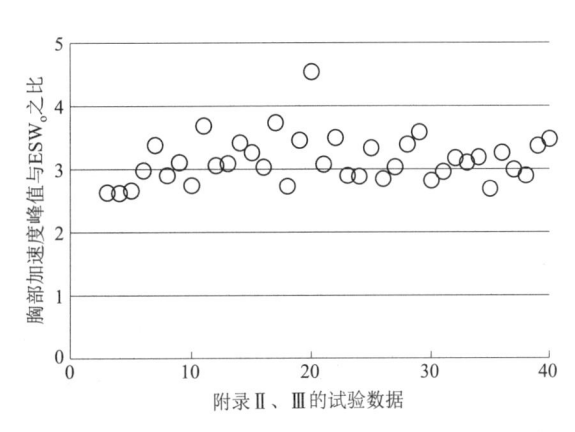

图 4.9　各安全等级车辆的重叠吸能量分布　　图 4.10　乘员胸部加速度峰值与 ESW_o 比值的分布

理论上来看，64 J/kg 应当是附录Ⅰ试验条件的重叠吸收能量上限，这个值相当于 53%的重叠吸能比。在一定的前端结构变形空间限制之下，更高的重叠吸能比可能反而会增加乘员的伤害。对于其他车辆类别，如 SUV 或者微型轿车，或者乘员伤害指标有其他要求，则叠压吸收能量的最大值可由式（4.12）计算。

为了对上述推断进行验证，提取附录Ⅰ、Ⅱ、Ⅲ所有试验中重叠吸收能量与乘员碰撞载荷之间的关系。采用司机侧假人胸部加速度峰值作为乘员碰撞载荷指标。乘员胸部加速度与重叠吸收能量之间的关系见图 4.11。可以观察到，在吸能比低至 40 J/kg 时，乘员胸部加速度达到最高值，约 55 g。随后，乘员加速度随着重叠吸收能量的增加而下降，直至达到约 65 J/kg 为止。这个拐点是与式（4.13）计算结果相一致的。过了这一点以后，乘员加速度呈现出回弹上升的趋势，而不是继续下降。64 J/kg 处的垂直线将重叠吸能作用效果划分为垂线左面的"重叠吸能正作用区"和右面的"重叠吸能负作用区"。在重叠吸能正作用区，重叠吸能的增加会使流入约束系统的能量减少，从而降低乘员伤害；在重叠吸能负作用区，重叠吸能继续增加，虽然流入约束系统的能量份额继续减少，但是由于约束系统的刚度随之增加，因此会导致乘员伤害值的增加。

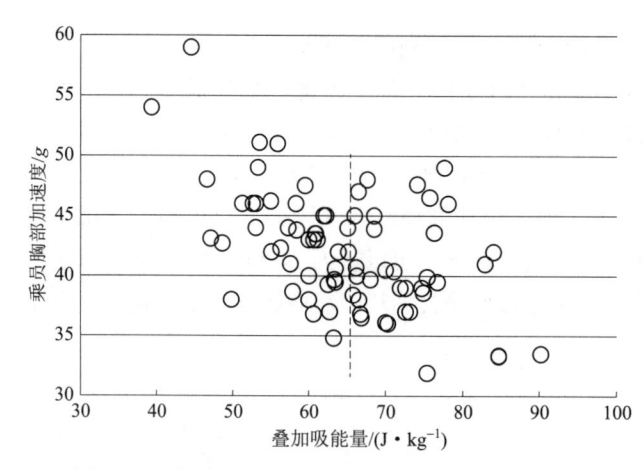

图 4.11 乘员胸部加速度与叠加吸能量之间的关系

4.3 吸能分配比的实现方法

从表达式 $\int_0^C x_o \mathrm{d}x_v$ 可以看出，产生重叠吸能的条件是：在乘员被约束的过程中，车体一直在不间断地产生压溃变形。如图 4.2（a）所示的约束系统可以让乘员在碰撞开始的瞬间马上接受约束。实际上，在约束接触时间 t_c 之前，一般总是存在一个约束系统的松弛量，使得乘员可以用初始速度继续前行一个距离 δ（见图 4.2（c））。为了在结构压溃变形期间对乘员进行全程约束，约束开始的时间 t_c 应当发生在压溃结束时间 t_v 之前[10]，即

$$t_c < t_v \tag{4.16}$$

注意到，在约束系统接触时刻 t_c 以前，乘员与车体同步运动，因此有

$$t_c = \sqrt{\frac{2\delta}{\mathrm{ESW}}} \tag{4.17}$$

$$t_v = \frac{v_0}{\mathrm{ESW}} \tag{4.18}$$

ESW 是车辆碰撞的等效方波，则最大压溃距离为

$$C = \frac{1}{2}v_0^2 / \mathrm{ESW} \tag{4.19}$$

式中，C 为最大压溃距离，在式（4.17）和式（4.18）中用 $v_0^2/2C$ 代替 ESW，可解得产生重叠吸能的条件为[10]：

$$C > \delta \tag{4.20}$$

这个条件意味着，如果要想产生重叠效应，约束系统的松弛量应当短于车体压溃量。公式（4.20）所确定的标准轻易地就能够被满足，而且不能直观估计出车身吸能的利用率是多少，因此还不足以当作工程设计的判据，很难对产品设计有定量的指导作

用。但是，这个判据对腿部约束分析却很有用[5]，因为膝盖距离前方的膝盖挡板约束有大约 150 mm 的间隙，这是一个不可忽略的空间。利用重叠效率进行腿部保护分析时，松弛量的影响至关重要。如果座椅有下沉或者前向移动，大腿就会失去约束随之向前运动。由于腿部的自由行程较长，要想充分利用重叠吸能效率，就应缩短腿部空间，尽早使膝盖与内饰开始发生接触。如果使用膝部气囊，则应保证气囊具有足够的刚度、纵向尺寸和支撑稳定性。但是，以式（4.4）和式（4.13）这两个判据对胸部约束分析太易于实现，故构不成一个使用的设计判据。对于胸部约束，必须探讨其他可以定量控制重叠吸收能量的设计变量。

4.3.1 时间判据

在图 4.2（c）中，如果 $t_r > t_v$，则在车体达到最大压溃点停止运动以后，乘员仍然会保持继续向前运动的状态。在车体停止运动以后剩下的运动过程中，乘员动能将只被约束系统所吸收，一般情况下，较低的重叠吸能工况会导致这种场景的发生。另外，向前运动的乘员很有可能与回弹的车体相遇，产生很大的乘员—车体相对碰撞速度，造成较高的乘员伤害值。

如果 $t_v > t_r$，当乘员达到车室内最前点时，车体还没有完成全部压缩，还处于继续往前运动的状态。这种场合下，虽然在约束系统为乘员提供约束的全部过程中都有车体压溃吸能相伴随，但是在余下的车体压缩过程中，约束系统已经耗尽吸能能力，只能给乘员提供刚性约束，总体的乘员制动距离（$D_{ov} + D_v$）减少，因此也会导致乘员伤害水平上升。

为了取得最佳的重叠吸能效应，最理想的情景应当是让约束系统约束乘员的时间比车体停止运动的时间稍长一个时间增量 t_Δ，保证 $t_r > t_v$（见图 4.12），但是又不能超调太多，即：

$$t_c + t_r = t_v + t_\Delta \tag{4.21}$$

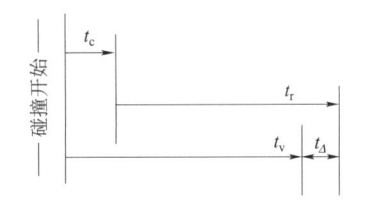

图 4.12 理想的重叠吸能控制时序

考察附录 I 中比较典型的两个试验 No. 6940 和 No. 7078，其中 No. 7078 取得了五星好成绩，No. 6940 表现欠佳，只有三星。在乘员相对于车体的位移域内，车体与乘员加速度曲线绘于图 4.13 和图 4.14 中。图 4.13（a）中 No. 6940 试验的车体加速度和乘员加速度都要比图 4.13（b）所示中的 No. 7078 试验高。

No. 6940 试验车体的 a-x_{ov} 曲线在首位时有趋于平缓的趋势，意味着在乘员位移达到最大点 D_{ov} 之前车体加速度就已经逐渐趋近于零，乘员与障碍之间的碰撞趋于更"硬"，在余下的碰撞过程中，很少有重叠吸能现象能够分担能量吸收，这个过程与图 4.2（a）代表的"软性约束匹配刚性结构"场景类似。这个收尾阶段，硬性碰撞引起的伤害值负面效果反映在乘员加速度曲线结尾部分的幅值升高上。

相比之下，No. 7078 试验车体的 a-x_{ov} 曲线在碰撞结尾时与乘员的 a-x_{ov} 曲线同时快速下降，直到乘员停止运动之前，车体始终在为约束系统提供重叠吸能支持（见图 4.13（b）），这时，乘员的吸能过程与图 4.2（c）代表的"柔性约束系统搭配柔性前端结构"类似。这种耦合的结构是，乘员胸部的加速度曲线在全程范围内均匀上升、缓慢下降，呈现出五星级车体结构的典型特征。

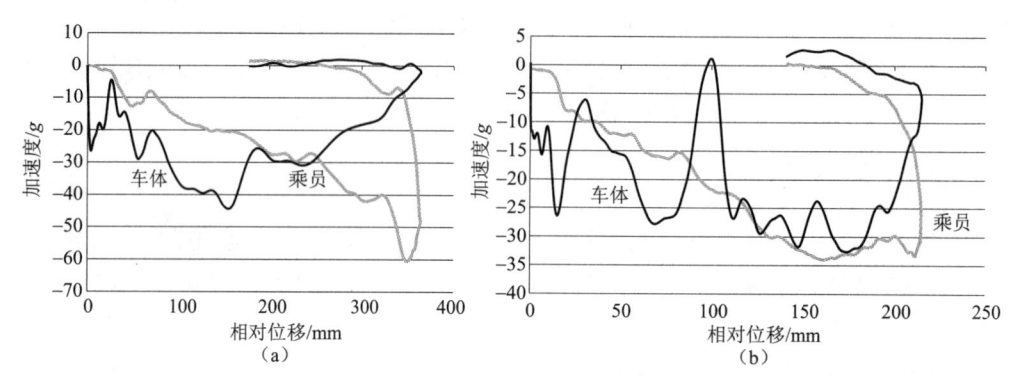

图 4.13 相对位移域里加速度相位比较
（a）试验号 No. 6940；（b）试验号 No. 7078

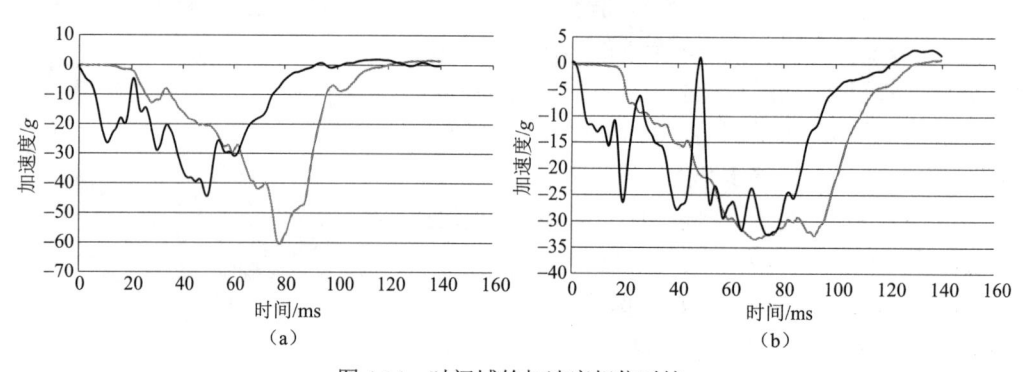

图 4.14 时间域的加速度相位对比
（a）试验号 No. 6940；（b）试验号 No. 7078

图 4.15 所示为上述两个试验的位移分析，在时间域里标明了车体位移和乘员位移之间的相位差。图 4.15（a）中 No. 6940 试验的 t_Δ 接近 20 ms，而 No. 7078 试验的 t_Δ 只有 10 ms 左右。可以认为，乘员加速度曲线结尾峰值是与 t_Δ 过长有关的。进一步观察附录 I 与 II 中其他试验数据，可以发现 t_Δ 与重叠吸能水平之间存在一定关系，其规律统计在图 4.16 里。t_Δ 与重叠吸收能量之间的关系近似于线性。从图 4.16 中可以观察到，为了达到 65 J/kg 级别的重叠吸能水平，t_Δ 应当控制在 10~12 ms，因此，t_Δ 可以当作一个重叠吸收能量的控制变量。

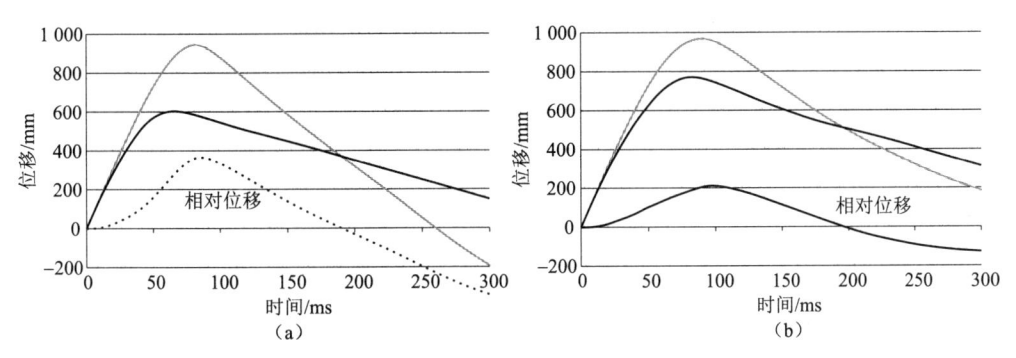

图 4.15 时间域的位移相位对比

(a) 试验号 No. 6940；(b) 试验号 No. 7078

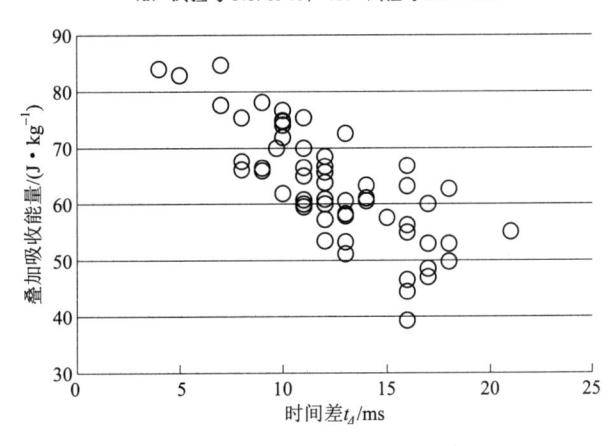

图 4.16 重叠吸收能量与时间差 t_Δ

现以乘员胸部伤害为例，寻求控制重叠吸收能量的 t_Δ 参数与车体结构设计参数之间的关系，以便用设计参数实现 t_Δ 控制。

假设车体以初速度 v_0（m/s）与障碍壁相撞，产生了等效方波 ESW（g）。现将乘员胸部加速度的目标值定为 ESW_o（g）。车体压溃的完成时间为：

$$t_\text{v} = \frac{v_0}{\text{ESW}} \tag{4.22}$$

乘员在车室内到达位移尽头的时间 t_r 为：

$$t_\text{r} = \sqrt{\frac{2D_\text{ov}}{\text{ESW} - \text{ESW}_\text{o}}} \tag{4.23}$$

为了使 $t_\text{r} - t_\text{v}$ 小于规定的 $t_\Delta(s)$ 目标值，则有：

$$\sqrt{\frac{2D_\text{or}}{\text{ESW} - \text{ESW}_\text{o}}} - \frac{v_0}{\text{ESW}} < t_\Delta \tag{4.24}$$

假设 $t_\Delta = 0.01$ s，$\text{ESW}_\text{o} = 15\,g$，则有：

$$D_{ov} < 5\left(0.01 + \frac{v_0}{36 \times \text{ESW}}\right)^2 \cdot (\text{ESW} - 15) \qquad (4.25)$$

作为初始碰撞速度和车体 ESW 的函数,乘员在车室内的位移 D_{ov} 可以当作重叠吸收能量的控制参数,其间关系如公式(4.25)所示。如图 4.17 所示,乘员上体等效方波 ESW_o 的平均值约为 13.5 g,如果针对 NHTSA 的 NCAP 试验条件,$v_0 = 56$ km/h,ESW = 25 g,从式(4.25)得出的结论为 $D_{ov} <$ 260 mm。图 4.18 是附录Ⅰ与Ⅱ中 NCAP 试验中乘员相对位移与重叠吸收能量之间的统计关系,可见,其与式(4.25)的计算结果是十分接近的。

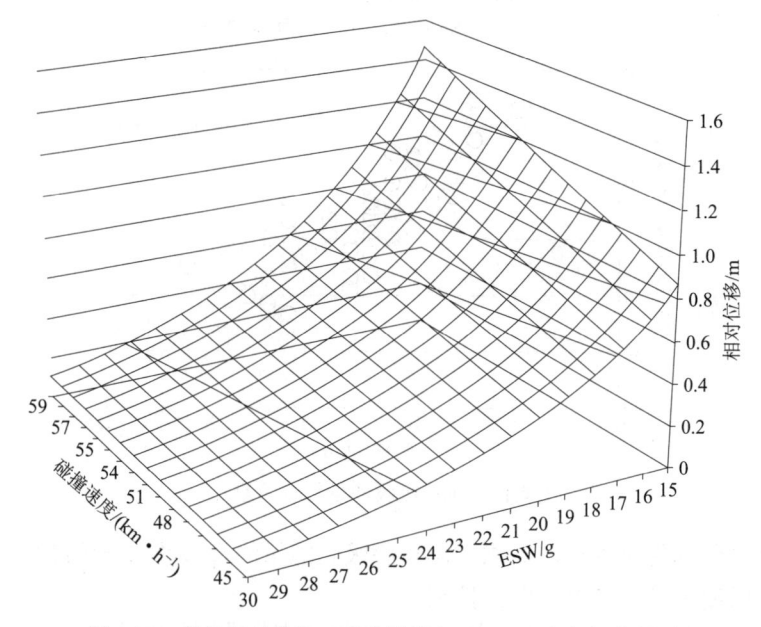

图 4.17 乘员相对位移、碰撞速度与 ESW 三者之间的关系

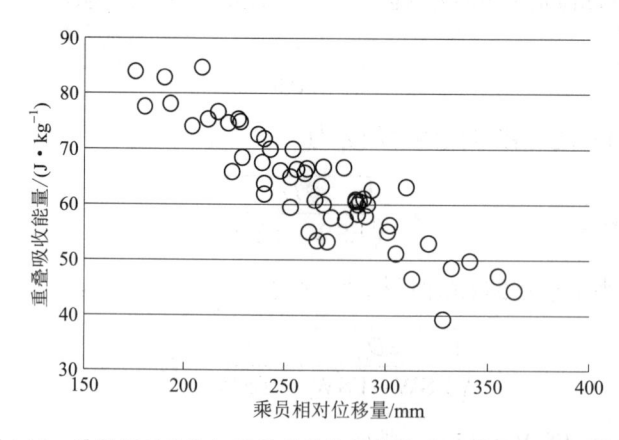

图 4.18 乘员相对位移与重叠吸收能量的关系(附录Ⅰ、Ⅱ数据)

式（4.25）表明，为使重叠吸收能量达到一个最小量，则乘员在车室内相对于车体的位移就不能大于某一个量，过度前移会导致出现不希望的 t_Δ（见图 4.16）。

公式（4.25）并不能说明乘员相对位移越短越好，只有在维持最短的乘员绝对总位移量（$D_o = D_{ov} + D_v$）的前提下缩短相对位移才有意义。以下探讨车内相对位移与车辆碰撞位移之间的相互影响。

4.3.2 乘员车内位移判据

公式（4.25）的一个假设是，在确定的碰撞速度下，压溃量 C 是由车体 ESW 目标值决定的恒定值。在所采用的 NCAP 试验数据里，为了增加可比性，车体类型均为中小型轿车，可利用的压溃空间变化量不大。当涉及其他车型时，如大型轿车、SUV 或者微型轿车，可利用的压缩空间范围波动就会很大，有时可以用来进一步增加重叠吸收能量，而有时又不得不进一步增加约束系统的总吸收能量。这时，车体的碰撞位移 D_v 就必须被当作一个变量来对待。

方程（4.6）可以在乘员相对于车体的位移 D_{ov} 域内重新写成以下形式[13]：

$$\frac{1}{2}\dot{x}_{ov}^2 - \frac{1}{2}\dot{x}_{ov0}^2 = \int_0^{\dot{x}_{ov}} \dot{x}_{ov} \mathrm{d}\dot{x}_{ov} = \int_0^t \dot{x}_{ov} \ddot{x}_{ov} \mathrm{d}t$$
$$= \int_0^t \dot{x}_{ov}(\ddot{x}_o - \ddot{x}_v)\mathrm{d}t = \int_0^{x_{ov}}(\ddot{x}_o - \ddot{x}_v)\mathrm{d}x_{ov} \qquad (4.26)$$
$$= \int_0^{x_{ov}} \ddot{x}_o \mathrm{d}x_{ov} - \int_0^{x_{ov}} \ddot{x}_v \mathrm{d}x_{ov}$$

注意到乘员相对于车体的初速度为零，因此 $\dot{x}_{ov0} = 0$。在最大位移处，$x_{ov} = D_{ov}$，$\dot{x}_{ov} = 0$。在车内相对位移域里从 0 到 D_{ov} 对式（4.26）进行积分：

$$\int_0^{D_{ov}} \ddot{x}_o \mathrm{d}x_{ov} = \int_0^{D_{ov}} \ddot{x}_v \mathrm{d}x_{ov} \qquad (4.27)$$

等式（4.27）表明：在相对于车体的乘员位移域内，乘员加速度的能量等于车体加速度的能量。等式左侧表示被约束系统所吸收的能量密度。对式（4.27）的等同描述是，在图 4.13 中，相对位移域内，车体与乘员两条曲线下面的面积恒定相等。必须强调，上述等式只有在相对位移域里才成立，这个特性将用来建立 x_{ov} 与 x_v 之间的关系，以便研究如何获取指定重叠吸收能量。

现在将图 4.13 中的 g–s 曲线予以简化：乘员的曲线用一个梯形来代替，车体的波形用等效方波 ESW 来代替。不管在什么域里分析，ESW 的幅值都是不变的，依然按照前述方法算出。根据公式（4.27），梯形下面的面积应当等于车体曲线下面的面积，也就是等于 ESW·D_{ov}。如果两条曲线在同一时刻到达 D_{ov}，则代表了 $t_\Delta \geqslant 0$ 的情况，如图 4.19 所示。

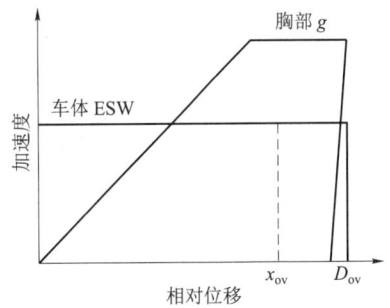

图 4.19　在相对位移域内简化的加速度波形

与公式（4.10）相似，对于车辆有：

$$\text{ESW} = 0.00394 \times \frac{v_0^2}{D_v} \quad (4.28)$$

式中，D_v 是车辆位移，单位为 m；v_0 是碰撞初速度，单位为 km/h；$\text{ESW} \cdot D_v$ 的单位为 $g \cdot m$。

将期望的重叠吸能量标记为 E_{rd}，初始动能记为 E_i。如果将乘员动能在车体吸能和约束系统吸能之间进行划分，则希望约束系统的吸能负荷不要过高。约束系统吸收能量等于梯形下的面积，因此也等于 ESW 矩形下的面积，应当小于 $E_i - E_{rd}$，即：

$$\text{ESW} \cdot D_{ov} < E_i - E_{rd} \quad (4.29)$$

将式（4.28）代入式（4.29），得：

$$D_{ov} < \frac{1}{9.8} \cdot \frac{E_i - E_{rd}}{\text{ESW}} \quad (4.30)$$

作为特例，对于 56.3 km/h 的碰撞，初始的能量密度为 122.3 J/kg。假设 64 J/kg 是一个重叠吸能的设计目标，那么约束系统的整体吸收能量就应当小于 58.3 J/kg，根据式（4.30）有：

$$D_{ov} < \frac{58.3}{9.8 \times \text{ESW}} = 1488 \times \frac{D_v}{v_0^2} \quad (4.31)$$

假设 $D_v = 550$ mm，则有：

$$D_{ov} < 2.66 \text{ mm} \quad (4.32)$$

如果不满足这个要求，约束系统所承担的能量密度就会高于规定的 58.3 J/kg。将公式（4.31）改写为：

$$D_{ov} < \alpha \cdot D_v \quad (4.33)$$

其中，$\alpha = 1488 / v_0^2$，我们将其称为位移比系数。因此，我们找到了重叠吸收能量控制标准的另外一种表达形式：乘员的车室内位移量应当与车体压溃量成固定的比例关系。在不同的重叠吸能率下，根据等式（4.30）计算的碰撞速度与 α 之间的关系如图 4.20 所示。

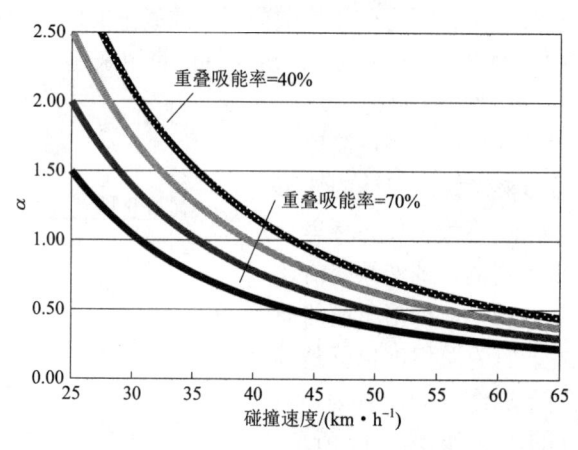

图 4.20 不同的重叠吸能率下碰撞速度与位移比系数 α 之间的关系

当 $t_\Delta \geqslant 0$ 时,也有下式成立:

$$\text{ESW} \cdot D_{ov} = 122.3 - E_{rd} \tag{4.34}$$

等式的右端代表当重叠吸能达到最大值时约束系统应有的吸收能量。然而,如果 $t_\Delta \leqslant 0$,ESW 曲线在还没有达到 D_{ov} 的 x_{ov} 处就会停止(见图 4.19),那么实际的重叠吸收能量就会小于设计目标值 E_{rdT}。在这种情况下,结构吸能不足部分 $E_{rdT} - E_{rd}$ 必须作为额外负担施加到约束系统上。如果约束系统的吸收能量不足,就会引起如图 4.11(a)所示的乘员载荷尾端上扬现象。现将 $E_{rdT} - E_{rd}$ 这部分能量加到式(4.34)的右侧,则有:

$$\text{ESW} \cdot \alpha D_v = 122.3 - E_{rd} + (E_{rdT} - E_{rd}) \tag{4.35}$$

式中,如果 E 的单位为 J/kg、v_0 的单位为 km/h、ESW 的单位为 g、D_v 的单位为 mm,考虑等式(4.28),将 $\text{ESW} \cdot D_v$ 的单位从 $g \cdot m$ 转换为 J/kg,则有:

$$\alpha = \frac{1}{9.8 \times 0.00394 \times v_0^2}(122.3 + E_{rdT} - 2E_{rd}) \tag{4.36}$$

作为特例,对于 NCAP 试验,$v_0 = 56.3$ km/h,设重叠吸能目标值 E_{rdT} 为 64 J/kg,则

$$\alpha = 0.008 \times (186.3 - 2E_{rd}) \tag{4.37}$$

式中,E_{rd} 的单位为 J/kg,为实际能达到的吸收能量。图 4.21 同时表示了根据公式(4.37)所计算的 α 曲线,还有根据附录 I 和 II 中试验车辆数据所提取的 $\alpha - E_{rd}$ 分布规律。可见公式(4.37)所提供的模型预测与实际测量值的趋势是非常一致的,因此,我们可以把 α 也当作一个控制重叠吸收能量水平的设计变量。

在应用 α 控制准则的时候,有很多因素需要进行均衡。仍然以约束系统吸收 58.3 J/kg 为例,约束系统应当尽量平稳地吸收掉这个能量,如果用高刚度的约束系统快速吸收,就会引

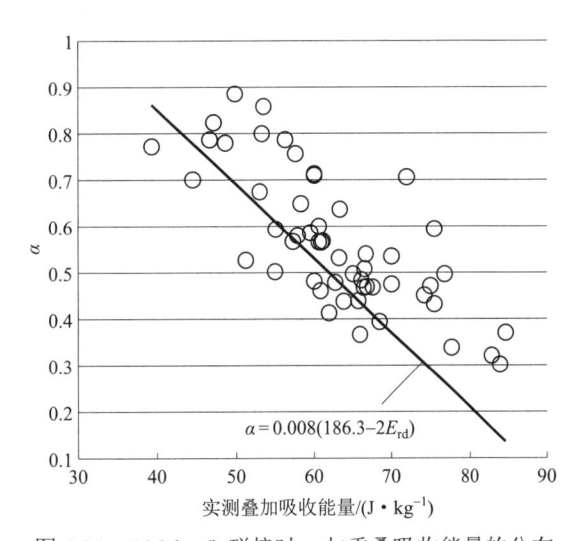

图 4.21 56.3 km/h 碰撞时 α 与重叠吸收能量的分布

起过大的载荷峰值出现。以胸部伤害分析为例,约束系统刚度过高会加大胸部压缩量。根据对附录 I、II、III 的观察可以发现,五星级车辆的胸部压缩量一般在 22 mm 以下,三星级车辆的胸部压缩量则高达 22~35 mm。当乘员的位移行程过短时,约束系统刚度上升,会导致压缩量过大。从试验数据统计结果观察发现,如果想保证胸部压缩量小于 22 mm,则要求至少有 300 mm 的移动空间,这是一个和压溃利用率相矛盾的要

求。当 $v_0 = 56.3$ km/h，ESW $= 25\ g$ 时，从增大重叠吸收能量的角度，要求乘员车内位移最大不能超过 266 mm，这样就在降低胸部压缩量与提高重叠吸能效率之间产生了矛盾，因此 D_{ov} 需要在 260～300 mm 进行权衡。行程过短、约束刚度过高，会在约束过程中对乘员施加过高载荷；行程过长、约束刚度过低，会在接近碰撞结尾的后期引起乘员与车辆之间的猛烈撞击。

α 在产品设计过程中是一个易观察指标。

4.3.3 乘员速度判据

为了在子系统分解时进一步应用上述结论，我们继续细分能量，分界点为车体压缩的完成时刻 t_v，以便于进行约束系统子系统分解的能量管理分析。设在时刻 t_v，乘员相对于车体的位移为 D_{ov1}，速度为 v_1，约束系统的能量以 t_v 为分界点划分为 E_{r1} 和 E_{r2}，见图 4.22。虽然这些物理量不是设计过程中的易控制变量，但在性能测试过程中是易于观察的指标，同时对系统解析很有帮助。

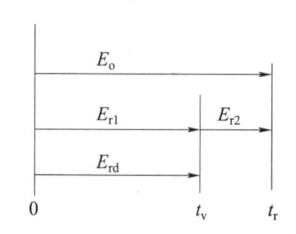

图 4.22 用 t_v 分解约束系统能量

E_o 为乘员初始动能：

$$E_o = E_{rd} + E_r = E_{rd} + E_{r1} + E_{r2} \tag{4.38}$$

t_v 时刻之前，乘员的动能变化是约束系统与车体变形重叠吸能之和：

$$E_{r1} + E_{rd} = \frac{1}{2}v_0^2 - \frac{1}{2}v_1^2 \tag{4.39}$$

现在想观察车体压缩结束时乘员的绝对速度 v_1 和 E_{rd} 之间的关系。

设在 t_v 时刻，乘员相对于车体的位移为 D_1：

$$D_1 = \frac{1}{2}\Delta\text{ESW} \cdot t_v^2 = \frac{1}{2}(\text{ESW} - \text{ESW}_E) \cdot t_v^2 \tag{4.40}$$

$$D_1 = \frac{\frac{1}{2}v_0^2 - E_{rd}}{2C} \cdot t_v^2 \tag{4.41}$$

$$t_v = \frac{v_0}{\text{ESW}} \tag{4.42}$$

将 $v_0 = 15.56$ m/s 及平均值压缩量 $C = 0.65$ m 等初始参数代入，可得：

$$D_1 = 0.452(1 - E_{rd}/121) \tag{4.43}$$

重叠吸能效率随 D_1 变动的分布关系如图 4.23 所示。

我们已经找到了 D_1 与 E_{rd} 之间的确定性关联，下面观察 D_1 与 v_1 之间的关系。在 t_v 时刻之前，乘员的总位移为：

$$C + D_1 = \int_0^{t_v} v\,\mathrm{d}t \tag{4.44}$$

可由此寻找 v_1 的表达式。

在附录Ⅳ的统计数据中，53款车型的胸部绝对速度与时间的平均曲线见图4.24，绝对速度与时间的积分即胸部的绝对位移。在胸部速度未降低至0前，速度与时间曲线的面积可以近似简化为梯形加上一个半弦部分的面积和。

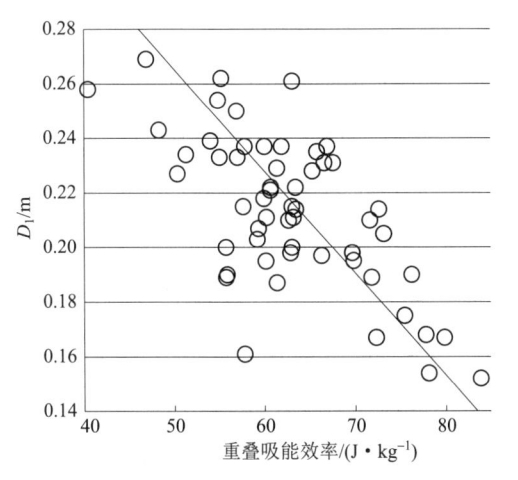

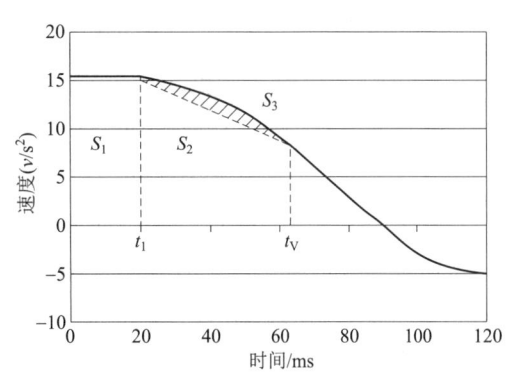

图4.23 重叠吸能效率随D_1变动的分布关系　　图4.24 胸部绝对速度与时间的平均曲线

刚性壁碰撞中，安全带预紧器的起爆时间一般在14~18 ms，再从火药点爆到织带回拉一般需要4 ms的时间，整体作用时间大约为20 ms，故胸部的绝对速度在前20 ms内基本保持不变，可以将约束系统与乘员之间的接触时间t_c平均值定为20 ms。初速度为15.6 m/s，面积S_1为

$$S_1 = 15.6 \cdot t_c \quad (4.45)$$

$$S_2 = \frac{1}{2}(v_0 + v_0 - v_1) \cdot (t_v - t_c) \quad (4.46)$$

S_3的面积形状类似于一个半弦的面积，与t_v间存在一定关系。为了简化求解，通过数据统计，可以获得一个NCAP试验条件下的S_3与t_v之间的近似关系曲线：

$$S_3 = 4.154 t_v - 0.227 \quad (4.47)$$

因此

$$C + D_1 = S_1 + S_2 + S_3 = v_0 \cdot t_c + \frac{1}{2} \times (2v_0 - v_1) \cdot (t_v - t_c) + 4.154 t_v - 0.227 \quad (4.48)$$

将式（4.43）代入，并从附录Ⅳ试验统计结果中取平均C值$= 0.66$ m，ESW $= 22\ g$，$t_v = 0.07$ ms，可得：

$$v_1 = 13.6 - 17.82 \cdot \frac{E_{rd}}{121} \quad (4.49)$$

式中，E_{rd}的单位为J/kg。公式（4.49）的分析结果与附录Ⅳ的统计结果对比见图4.25。二者之间的吻合度较好，因此我们把v_1当作控制重叠吸收能量的第三种判据。

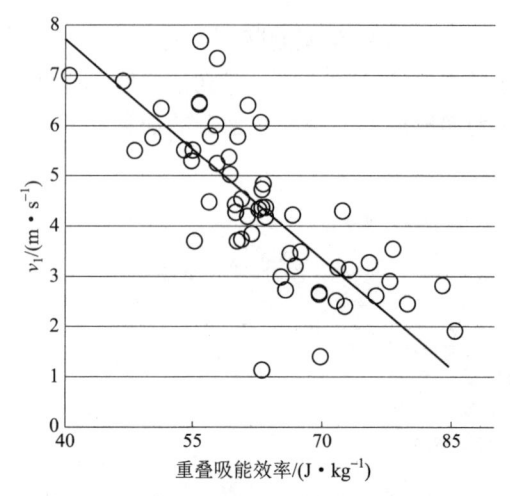

图 4.25 速度 v_1 与重叠吸收能量之间的关系

4.3.4 应用案例分析

对于一个典型的 NCAP 碰撞波形，$C = 0.664$ m，ESW $= 22\ g$，$t_v = v_0/\text{ESW} = 0.07$ s，为了保证重叠效率为 53%（65 J/kg），比较时间差判据与速度判据二者之间的差异。

根据式（4.49），在 t_v 时刻胸部的绝对速度应为 $v_1 = 4.16$ m/s。对于胸部伤害值，为了获得较高的 NCAP 分数，在碰撞过程中胸部的加速度峰值应控制在 35～40 g，胸部达到最大位移量时速度为 0，因此：

$$v_1 - \text{ESW}_\text{o} \cdot t_\Delta = 0 \tag{4.50}$$

当 ESW 在 35～40 g 时，由上式可求得 t_Δ 为 10.38～11.87 ms，与时间差判据 10～12 ms 判断比较一致，即意味着对 Δt 范围的控制可以转化为对 t_v 时刻胸部绝对速度的控制，进而控制重叠吸能效率。

4.4 约束系统能量单阶梯形图解分析法

在图 4.19 中，由于车辆曲线下的面积等于乘员曲线下的面积，所以有：

$$\text{ESW} \cdot D_\text{ov} = E_\text{o} \tag{4.51}$$

式中，E_o 是约束系统所吸收的全部能量；ESW 由式（4.28）计算，过高的 ESW 会加大乘员伤害值，一般在产品开发计划阶段就可以制定车型的 ESW 目标值。式（4.51）可以用来确定乘员在车内的最大位移量 D_ov。

图 4.22 中乘员上体载荷曲线的斜率代表了每单位位移的加速度，即约束系统的比刚度：

$$k = \frac{\Delta a}{\Delta d} \approx \frac{G}{D_\text{ov}} \quad (g/\text{mm}) \tag{4.52}$$

约束系统可能有多种刚度，如呈现出双刚度或三刚度特征，这是由子系统的组合特征而引起的，主要受座椅、安全带、安全带限荷器、安全气囊和转向柱刚度的影响。在最简单的单阶梯形分析法中，约束载荷曲线用线性刚度特性来描述。约束刚度越低，乘员的约束载荷就越小，即由安全带引起的胸部压缩量就会越小。如果设定胸部的加速度目标值为 G，那么曲线的最高点不能高于 G。

上述 a–d 曲线下的面积是在车体吸收适当的重叠吸能以后，约束系统应当吸收的能量密度。对于 56 km/h FRB 碰撞，乘员的初始能量密度为 122.3 J/kg，减去车体应当吸收的 65 J/kg，约束系统应当承担大于 60 J/kg 的吸能责任，即 a–d 曲线下的面积应当大于 60 J/kg。

刚度上升越平缓，对降低乘员伤害越有利。最理想的斜率应当如图 4.26 中的 k 所示，也就是约束系统的 a–d 曲线为一个直角三角形，底边长为 D_{ov}，高为胸部加速度设计目标值 G。如图 4.26 中虚线所示的三角形，此时加速度上升比较平缓，约束系统的柔度最大，不会给乘员带来过大冲击。条件是，三角形的面积应当等于 E_o。

$$\frac{1}{2} D_{ov} \cdot G = E_o \tag{4.53}$$

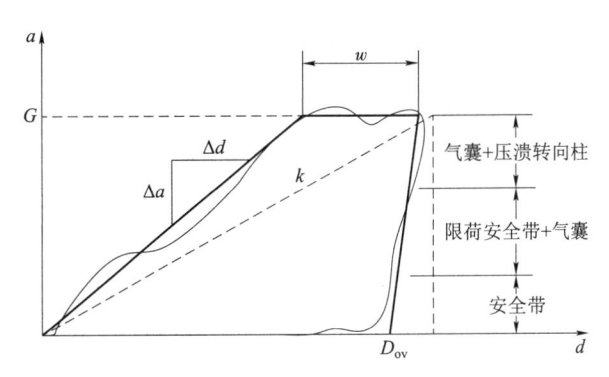

图 4.26　单阶能量梯形的构造

用三角形曲线来吸收 E_o 的挑战在于，为了保证设计所需要的曲线下的面积，很难保证 G 和 D_{ov} 能够同时满足性能目标要求。为了保证最小的重叠吸收能量，D_{ov} 必须小于某一个规定值，但由于曲线面积一定，因此峰值 G 势必会升高。由于受到最大 ESW 的限制，三角形面积 $\frac{1}{2} D_{ov} \cdot G$ 一般达不到 E_o 的大小，因此无法提供足够的约束能量。

以 56.3 km/h 速度碰撞为例，初始的能量密度为 122.3 J/kg，重叠吸能的设计目标为 64 J/kg，约束系统吸能总量 E_o 为 58.3 J/kg。根据公式（4.31），D_{ov} 应当小于 266 mm。如果将胸部加速度目标值确定为 35 g，则三角形面积为 45.5 J/kg，达不到 58.3 J/kg 的要求。为了能同时满足 D_{ov}、G 值和曲线下的面积的约束条件，三角形必须变为一个具有上底（长度 w）的梯形。三角形变为梯形以后的负面效应是：约束系统刚度增加，即增加了乘员的约束载荷。

调整梯形的几何参数，可以在 D_{ov}、G 值和曲线下的面积三者之间取得平衡。增加梯形上底的长度 w，约束系统吸能能力提高，但是高刚度约束系统会引起与乘员之间的硬性碰撞。高刚度约束系统可以快速达到梯形的平顶，然后用等刚度约束系统进行接管。这种快速吸能可以减小 D_{ov} 的距离，有利于重叠吸能的提高。用安全带+气囊的刚度、安全带限荷器阈值的良好搭配设置，可以在保证限制胸部压缩量的同时，又使梯形曲线下具有足够的吸能面积。

现在用梯形来近似计算 a–d 曲线下的面积，然后寻找各个目标性能变量之间的关系。假设胸部加速度目标值为 G，松弛量为 0，则 a–d 曲线下的面积应当大于 E_o，即

$$9.8 \times \frac{1}{2}(w+D_{ov}) \cdot G > E_o \tag{4.54}$$

$$w > \frac{2E_o}{9.8G} - D_{ov} \tag{4.55}$$

w 将决定约束系统的刚度，即：

$$k = \frac{G^2}{2G \cdot D_{ov} - 11.8} \tag{4.56}$$

4.4.1 单阶梯形能量图的应用方法

正面刚性壁碰撞速度为 56.3 km/h（15.6 m/s），初始能量密度为 121.7 J/kg，设定 64 J/kg 为重叠吸收能量目标，约束系统吸收能量 E_o 应为 57.7 J/kg，代入式（4.55），得：

$$w > \frac{11.8}{G} - D_{ov} \tag{4.57}$$

式中，G 的单位为 g，D_{ov} 的单位为 m。w、G、D_{ov} 三者之间的关系见图 4.27。

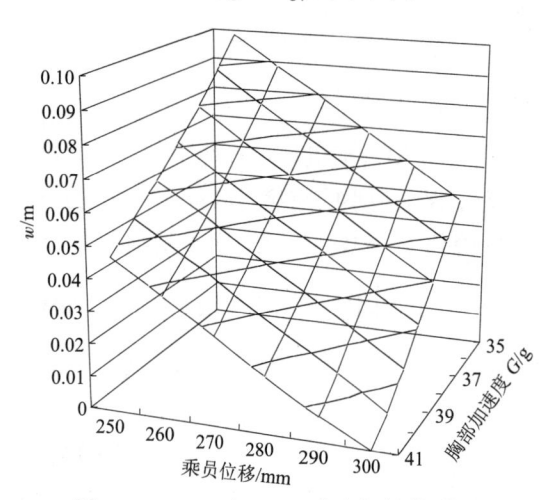

图 4.27　w、G 与 D_{ov} 三者之间的关系[15]

如果可利用的压溃空间 C 为 480 mm，胸部加速度目标值为 30 g，最大相对位移量 D_{ov} 限值为 266 mm，则有：

$$w > \frac{11.8}{30} - 0.266 = 0.127 \text{（m）} = 127 \text{mm} \tag{4.58}$$

梯形面积的几何参数确定以后，约束系统的平均刚度就可以确定下来，随后可以从刚度入手进行约束系统的设计。

现将单阶梯形能量表述方法应用到驾驶员胸部约束系统分析中，对子系统能量责任进行分配，然后初步确定子系统的外特性参数。

单阶梯形能量分解的前提假设如下：

（1）安全带始终有效，提供起始初始比刚度；安全带限荷器的载荷恒定。

（2）安全气囊的比刚度与安全带的初始比刚度等同，乘员在安全带限荷器发挥作用以后就与安全气囊接触。

（3）安全气囊的压缩达到不发生击穿的临界深度。

（4）转向柱提供恒定的压溃力，将乘员一直支撑到碰撞结束。

实际过程很难与上述情形完全相符，但是这种假设可以使互相之间交错作用的子系统在乘员相对位移域里解耦，简化能量分析过程，能使能量分配用简单的几何划分来表达。初始能量 E_0 在子系统之间的几何分区见图 4.28。

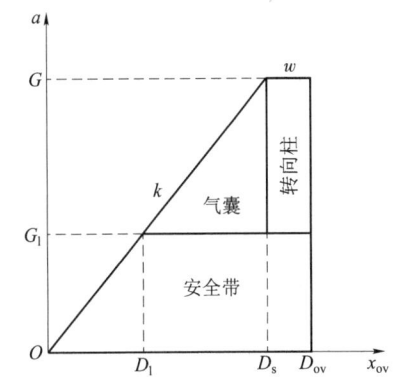

图 4.28 初始能量 E_0 在子系统之间的几何分区

4.4.2 安全带参数计算

几何分区可以从安全带限荷器设计开始。限荷器的选择范围并不是很宽，典型的限力值有 3 000 N、4 000 N 和 5 000 N。根据限力值的不同，达到载荷极限以后乘员胸部的加速度载荷不同。设乘员上体质量为 m，限力值为 F_1，则水平安全带限荷器所产生的胸部加速度 G_1 为：

$$G_1 = \frac{F_1}{m} \tag{4.59}$$

4.4.3 安全气囊刚度与泄气孔参数计算

与安全带不同，安全气囊的刚度具有动态特性，即会随冲击质量和冲击速度而变。刚度的动态特性与气体发生器能力、气袋几何设计、泄气孔尺寸、拉带长度与刚度和气袋涂层等因素有关。在产品开发中，汽车厂经常采用"模块化"战略，即在各个车型平台之间共用一个总成设计，这样可以增加同种产品的采购批量，降低成本，稳定质量，加快开发速度。气体发生器、气袋、壳体等部件一般都在通用模块化范围，更改的余地不大。气袋的泄气孔尺寸、位置、形状对气囊的动刚度影响很大，且在产品开发的中后期也可以进行更改，因此可以作为产品设计的控制变量。用泄气孔的尺寸可以控制比刚度 k。

设泄气孔面积与气囊的比刚度 k 呈线性关系，见图 4.29。

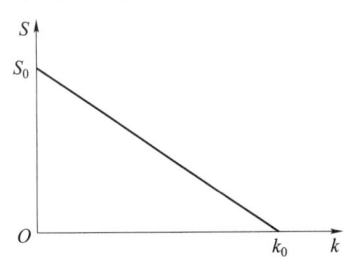

图 4.29 泄气孔面积与气囊的比刚度 k 的线性关系假设

当 k 在 O 点时，气袋泄气为零，具有最大刚度 S_0；当 k 在 k_0 点，刚度为零，泄气面积最大。由理想气体的状态方程可得：

$$p_s V_s = p_e V_e \tag{4.60}$$

$$V_e = V_s - AD \tag{4.61}$$

$$p_e = \frac{p_s V_s}{V_s - AD} \tag{4.62}$$

式中，p_s，p_e 为气囊在接触时刻与结束时刻的压力；A 为胸部压缩气囊的面积；D 为气袋深度或气袋最大压缩量，$D = D_{ov} - w - D_1$；V_e，V_s 为开始接触时刻与结束时刻的气袋容积。

由动力学方程：

$$(p_e - p_s) \cdot A = m \cdot G \tag{4.63}$$

式中，G 为胸部加速度目标值。

最大刚度为

$$k_0 = \frac{G}{D} = \frac{p_s \cdot A^2}{m(V_s - A \cdot D)} \tag{4.64}$$

现在求最大泄气面积。在 S_0 点，系统在任一时刻都维持恒定压力，因为被压缩的气体体积 V_c 等于被排出的体积 V_v：

$$V_c = A \cdot D = A \cdot v_0 \cdot t \tag{4.65}$$

$$V_v = v \cdot t \cdot S_0 \tag{4.66}$$

式中，v_0 为胸部初始速度，因此

$$S_0 = \frac{A \cdot v_0}{v} \tag{4.67}$$

其中

$$\frac{1}{2} v_0^2 = \frac{1}{2} D \cdot G \tag{4.68}$$

$$v_0 = \sqrt{D \cdot G} \tag{4.69}$$

式中，v 为泄气速度。

对泄气过程应用伯努利方程，忽略气流重力，将外部空气速度视为 0，则有：

$$p + \frac{1}{2} \rho \cdot v^2 = p_a \tag{4.70}$$

$$v = \sqrt{\frac{2(p_e - p_a)}{\rho}} \tag{4.71}$$

式中，ρ 为气袋内的气体密度；p_a 为大气压力。

由式（4.67）得：

$$S_0 = A\sqrt{\frac{DG\rho}{2(p_e - p_a)}} \tag{4.72}$$

因此，从式（4.64）和式（4.72）得出如下方程：

$$S = S_0 - \frac{S_0}{k_0}k \tag{4.73}$$

当由式（4.56）得出 k 时，就可以由式（4.73）算出泄气面积。

4.4.4 气囊点火时间（TTF）

气囊必须在正确的点火时间启动，以便在安全带达到其吸能极限时能够继续为乘员提供约束。气囊起爆过晚会对乘员保护不利，尤其是当乘员肢体离气囊模块盖板过近时，气囊展开的巨大冲击力会对乘员造成额外伤害。而气囊展开过早同样有负面效应，由于气体发生器的压力有一定的时效，达到最大压力以后会随着时间逐渐下降，同时，气袋内的气体会不断从气袋的泄气孔排出（泄气孔是为了增加气袋吸能阻尼特性而必须设置的），所以气袋整体的刚度不能恒定维持太长的时间。有时，为了降低气袋的成本与重量，气袋表面不加硅胶涂覆层，气体经由织物空隙的泄流量比较大，会造成气袋刚度下降过快，或者气袋刚度不稳定（空隙面积随压力而变化）。如果气袋展开过早，当乘员与之接触时刚度已经开始下降，没有能力再给乘员提供足够的约束刚度，甚至是气袋被乘员肢体"击穿"，即气袋太软，乘员透过气袋与车体发生了硬性碰撞。

最佳的气囊起爆时间应当保证乘员在气袋刚好展开到最大状态的那一瞬间与气袋接触。用这种接触方式，乘员不会承受气袋向后的打击力量，也不会因为接触过晚而浪费气袋的刚度有效期。作为一种粗略的估计，工程上对不系安全带的乘员计算气囊点火时间时经常采用一种"$T_{5\text{in}} - 30\text{ ms}$"原则，含义是用乘员向前位移 5 in[①]所需要的时间减去 30 ms，就是气囊应该点火的时间。这个原则的假设条件是：

（1）乘员与前方车体内饰（方向盘）的距离是 15 in（380 mm）。

（2）气袋的厚度为 10 in（254 mm）。

（3）乘员向前移动 5 in（130 mm）的时候，气囊正好展开到最大外廓。

（4）气囊从点火到完全展开所需时间为 30 ms。其原理示意见图 4.30。

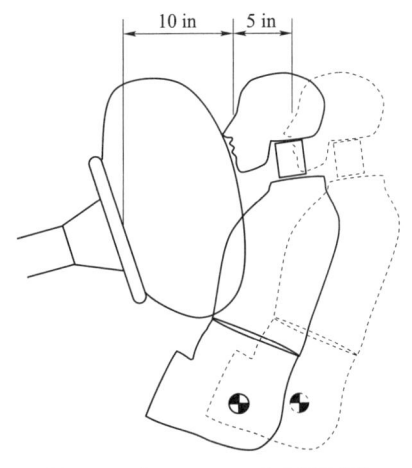

图 4.30 "$T_{\text{in}} - 30\text{ ms}$"原理示意

5 in 是个平均估计值，我们可以用 t_c 代替 $T_{5\text{in}}$。当乘员的加速度达到公式（4.59）中的 G_1 时，位移达到 D_1，与气囊相接触，接触时间 t_c 为：

---

① 1 in=25.4 mm。

$$t_c = \sqrt{\frac{2D_1}{\text{ESW} - \text{ESW}_o}} \tag{4.74}$$

ESW 和 ESW$_o$ 分别为车体与乘员的等效方波加速度幅值，按照公式（4.20）计算：

$$\text{ESW} = 3.94 \frac{v^2}{C} \tag{4.75}$$

式中，v 为初始碰撞速度，单位为 km/h；C 为车体压缩量，单位为 mm。

仍然假设气囊需要 30 ms 才能完全展开，则点火时间 TTF 为

$$\text{TTF} = t_c - 30 \text{ ms} = \sqrt{\frac{2D_1}{\Delta \text{ESW}}} - 30 \text{ ms} \tag{4.76}$$

4.4.5 转向柱设计

在图 4.28 中，标注为"转向柱"的右上角矩形区域能量应当被转向柱所吸收。设转向柱的压溃力为 F_c，则

$$F_c = m \cdot (G - G_1) \tag{4.77}$$

压溃行程 S_c 应当等于能量梯形的上底宽度 w，即：

$$S_c = w \tag{4.78}$$

4.4.6 应用案例分析

一辆按照 NCAP 条件进行正面刚性壁试验的轿车，碰撞速度为 56.3 km/h，计划重叠吸能率为 53%，约束系统计划吸收能量 $E_o = 57.7$ J/kg，可用的结构压缩量 $C = 480$ mm，胸部加速度设计目标值为 35 g。已经根据重叠吸能控制准则求得乘员相对于车体的最大位移量 D_{ov} 为 280 mm，现求解子系统的设计参数。

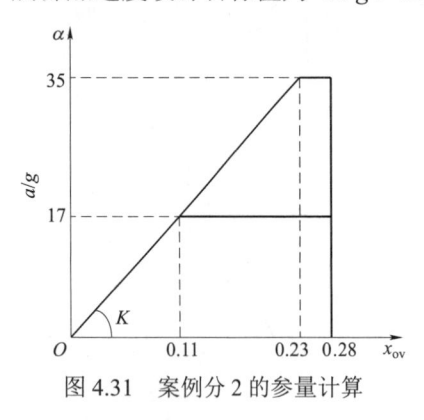

构造能量梯形：根据式（4.56）、式（4.57）可求得：$w = 50$ mm，比刚度 $k = 152$ g/m。

安全带限力器选择在 3 000 N 水平，50%人体上肢质量取 18.31 kg，因此 $G_1 = F_1/m = 17\,g$，$D_1 = 110$ mm，$D_s = 230$ mm。安全气囊的压缩深度 $D = D_s - D_1 = 120$ mm，如图 4.31 所示。另外，乘员相对于地面的位移量为 $D_g = D_{ov} + C = 760$ mm。

图 4.31 案例分 2 的参量计算

为概念设计定义其他初始变量：$V_s = 0.039\,2$ m^3，$p_s = 137\,977$ Pa，$A = 0.14$ m^2，$D = 120$ mm。将上述参数代入式（4.64）与式（4.67），得：

$$k_0 = \frac{p_s \cdot A^2}{m(V_s - A \cdot D)} = 673 \text{ g/m} \tag{4.79}$$

第 4 章 乘员约束系统设计

$$S_0 = \frac{A \cdot v_o}{v} = 0.0025 \text{ m}^2 \tag{4.80}$$

由公式（4.75），有：

$$S = S_0 - \frac{S_0}{k_0}k = 0.0019 \text{ m}^2 \tag{4.81}$$

如果采用双孔布置，则每个孔的直径为：

$$d = 2\sqrt{\frac{S}{2 \cdot \pi}} = 0.035 \text{ m} \tag{4.82}$$

TTF 可以由公式（4.76）计算。根据 C、D_g 边界值，求得 $\Delta ESW = (26-16.43)g = 9.57\ g$。由式（4.76）得：

$$\text{TTF} = \sqrt{\frac{2D_1}{\Delta ESW}} - 30 \text{ ms} = 18.4 \text{ ms} \tag{4.83}$$

转向柱设计参数：

$$F_c = m \cdot (G - G_1) = 3230 \text{ N} \tag{4.84}$$

转向柱的压溃行程：

$$S_c = w = 0.05 \text{ m} \tag{4.85}$$

用梯形能量分析法可以在概念设计阶段快速估算约束系统的吸能需求，确定约束系统与车体的耦合方案，分解约束子系统的外特性目标。在已有车型的系统升级工作中，可用梯形能量分析法寻找性能改进的入手点。梯形能量解析方法不能代替 CAE 模型进行精准的参数优化，但是可以帮助工程师把握整体的工作方向。解析分析的主要目的是：保证把乘员的总碰撞能量在正确的时间分配到正确的吸能系统里。如果能量总体分配不正确，则局部微调的效果往往会是顾此失彼。如果没有事先进行概念解析，则参数精调的另外一个解决办法是把所有多水平参数同时放入总体 CAE 模型，按照试验设计方案进行优化运算，可以想象，其运算量将非常巨大。解析工具的价值不在于精确计算绝对量，而在于能够宏观掌握各个设计变量之间的联动关系，分析各个物理量之间的比例影响（见图 4.32），其正确的运用方法应该是与仿真分析工具的微观分析相辅相成、长短互补。

4.4.7 单阶梯形法求解系统参数流程

综上所述，应用单阶梯形分析法进行约束系统概念设计的主要过程如下：
（1）用最大乘员位移 $D_{or}|_{max}$ 保证充分发挥叠压吸能效应。
（2）用最小乘员位移 $D_{or}|_{min}$ 避免乘员载荷高峰。
（3）用限力器和约束刚度的匹配保证 a–d 曲线下的最小面积。
约束系统概念设计流程见图 4.33。

图 4.32　解析分析的任务：确定吸收能量配比

图 4.33　约束系统概念设计流程

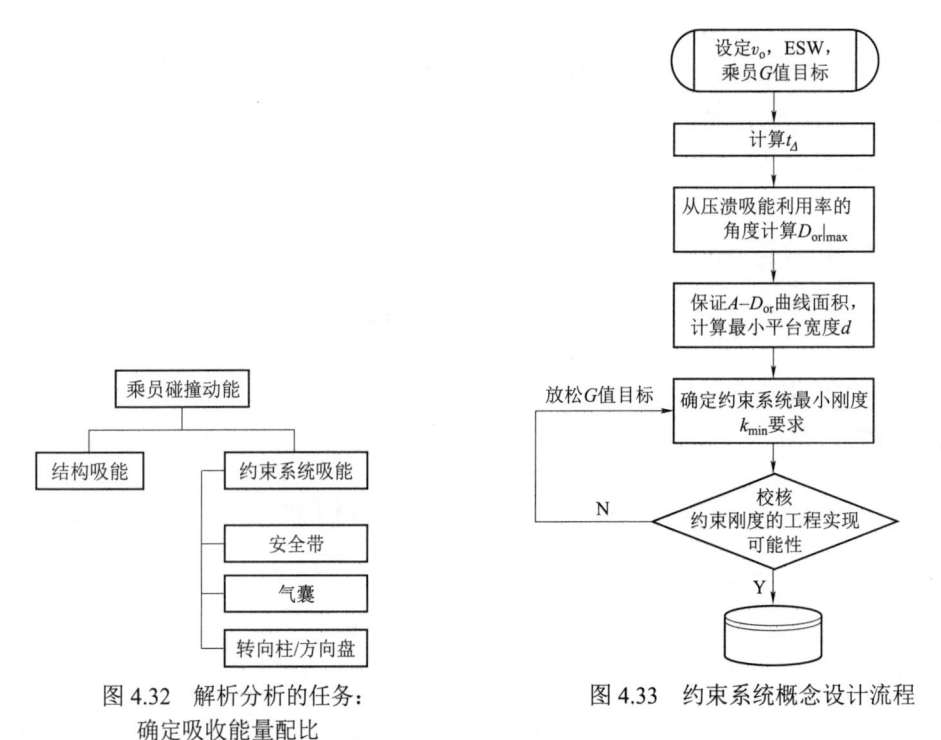

4.5　约束系统能量双阶梯形图解分析法

根据图 4.22 所示的能量划分方法，乘员的约束能量可以划分为车辆到达压缩极限时刻 t_v 前后两个阶段。依照这种方法，可以将前述的单阶能量梯形进一步改造成双阶能量梯形，以便提高分析精度，并在模型中纳入更多的设计变量。

4.5.1　双阶梯形的构造

下面用一个双阶的梯形来近似表示乘员胸部加速度在乘员与车体的相对位移域内的曲线 $a_o - x_{ov}$，梯形曲线下面的面积就是约束系统的总吸收能量 E_o。仍然以 NCAP 为例，假设重叠吸能率期望值为 53%，其余的 47% 的能量 E_r 应当被乘员约束系统所吸收。根据前述分析，E_{r1} 和 D_1 是控制重叠吸收能量的重要参数。

$$E_{r1} = \frac{1}{2} v_1^2 \qquad (4.86)$$

$$E_{r2} = (D_{ov} - D_1) \cdot G_2 \qquad (4.87)$$

现在需要用 G_1、G_2、D_1、D_2、D_3 和 D_{ov} 五个参数来定义双阶梯形（见图 4.34），探讨如何根据重叠吸能原理确定约束系统参数。

与单阶梯形类似，双阶梯形的形状仍然由重叠吸能率、乘员位移量、目标伤害值所界定，同时又与子约束系统的外特性相关，包括安全带刚度、限力值、气囊刚度和转向柱刚度。双阶型能量梯形与单阶型能量梯形的主要区别是区分安全带与气囊的刚

第 4 章 乘员约束系统设计

度，并考虑气囊与安全带之间吸能的不连贯性。构造双阶梯形时做如下假设：

（1）织带刚度恒定，忽略织带延伸率；
（2）使用安全带预紧器，完全忽略初始的约束系统松弛量和卷收器卷轴效应；
（3）压溃式转向柱与安全带限力器特性相同，可维持恒定约束载荷；
（4）车体停止压溃以后转向柱仍继续承受压溃变形。

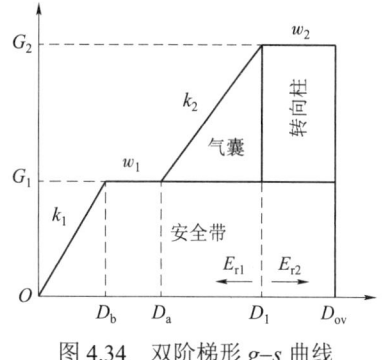

图 4.34 双阶梯形 g–s 曲线

各个子系统能量分割的几何表达见图 4.35。在图 4.35 中，G_2 是设定的胸部加速度限制目标，k_1 是安全带织带与预紧器的综合刚度，D_a 是胸部与气囊接触时的位移，D_b 是安全带达到限力值时的乘员位移，G_1 代表安全带限力水平。D_a 由胸部—方向盘间的初始空间和气袋厚度决定，k_2 是安全气囊刚度。

上下两个梯形面积之和应当等于乘员的约束动能 E_r，即：

$$E = E_{r1} + E_{r2} \tag{4.88}$$

w_1 和 w_2 由 E_r、E_{r1} 和 D_1 综合确定。对于同样的上述三个参数，能量梯形可以有多种不同的几何选择，可能的形式见图 4.35，代表了不同的安全带—气囊刚度的组合可能。

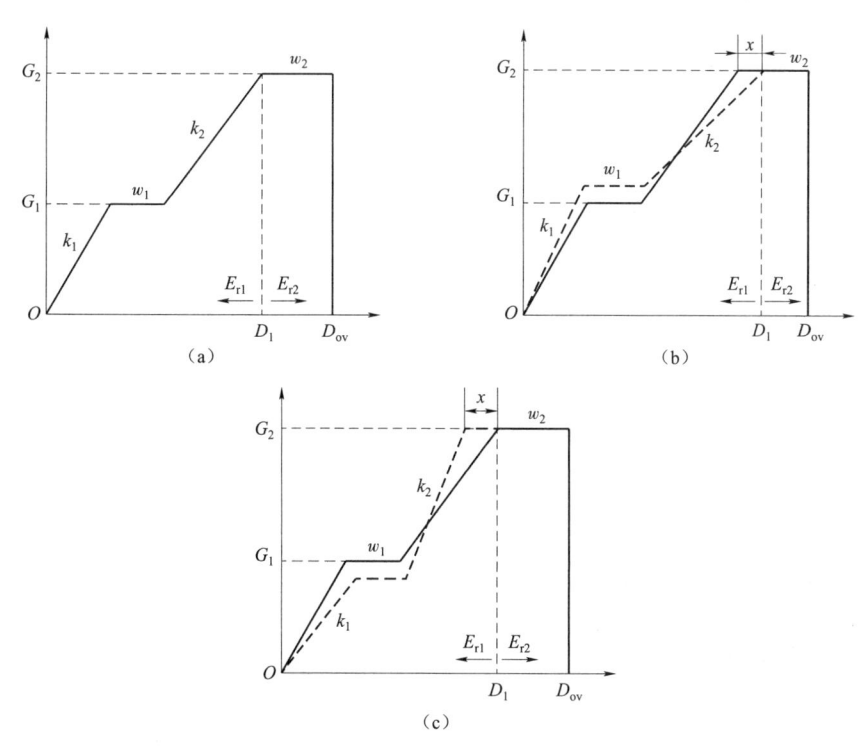

图 4.35 三种不同的双阶梯形

仍然以 NCAP 试验为例，在分配给车体吸能应有的重叠吸能比例以后，约束系统必须吸收剩余的残余能量 E_r。为此根据式（4.19）、式（4.20）计算 E_{r1}、D_1、E_{r2} 和 D_{ov}。安全带吸收了最大部分的能量，转向柱吸收的能量取决于安全带和气囊的表现，只吸收二者无法继续吸收的剩余能量。

以胸部保护为例，确定双阶梯形几何参数的计算方法如下：

（1）G_2 为胸部加速度目标值，如可将其定为 $35\,g \sim 40\,g$。

（2）D_{ov} 为乘员相对于车体的最大位移量，由重叠吸能的位移控制准则确定。

（3）G_1、D_b 可以由安全带限力值 F_1 获得：

$$G_{1r} = \frac{F_1}{m} \tag{4.89}$$

$$D_1 = \frac{G_1}{k_1} \tag{4.90}$$

式中，m 是乘员上体质量，k_1 是安全带总成比刚度。在 E_{r1} 区域内由安全带吸收的能量 E_b 为

$$E_b = \frac{1}{2}[D_1 + (D_1 - D_b)] \cdot G_1 \tag{4.91}$$

当乘员移动到 D_2 时，开始与气囊接触，设气囊吸收能量为 E_a：

$$E_a = \frac{1}{2}[x + (D_1 - D_b)] \cdot (G_2 - G_1) \tag{4.92}$$

在 D_1 左面的区域，有：

$$E_b + E_a = E_{r1} \tag{4.93}$$

其中，E_{r1} 的量值由重叠吸能判据确定。对于气囊刚度 k_2，有：

$$k_2 = \frac{G_2 - G_1}{D_1 - D_a} \tag{4.94}$$

联合上述四个公式，即可解出 x 和 D_1。

根据气囊的吸能水平，x 可能取 0、正值或负值。如果 x 为正，说明在完成车体压溃之前气囊就已经完成吸能；如果 x 为负值，说明完成车体压溃以后气囊仍然在发挥其吸能作用。如果能量不能被气囊单独吸收，剩余能量就应当被转向柱吸收，这时气囊的刚度应当提高，以便让碰撞能量尽早导入转向柱中，使其达到压溃阈值。转向柱的压溃力由式（4.56）计算，压溃行程 S_c：

$$S_c = x + w_2 = x + (D_{ov} - D_1) \tag{4.95}$$

理论上讲，当转向柱开始压溃时，如果乘员肢体不与车体发生直接碰撞，胸部加速度就应当保持恒定不变。余下的约束能量 E_{r2} 应当被安全带和转向柱所吸收：

$$E_{r2} = (D_{ov} - D_1) \cdot G_2 \tag{4.96}$$

以 NCAP 试验为例，可从附录 I 的试验数据里提取出以下参数：$C = 0.654\,\text{m}$，

$t_v = 0.07$ s,$v_0 = 15.56$ m/s,$E_r = 47\%E_o$。胸部加速度目标定位 35 g。定义双阶梯形的边界条件是:$D_1 = 213$ mm,$D_{ov} \geqslant 238$ mm,$E_{r1} = 45.24$ J/kg,$E_{r2} = 8.66$ J/kg。

按照上述参数即可完成双阶能量梯形的几何构造,可以用来进一步推算子系统的外特性参数。

4.5.2 双阶能量梯形的应用

在乘员与车体的相对位移域内,双阶能量梯形表达法可用来进行子系统概念设计,从能量分配的角度进行子系统外特性的设计。可定义的子系统包括安全带、安全气囊、转向柱、仪表板。与单阶梯形分析类似,首先从确定安全带刚度和阻力值入手,然后根据乘员目标加速度 G 和 E_{r1} 计算气囊和转向柱应当承担的能量。E_{r2} 由安全带限荷器和转向柱共同吸收,二者的比例由转向柱的行程确定。

1) 安全带刚度 k_1

通常安全带的伸长率在 8%~14%,综合考虑织带刚度和卷收器预紧器的特性,可以将 k_1 经验性地取值为 290 g/m,也可以对特定的安全带系统通过试验进行实际测定。

2) 安全带限力器特性

由于肩部安全带导向环的存在,胸带与肩带之间存在载荷差异。这里的限力器指肩带限力装置。D_2 是乘员胸部与展开后气囊之间的水平距离,方向盘下缘与气袋后缘的水平距离大约为 5 in(127 mm),因此乘员胸部与方向盘下缘之间的距离大约为 $D_2 + 127$ mm。G_1 由式(4.57)确定,D_3 由下式确定:

$$D_3 = \frac{F_1}{k_1} \tag{4.97}$$

3) 气袋泄气孔尺寸

在单阶梯形的基础上增加头部撞击对气囊刚度的影响。碰撞过程中头部与胸部同时对气囊进行接触与压缩,如图 4.36 所示。与单阶能量梯形假设相比,对于 50 百分位假人,在胸部质量(18.3 kg)的基础上再增加头部质量(4.5 kg),会使得气囊被压缩的体积 V 压缩变大,气囊内部压力 p 变大。在胸部与气囊接触面积不变的情况下,胸部受到的挤压力会变大。虽然头部的质量小于胸部质量,但其压缩气囊的距离较大,因此对气囊的刚度影响还是很大的。考虑头部撞击影响的气囊泄气孔参数计算过程如下。

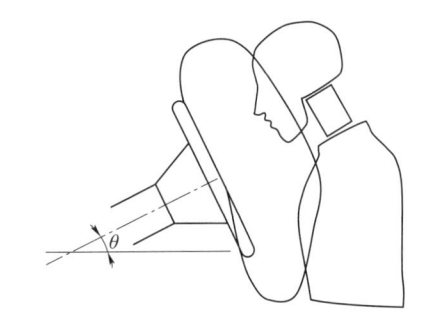

图 4.36 碰撞过程中头部与胸部同时对气囊进行接触与压缩

设头部压缩面积为 A_1,胸部压缩气囊的面积仍然为 A,头与胸部的最大压缩量均为 D。同样将气囊刚度与气囊泄气孔面积的关系设为线性关系,需要求得 S_0、k_0。将公式(4.61)重新改写为

$$V_e = V_s - (A \cdot D + A_1 + D) \tag{4.98}$$

公式（4.62）改写为

$$p_e = \frac{p_s \cdot V_s}{V_s - (A \cdot D + A_1 \cdot D)} \tag{4.99}$$

公式（4.64）改写为

$$k_0 = \frac{p_s \cdot A \cdot (A + A_1)}{m(V_s - A \cdot D - A_1 \cdot D)} \tag{4.100}$$

公式（4.66）改写为

$$V_c = (A + A_1) \cdot D = (A + A_1) \cdot V_{ov} \cdot t \tag{4.101}$$

$$V_v = v \cdot t \cdot S_0 \tag{4.102}$$

公式（4.67）改写为

$$S_0 = \frac{(A + A_1) \cdot V_{ov}}{v} \tag{4.103}$$

式中，v 为泄气口的排气速度；v_{ov} 为头、胸相对于车体的相对速度。

$$\frac{1}{2}v_{ov}^2 - \frac{1}{2}0^2 = (\text{ESW} - \text{ESW}_o) \cdot D \tag{4.104}$$

$$v_{ov} = \sqrt{2(\text{ESW} - \text{ESW}_o) \cdot D} \tag{4.105}$$

式中，ESW，ESW_o 为车体和乘员的等效方波峰值。

式（4.72）改写为

$$S_0 = (A + A_1)\sqrt{\frac{(\text{ESW} - \text{ESW}_o) \cdot D \cdot \rho}{(p_e - p_a)}} \tag{4.106}$$

s–k 方程依然由式（4.73）计算。

4）气囊点火时间 TTF

将单阶梯形模型里的气囊接触点 D_1 改为双阶梯形模型里的接触点 D_2，公式（4.76）改写为

$$\text{TTF} = t_c - 30\ \text{ms} = \sqrt{\frac{2D_2}{\Delta \text{ESW}}} - 30\ \text{ms} \tag{4.107}$$

5）转向柱设计

考虑方向盘的倾角，转向柱的轴向载荷只是乘员水平向前惯性力的一个分量：

$$F_c = m \cdot (G - G_1) \cdot \cos\theta \tag{4.108}$$

式中，θ 为转向柱倾角（见图 4.36），轿车的角度一般在 25°～30°。

转向柱的压溃行程等于上层梯形的上底宽 w_2，即

$$S_c = w_2 \tag{4.109}$$

6）案例分析

为了验证双阶梯形能量模型，从附录 Ⅰ～Ⅳ 的数据库中随机抽取四辆实车 56 km/h

刚性壁碰撞试验数据，根据车体响应和重叠吸能分配理论建立双阶梯形能量模型，再由梯形能量模型出发，计算子约束系统应有的外特性。最后，我们把子系统外特性解析结果、车体碰撞波形一并输入一个约束系统仿真模型中，计算在乘员相对于车体的位移域中胸部加速度的响应，观察这个仿真曲线与双阶梯形之间的差异。

案例 1

No. 7194 试验，碰撞波形见图 4.37。

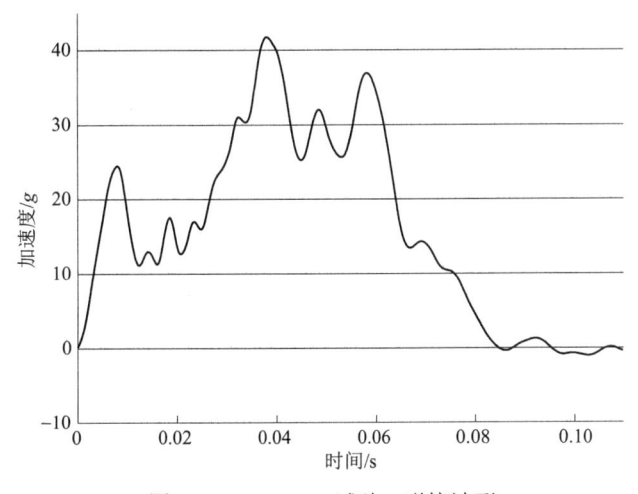

图 4.37　No. 7194 试验，碰撞波形

从试验数据里测取的参数包括：初始碰撞速度 $v_0 = 15.56$ m/s，$C = 0.595$ m，$E_0 = 121$ J/kg，$t_v = 66.9$ ms。

设定的目标参数包括：重叠吸能效率 53%，重叠吸收能量 64 J/kg，约束系统吸能目标 57 J/kg，乘员胸部加速度目标值为 38 g。

将上述参数代入式（4.11）、式（4.13）和式（4.17），可得：

$$v_1 = 2\frac{C + D_1 - v_0 t_1 - 4.154\,2 t_v + 0.227\,24}{t_v - t_1} - v_0$$

$$D_1 = \frac{\frac{1}{2}v_0^2 - E_{rd}}{2C} \cdot t_v^2$$

$$E_{rs2} = \frac{1}{2}v_1^2, \quad (D_{ov} - D_1) \cdot G_2 \geqslant E_{rs2}$$

$$v_1 = 3.54 \text{ m/s}$$

因为

$$E_{rs2} = \frac{1}{2}v_1^2, \quad (D_{ov} - D_1) \cdot G_2 \geqslant E_{rs2}$$

故有

$$D_{ov} = 0.23 \text{ m}$$

$$D_1 = 0.214 \text{ m}$$
$$E_{r1} = 50.84 \text{ J/kg}$$
$$E_{r2} = 6.16 \text{ J/kg}$$

安全带限力值 F_1 选择在 3 500 N，50%假人的上躯干质量选 18.31 kg，得 $G_1 = 19.51$ g，$k_1 = 284$ g/m，$D_b = G_1/k_1 = 0.069$ m，$D_a = 0.1$ m。(D_a 由胸部—方向盘间的初始空间和气袋厚度决定，四个算例的基础模型为一个，人机空间尺寸相同，仅考虑在不同车体抗撞性表现下的约束系统参数匹配。)

由式（4.91）和式（4.92）有：

$$E_b = (D_1 + D_1 - D_3) \cdot \frac{G_1}{2} = 34.32 \text{ J/kg}$$

$$E_a = [x + (D_1 - D_2)] \cdot \frac{G_2}{2} = 16.52 \text{ J/kg}$$

得
$$x = 0.068 \text{ m}$$

$$k_2 = \frac{G_2}{(D_1 - D_2) - x} = 401 \text{ g/m}$$

气囊模块为借用模块，其初始设计参数为：$V_s = 0.047$ m³，$p_s = 141\,041$ Pa，$A_1 = 0.4\pi r^2 m^2 = 0.14$ m²，$A_2 = 0.02$ m²。由式（4.100）得：

$$k_0 = \frac{p_s \cdot A \cdot (A + A_1)}{m(V_s - A \cdot D - A_1 \cdot D)} = 612 \text{ g/m}$$

因此，$k_2 < k_0$，气囊模块可以满足设定的气囊目标刚度要求。根据双阶能量梯形计算子系统参数。上述参数构成的双阶梯形如图 4.38 所示。

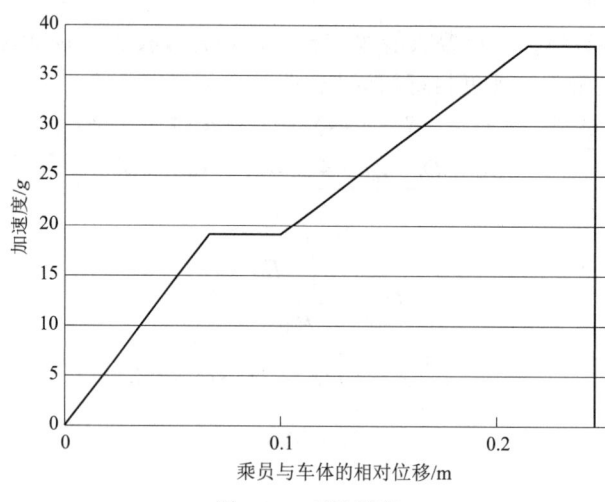

图 4.38 双阶梯形

下面开始根据双阶能量梯形计算子系统参数。子系统的初始设计参数定义为：$V_s = 0.047$ m³，$p_s = 141\,04$ Pa，$A_1 = 0.14$ m²，$A_2 = 0.02$ m²。由式（4.64）和式（4.67）有：

$$k_0 = \frac{p_s \cdot A \cdot (A + A_1)}{m(V_s - A \cdot D - A_1 \cdot D)} = 612 \text{ g/m} \tag{4.110}$$

$$S_0 = (A + A_1)\sqrt{\frac{(\text{ESW} - \text{ESW}_o) \cdot D \cdot \rho}{p_e - p_a}} = 0.0022 \text{ m}^2 \tag{4.111}$$

由式（4.73）得：

$$S = S_0 - \frac{k_2}{k_0}S_0 = 0.000657 \text{ m}^2 \tag{4.112}$$

如果采用单孔布置，则泄气孔直径为

$$d = 2\sqrt{\frac{S}{\pi}} = 0.031 \text{ m} \tag{4.113}$$

TTF 可由式（4.76）算出。因为 $\text{ESW} = 203 \text{ m/s}^2$，$\text{ESW}_o = 107.7 \text{ m/s}^2$，所以 $\Delta \text{ESW} = 95.3 \text{ m/s}^2$。

$$\text{TTF} = \sqrt{\frac{2D_2}{\Delta \text{ESW}}} - 30 \text{ ms} = 15.8 \text{ ms} \tag{4.114}$$

转向柱压溃力：

$$F_c = m(G_2 - G_1) \cdot \cos\theta = 2630 \text{ N} \tag{4.115}$$

式中，θ 取 25°。

转向柱压溃行程：

$$L = w_2 + x = \frac{E_{r2}}{G} \times 9.8 + x = 0.084 \text{ m} \tag{4.116}$$

把上述子系统参数输入至根据 No. 7194 试验条件建立的仿真数字模型，乘员载荷在车体相对位移域内的响应曲线见图 4.39。二者的趋势是相近的，但是在峰值上有 5 个 g 左右的差异，主要原因是仪表板和座椅没有包括在模型里，对乘员的约束作用体现不出来，但其总体的吻合度还是可以接受的。

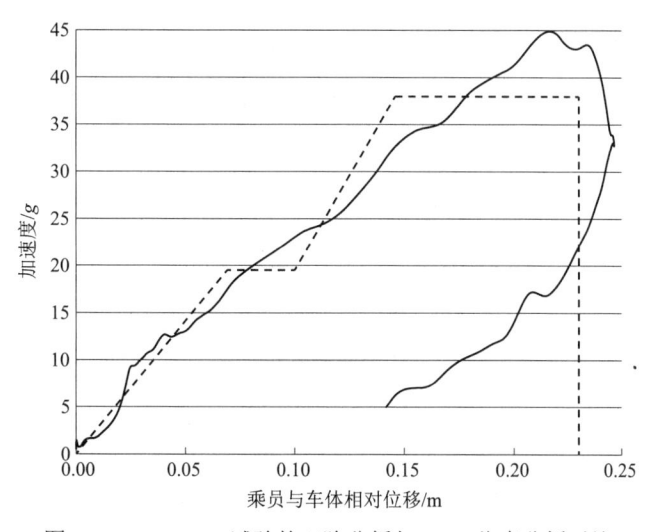

图 4.39 No. 7194 试验的双阶分析与 CAE 仿真分析对比

案例 2

No. 6953 试验，碰撞波形见图 4.40。

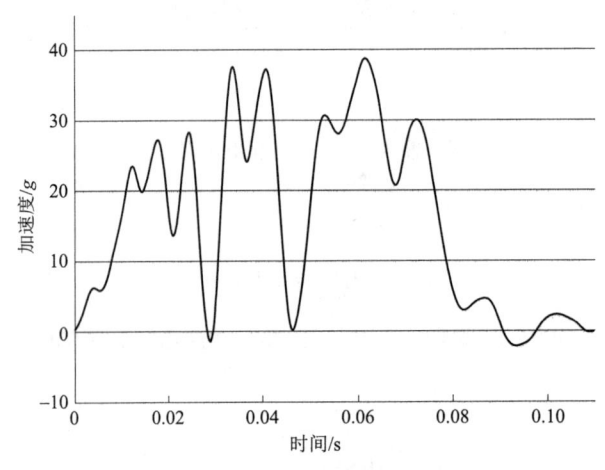

图 4.40　No. 6953 试验，碰撞波形

从试验数据里测取的参数包括：初始碰撞速度 $v_0 = 15.56$ m/s，$C = 0.655$ m，$E_0 = 121$ J/kg，$t_v = 73.9$ ms。

设定的目标参数包括：重叠吸能效率 53%，重叠吸收能量 64 J/kg，约束系统吸能目标 57 J/kg，乘员胸部加速度目标值为 38 g。

将上述参数代入式（4.11）、式（4.13）和式（4.17）中，可得：

$$v_1 = 2\frac{C + D_1 - v_0 t_1 - 4.154\,2 t_v + 0.022\,724}{t_v - t_1} - v_0$$

$$D_1 = \frac{\frac{1}{2}v_0^2 - E_{rd}}{2C} \cdot t_v^2$$

$$v_1 = 3.298 \text{ m/s}$$

$$C + D_1 = S_1 + S_2 + S_3 = v_0 \cdot t_c + \frac{1}{2}(v_0 + v_1) \cdot (t_v - t_c) + 4.154 t_v - 0.227$$

因为

$$E_{rs2} = \frac{1}{2}v_1^2, \quad (D_{ov} - D_1) \cdot G_2 \geqslant E_{rs2}$$

得

$$D_{ov} = 0.249 \text{ m}$$
$$D_1 = 0.234 \text{ m}$$
$$E_{r1} = 51.57 \text{ J/kg}$$
$$E_{r2} = 5.43 \text{ J/kg}$$

安全带限力值 F_1 选择 3 500 N，50%假人的上躯干质量选 18.31 kg，得 $G_1 = 19.1$ g，$G_2 = 18.9$ g，$k_1 = 284$ g/m，$D_b = G_1/k_1 = 0.069$ m，$D_a = 0.1$ m。

由公式（4.91）和式（4.92）有：

$$E_\mathrm{b} = (D_1 + D_1 - D_3) \cdot \frac{G_1}{2} = 38.14 \text{ J/kg}$$

$$E_\mathrm{a} = [x + (D_1 - D_2)] \cdot \frac{G_2}{2} = 13.43 \text{ J/kg}$$

得

$$x = 0.014\,2 \text{ m}$$

$$k_2 = \frac{G_2}{(D_1 - D_2) - x} = 154 \text{ g/m}$$

下面开始根据双阶能量梯形计算子系统参数。子系统的初始设计参数定义为：$V_\mathrm{s} = 0.047 \text{ m}^3$，$p_\mathrm{s} = 141\,041$ Pa，$A_1 = 0.4\pi r^2 \text{m}^2 = 0.14 \text{ m}^2$，$A_2 = 0.02 \text{ m}^2$。由式（4.64）和式（4.67）有：

$$k_0 = \frac{G}{D} = \frac{p_\mathrm{s} \cdot A \cdot (A + A_1)}{m(V_\mathrm{s} - A \cdot D - A_1 \cdot D)} = 689 \text{ g/m} \tag{4.117}$$

$$S_0 = (A + A_1)\sqrt{\frac{(\mathrm{ESW} - \mathrm{ESW_o}) \cdot D \cdot \rho}{p_\mathrm{e} - p_\mathrm{a}}} = 0.002\,34 \text{ m}^2 \tag{4.118}$$

由式（4.73）得：

$$S = S_0 - \frac{k_2}{k_0} S_0 = 0.001\,816 \text{ m}^2 \tag{4.119}$$

如果采用单孔布置，则泄气孔直径为

$$d = 2\sqrt{\frac{S}{\pi}} = 0.048 \text{ m} \tag{4.120}$$

TTF 可由式（4.76）算出。因为 $\mathrm{ESW} = 203 \text{ m/s}^2$，$\mathrm{ESW_o} = 107.7 \text{ m/s}^2$，所以 $\Delta \mathrm{ESW} = 95.3 \text{ m/s}^2$，即：

$$\mathrm{TTF} = \sqrt{\frac{2D_2}{\Delta \mathrm{ESW}}} - 30 \text{ ms} = 18 \text{ ms} \tag{4.121}$$

转向柱压溃力：

$$F_\mathrm{c} = m(G_2 - G_1) \cdot \cos\theta = 2\,500 \text{ N} \tag{4.122}$$

式中，θ 取 25°。

转向柱压溃行程：

$$L = w_2 + x = \frac{E_{t2}}{G} \times 9.8 + x = 0.029 \text{ m} \tag{4.123}$$

把上述子系统参数输入至根据 No. 6953 试验条件建立的仿真数字模型，乘员载荷在车体相对位移域内的响应曲线见图 4.41。

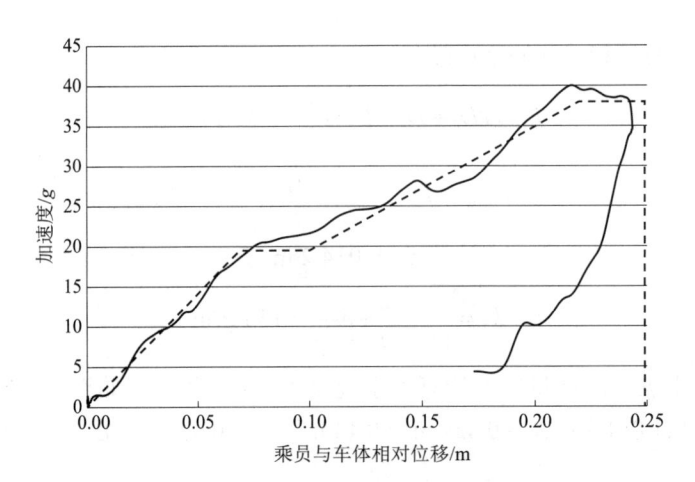

图 4.41　No. 6953 试验的双阶分析与 CAE 仿真分析对比

案例 3

No. 7358 试验，碰撞波形见图 4.42。

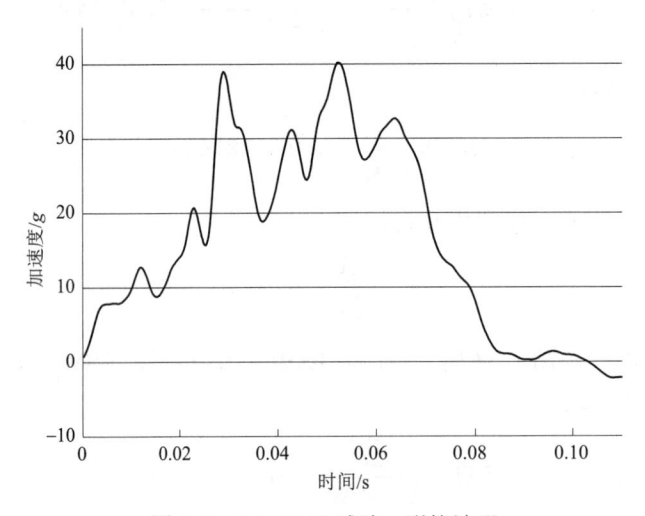

图 4.42　No. 7358 试验，碰撞波形

从试验数据里测取的参数包括：初始碰撞速度 $v_0 = 15.56$ m/s，$C = 0.651$ m，$E_0 = 121$ J/kg，$t_v = 68.7$ ms。

设定的目标参数包括：重叠吸能效率 53%，重叠吸收能量 64 J/kg，约束系统吸能目标 57 J/kg，乘员胸部加速度目标值为 35 g。

与案例 1、2 相同，将上述参数代入式（4.11）、式（4.13）和式（4.17），可得：

$$v_1 = 4.52 \text{ m/s}$$

$$D_{ov} = 0.237 \text{ m}$$

$$D_1 = 0.207 \text{ m}$$

$$E_{r1} = 46.78 \text{ J/kg}$$

$$E_{r2} = 10.22 \text{ J/kg}$$

安全带限力值 F_1 选择在 3 500 N，50%假人的上躯干质量选 18.31 kg，得 $G_1 = 19.1\ g$，$G_2 = 15.9\ g$，$k_1 = 284\ g/m$，$D_b = G_1/k_1 = 0.069$ m，$D_2 = 0.1$ m。

由式（4.91）、式（4.92）：

$$E_b = (D_1 + D_1 - D_3) \cdot \frac{G_1}{2} = 32.98 \text{ J/kg}$$

$$E_a = [x + (D_1 - D_2)] \cdot \frac{G_2}{2} = 13.8 \text{ J/kg}$$

得

$$x = 0.045 \text{ m}$$

$$k_2 = \frac{G_2}{[(D_1 - D_2) - x]} = 292\ g/m$$

根据双阶能量梯形计算子系统参数。子系统的初始设计参数定义为：$V_s = 0.047\text{ m}^3$，$p_s = 141\ 041$ Pa，$A_1 = 0.4\pi r^2 \text{m}^2 = 0.14\text{ m}^2$，$A_2 = 0.02\text{ m}^2$。由式（4.64）和式（4.67）有：

$$k_0 = \frac{G}{D} = \frac{p_s \cdot A \cdot (A + A_1)}{m(V_s - A \cdot D - A_1 \cdot D)} = 577\ g/m \tag{4.124}$$

$$S_0 = (A + A_1)\sqrt{\frac{(\text{ESW} - \text{ESW}_o) \cdot D \cdot \rho}{p_e - p_a}} = 0.002\ 12\text{ m}^2 \tag{4.125}$$

由式（4.73）得：

$$S = S_0 - \frac{k_2}{k_0}S_0 = 0.001\ 047\ 5\text{ m}^2 \tag{4.126}$$

如果采用单孔布置，则泄气孔直径为

$$d = 2\sqrt{\frac{S}{\pi}} = 0.037 \text{ m} \tag{4.127}$$

TTF 可由式（4.76）算出。因为 $\text{ESW} = 203\text{ m/s}^2$，$\text{ESW}_o = 107.7\text{ m/s}^2$，所以 $\Delta\text{ESW} = 95.3\text{ m/s}^2$：

$$\text{TTF} = \sqrt{\frac{2D_2}{\Delta\text{ESW}}} - 30 \text{ ms} = 17.8 \text{ ms} \tag{4.128}$$

转向柱压溃力：

$$F_c = m(G - G_1) \cdot \cos\theta = 2\ 624 \text{ N} \tag{4.129}$$

式中，θ 取 25°。

转向柱压溃行程：

$$L = w_2 + x = \frac{E_{r2}}{G} \cdot 9.8 + x = 0.075 \text{ m} \tag{4.130}$$

把上述子系统参数输入根据 No. 7358 试验条件建立的仿真数字模型，乘员载荷在车体相对位移域内的响应曲线见图 4.43。

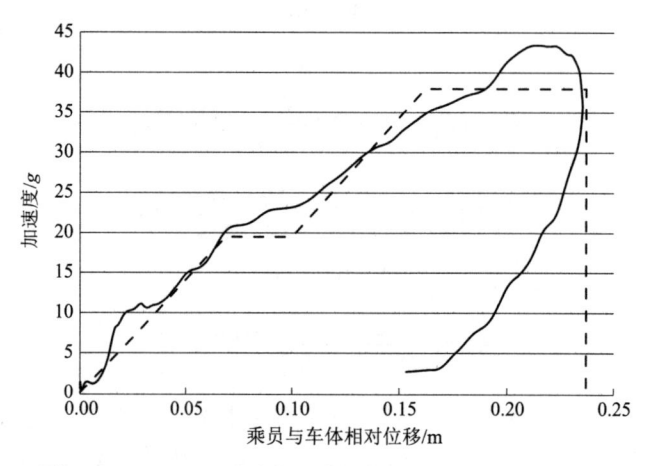

图 4.43　No. 7358 试验的双阶分析与 CAE 仿真分析对比

案例 4

NCAP No. 7526 试验，波形见图 4.44。

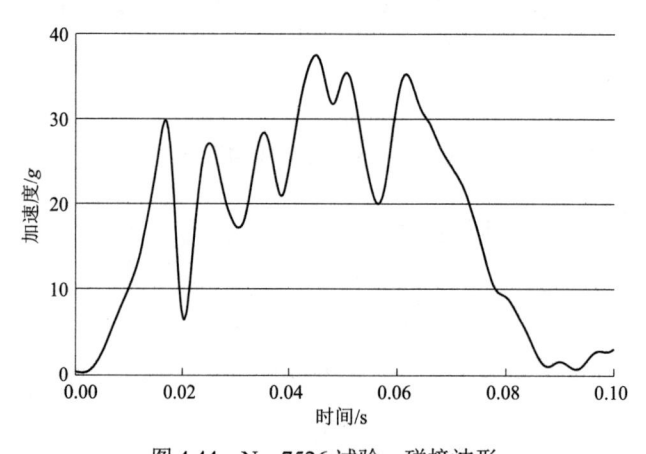

图 4.44　No. 7526 试验，碰撞波形

从试验数据里测取的参数包括：初始碰撞速度 $v_0 = 15.56$ m/s，$C = 0.651$ m，$E_0 = 121$ J/kg，$t_v = 69.7$ ms。

设定的目标参数包括：重叠吸能效率 53%，重叠吸收能量 64 J/kg，约束系统吸能目标 57 J/kg，乘员胸部加速度目标值为 35 g。

与案例 1、2、3 相同，将上述参数代入式（4.11）、式（4.13）和式（4.17），可得：

$$v_1 = 4.145 \text{ m/s}$$

$$D_{ov} = 0.238 \text{ m}$$
$$D_1 = 0.213 \text{ m}$$
$$E_{r1} = 48.41 \text{ J/kg}$$
$$E_{r2} = 8.59 \text{ J/kg}$$

安全带限力值 F_1 选择在 3 500 N，50%假人的上躯干质量选 18.31 kg，得 $G_1 = 19.1\ g$，$G_2 = 15.9\ g$，$k_1 = 284 \text{ g/m}$，$D_b = G_1/k_1 = 0.069 \text{ m}$，$D_2 = 0.1 \text{ m}$。

由式（4.91）、式（4.92）：

$$E_b = (D_1 + D_1 - D_3) \cdot \frac{G_1}{2} = 34.14 \text{ J/kg}$$

$$E_a = [x + (D_1 - D_2)] \cdot \frac{G_2}{2} = 14.14 \text{ J/kg}$$

得
$$x = 0.075 \text{ m}$$

$$k_2 = \frac{G_2}{[(D_1 - D_2) - x]} = 408 \text{ g/m}$$

初始设计参数定义为：$V_s = 0.047 \text{ m}^3$，$p_s = 141\ 041 \text{ Pa}$，$A_1 = 0.14 \text{ m}^2$，$A_2 = 0.02 \text{ m}^2$。由式（4.64）和式（4.67）有：

$$k_0 = \frac{G}{D} = \frac{p_s \cdot A \cdot (A + A_1)}{m(V_s - A \cdot D - A_1 \cdot D)} = 605 \text{ g/m} \tag{4.131}$$

$$S_0 = (A + A_1)\sqrt{\frac{(\text{ESW} - \text{ESW}_o) \cdot D \cdot \rho}{p_e - p_a}} = 0.002\ 19 \text{ m}^2 \tag{4.132}$$

由式（4.73）得：

$$S = S_0 - \frac{k_2}{k_0} S_0 = 0.000\ 53 \text{ m}^2 \tag{4.133}$$

如果采用单孔布置，泄气孔直径为

$$d = 2\sqrt{\frac{S}{\pi}} = 0.030 \text{ m} \tag{4.134}$$

转向柱压溃力：

$$F_c = m(G - G_1) \cdot \cos\theta = 2\ 600 \text{ N} \tag{4.135}$$

式中，θ 取 25°。

转向柱压溃行程：

$$L = w_2 + x = \frac{E_{r2}}{G} \times 9.8 + x = 0.10 \text{ m} \tag{4.136}$$

在 3 500 N 安全带限力值的选择下，转向柱的压缩行程需要达到 100 mm，这对于常规设计来讲有些过长，同时也要求气囊需要始终保持更高的刚度，有可能增加头部与颈部的伤害，因此，将安全带限力值调整为 4 000 N，同时将胸部加速度上调至 38 g。约束系统参数重新计算结果如下：

重新计算子系统参数如下：$G_1 = 21.85\ g$，$G_2 = 16.15\ g$，$k_1 = 284\ g/m$，$D_b = 0.077\ m$，$D_2 = 0.1\ m$，$E_b = 37.15\ J/kg$，$E_a = 11.15\ J/kg$，$x = 0.029\ m$，$k_2 = 194.57\ g/m$。调整参数后的双阶梯形见图 4.45。

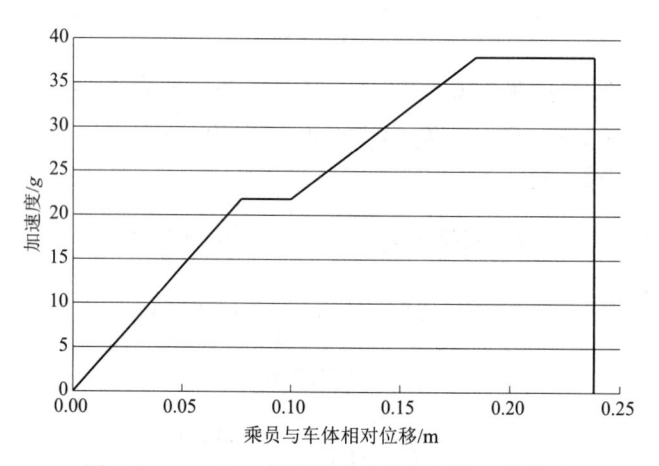

图 4.45　No.7526 试验调整参数以后的双阶梯形

将双梯形参数代入系统参数估算公式，得：

$$k_0 = \frac{G}{D} = \frac{p_s \cdot A \cdot (A + A_1)}{m(V_s - A \cdot D - A_1 \cdot D)} = 605\ g/m \tag{4.137}$$

$$S_0 = (A + A_1)\sqrt{\frac{(\text{ESW} - \text{ESW}_o) \cdot D \cdot \rho}{p_e - p_a}} = 0.002\ 19\ m^2 \tag{4.138}$$

由式（4.73）得：

$$S = S_0 - \frac{k_2}{k_0} S_0 = 0.001\ 49\ m^2 \tag{4.139}$$

如果采用单孔布置，泄气孔直径为

$$d = 2\sqrt{\frac{S}{\pi}} = 0.043\ m \tag{4.140}$$

转向柱压溃力：

$$F_c = m(G_2 - G_1) \cdot \cos\theta = 2\ 600\ N \tag{4.141}$$

式中，θ 取 25°。

转向柱压溃行程：

$$L = w_2 + x = \frac{E_{r2}}{G} \times 9.8 + x = 0.052\ m \tag{4.142}$$

把上述子系统参数输入根据 No.7526 试验条件建立的仿真数字模型，乘员载荷在车体相对位移域内的响应曲线见图 4.46。

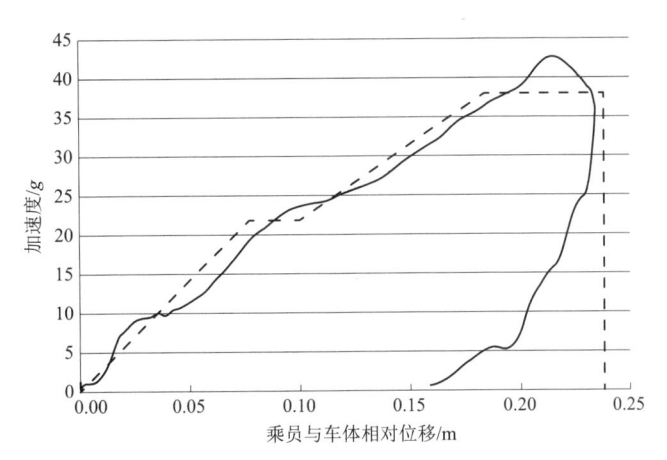

图 4.46　No. 7526 试验的双阶分析与 CAE 仿真分析对比

7) 讨论

（1）从仿真分析和双阶梯形的曲线对比可以发现，仿真曲线在收尾时都向左倾斜，而双阶梯形是用一条垂线来近似拟合，其差异主要是由于解析建模时没有考虑碰撞结束以后的回弹效应。产生的原因是由于约束系统的阻尼不充分，一小部分已经被约束系统吸收的能量被"吐回"给乘员，因此梯形曲线的面积要比仿真响应曲线下的面积大一些，这就意味着，如果按照梯形曲线设计约束系统，那么约束系统的总吸能容量要高于考虑回弹的仿真分析结果。这种偏差的影响会使约束系统的吸能容量有一定的余量，给产品开发后期的产品设计更改留有调整余地，所以未对双阶梯形的几何定义进行修正。

（2）可以观察到，即便两个车体的压缩长度相等，t_v 也会不同。案例 2 的 t_v 较长，因此 D_1 更长，这意味着采用限力值更低的限荷器就可以满足匹配要求。更低的限荷水平会保证更小的胸部压缩量。根据式（4.42）和式（4.43），C、t_v、D_1 之间的关系如图 4.47 所示。

D_1 代表了可以用来控制重叠吸能效应的有效空间。统计结果表明，D_1 越长，胸部压缩量越小。图 4.47 表明，降低 t_v 将导致 C 缩短和 D_1 增加。t_v 主要由可利用压缩空间决定，其次也受到车体结构的碰撞特性影响。理论上讲，理想的 D_1 应当配合以较短的 C 和较长的 t_v，如图 4.47 中的 A 点状态所示。显然，达到 A 点并不现实，因此实际的 D_1 优化点往往取 B 点，即较长的压缩量和较长的 t_v 组合。为了获得更长的 t_v，需要对车体结构的耐撞特性进行调整。压缩量 C 和 t_v 是共同决定约束系统整体性能的重要参数。当 C 受到限制时，适当的车体特性设计同样可以达到降低乘员伤害的良好效果。

（3）在案例 3 中，限力值的初选值是不合适的，为后续的安全气囊和吸能转向柱匹配带来了困难。由于安全带担当了约束系统的主要吸能角色，因此限力值的选择对其他子系统参数的确定影响很大。

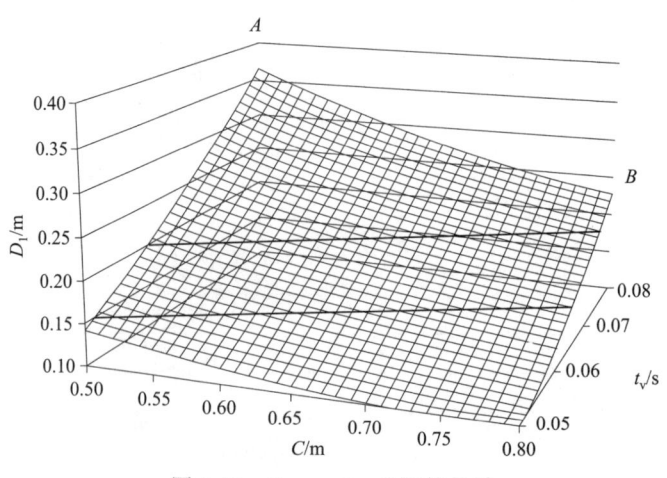

图 4.47　C、t_v、D_{ov} 之间的关系

（4）No. 6940 与 No. 7139 试验结果的对比分析。

虽然车体加速度与乘员胸部加速度呈现比较稳定的对应关系，如图 4.48 所示，但是，良好的车身设计并不能保证一定获得低乘员伤害值。图 4.48 中数据点 1 是 No. 6940 的试验结果，车体的加速度峰值为 44 g，属于中等水平，但是乘员胸部加速度响应却高达 59 g。从图 4.49（a）可观察到，乘员加速度达到峰值 79 ms 时车体的加速度回落已接近结束，车体已经不具备再继续压缩的潜能了。另一方面，数据点 2 是 No. 7139 的试验结果，其车体与乘员加速度曲线见图 4.49。虽然车体设计不是很理想，车体加速度峰值达到 52 g，但是约束的刚度却很快就达到峰值平顶 40 g，并能长时间维持。由于约束系统与车体耦合得比较好，在乘员加速度达到峰值 65 ms 时车体仍然具有很高的加速度值，可以继续很好地发挥车体重叠吸能效应，因此阻止了胸部加速度的进一步攀升。可见，如果正确运用能量规划方法，则良好的车体—约束系统耦合设计可以弥补车体的固有缺陷。

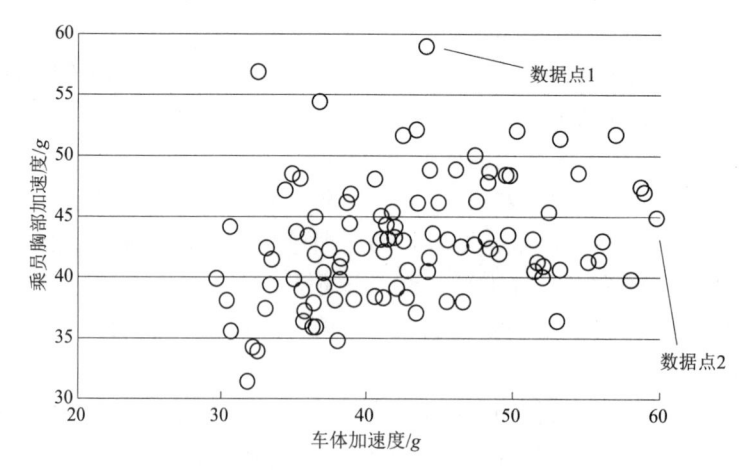

图 4.48　NCAP No. 6940 与 No. 7139 试验结果的对比

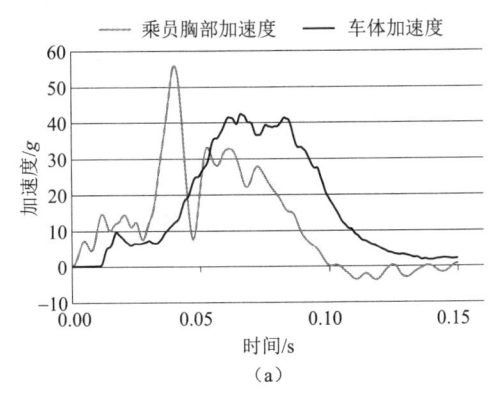

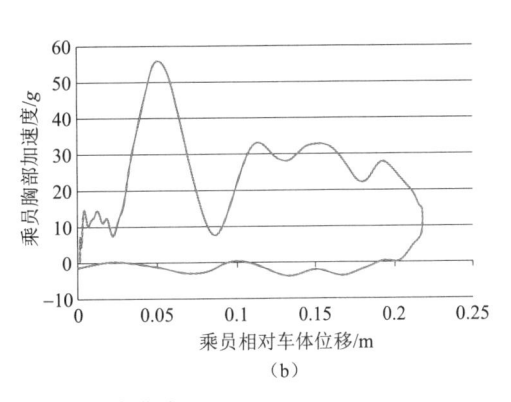

图 4.49 No. 7319 试验加速度曲线
(a)时间域加速度；(b)位移域加速度

4.6 约束系统试验主观评价

以上是从物理参数的量值角度分析约束系统与车体碰撞相应耦合的效果。这些最重要的基本物理量值在碰撞试验中可以通过传感器直接测出。碰撞试验（台车或实车）的另外一个主要分析方式是基于高速摄像记录或试验状态进行主观分析。很多系统性能是不能用基本物理量传感器感知的，Euro-NCAP 试验和评价流程也注意到了这一点，因此在评价程序里增加了"扣分项"。这些项目是由试验人员通过对一些现象的观察，主观判断车厂的设计是否能保证现有的试验结果将来可以稳定地再现，是否能保证在异于标准试验条件的实际场景中仍能稳定发挥安全保护作用。本章前述的解析分析方法是对单一质量块人体进行的约束参数设计，但是，整个人体是由各种关节连接起来的质量块，在碰撞中各个质量块之间一定会发生相对拉压或转动，相互之间发生有能量传递与扰动，会给整体的保护效果带来不确定性因素。因此，对身体各个部位的约束进行正确配合，即进行"均衡约束"是十分重要的。

良好的约束系统设计可满足以下要求：正确的约束刚度、正确的约束作用时间及身体各部位约束时间的正确配合。在台车试验或整车碰撞试验里面，通过对乘员姿态的观察可以判断约束系统身体各部位协调是否存在严重失误。

经验表明保证以下系统表现有利于获得良好的乘员保护成绩：

（1）尽量延长约束的作用时间，可以降低作用在乘员身上的载荷峰值。约束系统越早接触乘员越好，有利于使乘员的载荷曲线更加接近于矩形。

（2）尽量增加乘员相对于地面的位移距离（$C+D_{ov}$）。可以看出，增加车体碰撞压缩量和乘员的车内移动距离可以达到这个目的。因此，约束系统应当在车内空间允许的条件下尽量使乘员往前运动。

（3）身体各个部位之间要避免能量传递。在约束过程中尽量减少各个关节的弯曲程度，避免身体部位之间发生过大的相对转动；各个部位都应当尽量保持水平运动，避免上下窜动。上述姿态有利于避免身体各个部位之间发生能量传递，以便于在事故发生时按照预定的能量规划进行有序吸能，使各个子约束系统可以专注于约束自己负责的那个身体部位，避免吸能失效。只有这样，整个约束系统才能"各司其职"，充分发挥吸能效能，达成"均衡约束"的效果。可以推测，如果身体各个部位开始接触约束的时间差距较大，那么必定会引起动能在身体各部位之间进行不良传递。例如，在上体躯干接触安全气囊以后，如果膝部没有及时接触膝部气囊或者膝部缓冲板，大腿就会继续向前滑动，其动能传递给上体躯干以后会拉动上体前冲，加大胸部与气囊之间的冲击，给胸腔和脊椎带来额外负担，同时会把上体拉向下方。

均衡约束的条件是：让身体各个部位的载荷同时达到各自的峰值。

在垂直方向上，座椅是最重要的约束系统。座椅的刚度和强度设计应当足以阻止在碰撞过程中乘员向前和向下的运动。

主要控制的关节角度有颈部关节、骨盆关节和膝关节。在台车试验中，应当观察记录各种约束参数匹配方案对 α、β、θ（见图 4.50）改变量的影响。在参数匹配调整过程中，可以优先选择平均角度变化值最小的方案，同时，还应注意控制髋点的上下跳动幅度。

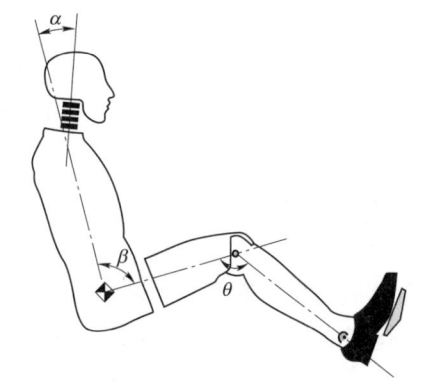

图 4.50 乘员肢体角度检测

避免"下潜"动作发生。发生下潜时两个肠骨力传感器会感知到 1 kN 以上的力值下降。

（4）避免肢体与尖锐表面和坚硬表面相接触，将接触力分布在尽量大的接触面积里。加大接触面积可以减轻局部伤害，同时也能避免吸能结构失效。

（5）将吸能内饰件的压溃阈值设定在人体伤害限值以下，即不能太硬。把压溃式转向柱、仪表板、挡膝板当成约束系统的一部分来统一考虑。尤其是对膝盖的阻挡，其对控制整体的人体姿态非常重要。

同时，约束系统刚度不能太软，例如，过软的气袋会被乘员"击穿"，即使乘员透过松软的气袋直接与前方的方向盘等车体部件发生硬性磕碰。发生击穿时，乘员头部或胸部加速度曲线会出现宽于 3 ms 的尖峰，加速度的幅值会比不击穿时高出 5 个 g 以上。

（6）保证车室的完整性，最大限度避免车体结构向车室内侵入的深度和速度。车门是保证碰撞安全的重要部件。在碰撞过程中，车门不能打开，否则乘员会被抛出车外。在碰撞结束后，有需要时车门可以正常打开，尤其是不借助工具就能够徒手打开，以便于乘员自行逃生，或者车外人员进行营救。

风挡玻璃是保证车室碰撞完整性的另外一个重要部件。玻璃种类一般有 3 种：强化玻璃、夹层玻璃、聚碳酸酯玻璃。多数汽车在侧窗、尾窗和顶窗上采用强化玻璃，发生事故时，这种玻璃会破碎导致成员划伤，或者形成开口，使乘员被抛出车外。夹层玻璃多见于高端车,但是有在轿车和 SUV 上取代强化玻璃的趋势。夹层玻璃有三层,而强化玻璃只有一层。

鉴于风挡玻璃的重要性,各国均将其纳入法规管理,见 FMVSS 205(USA)、CMVSS 205(加拿大)、ECE R43(欧洲)、GB 9656—1996(中国)等法规。其中 FMVSS 限制在侧窗和后窗上采用替代材料(如聚碳酸酯玻璃和普通玻璃),除非它们可以满足所有 FMVSS 标准。

多年以来,美国和欧洲市场上每辆车的前风挡都是夹层玻璃,而在其他车窗上不强制应用夹层玻璃,厂家通常应用强化玻璃,只有高端车才能提供全包围的夹层玻璃。夹层玻璃由两层玻璃和一层中间的 PVB 组成,碰撞事故发生后,玻璃层会破碎,但是 PVB 层仍会把玻璃碎块粘结在车窗的原位上,可防止乘员被弹出窗外。正因为采用了这个技术,事故中乘员从前风挡弹出的情况在近年已经基本得到杜绝。

(7)保证约束系统与车体表现的稳定性。车体的重心水平高度一般要高于碰撞力中心,在碰撞中车体会发生向前上方的翻转运动。由于碰撞障碍不对中,如模拟车对车部分重叠的 ODB 障碍碰撞,车辆在碰撞中也可能发生横摆运动。在各种纵向与横向运动的惯性力作用下,乘员不会准确沿 x 坐标轴方向一直往前运动,而是会随车体产生各种转动。车体与乘员躯体都发生转动时,会破坏原有的约束过程设计。例如进行左侧 ODB 试验时,乘员头部会打在气袋偏左的方位,如果气袋过小,会使头部脱离气袋约束而与车体发生硬性碰撞。在翻转与横摆运动中,乘员膝部与仪表板的接触点会偏离设定刚度的膝部挡板区,不是太软失去约束作用,就是太硬导致膝部伤害过大。Euro-NCAP 的膝部扣分项是最常见的扣分形式,有很多车型只是因为膝部扣分而失掉摘取五星等级的机会。

在偏置碰撞(如 ODB 和斜角刚性壁)中,左右前轮的不对称位移会反向牵动方向盘转动,如果方向盘几何中心与转动中心不重合,或者气袋为非圆的不对称结构,也有可能造成头部脱落到气袋约束以外。

(8)避免安全气囊展开过晚。当乘员已经移动到气囊盖板几厘米之内时,气囊对人体的打击伤害力是最大的,最严重时可导致乘员死亡。

(9)气囊的展开方式。气囊展开时应当避免横扫过乘员脸部,否则会给乘员造成横向打击力,或者对脸部造成重度擦伤。在包含各种坐姿和各种尺度乘员的头部区域内,气囊的展开速度不能超过 90 m/s。

(10)方向盘和转向柱不能发生过量的后向、上向、横向位移。EEVC 的推荐限值为:后向 100 mm,上向 80 mm,横向 100 mm。方向盘不得对胸部产生直接的压力载荷。

4.7 向其他试验条件的推广

上文从分析 56 km/h 正面刚性障碍碰撞胸部响应入手提供分析方法,同理可推广至偏置吸能障碍 ODB 等其他形式的碰撞和身体其他部位。

4.8　约束系统的未来发展趋势

乘员约束系统在车体加速度的激励下，实际是起到一个加速度的放大作用。对图 4.1 所示简化单自由度模型，约束系统就像一个动力放大系统。假设车体给乘员的输入是 ESW，则乘员胸部加速度 G 为

$$G = \text{ESW} \times \text{DAF} \tag{4.143}$$

式中，DAF 为动力放大因子，相当于约束系统的传递函数[2]。

$$\text{DAF} = 1 + \sqrt{1 + (2\pi f t^*)^2} \tag{4.144}$$

式中，$f = \dfrac{\sqrt{386k}}{2\pi}$。

t^* 是乘员和约束系统开始接触的时间。由式（4.144）可见，如果乘员与车体是一体的，$t^* = 0$，就不会有动力学的任何放大效应，乘员的加速度完全等于车体的加速度，但正是由于约束系统的间隙和弹性存在，才造成了这种"二次碰撞"效应。对于现有技术，约束系统都是通过对碰撞能量的感知而引发作用的，注定滞后于碰撞事件的发生，因此到目前为止，二次碰撞是不可避免的。如果说被动安全技术还有发展空间的话，避免二次碰撞和"绿色气囊"应当是很有潜力的新兴技术。

为避免二次碰撞伤害，在发生碰撞之前乘员就必须被安全带预紧器、气囊牢牢地固定在车体上。这种"预作用系统"需要有"碰撞预知传感"技术的支持。假设两辆以 60 km/h 行驶的车辆相向碰撞，相撞前要求气囊已经展开到位。"预起爆式"气囊起爆时间应当长于现有气囊系统，以获得更低的爆出速度（慢速起爆），减少气袋弹出致伤。现将其设为现有气囊的二倍，即 60 ms，则意味着在两车之间的距离为 2 m 时气囊必须开始起爆。根据车辆动力学响应和驾驶员正常反应速度，我们假设相距 6 m 是一个不可挽回的距离，那么在气囊起爆之前的 4 m 距离时间内，即在碰撞事件发生的 120 ms 之前，传感器必须做出点火确认判断。目前经常使用的传感器有雷达、激光测距仪、超声传感系统、可见光传感系统等，各有优缺点，必须通过上述传感信息的融合才能达到事故前 120 ms 的预判断。文献［8］提出了一种很有潜力的大于 1.4 μm 波长，对视觉安全的电磁波传感器，这种传感系统能可靠判断物体接近速度，并能在雾、雨、雪等气候环境下比驾驶员视觉穿透更远的距离，也是一种很有潜力的选择。

所谓"绿色气囊"，是指气体发生器火工药剂用量更小、燃烧温度更低、质量更轻的气体发生器新技术。如果降低气体喷出温度，会带来一系列连带的正面效应。首先，为保护气袋尼龙织物免受烧蚀的硅胶图层不用像现在这样厚重、降低气袋的质量，以后还会大大降低气袋对人体的冲击伤害，以及大大减小气袋打击人体的动量，这对非正常坐姿乘员的保护非常有利，可以免却现在使用的各种乘员分类与坐姿探测系统。在各种"绿色气囊"方案中，吸气式气体发生器是一种非常有希望的新技术，具体内容见 7.1 的介绍。

参考文献

[1] Cao J Z, Koka M R, Law S E. Vehicle pulse shape optimization to improve occupant response in front impact [R]. SAE Technical Paper, 2004.

[2] Huang M, Laya J, Loo M. A study on ride-down efficiency and occupant responses in high speed crash tests [R]. SAE Technical Paper, 1995.

[3] Evans N C, Furton L M, Cok D A. Occupant energy management technique for restraint system analysis and design-theory and validation [R]. SAE Technical Paper, 1992.

[4] Bonello K J. Occupant energy management technique for restraint system analysis and design-understanding the physics of the system [R]. SAE Technical Paper, 1992.

[5] Zhang J Y, A new optimization approach for the driver restraint system for the frontal impact of a mini-bus, International Journal Vehicle Systems Modeling and Testing, 2008, Vol 3: 14–24.

[6] Wu J, Bilkhu S, Nusholtz G S. An impact pulse-restraint energy relationship and its applications [R]. SAE Technical Paper, 2003.

[7] Prasad P, Belwafa J E. Vehicle crashworthiness and occupant protection [J]. American Iron and steel institute, Michigan, 2004.

[8] R Schoeneburg, T. Breitling, The Future of Passive Safety, Enhancement of active safety by future pre-safe system, http: //www-nrd.nhtsa.dot.gov/Pdf/ESV/esv19/05-0080-O.pdf

[9] HIGH SPEED UNBELTED TEST REQUIREMENT OF FMVSS NO. 208, ANALYSIS OF ISSUES RAISED BY PUBLIC COMMENTS, Office of Research and Development, NHTSA [EB/OL], May 5, 2000, www.nhtsa.gov/DOT/NHTSA/NRD/Multimedia/PDFs/Crashworthiness

[10] Matthew H. Vehicle crash mechanics [J]. 2002.

[11] Prasad P, Belwafa J E. Vehicle Crashworthiness and Occupant Protection [J], American Iron and Steel Institute, Michigan, 2004.

[12] 美国高速公路安全管理局 NCAP 试验数据库，http: //www-nrd.nhtsa.dot.gov/database/veh/ veh.htm.

[13] Wu J, Nusholtz G S, Bilkhu S. Optimization of vehicle crash pulses in relative displacement domain [J]. International Journal of Crashworthiness, 2002, 7(4): 397–414.

[14] Zhang J, Ma Y, Chen C, et al. Design and optimization for the occupant restraint system of vehicle based on a single freedom model [J]. Chinese Journal of Mechanical Engineering, 2013, 26(3): 492–497.

[15] Qiu, S., Li, H., Zhang, J., Ma, Y. et al., "Optimized Ride-Down Rate Control in Frontal Impact and its Application in the Energy Management of Occupant Restraint System," SAE Technical Paper 2013–01–0760, 2013, doi: 10.4271/2013–01–0760.

第 5 章

碰撞安全开发过程管理

5.1 安全性能验证

用于碰撞安全性能开发的资金一般占车型开发总费用的 1/3，是耗资最大的验证领域之一。因此，车型项目的安全工程师能否按照项目的安全性能目标、资金限制、时间节点做好周密的安全开发计划，事关整个车型开发的成败。典型的安全开发投入量统计见表 5.1，其中包括费用估计和碰撞数量等投入。

表 5.1 安全开发投入量统计

年代	公司/车型	开发费用/百万 USD	试验里程/百万公里	样车数量	实车撞击试验数量	模拟撞车数量	碰撞工况	台车碰撞次数
2002	Benz/E-Class			200				
2003	Chrysler /Pacifica	100						
2005	Renault/Clio	110	1	100	30			
2006	Renault/Kleos	600	1.75					
	GM/Commodore	700	6.2			5 000	79	400
2007	Renault/Laguna	100	2					
	Jaguar/XJ		0.85	100	45		75	
2008	Fort/Falcon**	51	0.65		90	5 000	38	300
	Mazda3		1.28					
2009	Benz/E-Class		36	700	150	17 500		
	Audi***					10 000	50	
2010	一汽/C131	70		135	28	200	10	100

* 数据摘引自（Automotive Testing Technology International 期刊，2002—2010）。
** 福特 Dearborn 强化数字计算中心 NIC（numerical intensive computing center）总共 270 人，其中 60%（约 160 人）从事碰撞分析。
***http://www.audiusanews.com。

第 5 章 碰撞安全开发过程管理

安全性能开发的任务是针对特定市场的法规要求，还有本公司对该市场需求的理解，规划好性能目标、验证计划，估算各种验证资源配置需求，为项目预算和进度控制提供技术规划输入。

市场目标是碰撞安全目标的主要输入。车型针对不同的销售区域时，要求必须满足当地的法规要求。法规里一般规定车辆要满足正面碰撞和侧面碰撞量方面的要求，各国碰撞法规要求简要对比见表 5.2 和表 5.3。

表 5.2 正面碰撞法规试验条件

试验条件		中国[1]	北美[2]	欧洲[3]
刚性壁碰撞	假人乘员	男性	男性，女性	×
	撞击速度	50 km/h	50 km/h	×
变形墙碰撞	假人乘员	女性	男性	男性
	撞击速度	56 km/h	56 km/h	56 km/h

1）详见国家推荐性标准 GB/T 20193—2007，GB 11551—2003《乘用车正面偏置碰撞的乘员保护》。
2）详见美国交通部 DOT 法规 FMVSS 208。
3）详见欧盟 ECE R94 指令。

表 5.3 侧面碰撞法规试验条件

试验条件	中国[1]	北美[2]	欧洲[3]
撞击速度	50 km/h	54 km/h	50 km/h
撞击质量	950 kg	1 350 kg	950 kg

1）见国标 GB 20071—2006《乘用车侧面偏置碰撞的乘员保护》。
2）详见美国交通部 DOT 法规 FMVSS 214。
3）详见欧盟 ECE R95 指令。

除了有义务满足各国强制性法规要求外，区域性的 NCAP（新车安全性能评价）试验成绩也是安全性能开发的驱动力之一。如果说法规是市场准入的最低门槛，NCAP 则是从更广泛的性能角度评价车辆安全性，帮助消费者进行选择、决定。NCAP 试验由中立机构执行，将新投放市场的车型评价为 1~5 颗星安全等级，五星为最高安全级别。虽然不是强制性法规，但是 NCAP 评定的结果对市场消费有很重要的导向作用，因此其也是为车型开发必须遵循的准则之一。NCAP 的评价范围不但包括乘员本身的碰撞安全，而且包括行驶安全、避撞安全、儿童安全、行人保护等多方面内容。单就碰撞试验，各国 NCAP 试验内容简要对比见表 5.4 和表 5.5。

表 5.4 正面碰撞 NCAP 试验

试验条件		C-NCAP	US-NCAP	Euro-NCAP
刚性壁碰撞	假人乘员	男×2+女	男+女	×
	撞击速度	50 km/h	56 km/h	×
变形墙碰撞	假人乘员	男×2+女+儿童	×	男性×2+儿童×2
	撞击速度	40%偏置@64 km/h	×	40%偏置 64 km/h

表 5.5　侧面碰撞 NCAP 试验条件

试验条件	C-NCAP	US-NCAP	Euro-NCAP
撞击速度	50 km/h@90°	50 km/h@27°/ 32 km/h@75°	50 km/h@90°/ 29 km/h@90°
撞击质量	950 kg	1 368 kg	950 kg
撞击物	移动车	移动车/桩柱	移动车/桩柱
假人乘员	被撞侧两人	被撞侧两人/驾驶员	驾驶员+儿童×2/驾驶员

另外，美国公路安全保险协会 IIHS 的试验标准也是车辆设计的重要导向。

确定了市场目标以后，安全开发过程中必须完成以下内容的验证：

（1）对当地法规的符合性；

（2）对当地 NCAP 规则的符合性；

（3）对当地市场环境特征的适应性（如美国 IIHS 试验、欧洲森林国家的动物碰撞性能要求）；

（4）不同总成配置下的性能差异。

安全性能验证主要包括部件性能验证、系统性能验证、整车性能验证三个级别，验证手段包括试制、实验室物理试验和 CAE 仿真模拟三类活动。系统性能台车试验是对整车碰撞试验的代替和补充。部件性能试验产生的原因是一种车型的台车试验不可能覆盖多个地区的法规和用户评价规则，一种车在一个规则下表现良好，但是可能在另外一个规则下不可接受。因此车型开发只能把注意力集中在一个点上。即使对于同一个法规的试验条件，乘员保护的效果也可能千差万异。例如，不同体重的试验假人、不同的坐姿、不同的座椅位置、不同的动力总成配置，都会导致不同的伤害指数结果，各种参数的变化组合引起的影响更加错综复杂。解决如何对安全目标进行取舍、如何调配研发资源和提高资源利用效率、如何缩短开发周期等问题，就是车型安全开发项目管理的目的。

平台开发过程一般采用三轮试制管理，因此样车大概有三种状态：

（1）Ⅰ阶段：基础试制，实现设计功能，包括部分手工样件和快速模具样件；

（2）Ⅱ阶段：体现对Ⅰ阶段试验结果的设计更改，设计性能全面达标；

（3）Ⅲ阶段：对最终采用的材料和工艺进行认可，完成对不同传动器的性能评价，配置设计定型。

5.2　编制正面碰撞试验计划

用最少的碰撞试验量满足开发目标是安全开发最大的挑战。不同的碰撞障碍、不同的碰撞速度、不同的乘员种类可以组合出数千种碰撞工况，整车碰撞试验只能挑选最常见和伤害最严重的工况进行。其余必须考察的工况有几种验证途径：一是虚拟验证，即用数字模型进行虚拟碰撞试验；二是类比和类推，就是借助工程经验和数据库

第 5 章 碰撞安全开发过程管理

推知其他工况的性能表现；最后使用总成试验代替整车试验，如气囊系统的台车试验、前端总成的碰撞试验。

碰撞试验计划首先要确定需要进行哪些障碍类别的试验。实际碰撞事故的障碍类别很多，实验室及法规中只能用有限的几种模式反映最典型的事故，一般常见的正面碰撞障碍类别包括以下几种。

（1）正面刚性壁碰撞（FRB）（波峰较高，持续较短）；
（2）30°斜角刚性壁碰撞；
（3）40%偏置吸能壁碰撞（ODB）（波峰较低，持续较长）；
（4）对中柱撞（CP）与偏置柱撞（OP）；
（5）上骑与下钻碰撞（波形的起始阶段得到衰减，翻转跳动消耗的动能减弱了整体波形的强度）；
（6）车对车正碰；
（7）车对车斜撞；
（8）软桶碰撞（波形缓慢持久）；
（9）断桩碰撞（波形起始段强度较高，随后急剧下降和减弱）；
（10）发动机底部或副车架刮碰（不与保险杠和上部车体结构发生碰撞，如果障碍物牢固会产生极强且短暂的波形）；
（11）其他，如偏置柱撞，护栏、雪堆、泥堆等软障碍物。

法规或者 NCAP 试验只规定前三项试验形式，其可称为法规强制类。车厂为了自己的产品更适应于实际事故模式，还会进行后面及其他比较典型的试验，但是限于资源，只能根据自己的理解，在强制类试验基础上扩展进行有限种类的辅助检验，可将其称为"关注类"试验。

实车碰撞试验的主要目的如下：
（1）测试碰撞后车体是否保持完整。观察试验后车室有没有过度的内侵变形；给乘员是否留有足够的生存空间；乘员是否有可能从开口处被抛出车外；试验后车门是否还能顺利打开，以便于营救人员能顺利将乘员移出损毁车辆。
（2）测试各种碰撞的车体动力学响应特征，其中最主要的就是碰撞波形，其是匹配安全的乘员约束系统的基础。
（3）测试乘员伤害值。

根据三阶段样车试制的状态特点，每阶段的碰撞试验目的有不同的侧重点。

第Ⅰ阶段样车状态：虽然是手工样件，但是材料、几何外形与设计是完全一致的；焊点的个数、位置、焊点质量要满足最基本要求；约束系统里有安全带，但是不一定有安全气囊。虽然这一阶段有部分替代总成，金属结构件的成型工艺也与最终生产状态有所不同，但是碰撞波形测试是基本准确的，完全可以用来评价车体动态响应质量、暴露载荷路径规划缺陷、暴露结构件集合设计缺陷，也可以用于安全气囊的点火标定。第Ⅰ阶段碰撞试验结束以后，应当可以回答以下问题：结构设计是否需要更改？约束系统的点火边界速度在哪里？

第Ⅱ阶段样车状态：已经根据第一轮碰撞试验暴露的车体问题（包括动态响应和车体完整性两方面）完成了第二轮结构设计，没有更改的部分结构件已经有工装样件；安装了根据第一轮动态响应参数设计的安全气囊。试验中，为了观察约束系统与车体碰撞响应之间的最佳耦合效果，可以用定时器在碰撞开始后的最佳时刻引爆安全气囊，而不是用气囊起爆传感器对车体的撞击进行感应后引爆气囊，目的是避免因气囊控制器的传感误差使约束系统与车体碰撞之间的耦合发生错位。Ⅱ阶段结束后，样车应当有稳定的车体动态响应、良好的车身完整性，固化结构设计方案（包括材料与工艺方案）。试验结束后应当可以回答以下问题：结构设计是否需要更改？约束系统匹配效果如何？需要进行哪方面调整？不同动力总成配置对碰撞响应有什么影响？

第Ⅲ阶段样车状态：绝大部分结构件为工装样件（OTS 件），约束系统根据第Ⅱ轮试验完成了更改设计。试验时使用真实气囊传感器对碰撞能量进行判断，然后引爆气囊。对法规规定的项目进行全面检验，碰撞性能全面达标。对最佳气囊起爆时刻进行修正。

后续试验：如果三阶段试验结束后仍然存在问题，那么只能通过后续试验加以补救。在这个阶段，模具的设计已经冻结，大型覆盖件，较长的梁类、壳类结构件，非金属成型件都不可能进行大幅改动，否则会涉及较大的费用和周期变更。能采用的补救措施有：局部加强、增加焊点、更改约束系统点火时刻。有些措施会带来成本和重量的代价，因此这个阶段的修改只能在各种得失中进行权衡。

制订试验计划也叫生成试验矩阵，就是为了达到上述各阶段的试验目的而对碰撞次数、碰撞条件、测试内容进行规划。如果只有法规里规定的单一工况，那么碰撞试验就很简单了。但是，在法规规定条件下能发挥作用的约束系统，在其他碰撞条件下不一定能发挥同样的保护作用，甚至反过来会对乘员起到伤害作用。让约束系统根据不同的碰撞条件以不同的方式保护乘员，这是必须进行矩阵化验证的主要原因。很多碰撞试验条件都是为了探索气囊起爆条件而设置的。

5.2.1 气囊起爆条件

气囊的起爆点和不起爆点是制订实车碰撞计划的最基本的依据。对系安全带和不系安全带的碰撞工况，气囊起爆的碰撞速度设置也不一样。中国法规和欧洲法规要求气囊和安全带一起使用，因此我们先从系安全带的条件开始设计气囊系统。在碰撞速度很低时，不用安全气囊，甚至不用安全带，都不会对乘员造成很大伤害，这时如果强行起爆气囊反倒有可能引起额外的气囊致伤，此刻的速度称为气囊不点火（No Fire）速度 v_{NF}。当碰撞速度超过某一个值时，安全带就不足以提供良好保护，这时就要用气囊辅助作用来降低乘员的伤害程度，主要是防止头部、胸部与方向盘和仪表板发生硬性碰撞，此刻的速度称为气囊点火（Must Fire）速度 v_{MF}。碰撞速度再提高的话，气囊也会失去保护作用，有、无约束系统的效果趋于接近。对介于 v_{NF} 和 v_{MF} 之间的速度，气囊不点火不会造成过度的磕碰伤害，气囊点火也不会引起太大的额外气囊冲击致伤，因此，在这段范围内气囊可以点火也可以不点火，称为"生物力学灰区"。

5.2.1.1 基准速度与等效伤害速度

不同障碍类别、不同碰撞速度，对同一个乘坐状态（同尺寸乘员，使用同一种安全系统，采用同一种坐姿）会产生不同的伤害指标。反过来，同一个伤害指标可以对应很多种不同障碍类别与不同碰撞速度的组合。我们把碰撞条件中获得相同伤害值的碰撞速度定义为"等效伤害速度"v_{EI}（EI 代表 Equivalent Injury）。

汽车安全业界里一个比较常用的工程惯例是，如果乘员不佩系安全带，在正面刚性壁碰撞试验中，速度在 13 km/h（8 mi/h）以下时安全气囊不应点火。在静止状态和轻微碰撞下，起爆气囊会对正常坐姿的乘员造成伤害。当碰撞速度在 22 km/h（14 mi/h）以上时，安全气囊必须点火，否则可能引起头部和颈部伤害。13 km/h、22 km/h 分别是这个碰撞条件下的 v_{NF} 和 v_{MF}，13~22 km/h 这个区间叫作"生物力学灰区"，在此范围内，起爆气囊所带来伤害的降低或加重效果未知。这个速度区间内的碰撞称为"中等强度碰撞"，这个强度是安全气囊设计的分界区域。虽然佩系安全带是多数国家交通法规里的强制要求，但是安全带的佩系率远非 100%，因此我们把上述两个速度下无安全带 50 百分位男性假人正面刚性壁试验条件定为横向比较的"基准碰撞条件"。

如果改变试验条件，如把刚性壁换为可变形软壁，由于碰撞波形发生了变化，v_{NF} 和 v_{MF} 都将变为 v'_{NF} 和 v'_{MF}，这个 v'_{NF} 和 v'_{MF} 就是将刚性壁转为柔性障碍的 v_{EI}，在这两种对应速度下，撞击能量和乘员伤害状态相当。在安全开发过程中，必须确定三个关键的气囊起爆条件判断点：不得起爆条件、低速碰撞应该起爆条件和高速碰撞必须起爆条件。在各种碰撞模式下，都有与此类似的与基准碰撞相对应的 v_{EI}。汇集等效速度，就会得到一张 v_{EI} 列表，列出了对应于各种碰撞条件下不该起爆和必须起爆的碰撞速度值。有了初始的 v_{EI} 列表之后，我们就可以在其中对一些最关注的项目进行试验。在这些 v_{EI} 点上，可以进行碰撞动力学响应测试，考察气囊是否确实应该起爆。约束系统的触发传感器电控单元（ECU）的判断算法也要在这些临界碰撞速度点上进行标定，以决定发出点火指令或者决定抑制点火。

作 v_{EI} 分析的准则是等伤害强度，为此首先要确定在基准碰撞条件下的伤害水平。然后，沿用 13~22 km/h 生物力学灰区惯例，寻找其他碰撞条件下的等效伤害速度。

测量基准伤害时，可以选取脸部伤害和颈部伤害作为度量，也可以采用其他伤害值进行基准标定。在工程实践中，经常采用的一个评价方法是测定脸部伤害 F_{FFL}（Facial Fracture Load）。在灰区中，我们可以测得的 F_{FFL} 一般为 1.78 kN（$F=ma$，50%百分位男性头部质量 $m=4.54$ kg）；颈部弯矩 M_y 为 -59 N·m。13 km/h 的 v_{NF} 试验时伤害值会比这个低（见图 5.1），22 km/h 的 v_{MF} 试验时伤害值会比这个要高（见图 5.2）。因此，用这个伤害值作为基准就可以确定其他碰撞条件下的不点火 v_{EI-NF} 和点火 v_{EI-MF}。碰撞条件变量包括：不同的障碍类别、不同的乘员尺度、系/不系安全带、坐姿等。

图 5.1　v_{NF} 检验

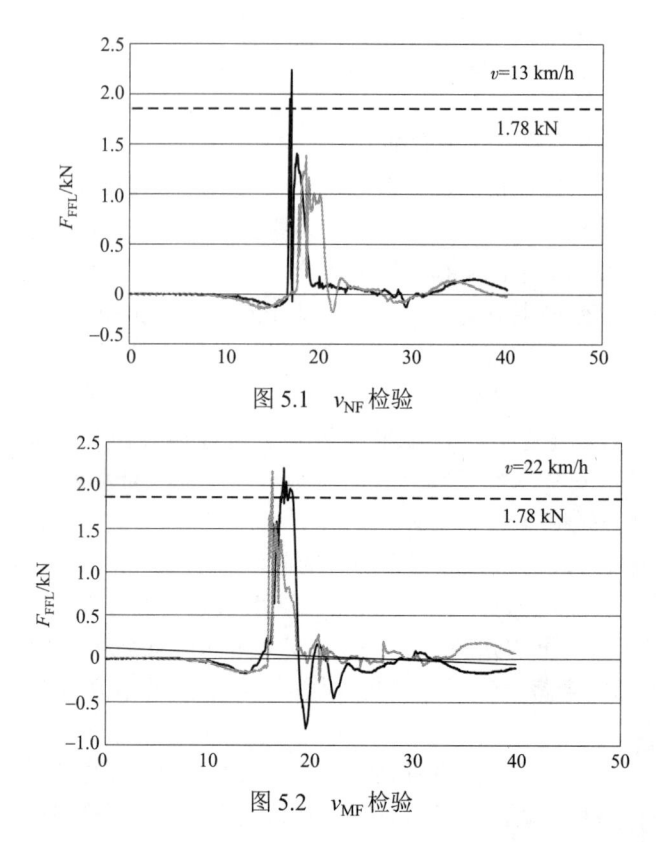

图 5.2　v_{MF} 检验

高速碰撞时，由于碰撞强度大，乘员向前运动的速度更快，因此要求气囊起爆要更早，而能否及时起爆是高速碰撞保护的关键。在相同的速度下，不同的碰撞形式有不同的波形特征，乘员向前运动的规律不同，要求施加的气囊点火时间 TTF（Time to Fire）不同。碰撞越猛烈，越要求气囊快速点火（见表 5.6）。对于高速碰撞，我们也采用 v_{EI} 的概念，但不是采用乘员伤害指标作为判据，而是采用气囊完全展开那一刻乘员是否能与气囊接触作为判据。把最普遍的 50 km/h 正面刚性壁系安全带碰撞试验作为基准试验，在不同的碰撞条件下，能在同一时刻与气囊接触的碰撞速度，就是那个碰撞工况下的 v_{EI}。

表 5.6　高速碰撞时的点火时间要求

碰撞类型	要求传感器点火时间 TTF/ms
48～64 km/h（30～40 mi/h）车对壁 VTB	10～20
48～64 km/h（30～40 mi/h）车对斜角壁 VTOB	20～30
96～128 km/h（60～80 mi/h）接近速度，车对车 VTV	20～30
24～32 km/h（15～20 mi/h）车对壁 VTB	30～50
48～64 km/h（30～40 mi/h）接近速度，车对车 VTV	30～50
24～32 km/h（15～20 mi/h）车对柱 VTP	50～70

第 5 章　碰撞安全开发过程管理

造成高速点火 v_{EI} 差异的因素同样有：不同的障碍类别、不同的乘员尺度、系/不系安全带、坐姿。

各种碰撞条件下，确定低速碰撞的 v_{NF} 和 v_{MF} 都在哪里，高速碰撞的 TTF 在哪里，需要进行多种碰撞试验条件的组合，这一系列的碰撞试验计划叫作"碰撞矩阵"。有了矩阵里的碰撞波形输出，气囊控制器的 ECU 才能进行点火算法标定。

为得出高速保护效果和低速点火决策的 v_{EI}，我们结合一个实际车型建立车体与假人的虚拟碰撞模型，输入不同的 v_{EI} 差异因素，用插值方法寻找与基准试验对应的 v_{EI}。计算模型见图 5.3，采用 DANA 版本 971S7 求解器，50 百分位假人模型，在 FAW SimWork™系统里运算。

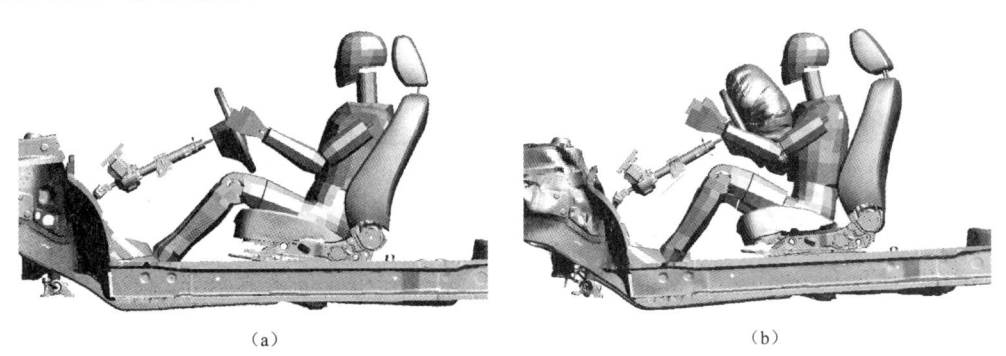

图 5.3　v_{EI} 计算基准模型

5.2.1.2　等效伤害速度 v_{EI} 的计算

1) 不同碰撞模式下的 v_{NF} 和 v_{MF} 分析

利用如图 5.3 所示模型，计算前方刚性壁不系安全带居中位乘坐的 50 百分位假人的伤害值，结果见图 5.3。v_{NF} 由图 5.3（a）模型运算，v_{MF} 由图 5.3（b）模型运算。进行图 5.3（b）模型运算时，不考虑起爆时间的影响，乘员与气囊接触之前气囊一直保持充气状态，接触之后按正常刚度特性进行压缩。保持其他条件不变，分别把正面刚性障碍（FRB）换成 40%偏置吸能壁（ODB）、对中 30 mm 直径柱撞、上骑碰撞（高于底盘最下点 150 mm 的刚性障碍）等其他障碍形式的碰撞。部分 v_{EI} 计算结果见表 5.7。

表 5.7　其他障碍必对应的点火与不点火等效伤害速度 v_{EI}

项　目	v_{EI}	
	v_{NF}	v_{MF}
正面刚性壁 FRB（基准碰撞）	13 km/h（8 mi/h）	22 km/h（14 mi/h）
偏置吸能壁 ODB	29 km/h（18 mi/h）	37 km/h（24 mi/h）
对中 30 mm 直径柱撞	17 km/h（11 mi/h）	27 km/h（17 mi/h）
30°左斜角刚性壁	17 km/h（11 mi/h）	27 km/h（17 mi/h）

2) 系安全带与不系安全带之间 v_{NF} 和 v_{MF} 的差异

在图 5.3 所示的基准碰撞计算条件上增加安全带，其他条件不变，模型见图 5.4。

计算结果见表 5.8。

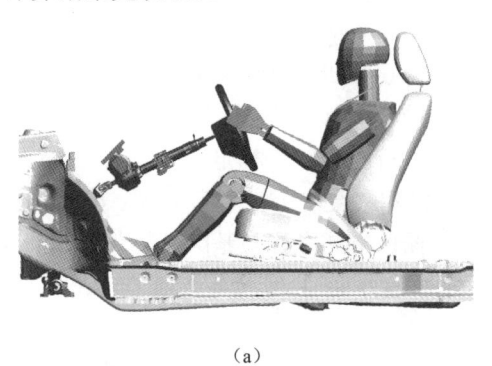

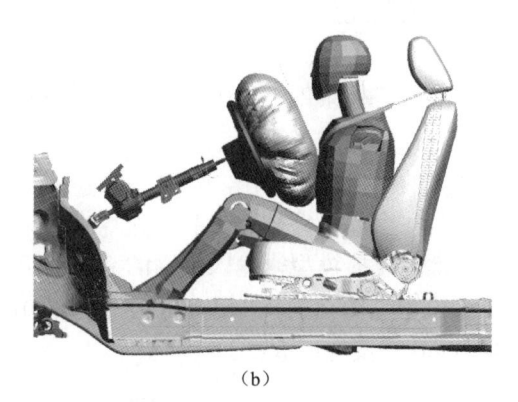

图 5.4 系安全带乘员 v_{EI} 计算模型

表 5.8 安全带使用对 v_{EI} 的影响

正面刚性壁 FRB（基准碰撞）	v_{EI}	
	v_{NF}	v_{MF}
不系安全带	13 km/h（8 mi/h）	22 km/h（14 mi/h）
系安全带	19 km/h（12 mi/h）	29 km/h（18 mi/h）

3）双级气囊的 v_{NF} 和 v_{MF} 差异

在低速碰撞中，由于碰撞能量较低，气囊起爆的时间也会比较晚，在起爆之前乘员已经向前位移到充分充气时的气袋包络线之内，这意味着气袋起爆以后会向乘员施加一个向后的打击力，被称为"近距伤害"。近距伤害在任何种类和任何强度的碰撞中都可能发生，但是最有威胁的是那些发生在 $\Delta v = 40$ km/h（25 mi/h）以下的碰撞事故（这些事故本来不会造成严重伤害，只会带来一些轻微伤害）。近距伤害是由近距坐姿引起的，主要是因为乘员身体不适或困倦而上身前倾，或者没系安全带，或者儿童座椅往前伸几乎接触到了前仪表板，或者是在事故前的剧烈刹车已经使乘员冲到了安全气囊模块附近。气囊冲击力会引起成人的头颈部伤害，严重时可以致死。历史上曾发生过近百起在低速碰撞中安全气囊起爆导致乘员死亡的事故，尤其是对非正常坐姿的儿童、矮小乘员和老人，而且这种事故目前仍然在持续发生。

在安装气囊的初期（20 世纪 70 年代中期），气囊是为不系安全带的乘员设计的，在 30～40 mi/h 的碰撞中可为乘员提供良好保护。随后的事故调查表明，在不发生车室严重变形的中等强度碰撞中，气囊对保护 AIS 3+ 级别的乘员伤害很有利，但是对保护 AIS 2+ 级别的乘员伤害有负面效果。根据美国 NHTSA 的研究，气囊伤害多发生在 $\Delta v = 12$ mi/h（19 km/h）左右的碰撞中，而在 $\Delta v = 18$ mi/h（29 km/h）之前，伤害值随 Δv 上升的变化并不大。最近，越来越多的人认为，在低速碰撞中起爆安全气囊是没有必要的。有很多厂家采用了不系安全带时 12 mi/h（19 km/h）起爆、系安全带时 18 mi/h（29 km/h）起爆的多重点火策略。

第 5 章 碰撞安全开发过程管理

为了降低低速碰撞中的伤害，人们开发了双级气囊系统，目的是在 18 mi/h（29 km/h）以下的碰撞中以使安全气囊更温和的方式起爆。

在图 5.3 所示的基准碰撞计算条件上改变气囊的起爆强度。模型中标准气囊改为双级起爆气囊，气体发生器的气罐试验压力输出曲线见图 5.5，由图可知，随着Ⅱ级气囊起爆延时不同，Ⅰ、Ⅱ级之间的压力差也不一样。当延时为 40 ms 时，Ⅰ级气囊的压力相当于Ⅱ级气囊的 70%。其他条件不变，使用如图 5.4 所示模型。计算结果见表 5.9。

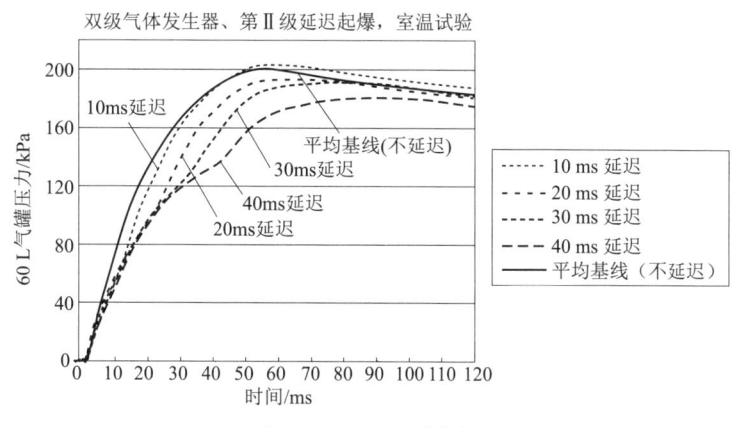

图 5.5 双级气囊特性

表 5.9 双级气囊对 v_{EI} 的影响

正面刚性壁 FRB（基准碰撞）	v_{EI}	
	v_{NF}	v_{MF}
Ⅰ级起爆	13 km/h（8 mi/h）	22 km/h（14 mi/h）
Ⅱ级起爆（1.4×Ⅰ级）	22 km/h（14 mi/h）	32 km/h（20 mi/h）

4）其他影响 v_{NF} 和 v_{MF} 的因素

利用图 5.4 所示模型，将基准条件设定为：刚性壁条件、系安全带、单级气囊、50 百分位乘员、中间乘坐位置。观察改变其他条件对 v_{NF} 和 v_{MF} 的影响。

表 5.10 其他条件对 v_{NF} 和 v_{MF} 的影响

	v_{MF}
基准试验（50 百分位中尺寸乘员，座椅滑轨中前位）	v_{EI}（mi/h）
乘员改为 5 百分位小尺寸乘员	v_{EI} + 3 mi/h（4.7 km/h）
座椅位置改为中后位	v_{EI} + 3 mi/h（4.7 km/h）

5）不同条件下的 v_{NF} 和 v_{MF} 组合效应

上述各种对 v_{NF} 和 v_{MF} 的影响效果可以叠加，例如，使用安全带的同时采用 70%能量Ⅰ级点火，将对 v_{MF} 的提升产生双重效果。总结归纳见表 5.11。

汽车碰撞安全工程

表 5.11 v_{EI} 矩阵

碰撞条件															气囊起爆灰区 v_{EI}（伤害灰区）			
障碍类别				安全带使用		假人尺寸			安全带预紧器		座椅位置			气囊级别			v_{NF}		v_{MF}	
刚性壁	偏置40%吸能	对中柱撞	左斜角碰撞	系	不系	5百分位	50百分位	95百分位	有	无	前位	中位	后位	单级	Ⅰ级	Ⅱ级	(mi·h⁻¹)	(km·h⁻¹)	(mi·h⁻¹)	(km·h⁻¹)
○				○			○		○		○			○			8	13	14	22
○					○		○		○		○			○			12	19	18	29
○				○			○		○		○					○	14	22	20	32
	○			○			○		○		○			○			18	29	24	38
	○				○		○		○		○			○			22	35	28	45
	○			○			○		○		○					○	24	38	30	48
		○		○			○		○		○			○			11+3	18	17+3	27
		○			○		○		○		○			○			15+3	24	21+5	34
		○		○			○		○		○					○	19+5	30	26+6	42
			○	○			○		○		○						11	18	17	27
			○		○		○		○		○						15	24	21	34
			○	○			○		○		○						19	30	26	42
○				○			○			○	○			○			13	21	19	30
○					○		○			○	○			○			17	27	23	37
○				○			○			○	○						19	30	25	40
	○			○			○			○	○			○			23	37	29	46
	○				○		○			○	○			○			27	43	33	53
	○			○			○			○	○						29	46	35	56
		○		○			○			○	○						16	26	22	35
		○			○		○			○	○						20	32	26	42
		○		○			○			○	○					○	24	38	31	50
			○	○			○			○	○						16	26	22	35
			○		○		○			○	○						20	32	26	42
			○	○			○			○	○					○	24	38	31	50

表 5.11 主要关注碰撞障碍、安全带使用、起爆级别、预紧器使用等重要影响因素的组合，如果改变假人尺寸、座椅位置，可以同样得出相应的气囊起爆灰区 v_{NF} 和 v_{MF} 数值。上述分析只是一个导则。产品开发时，在数字化碰撞模型建立完成以后，可根据具体车型在上述导则的附近区域计算，找出本车的 v_{EI} 矩阵。进行 v_{EI} 计算时虽然还没有进行约束系统定义，但是可以用一般性约束系统模型进行试运算。如果 CAE 计算资源和速度有限，则可以参考表 5.11 进行 v_{EI} 矩阵定义。

各国法规均应规定车辆的乘员约束系统要在什么碰撞速度范围内给乘员提供保

护。例如，在 0～50 km/h 的碰撞范围内给不系安全带的乘员提供保护，这就意味着在 0～50 km/h 碰撞速度范围内的任何一个速度都不能有伤害。产品开发中，用精密扫描的方式检验产品的安全性。工业界通常这样处理：先寻找气囊发挥效能的下限及发挥正面效应和负面效应的界限，也就是上面所讨论的生物灰区 v_{NF} 和 v_{MF} 界限，即 v_{EI} 矩阵。然后寻找气囊效能的上限，也就是能对乘员提供保护作用的最高速度，如果超过这个速度，则约束系统也爱莫能助。气囊性能上限与下限之间的表现一般不再特殊关注，默认为不会有异常表现。伤害灰区 v_{EI} 矩阵由车辆生产企业根据自己的知识、理解和经验去决定，约束系统效能上限则由各地法规决定，二者综合在一起，就构成了一个完整的车型试验验证要求矩阵。

5.2.2 根据区域性法规进行试验矩阵设计

以下分析如何将车辆生产企业自己伤害灰区的定义与法规要求结合在一起制订开发计划。

5.2.2.1 中国法规要求

以满足国内市场为例，乘用车应当至少满足 GB 11551 中要求的 50 km/h 正面刚性壁（FRB）试验。因此，我们必须从两方面考虑试验矩阵：一个是如何定义伤害灰区，另一个是如何满足法规要求。定义灰区时我们可以假设乘员是系安全带的，因为交通法规规定系安全带是驾驶常态，而且法规规定的高速碰撞保护状态也是以佩系安全带为前提的。根据表 5.11，初步生成碰撞矩阵，如表 5.12 所示。

表 5.12 GB 11551 基本矩阵

序号	碰撞类别	碰撞速度/(km·h⁻¹)	试验速度/(mi·h⁻¹)	是否系安全带	乘员尺寸/百分位	乘坐位置	气囊状态	重要程度	试验目的	数值确定依据
1	FRB	19	12	有	50	中	无	A	确定 v_{NF} 基准	"19～29 km/h"伤害灰区相对于"13～22 km/h"更加迟钝，如果乘员没系安全带，起爆更晚的气囊也是偏安全的选择
2	FRB	29	18	有	50	中	无	A	确定 v_{MF} 基准	
3	FRB	50	31	有	50	中	有	A	GB 11551 要求	法规要求的保护上限

重要程度分类：A—基础类试验，B—重要类试验，C—必要类试验，D—可约减类试验。应注意，每个公司对重要程度分类的原则有所不同，故决定了构成碰撞矩阵的取舍原则不同。C 类试验可以在台车验证矩阵或者 CAE 验证矩阵中加以补充。

根据这个试验结果，可以继续开展以下产品设计活动：

（1）根据 $v_{NF} \pm \delta_v$ 和 $v_{MF} \pm \delta_v$ 进行碰撞判断算法标定，δ_v 是传感容差。

（2）用高速录像分析确定各种高速碰撞条件下所需要的点火时间 TTF，连同碰撞加速度波形，一起输入 ECU 进行碰撞判断算法标定。

（3）考察约束系统初步设计结果的表现，如气囊的尺寸、形状是否符合车辆的空间要求，气囊的刚度和速度是否充足，转向柱压溃表现，安全带的刚度、限力水平是否选择恰当，前风挡是否完整，座椅是否失稳等，为约束系统进一步优化提供依据。

（4）判断车体的碰撞波形和侵入量是否满足目标定义，为进一步车体设计更改提供依据。

制定伤害灰区时，每个车型都会有一些上下波动，是因车型结构而异，不是一成不变的。应当注意，决定灰区界限的不是表 5.11 所列的碰撞条件，而是在各种碰撞条件下所表现出来的伤害指标。表 5.11 只代表一般性车体表现。灰区波动的界限应在第Ⅰ阶段样车试验里根据实际伤害指标大概了解清楚。

由于碰撞波形不同，每个车型的 v_{NF} 和 v_{MF} 会要求标定在不同的碰撞速度上。8 mi/h 的 v_{NF} 速度和 14 mi/h 的 v_{MF} 速度只是从已有乘用车试验结果中观察到的代表性速度，v_{NF} 和 v_{MF} 速度还要根据不同车型的实际表现进行相应修正。第Ⅰ阶段开发可以根据一般性经验和前续车型的经验尝试确定初步的伤害灰区，然后在第Ⅰ轮碰撞试验里考察此时的实际伤害值。如果实际伤害值偏高，就要求在第Ⅱ轮试验里降低 v_{NF} 至 $v_{NF}-\delta_v$；如果实测伤害值过高，就要求在第Ⅱ阶段试验里提高 $v_{MF}+\delta_v$，反之亦然。针对第Ⅰ阶段的试验目的，需要通过碰撞结果明确以下结论：

（1）根据经验尝试确定 v_{NF} 和 v_{MF}，观察是否需要在第Ⅱ阶段试验里进一步调整。记录碰撞波形，为碰撞传感算法标定提供依据。

（2）根据强制法规要求的高速试验项目，考察此时的车体耐撞性表现，记录碰撞波形，为车体改进和碰撞传感算法标定提供依据。用 $T(5'')-30$ ms 原则估算点火时间，用人工定时起爆的方式初步考察安全气囊与车体的配合效果。

可以把表 5.12 看成是基于国内市场的最基本的入门试验内容。如果关注法规要求之外的事情，且经费和时间允许，通常可以再增加一些关注性试验项目。例如，如果很担心产品在对中柱撞中对乘员的保护性能，那么就在 v_{MF} 条件测试里增加一项对中柱撞（CP）碰撞试验，碰撞速度根据表 5.11 中 v_{MF} 选取灰区试验速度；也可以考虑增加任何其他被认为是很重要的关注项试验，例如，不系安全带乘员的保护效果、小尺寸乘员的保护效果、座椅位置改变以后的保护效果，等等。考虑得越周全，试验矩阵就会越庞大，验证投入的资源也就越多。扩增后内容见表 5.13（增加的部分用深色底纹加以标注）。

表 5.13 国标试验扩展矩阵

序号	碰撞类别	碰撞速度/(km·h⁻¹)	试验速度/(mi·h⁻¹)	是否系安全带	乘员尺寸/百分位	乘坐位置	气囊状态	重要程度	试验目的	确定依据
1	FRB	19	12	有	50	中	无	A	确定 v_{NF} 基准	"19~29 km/h"伤害灰区相对于"13~22 km/h"更加迟钝，如果乘员没系安全带，起爆更晚的气囊也是偏安全的选择
2	FRB	29	18	有	50	中	无	A	确定 v_{MF} 基准	
3	CP	24	15	有	50	中	有	B	确定 v_{NF} 基准	额外关注柱撞试验，检验伤害灰区
4	CP	34	21	有	50	中	有	B	确定 v_{MF} 基准	
5	FRB	50	31	有	50	中	有	A	GB 11554 要求	法规要求的保护上限

很多车辆生产企业已经考虑了国家法规和法规之外对用户的保护,如果还想进一步在 C-NCAP 上获得好成绩,那么就要在上述矩阵里再增加 NCAP 要求的 56 km/h ODB 试验项目。对于这一项新的试验内容,同样要考虑到伤害灰区和高速保护两方面内容,根据表 5.11 选择伤害灰区试验内容,同时增加高速保护,并兼顾一下低速碰撞试验,例如,想在进行 AZT 规范[1]试验时不得引爆安全气囊,那么就要再加上一条检验内容,见表 5.14。可以看出,这样做以后,样车数量和试制成本都将有所增加。

表 5.14 国标扩展试验矩阵

序号	碰撞类别	碰撞速度/(km·h⁻¹)	试验速度/(mi·h⁻¹)	是否系安全带	乘员尺寸/百分位	乘坐位置	气囊状态	重要程度	试验目的	数值确定依据
1	FRB	19	12	有	50	中	无	A	确定 v_{NF} 基准	"19~29 km/h"伤害灰区相对于"13~22 km/h"更加迟钝,如果乘员没系安全带,起爆更晚的气囊也是偏安全的选择
2	FRB	29	18	有	50	中	无	A	确定 v_{MF} 基准	
3	CP	24	15	有	50	中	无	B	确定 v_{NF} 基准	
4	CP	34	21	有	50	中	有	B	确定 v_{MF} 基准	柱撞的伤害灰区
5	FRB	50	31	有	50	中	有	A	GB 11554 要求	法规要求的保护上限
6	ORB	15	9	无		有	C	不得误作用	AZT 低速试验
7	ODB	35	22	有	50	中	有	A	确定 v_{NF} 基准	ODB 试验的伤害灰区
8	ODB	45	28	有	50	中	有	A	确定 v_{MF} 基准	
9	ODB	56	35	有	50	中	有	A	C-NCAP 要求	C-NCAP 保护上限

至此,一个针对国内市场的正面碰撞试验矩阵就编制完成了。这是一个目标计划,但不是一个可执行的计划。把这个矩阵分散到三轮样车试验计划里,同时在 CAE、台车试验、整车碰撞三个层面进行交互验证,就是矩阵的展开。

用类似的方法,可以把表 5.14 的正面碰撞保护国标试验矩阵推广到面向其他的法规和 NCAP 体系的产品开发里去。经常涉及的法规及用户评价试验体系有美国联邦法规 208、欧洲 ECE R94、美国 NCAP 评价和 IIHS 评价及欧洲的 Euro-NCAP 评价。其中,美国 208 法规要求的工况最为复杂,其要求约束系统具备智能判断能力,对碰撞矩阵决策的影响较大。

5.2.2.2 美国市场要求

美国法规考虑了多种使用场合的要求,进而引发对智能约束系统的需求,是当今最复杂的法规体系,因而其开发矩阵也最为复杂。

1) 市场要求特点

美国政府于 1976 年开始要求采用自动约束系统,在 48 km/h(30 mi/h)正面刚性碰撞中对前排乘员提供保护。1991 年,美国国会法案在"高速公路联合运输效率法"Intermodal Surface Transportation Efficiency Act(ISTEA)中要求,1998 年以后所有乘用车需要装备安全气囊。1997 年 3 月，国家高速公路安全局（NHTSA）法规要求系安全带与不系安全带的 50 百分位假人均需在 48 km/h（30 mi/h）正面刚性碰撞中满足伤害指标。对于系安全带的乘员，附加安全以后很容易满足法规要求。不系安全带乘员的保护与系安全带相比难度大得多，因此成了当时气囊设计的主要挑战。不系安全带的使用工况成了气囊设计的主导方向，法规也没有隐含任何对系安全带乘员的气囊优化要求。

根据美国交通部对其国内的统计数据，安全气囊在纯正面碰撞中降低了 31%的死亡率，在所有碰撞模式中降低了 11%[2]。当气囊与安全带结合使用时，可防止 75%的严重头部伤害和 66%的严重胸部伤害[3]。据不完全统计，从 1986 年开始采用气囊到 2000 年 8 月 1 日，安全气囊共挽救了 5 899 名前排乘员的生命[4]。

为满足不系安全带 30 mi/h 的试验条件，气囊的刚性和展开速度都要求很高。由于这种"均一码"的气囊在低速碰撞中也会以同样的力量展开，因此经常出现气囊致伤甚至致死事故。到 2000 年 8 月 1 日为止，NHTSA 的"特别事故调查"（Special Crash Investigation，SCI）活动已经确认了 167 起气囊致死事件[4]，其中 99 名为儿童，62 名为驾驶员，6 名为乘员。研究表明，气囊致死、致伤的主要原因并不是由身高、体重、性别或年龄的差异所致，其共同的特点都是在气囊起爆的瞬间身体太接近气囊[5]。

一般来讲，如果乘员保持前胸到气囊的距离为 256 mm（10 in）以上，就可以避免气囊致伤。气囊致伤的平均车速为 $\Delta v = 12$ mi/h（19 km/h）左右。气囊发挥最佳保护效果的场合是气囊完全展开以后让乘员撞击在气袋上。在这个碰撞速度范围内气囊引发得很晚，当起爆时乘员（尤其是不系安全带的乘员）已经向前移位到气囊盖板附近。气囊在刚展开的瞬间其输出力是最高的，展开后会直接向后击打乘员的头、颈部位，严重者可导致死亡。伤害可能由模块盖板张开时的"击打"引起损伤，也可能在从气囊接触人体到快速完全伸展此期间对乘员造成伤害，故又称为"membrane"效应。为降低气囊的强度（压力上升速度和最大压力峰值），FMVSS 208 法规在 62 F.R. 12960；March 19，1997.修订[6]中提供了台车认证选项，厂家可以用 125 ms 波长的 30 mi/h 台车撞击取代上述 30 mi/h 实车碰撞进行等效认证，台车试验的强度相当于 FRB 的 35.5 km/h（22 mi/h）的碰撞，波形类似于吸能障碍壁碰撞波形。在这个强度下，气囊的展开能量有所降低，在低速碰撞中就会降低气囊致伤程度。这个台车替代试验方案只是在面临众多气囊起爆伤害的局势下，对高速碰撞保护性能的一个暂时退让。除了采用重新布置模块位置、气袋拉带等措施外，与 1997 年型车相比，1998 年型车驾驶员气囊（DAB）的平均压力上升速度降低了 22%，乘员侧气囊（PAB）降低了 14%。法规修订的结果似乎起到了降低事故的作用，但是事故统计数据并没有给出直接的支持证据。然而，大量的数据显示，低能量等级的气囊可以和原有的高能气囊提供相同的保护效果[7]。显然，台车试验条件只能是过渡方案，其主要局限性表现在：不能反映车体结构特征，不能反映真实点火时间，不能评价车体侵入伤害，不能模拟角度碰撞，等等。

美国国会在 1998 年 6 月颁布了"21 世纪运输均等权利法案 The Transportation

Equity Act for the 21st Century（TEA21）"[7]，要求对 FMVSS 208 法规进行进一步修订，其宗旨为："依据 FMVSS 208 法规，改进对不同尺寸、系安全带与不系安全带的乘员的保护效果；同时，依靠智能安全气囊等技术，将气囊给婴儿、儿童和其他乘员带来的危险降至最低。"这个法案催生了当今智能约束系统技术，使 FMVSS 208 法规变成了"智能气囊"法规。

"智能气囊"法规的总体设计是基于 TEA21 提出的两大原则：

（1）在约束系统的性能上限，必须对系安全带与不系安全的各种乘员实施同等的保护。这项原则产生于同等权利概念。虽然乘员有义务遵守交通规则时刻佩系安全带，但是由于某种原因（如疏忽、身体尺寸超大等）没有佩系安全带，乘员仍然应当享有被保护的权利。在此原则中，性能上限包括：40~56 km/h（25~35 mi/h）刚性壁障碍（FRB）；垂直到±30°，48~56 km/h（30~35 mi/h）的偏置吸能障碍（ODB）。"各种乘员"包括：1 岁儿童、3 岁儿童、5 百分位女性、50 百分位男性。

（2）低速碰撞中降低对各种姿态的所有乘员的气囊致伤。在此原则中，"低速碰撞"是指 16 mi/h（26 km/h）以下速度的碰撞。"各种姿态"是指包括端坐以外的所有可能姿态。"所有乘员"包括：1 岁儿童、3 岁儿童、6 岁儿童、5 百分位女性、50 百分位男性。

2）应对技术

FMVSS 208 法规对 TEA21 法案的回应措施要点如下。

（1）不系安全带的 5 百分位女性和 50 百分位男性乘员，都要满足初期 40 km/h（25 mi/h）及最终 47 km/h（30 mi/h）的 FRB 碰撞要求。

法规从 25 mi/h 碰撞开始要求，最后过渡到 30 mi/h 更高速度的碰撞。与 30 mi/h 通用台车波形相比，25 mi/h 更能反映真实工况。这时速度能折中反映高速碰撞保护效果和降低气囊致伤效应。针对 25 mi/h 进行降低气囊能量优化的同时，并不会太多地降低高速碰撞的保护效果。从 25 mi/h 碰撞起步，可以让厂家先致力于降低气囊起爆能量，然后再回到 47 km/h（30 mi/h）的保护。

经过 30 mi/h 通用台车的时期以后，气囊减能技术得到了很大提高。为了继承这一阶段的技术成果并使其更加成熟和稳定，法规的导向给工业界留出了更多的技术选择余地，先偏重于避免气囊致伤，然后完善高速保护效能（因为已有的系统已经在高速保护上取得了较稳定的效果）。

法规 I 阶段不想短时间内就将速度提到 30 mi/h，这样会引发一些技术冲突。例如，有些车厂想用启动 I 级气囊保护 5 百分位乘员，用启动 II 级气囊保护 50 百分位乘员。由于 5 百分位的座椅位置在最前方，因此要求 I 级气囊起爆极快，这就与 I 级气囊应用在低速保护时对其要求的温和起爆相冲突。如果厂家对 5 百分位和 50 百分位都采取二级快速起爆，这对通过 FRB 法规试验问题倒不大，在起爆前假人前移不会太大，但是在实际事故中，小尺寸乘员和未约束儿童由于刹车会提早向前移位，这对他们来讲就很不利了。

既能在 30 mi/h 碰撞速度下保护乘员，又不至于在低速碰撞下引起伤害的气囊技术目前还不稳定，开发进度也是未知的。法规不想用更高的碰撞速度兼顾各项要求而把厂家导向更复杂的、目前还存在不定因素的先进技术探索中去。使用现已成熟的双级气囊和基本传感器，就能在 25 mi/h 保护的基础上满足高速保护和低致伤起爆的要求。但是如果再提高速度，则厂家可能会采用多级气囊、多腔气囊、乘员位置实时传感器等更复杂的技术。

为了避免工业界过度关注于 25 mi/h 碰撞试验的降低能量要求，过多采用过小的气袋，而忽视了对高速保护的要求，最后将碰撞速度恢复到了原法规试验速度，但是对假人和伤害值的要求都做了相应变化。

与以往要求的另一个不同是，高速试验有一个下限范围 20 mi/h（32 km/h），即法规Ⅰ期试验是从 20 mi/h（32 km/h）到 25 mi/h（40 km/h），Ⅱ期是从 20 mi/h（32 km/h）到 30 mi/h（47 km/h），而不像原来那样从 0 一直到 30 mi/h 之内都要满足保护要求。这个要求的目的是防止工业界无限降低点火下限，造成对高速保护效能的损失。法规制定初期建议这个速度为 18～25 mi/h 或更高。随之而来的问题是，双级气囊的应用假设：Ⅰ级保护 5 百分位乘员并减低对儿童的伤害，Ⅱ级保护 50 百分位乘员。从现有技术角度上看，18 mi/h（29 km/h）的碰撞对Ⅰ级气囊来讲速度就太高了，不足以提供良好的保护。为了同时兼顾低速保护和不系安全带的高速保护的不同要求，厂家会从两种渠道寻求解决途径：要么将Ⅱ级气囊点火阈值降到 18 mi/h，但有可能降低 50 百分位的高速保护效能；要么提高Ⅰ级气囊起爆强度，这又会给 18 mi/h 以下的碰撞增加起爆致伤风险。根据统计结果，对不系安全带的乘员，16～22 km/h（10～14 mi/h）的 FRB 碰撞可能引起颈部伤害超标，则此时应当提供气囊保护，如果现在要求直到 18 mi/h 才开始起爆，那么就会有一个防护空档存在。因此，法规最后决定将下限提高到 20 mi/h（32 km/h），完全交给Ⅱ级气囊去处理，16 mi/h（25.6 km/h）以下碰撞交由低风险起爆（Low Risk Deployment，LRD）技术专门去解决，这样在 16～20 mi/h 就存在 4 个法规灰区。

（2）系安全带的 50 百分位男性乘员，要满足 56 km/h（35 mi/h）的 FRB 碰撞要求。

在以往的 208 法规要求中，系安全带和不系安全带的 50 百分位乘员都必须通过 30 mi/h 的碰撞试验。车厂在做约束系统开发时主要以不系安全带工况为主，因为这个工况更难通过试验。通过了不系安全带试验以后，系安全带的工况只是简单进行一下校核，看看有没有异常发生，如果一切正常，开发就结束了，很少有接着对系安全带的工况继续进行优化的情况。新法规对此做了重要更改，将原有的 30 mi/h 提高到了 35 mi/h，意味着系安全带 50 百分位的试验也必须进行单独优化。

这一规定是与 NHTSA 发起的 Buckle up America 活动宗旨相一致的，其目标是对 70 百分位的安全带配用者承诺更安全的保护效益，并督促那些不系安全带的人。这条规定与以往的不同在于，把系安全带的乘员保护从与不系安全带的乘员保护中剥离出来，规定更加苛刻的条件，要求厂家对这部分群体花费专门的精力为他们提供更高级的保护。

因为没有足够的实际数据支持，所以没有增加对 5 百分位女性乘员的要求。

（3）系安全带的 5 百分位女性乘员，要满足 40 km/h（25 mi/h）的 ODB 碰撞要求。

考察在"软波形"下，气囊的点火算法是否足够快。如果气囊点火过迟，非约束乘员就会在气囊展开之前移动到方向盘或仪表板处，气囊起爆时乘员有可能接触气囊模块或非常接近，其是引发气囊伤害的主要原因。选择只进行系安全带工况的理由是，系安全带是最坏工况，因为系安全带时，乘员的头和颈部会向气囊的展开路径方向转动，从而引起颈部伤害。Transportation Canada 选择 40 百分位 ODB 以每 5 mi/h 增量进行 25 mi/h 以下的试验发现[6]，进行 25 mi/h 试验时乘员已经非常靠前了。

（4）低速（26 km/h，即 16 mi/h 或更低）碰撞下，前排的小尺寸乘员必须有低风险起爆 LRD 措施。

LRD 技术要点是根据乘员的状态决定气囊起爆的方式。为此，首先要用传感器对乘员状态进行探测，内容包括乘员的体重、坐姿、座椅的位置（前位、中位、后位）、是否系安全带。综合分析上述信息以后，智能系统就可以根据碰撞的强度选择气囊的起爆方式。例如，当系统探测到有一个 6 岁儿童正趴在气囊盖板上时，就可以决定将气囊完全关掉不起爆。另外的选择是在低速碰撞中只起爆 I 级气囊，这种起爆能量级别较低，可以避免气囊致伤。而如果探测出是 3 岁或 6 岁儿童有非正常坐姿（Out-of-Position，OOP）行为，系统可以选择关闭气囊，也可以选择低级起爆。但是对不系安全带的 5 百分位 OOP 乘员，系统不可以选择关闭方案，而只能选择低级起爆方案，因为在这种碰撞工况下低级起爆永远是对乘员有利的。

上述试验要求见图 5.6。

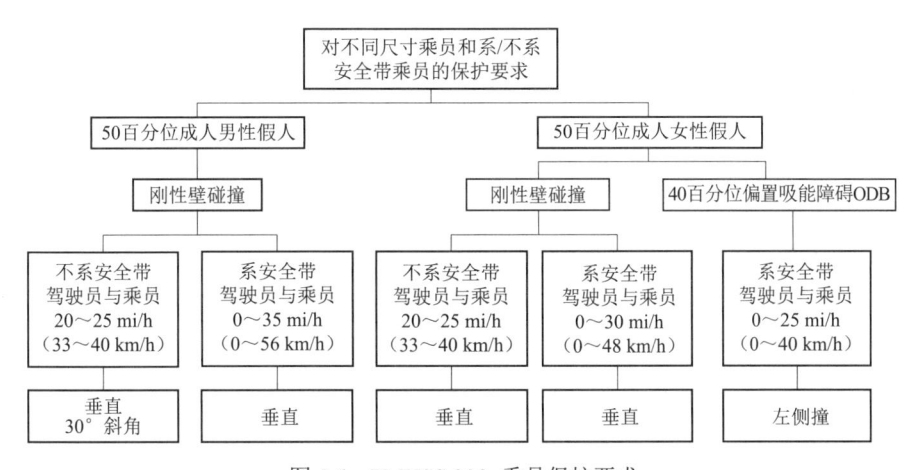

图 5.6 FMVSS 208 乘员保护要求

3）气囊能量分级与点火灰区策略设计方法

208 法规新版最主要的特征是增加了低伤害要求。厂家对此项要求的策略主要是采用双级或多级气囊，前提是需要对乘员状态进行判断。与单级气囊不同，双级气囊可以通过多种起爆方式提供不同的起爆强度组合，最常用的是 I 级低爆、"I 级 + II 级"高爆和介于二者之间的延时起爆（中爆）。延时起爆的压力曲线不像单级那样陡增，而是呈现"S"形上升（见图 5.5）。常用的一个典型策略是：对不系安全带乘员，满足 20~25 mi/h（32~47 km/h）碰撞的对策经常是用Ⅱ级气囊保护，20 mi/h 以下的碰撞采用起爆Ⅰ级气囊进行优化保护，如果碰撞速度在 16 mi/h（25.6 km/h）以下，还要根据情况选择是不起爆还是用低风险 LRD 方式起爆。

208 法规要求的动态试验汇总见表 5.15。

表 5.15 208 法规要求的动态试验

乘员类别/百分位	安全带使用	障碍壁	速度
50	是	前方刚性壁正碰 FRB	0~56 km/h（0~35 mi/h）
5	是	前方刚性壁正碰 FRB	0~47 km/h（0~30 mi/h）
50	否	前方刚性壁正碰 FRB	32~40 km/h（20~25 mi/h）
5	否	前方刚性壁正碰 FRB	32~40 km/h（20~25 mi/h）
50	否	前方刚性壁 30°斜角	32~40 km/h（20~25 mi/h）
5	是	40%偏置吸能 OBD	0~40 km/h（0~25 mi/h）
5	否	前方刚性壁正碰 FRB	26 km/h（16 mi/h）

4）基准矩阵设计

对表 5.15，常用的技术应对策略是采用Ⅱ级或多级气囊起爆。如果采用 7:3 能量分配的双级气囊，则基准试验Ⅰ级点火仍然采用 13~22 km/h（8~14 mi/h）灰区，22~25.6 km/h（14~16 mi/h）的保护任务全部交给Ⅰ级点火来完成，32 km/h（20 mi/h）时Ⅱ级必须点火，因此Ⅱ级点火的灰区应位于 27~30 km/h（17~19 mi/h）。

结合表 5.11 和表 5.15，制定 FMVSS 208 法规要求的基本矩阵，如表 5.16 所示。

表 5.16 FMVSS 208 基本矩阵

	障碍类别	碰撞速度 (km·h⁻¹)	碰撞速度 (mi·h⁻¹)	安全带使用	乘员尺寸/百分位 5	乘员尺寸/百分位 50	气囊级别 Ⅰ	气囊级别 Ⅱ	试验目的	设置理由分析
1	FRB	13	8	×	○	×	×		Ⅰ级 v_{NF}	
	刚性 30°		11	×		○	×	×	Ⅰ级 v_{NF}	
2	FRB	22	14	×	○		○		Ⅰ级 v_{MF}	低能量起爆，避免气囊致伤
3	FRB	25.6	16	×	○		○		考察气囊致伤Ⅱ级气囊 v_{NF}	法规要求

续表

	障碍类别	碰撞速度 (km·h⁻¹)	碰撞速度 (mi·h⁻¹)	安全带使用	乘员尺寸/百分位 5	乘员尺寸/百分位 50	气囊级别 Ⅰ	气囊级别 Ⅱ	试验目的	设置理由分析
4	刚性30°	27	17	×		○			Ⅰ级 v_{MF}	
5	FRB	29	19	×	○	○		○	Ⅱ级 v_{MF}	
6	ODB	30	19	○	○			○	Ⅱ级 v_{MF}	必须满足法规20 mi/h保护要求
7	FRB	32	20	×		○		○	考察Ⅱ级保护不系安全带下限	法规要求
8	刚性30°	32	20	×		○		○	考察Ⅱ级保护不系安全带下限	法规要求
9	FRB	40	25	×		○		○	考察Ⅱ级保护不系安全带上限	法规要求
10	刚性30°	40	25	×		○		○	考察Ⅱ级保护不系安全带上限	法规要求
11	ODB	40	25	○	○			○	约束系统对不同车体的适应性	法规要求
12	FRB	48	30	○		○		○	考察Ⅱ级保护系安全带上限	法规要求
13	FRB	56	35	○		○		○	考察Ⅱ级保护系安全带上限	法规要求

○—采用；×—不采用

可以根据表5.16绘制一张伤害灰区图，见表5.17。表5.17反映了表5.11、表5.16的组合信息，用这种表达形式更有利于开展气囊传感器灰区规划。从表5.17中可以看到，有的灰区长、有的很短，做传感器灰区规划时务必要保证使传感器灰区落入伤害灰区范围之内，这样才能保证实现气囊的规定动作。如果伤害灰区很短，则会给传感器匹配带来很多困难。理论上讲，灰区的起点和终点都应当在验证矩阵里有所体现，但由于数量太多，故根据工程经验可自行决定取舍。

灰区设计与多级气囊的应用计划有关。如对于32~40 km/h（20~25 mi/h）的试验，其下限32 km/h（20 mi/h）点的碰撞是用Ⅰ级气囊还是Ⅱ级气囊进行覆盖呢？这与具体气囊的特性有关，也与对其他碰撞工况的兼顾程度有关，需要由设计人员自己进行权衡判断。

灰区的设计还和本车型所采用的低风险起爆 LRD 策略有关。法规要求，对 5 百分位乘员不允许采用制止气囊起爆措施，即要求气囊必须起爆，因为这时 LRD 起爆肯定会对乘员保护起正面作用。12 个月的儿童不允许用 LRD 方式起爆气囊，只允许采取制止措施，气囊不得以任何方式起爆。对 3 岁与 6 岁儿童保护的组合方案选项有三种：3 岁 LRD＋6 岁 LRD；3 岁制止起爆＋6 岁 LRD；3 岁制止起爆＋6 岁制止起爆。小尺度乘员保护方案如表5.18所示。

表 5.17　针对 FMVSS 208 的一种生物力学灰区设计方案

碰撞速度		5 百分位						50 百分位						乘员类别
		ODB		FRB				FRB				30°		障碍壁
		○		○		×		○		×		×		安全带使用
		I	II	I	II	I	II	I	II	I	II	I	II	气囊级别
(km·h⁻¹)	(mi·h⁻¹)													mi/h
0	0													0
11	7													7
13	8													8
14	9													9
16	10													10
18	11													11
19	12													12
21	13													13
22	14													14
24	15													15
26	16													16
27	17													17
29	18													18
30	19													19
32	20													20
34	21													21
35	22													22
37	23													23
	24													24
40	25													25
42	26													26
43	27													27
	28													28
	29													29
48	30													30
	31													31
	32													32
	33													33
	34													34
56	35													35

□ NF，不起爆；▨ 伤害灰区；▰ MF，点火

表 5.18　小尺度乘员保护方案

项　目	5百分位	12月	3岁	6岁
LRD	○	×	○	○
制止起爆	×	○	○	○

如果只有对 5 百分位乘员采用 LRD 起爆，对其他所有儿童保护场景场合均采用制止，因为没有对儿童的伤害顾虑，所以一级气囊的起爆强度可以定得高一些，点火的灰区也可以设置高一些，上端可以覆盖到 32 km/h（20 mi/h），这对正常坐姿的乘员是有利的，同时在高速碰撞和 NCAP 56 km/h 试验里也会取得好成绩。但是，因为起爆强度高，故其对 OOP 乘员还是有威胁的。

如果 3 岁、6 岁儿童、5 百分位乘员采用全部 LRD 起爆保护方案，考虑到一级起爆时对 3 岁和 6 岁儿童可能造成的伤害，其 v_{MF} 速度和起爆强度要低一些。如果能满足儿童伤害法规要求，一般来讲同时也可以防止对 OOP 乘员的伤害。为了与 Ⅰ 级气囊保护范围做好衔接，Ⅱ 级气囊的 v_{NF} 下限也应随之下调。因为在中速段（20～25 mi/h）的保护性能有所下降，故在高速 NCAP（30～35 mi/h）试验中的性能也会受到影响。

5）编制扩展碰撞矩阵

完成基准试验的伤害灰区规划以后，再根据表 5.11 的伤害灰区波动原则，将其扩展到车辆制造厂关注的工况就很容易了。增加其他碰撞工况时需要注意，每增加一个高速碰撞工况，就要相应增加一个与之相对应的伤害灰区定义。假设，在表 5.16 所示的基础试验矩阵上，我们还对中央柱撞和 US-NCAP 比较关注。现有的保护系统已经按照不系安全带可以承受 40 km/h（25 mi/h）的刚性壁碰撞能量来设计了。表 5.7 中的数据表明，其他条件相近的情况下，增加 5 km/h（3 mi/h）碰撞速度以后，对中柱撞的能量与正面刚性壁碰撞相当，因此 40 km/h（25 mi/h）的刚性壁碰撞能量相当于对中柱撞的 45 km/h（28 mi/h）碰撞，这样，在基础矩阵中就还要加入 45 km/h（28 mi/h）的不系安全带乘员（5 百分位和 50 百分位）对中柱撞试验，以检验极限能量的保护效果。

由于对中柱撞与刚性壁之间大概有 5 km/h（3 mi/h）v_{EI} 的能量差别，因此对中柱撞的 Ⅱ 级保护灰区从基础矩阵的 37 km/h（23 mi/h）～40 km/h（25 mi/h）提高到 42 km/h（26 mi/h）～45 km/h（28 mi/h），Ⅰ 级气囊保护区从基础矩阵的 22 km/h（14 mi/h）～30 km/h（19 mi/h）提高到 29 km/h（18 mi/h）～35 km/h（22 mi/h）。在表 5.16 和表 5.17 增加了柱撞内容以后见表 5.19 和表 5.20。其他类别的关注项目可依此进行扩展。

表 5.19　FMVSS 208 扩展矩阵示例

	障碍类别	碰撞速度 (km·h⁻¹)	碰撞速度 (mi·h⁻¹)	安全带使用	乘员尺寸/百分位 5	乘员尺寸/百分位 50	气囊级别 Ⅰ	气囊级别 Ⅱ	试验目的	设置理由分析
1	FRB	13	8	×	○	×	×		Ⅰ级 v_{NF}	
	刚性30°		11	×	○	×	×		Ⅰ级 v_{NF}	
2	FRB	22	14	×	○	○			Ⅰ级 v_{MF}	低能量起爆，避免气囊致伤

续表

	障碍类别	碰撞速度 (km·h⁻¹)	碰撞速度 (mi·h⁻¹)	安全带使用	乘员尺寸/百分位 5	乘员尺寸/百分位 50	气囊级别 I	气囊级别 II	试验目的	设置理由分析
3	FRB	25.6	16	×		○	○		考察气囊致伤II级气囊 v_{NF}	法规要求
4	刚性30°	27	17	×		○			I级 v_{MF}	
5	FRB	29	19	×	○	○		○	II级 v_{MF}	
6	ODB	30	19	○	○			○	II级 v_{MF}	必须满足法规 20 mi/h 保护要求
7	FRB	32	20	×	○	○		○	考察II级保护不系安全带下限	法规要求
8	刚性30°	32	20	×		○		○	考察II级保护不系安全带下限	法规要求
9	FRB	40	25	×	○	○		○	考察II级保护不系安全带上限	法规要求
10	刚性30°	40	25	×		○		○	考察II级保护不系安全带上限	法规要求
11	ODB	40	25	○	○			○	约束系统对不同车体的适应性	法规要求
12	FRB	48	30			○		○	考察II级保护系安全带上限	法规要求
13	FRB	56	35			○		○	考察II级保护系安全带上限	法规要求
14	CP	27	17	○	○		○		I级 v_{MF}	自我关注项目
15	CP	35	22	○		○		○	II级 v_{MF}	自我关注项目
16	CP	56	35	○	○			○	高速碰撞保护	自我关注项目

表 5.20 FMVSS 矩阵扩展后的伤害灰区

第 5 章 碰撞安全开发过程管理

续表

乘员类别	5 百分位乘员					50 百分位乘员				5 百分位和 50 百分位乘员		
碰撞速度	ODB		FRB				30°		对中柱		障碍壁	
	○		○		×		○	×	×	×	×	安全带使用
	Ⅰ	Ⅱ	Ⅰ	Ⅱ	Ⅰ	Ⅱ	Ⅰ	Ⅱ	Ⅰ	Ⅱ	Ⅰ	Ⅱ	气囊级别
(km·h⁻¹)	(mi·h⁻¹)											(mi·h⁻¹)
32	20											20
34	21											21
35	22											22
37	23											23
	24											24
40	25											
42	26											
43	27											
	28											
	29											
48	30											
	31											
	32											
	33											
	34											
56	35											

☐ NF，不起爆； ▨ 伤害灰区； ▨ MF，点火

综上所述，编制针对美国 FMVSS 208 法规的碰撞矩阵的过程是：

（1）明确法规目标；制订配置计划，确定使用单级气囊还是多级气囊、使用单点传感器还是分布式传感器、乘员分类采用静态传感还是动态传感。

（2）根据上述信息生成 29 km/h（18 mi/h）和 32 km/h（20 mi/h）的保护策略，即兼顾高速碰撞和预防低速碰撞气囊伤害的策略。

（3）制定速度 25 km/h（16 mi/h）以下碰撞的气囊伤害预防策略。

（4）生成各种条件组合的伤害灰区，根据灰区边界生成 v_NF 和 v_MF 验证计划列表。

（5）进行重要度级别分类，将部分次重要活动放入台车矩阵，将有物理实验难度的活动放入 CAE 矩阵或者忽略。

每个厂家都有责任制定自己的"特殊关注"、试验内容，例如对卡车尾部的下钻碰撞、固定障碍物上骑碰撞、对大型野生动物的碰撞、各种角度的车对车碰撞，远非法

规项目所能覆盖的。每个车厂都得根据自己的市场经验、开发周期、开发经费等具体条件而均衡决定，需要根据自己的观察采取独特解决方案。这种观察可能来自于官方统计数据，也可能来自于对自己产品的使用分析。下面通过对 FAW 奔腾 B70 轿车高速公路护栏碰撞试验进行"关注项目"试验设计举例。

通过对用户事故的观察，B70 轿车设计人员发现高速公路上车辆与护栏相撞是一种频发模式（见图 5.7）。发生这种碰撞时，车体吸能形式与法规或 NCAP 试验规范里规定的斜角碰撞和 ODB 模式均不完全相同，在不同的碰撞速度下有可能造成碰撞判断算法的困惑，因此有必要在开发试验中增加护栏碰撞的模拟，测取各种碰撞模式下的能量信号，对气囊起爆控制算法进行标定，以便根据碰撞强度指令气囊起爆，或对气囊进行抑制。

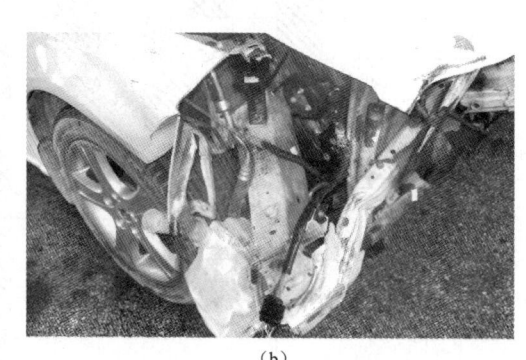

（a）　　　　　　　　　　　　（b）

图 5.7　高速公路护栏碰撞事故现场（由一汽技术中心安全研究室提供）
(a) 被撞护栏；(b) 受损车辆

通过对事故过程的再现分析，总结两种主要碰撞模式，一种是与护栏桩柱发生小重叠度偏置碰撞，另外一种是与护栏发生斜角碰撞（见图 5.8）。

根据事故模式，在后续开发试验中增加的关注试验内容为：按照 JTG/T F83-01—2004"高速公路护栏安全性能评价标准"设置护栏，以图 5.8 所示工况，以 100 km/h 速度进行左/右侧碰撞试验，内乘前排混Ⅲ型假人。试验后根据假人伤害程度确定是否应该起爆气囊。试验状态见图 5.9。

5.2.3　阶段性碰撞验证规划

由前述可知，新车型的样车制造是分阶段进行的，一般分为三个阶段。矩阵表 5.19 和表 5.14 里所列项目并不是在每个阶段里都要试验一遍，因为鉴于试制样品状态和正式产品的差距，有些性能在前期试制阶段里是测试不出来的。另外一方面考虑是要尽量减少碰撞数量，降低试验费用和时间。因此，矩阵表里的项目在三个阶段里是互相穿插和部分重叠的。总试验数量多于矩阵表所列项目，但是不等于所列项目数乘以 3。

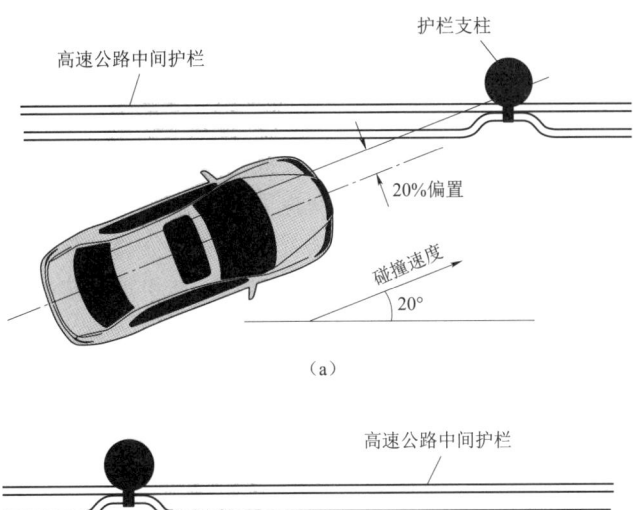

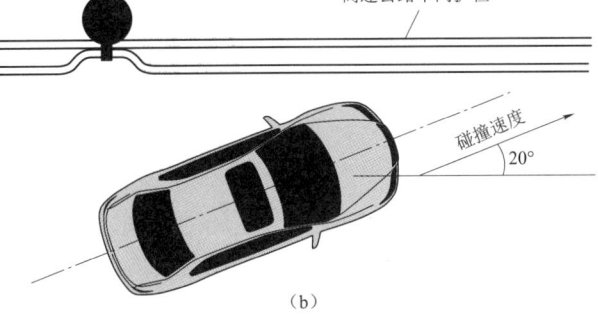

图 5.8 高速公路护栏碰撞模式
（a）30%偏置支柱碰撞；（b）20°斜角护栏碰撞

图 5.9 高速公路护栏整车碰撞试验
（由一汽技术中心安全研究室提供）

由于子系统供应状态和车身材料、工艺的差异，三个阶段样车的碰撞力学特性一定会有差异，因此在传感器开发过程中还不能完全依赖一阶段的碰撞测试波形对气囊控制器的算法做最后的标定。在整个开发过程中，碰撞波形的幅值/形态、伤害灰区界限、传感器灰区界限都会有上下波动。灰区是指一个速度区域范围。在生物伤害灰区内，气囊的作用未知或者不确定。在伤害灰区下限速度以下碰撞时，起爆气囊一定会加重乘员伤害；在伤害灰区上限速度以上碰撞时，起爆气囊一定会减轻伤害。在传感器灰区内，撞击传感器对碰撞强度的感知不确定，可能引爆气囊也可能不引爆气囊。在上限点碰撞一定引爆气囊，在下限点碰撞一定不会引爆气囊。这个传感器灰区是由碰撞感测算法的特点决定的，因传感器而异，也因算法而异，确保将传感器的感知灰区范围始终落于伤害灰区界限之内是给乘员提供稳定保护的基本保证（见图5.10），需要车体设计、约束系统设计、碰撞感知多个专业互相协调配合。

5.2.3.1　第Ⅰ轮试制样车碰撞试验

第Ⅰ轮样车碰撞的主要目的：

（1）观察最高碰撞能量时波形特征是否满足预设目标，如果不满足，则进行必要的结构更改。

（2）标定仿真数字化碰撞模型与物理试验之间的误差，修正 CAE 计算时采用边界条件和参数设定，以提高第Ⅱ轮试制前的 CAE 分析精度。

（3）在 v_{NF}、v_{MF} 处观察车体碰撞响应以及乘员人体响应。车体响应用于撞击传感器标定，人体响应用来确定约束系统与车体动态响应之间的时序配合。

（4）如果应用多级气囊，要确定在Ⅰ级气囊与Ⅱ级气囊保护效应的重叠区，最终是由Ⅰ级气囊还是Ⅱ级气囊为乘员提供保护。

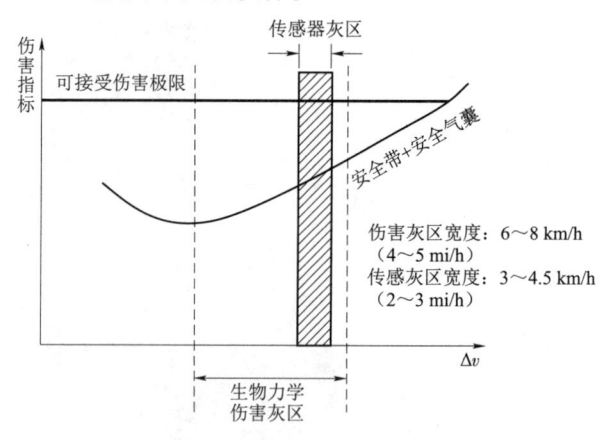

图 5.10　生物力学灰区与传感器灰区

（5）采集各种动态响应的时间过程，为搭建约束系统总成开发台车试验提供模拟波形输入。由于样车状态不稳定和试验数量有限，本轮试验无法对伤害灰区设计的合理性进行验证。第Ⅰ轮样车数量很有限，因此在表5.19中只能按照上述目的挑选有限个项目进行，挑选项目举例见表5.21。

第 5 章 碰撞安全开发过程管理

表 5.21 FMVSS 208 Ⅰ轮简略试验举例

	障碍类别	碰撞速度 (km·h⁻¹)	碰撞速度 (mi·h⁻¹)	安全带使用	乘员尺寸/百分位 5	乘员尺寸/百分位 50	气囊级别 Ⅰ	气囊级别 Ⅱ	试验目的	设置理由分析
1	FRB	13	8	×	○		×	×	Ⅰ级 v_{NF}	
2	FRB	22	14	×	○		○		Ⅰ级 v_{MF}	低能量起爆,避免气囊致伤
3	FRB	25.6	16	×	○		○		考察气囊致伤Ⅱ级气囊 v_{NF}	法规要求
7	FRB	32	20	×	○			○	考察Ⅱ级保护不系安全带下限	法规要求
9	FRB	40	25	×	○			○	考察Ⅱ级保护不系安全带上限	法规要求
10	刚性 30°	40	25	×	○				考察Ⅱ级保护不系安全带上限	法规要求
11	ODB	40	25	○	○			○	约束系统对不同车体的适应性	法规要求
12	FRB	48	30	○	○			○	考察Ⅱ级保护系安全带上限	法规要求
13	FRB	56	35	○		○		○	考察Ⅱ级保护系安全带上限	法规要求

5.2.3.2 第Ⅱ轮碰撞试验规划

1) 碰撞矩阵编制

第Ⅱ阶段试验与第Ⅰ阶段试验的差别主要体现在：

(1) 车体体现了对第Ⅰ轮试制样车结构耐撞性缺陷的更改，波形得到改善，更加趋近于设定目标。

(2) 根据第Ⅰ轮碰撞试验的实际波形，约束系统经过第Ⅰ轮优化，在第Ⅱ轮碰撞试验中装配初步优化的约束系统。

(3) 在各个 v 点要用 ECU 的算法进行控制点火，以考察算法对各种碰撞波形的适应能力。

(4) 在高速碰撞保护工况，假设气囊在所有的工况都能起爆在正确的时间点上，考核约束系统的硬件设计是否可以和车体的动态响应达到最佳匹配。为了使起爆时间"正确"，在本轮碰撞试验里可以用定时器强行使气囊在某最佳期望时刻点爆，这样可以在本阶段开发过程中，集中精力解决约束系统力学设计方面的问题。如果发现约束系统动力学缺陷，则进一步进行约束系统硬件优化。

(5) 考虑不同配置对车体碰撞响应的影响，如不同的动力总成搭配对加速度波形和碰撞压溃量的影响。

(6) 结合约束系统验证表 5.20 伤害灰区的合理性，或者做出进一步优化。

(7) 本轮试验可以不考核点火算法的有效性和验证传感器灰区。

(8) 结合不同动力总成配置，更广泛采集伤害灰区上下限点的碰撞波形，大面积开展传感器算法适应性研究。

第Ⅱ轮试验应当是规模最广的，除了法规规定以外，尤其要注意那些厂家自己的关注试验。以表 5.19 代表的Ⅰ阶段试验矩阵为例，挑选Ⅱ轮试验内容如表 5.22 所示。

表 5.22　Ⅱ轮试验矩阵

	障碍类别	碰撞速度 (km·h⁻¹)	碰撞速度 (mi·h⁻¹)	安全带使用	乘员尺寸/百分位 5	乘员尺寸/百分位 50	气囊级别 Ⅰ	气囊级别 Ⅱ	试验目的	设置理由分析
1	FRB	25.6	16	×	○		○		考察气囊致伤Ⅱ级气囊 v_{NF}	法规要求
2	刚性 30°	27	17	×		○			Ⅰ级 v_{MF}	
3	CP	27	17	○	○		○		Ⅰ级 v_{MF}	自我关注项目
4	FRB	29	19	×	○			○	Ⅱ级 v_{MF}	
5	ODB	30	19	○	○			○	Ⅱ级 v_{MF}	必须满足法规 20 mi/h 保护要求
6	FRB	32	20	×	○	○		○	考察Ⅱ级保护不系安全带下限	法规要求
7	刚性 30°	32	20	×		○		○	考察Ⅱ级保护不系安全带下限	法规要求
8	CP	35	22	○		○		○	Ⅱ级 v_{MF}	自我关注项目
9	FRB	40	25	×	○	○		○	考察Ⅱ级保护不系安全带上限	法规要求
10	刚性 30°	40	25	×		○		○	考察Ⅱ级保护不系安全带上限	法规要求
11	ODB	40	25	○		○		○	约束系统对不同车体的适应性	法规要求
12	FRB	48	30	○		○		○	考察Ⅱ级保护系安全带上限	法规要求
13	FRB	56	35			○		○	考察Ⅱ级保护系安全带上限	法规要求
14	CP	56	35	○	○			○	高速碰撞保护	自我关注项目

2）动力总成配置对波形影响的检验

应当注意，试验质量、质心位置的变化对车体动态响应是有影响的，因此进行不同配置车辆的试验时，如将自动变速器变为手动变速器，车体响应与原有的 v_{NF} 和 v_{MF} 标定结果会略有偏移。为避免配置质量差异引起传感器标定失效和传感器灰区边界漂移，在进行 v_{NF} 和 v_{MF} 标定测试时就要有意识地选择偏安全的质量配置。车体加速度的变化会对单点式传感器的标定带来影响，车体压缩量的变化会对前置分布式传感器的标定带来影响。车体质量的改变超过一定幅值后会带来加速度幅值和压溃量响应的变化，进而影响原有传感器及判断算法的标定。在Ⅱ试验阶段，已经有可能考虑不同的动力总成配置，因此这阶段的试验应当考虑不同动力总成的所带来的影响。

把正面刚性壁碰撞简化成单自由度弹簧—质量模型（见图 5.11），设瞬态响应为

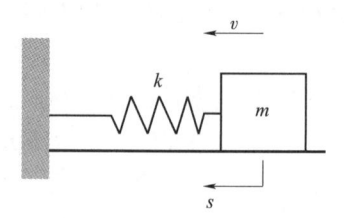

图 5.11　弹簧—质量模型

$$s(t) = \frac{v}{\omega}\sin(\omega t),\ \dot{s}(t) = v\cos(\omega t),\ \ddot{s}(t) = -v\omega\sin(\omega t)$$

$$C = \frac{v}{\omega} \tag{5.1}$$

$$A = v\omega = C\omega^2 \tag{5.2}$$

$$\omega = \sqrt{\frac{k}{m}} \tag{5.3}$$

由式（5.2）和式（5.3），得

$$A = v\sqrt{\frac{k}{m}} \tag{5.4}$$

如果 k 的单位为 kN/m，m 的单位为 kg，v 的单位为 km/h，A 的单位为 g，则

$$A = 0.9v\sqrt{\frac{k}{m}} \tag{5.5}$$

以上各式中，C 为压缩量；v 为碰撞速度；A 为加速度正弦波形响应峰值；m 为质量；k 为弹簧刚度；ω 为质量自然圆周频率；s 为位移。

k 值一般分布在 250~400，加速度幅值 A 与质量增减的关系见图 5.12。用这个算式不能准确计算加速度响应的峰值，但是可以来估计减速度峰值与质量变化之间的相对关系。可见，如果车体质量是原来的 a 倍，车体加速度响应将是原来的 $1/\sqrt{a}$ 倍。车体加速度变化超过 15%以后，就应当考虑对传感器的控制算法进行重新标定。配置对质量影响最大的总成是发动机和变速箱。对 v_MF 条件验证试验，应当采用最重的传动系统配置，这时车体的加速度幅值最小，如果这个波形能让气囊控制器点火，那么就可以保证所有其他配置都能触发点火；对 v_NF 条件验证试验，应当采用最轻的传动系统配置，这时车体的加速度响应最大，如果这个波形不能让气囊控制器点火，那么就可以保证所有其他配置都不点火。

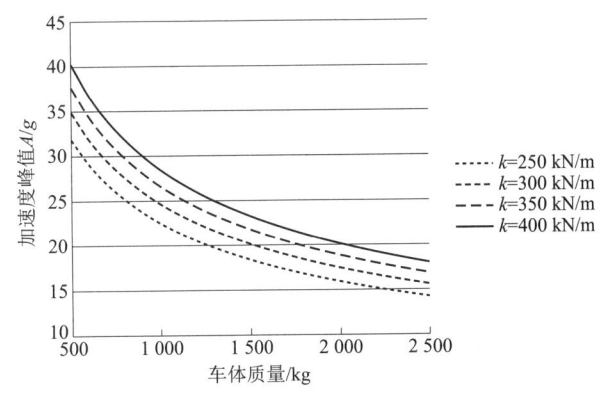

图 5.12　$v = 50$ km/h 时，A 与质量变化之间的关系

中央传感器是安装在车室内中通道的非变形区，传感器感测碰撞减速度的强度，然后由积分算出速度变化Δv。碰撞强度判断最主要的方法就是把Δv 的量值当作起爆的

判据。

Δv 判据有一定的局限性。图 5.13 所示为几种碰撞的 Δv 曲线，在 10 ms 左右的时间点上，单靠Δv很难决断应不应该起爆。因为传动系统质量的增加会使车体加速度响应更加不敏感，导致中央控制器区分Δv的工作变得更加艰难。如果改变动力总成配置以后起始加速度变化过大，为了弥补中央控制器里加速度感知（也称为单点传感器）的不足，有时需要用接触传感器辅助测试车体的碰撞强度。接触传感器靠碰撞后部件间的接触来感知碰撞强度，一般安装在散热器的前端。接触传感器利用了一个特性，即变形区的Δv比非变形区的Δv变化更加剧烈，因此在车室没有达到某一个Δv之前，结合接触传感器触发的时间，中央控制器就能预先计算出车室未来的Δv，进而提早进行起爆决策。这种传感器尤其对中央柱撞这类变形很大、但非变形区减速度提升很缓慢的碰撞检测尤其有效。这种传感器一般都要结合中央加速度传感器的信号进行综合判断。

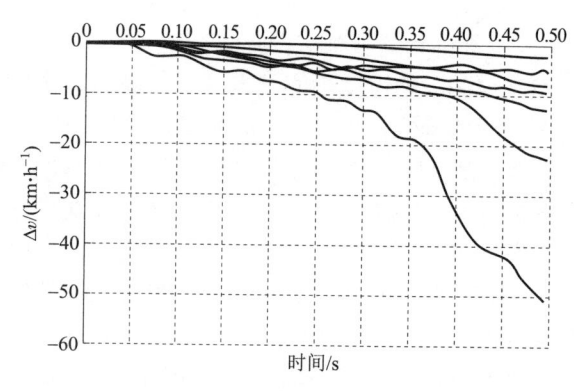

图 5.13　各种障碍碰撞的 Δv

对气囊起爆控制器有两方面的要求：一是要能区分碰撞类别，保证传感器灰区段落的稳定性；二是决策的速度要快。表 5.23 所示为各种碰撞通常要求的起爆时间，在此之前控制器必须完成判断决策。表 5.23 中的点火时间是在各种碰撞工况下根据乘员的平均运动姿态确定的，这个点火时间只是一个参考范围，每个车型会有所不同。如果时间表明中央控制器的判断不能及时提供表 5.23 所要求的及时判断，那么就要采用加装接触传感器、预警（Pre-Crash）探测器等技术措施。如果一个前置接触传感器不能覆盖其他工况，还可以在前端其他位置上增加多个接触传感器，这种布置被称为周边传感器（Peripheral Crash Sensor）。周边传感器有以下优势：

（1）改善Ⅰ级起爆的 TTF，尤其是对变形障碍碰撞工况。

（2）更加明确区分低—中—高严重程度的碰撞。

（3）能区分碰撞类别，如左侧偏置/右侧偏置，偏置/斜角，上骑/下钻。

（4）扩展了传统只探测正前方±30°范围内碰撞的局限。

表 5.23　各种碰撞通常要求的起爆时间

碰撞模式	气囊级别	最迟点火时间 碰撞速度/(mi·h⁻¹)																									
		14	15	16	17	18	19	20	21	22	23	24	25	26	27	28	29	30	31	32	33	34	35	40
FRB	单	30~50										10~20												
	I			35		25~30						20~25						18					18	
	II			×		30					25~35							20				18	
ODB	单	30~50										20~30												
	I											50									30~35	
	II											×									35~40	
对中柱撞	单		50~70																				
	I			×				30~45															
	II			×				32~46															
斜角	单																	20~30						
	I				40		32~38			35														
	II			×		34~41			35~45														

前方接触传感器的探测性能与变形时间有关，而车体质量的变化又会引起变形响应的变化，为此考察车重变化对此处变形时间的影响。由式（5.1）和式（5.3）得

$$C = v\sqrt{\frac{m}{k}} \tag{5.6}$$

如果 k 的单位为 kN/m，m 的单位为 kg，v 的单位为 km/h，C 单位为 m，则

$$C = 0.009v\sqrt{\frac{m}{k}} \tag{5.7}$$

C 与质量增减的关系见图 5.14。可见，如果质量是原来的 a 倍，压缩量将是原来的 $\sqrt{a}$ 倍。对 v_{MF} 条件验证试验，应当采用最重的传动系统配置，这时车体的压缩量最大、接触到前置传感器的时间也最长，因此可以保证其他所有的质量配置都能够及时碰撞接触前置传感器；对 v_{NF} 条件验证试验，应当采用最轻的传动系统配置，这时车体的压缩量最小，接触到前置传感器的时间也最快，因此可以保证在其他所有的质量配置的碰撞中，前置传感器的接触时刻都晚于这个时间值。假设接触传感器安装在距最前端 300 mm（12 in）处，图 5.15 表示，一个车型典型的传动系统质量差异导致在 30 mm（前置传感器安装点）处接触传感器的接触时间产生了 3 ms 的影响。

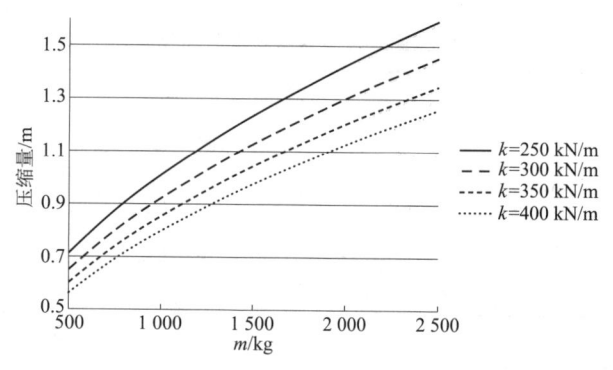

图 5.14　$v=50$ km/h，C 与质量 m 变化之间的关系

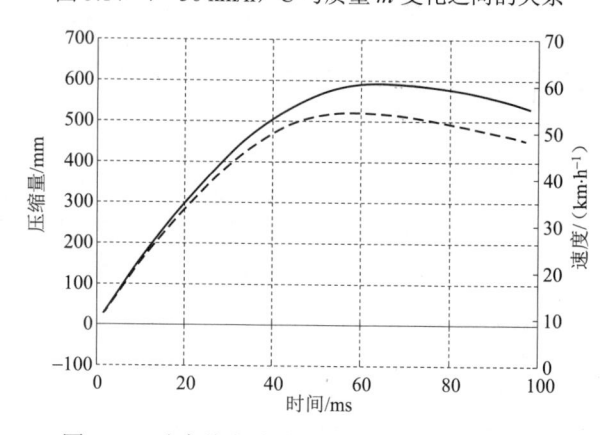

图 5.15　动力总成重量改变以后对变形量的影响

无论是从加速度响应还是压缩量响应上看，中央控制器单点传感器和前置接触传感器的 v_{MF} 试验条件都要求采用最重的配置，v_{NF} 试验条件都要求采用最轻的配置。式（5.5）、式（5.7）也可以用来分析车型改脸设计时质量变化对车体动态响应的影响。

在 v_{NF} 和 v_{MF} 处采得的碰撞波形可以用来进行标定气囊控制器的点火算法。如果重复一种碰撞试验，即使碰撞的速度非常准确，每次的碰撞减速度波形也不会完全一样，而会有一定的离散和波动。从约束系统控制的要求角度来看，在一个标称的碰撞速度点上，不管碰撞波形如何波动，要求控制器算法的判断结果是一致的，要么都点火，要么都不点火，点火的时间也应是一样的。这就要求在波动的碰撞波形面前，点火算法表现得要稳定。通常的做法是在采集的实测减速度基础之上再让波幅上下波动±15%，观察控制器输出是否依然稳定。幅度波动后的上下限结果见图5.16。这个波动范围可以输入软件模型中进行仿真验证，也可以输入线性加速器上对控制器进行物理验证（见图 5.17）。线性加速器可以重复再现任何一个实车碰撞时的车体减速度响应波形，把这个波形施加到单点式中央传感器上，在控制器的输出端就可测得控制器的真实响应。测试的结果包括了机械系统的物理响应，因此更加真实。

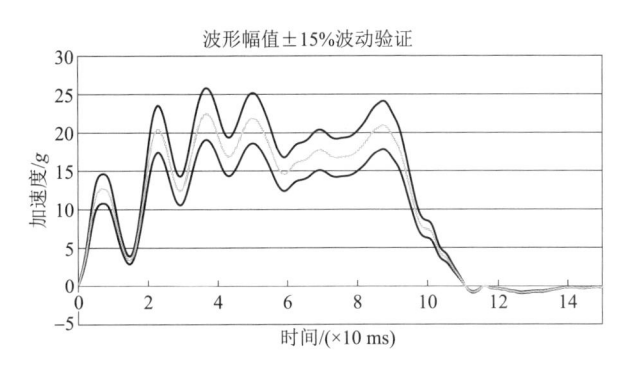

图 5.16　加速度幅值波动验证

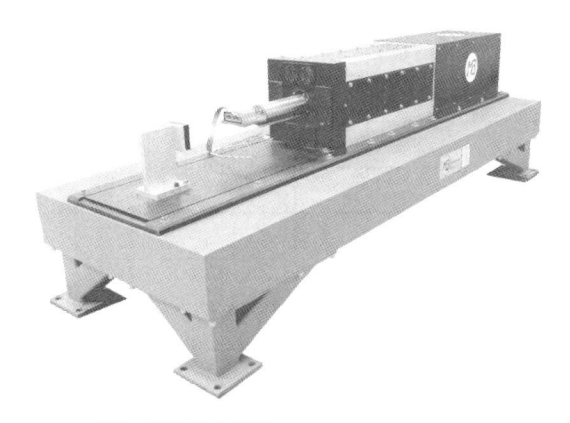

图 5.17　MB ABSTS 气囊传感器试验系统（www.mbdynamics.com, MB Dynamics Inc）

碰撞波形的不稳定性有时会造成在一个确定碰撞速度下控制器的输出不唯一，这个输出不确定的碰撞速度区段就是传感器灰区。

在第Ⅱ轮试验中，一个重要的任务是摸清伤害灰区，以便在Ⅲ阶段试验中让所有的传感器灰区都落入伤害灰区范围之内。Ⅱ阶段的传感器灰区标定不一定能百分之百满足点火时间的目标要求。

5.2.3.3　Ⅲ阶段碰撞矩阵规划

Ⅲ阶段试验的主要目的是考察正式工装产品是否与Ⅱ阶段有明显差异，是否会对传感器已经标定完的结果带来扰动，同时也要对法规要求的试验项目进行最后的验证，因此其主要由法规性能控制点试验组成。灰区边界点试验在Ⅲ阶段不再进行。

开展Ⅲ阶段实车碰撞试验的先决条件和车体状态如下：

（1）车体结构设计已经根据第Ⅰ轮试验暴露的缺陷完成了更改，碰撞波形已经稳定。

（2）大部分结构件为 OTS（工装样件）状态。

（3）各种工况下的碰撞速度伤害灰区已经确定。

（4）约束系统的机械设计已经完成，起爆强度、气袋刚度、袋包外廓等设计要素已经根据伤害灰区界限点完成了系统优化，在高速碰撞保护效果与低速碰撞气囊致伤的矛盾中采取了均衡措施，在台车系统上完成了广泛的系统试验。本轮试验约束系统样件已经接近工装下线（OTS）状态。

（5）所有气囊起爆信号均来自于控制器点火算法的判断输出，不允许采用人工定时起爆。

（6）传感器灰区已经最大可能地调到了伤害灰区速度范围之内。在保证满足法规要求的前提下，有可能放弃了某些特殊关注项目的优化。

（7）本轮试验应当包括所有的法规试验和NCAP项目试验。举例如表5.24所示。

表5.24 举例

	障碍类别	碰撞速度		安全带使用	乘员尺寸/百分位		气囊级别		试验目的
		(km·h⁻¹)	(mi·h⁻¹)		5	50	Ⅰ	Ⅱ	
3	FRB	25.6	16	×	○		○		验证法规要求
7	FRB	32	20	×		○		○	
8	刚性30°	32	20	×		○		○	
9	FRB	40	25	×	○		○		
10	刚性30°	40	25	×		○		○	
11	ODB	40	25	○	○			○	
12	FRB	48	30	○	○			○	
13	FRB	56	35	○		○		○	

如果表5.24中所列的项目都顺利通过，应该说开发就算完成了。但是此前的工况验证量远不止于表5.19、表5.21、表5.24这些表面内容，如果全面考虑子系统状态的影响，详细的伤害灰区定义应包含表5.25所示信息，其中，1～19列是各种状态组合，20～23列是约束系统动作要求。

表5.25 伤害灰区定义

1	2	3	4	5	6	7	8	9	10	11	15	16	17	18	19	20	21	22	23
碰撞速度		障碍类别				乘员尺寸/百分位			安全带使用		座椅位置			动力总成配置		气囊级别			
(km·h⁻¹)	(mi·h⁻¹)	刚性正面	偏置吸能	斜角	对中柱撞	5	50	95	系	不系	前位	中位	后位	重	轻	Ⅰ	Ⅱ	Ⅲ	安全带预紧器
	8																		
	9																		
	10																		
	11																		
	12																		
	13																		

续表

1	2	3	4	5	6	7	8	9	10	11	15	16	17	18	19	20	21	22	23
碰撞速度		障碍类别				乘员尺寸/百分位			安全带使用		座椅位置			动力总成配置		气囊级别			
(km·h⁻¹)	(mi·h⁻¹)	刚性正面	偏置吸能	斜角	对中柱撞	5	50	95	系	不系	前位	中位	后位	重	轻	I	II	III	安全带预紧器
	14																		
	⋮																		
	35																		
	40																		

要是考虑其他碰撞工况的话，这张表还要无限扩展，只是把上述重要元素都组合一遍，就需要几千行。显然，所有工况都在实车碰撞里验证是不可能的。最重要的替代验证方式是台车试验和 CAE 验证。

5.3 整车碰撞矩阵、台车矩阵与 CAE 活动之间的交互关系

台车试验涉及白车身试制与内饰件试制的试验。虽然试验对白车身来讲是非破坏性的，但是约束系统在每次试验里都有损耗，仪表板、方向盘、转向柱、安全带、安全气囊都不可以重复使用，因此台车矩阵是样件试制计划和预算估计的另一个重要依据。

台车试验时将白车身、约束系统、内饰件、假人固定在台车平台上，对平台施加一个与实车碰撞相同的碰撞波形，碰撞开始后，用人工点火的方式让气囊系统在希望的那一时刻展开，可以代替实车碰撞考察约束系统的匹配效果，节省实车碰撞的费用和时间（详见第 6 章内容）。

台车试验时，假定在整车碰撞时控制器里的算法在各种碰撞工况下均能给约束系统提供正确的点火时间，点火控制器算法不在此验证范围之列，因此在台车试验时通常采用人工点火的方式，人为规定约束系统理想的起爆时间，把精力主要放在约束系统的参数调整上，解决约束系统与车体之间的交互耦合作用问题。对人工起爆气囊的时间要求是：乘员上身肢体与气囊接触的时间，应当正好是气袋达到充分展开的那一毫秒。约束系统可调整的参数包括：

（1）气囊外廓包络；

（2）气囊刚度和速度（气体发生器的产气量要求、气囊泄气孔大小、气袋织物的透气性能）；

(3) 安全带刚度、限力器阈值调整、安全带预紧器的起爆时间；

(4) 方向盘、转向柱的刚度和吸能特性；

(5) 座椅的纵向刚度和垂直刚度。

v_{NF} 和低速 v_{MF} 条件下的保护效果都不需要在台车上验证。台车系统试验的主要任务是验证高速碰撞的约束系统保护性能以及在低速碰撞中低伤害风险 LRD 技术的保护效果。气囊 I 级起爆和 II 级起爆的策略也要在台车试验里加以验证，例如，如果决定用 I 级气囊对 32 km/h（20 mi/h）进行保护，那么就要考证 I 级气囊在 25.6 km/h（16 mi/h）条件下是否力度过强；如果决定用 II 级气囊对 32 km/h（20 mi/h）进行保护，那么就要考证 II 级气囊在 56 km/h（35 mi/h）条件下是否力度过弱。如果觉得用双级气囊应付这么宽泛的保护范围有些吃力，则应考虑是否有必要应用多级气囊。

另外，在设计实车碰撞矩阵时，由于项目预算的限制，表 5.14 中有些 B 类和 C 类的试验不一定要全部进行，可以考虑用台车试验来代替。比较典型的应用是，先用一种尺寸的假人（如 50 百分位）进行实车碰撞试验，然后用该试验的碰撞减速度波形驱动台车，进行其他尺寸假人（如第 5 百分位女性和第 95 百分位男性）的约束系统性能试验。其他的台车替代类别还有：进行不同座椅位置效果的试验，进行有无安全带预紧器效果对比的研究。

如果某个碰撞工况没有进行过实车碰撞，如非对中的柱撞试验，那么就不会有可用的实际波形去驱动台车。如果我们也想验证这种碰撞时约束系统的保护效果，那么可以考虑把该碰撞工况的 CAE 仿真分析波形作为台车驱动的输入信号进行试验。

由于台车试验过程中不发生车体变形，转向柱、方向盘也没有向内移动，因此台车试验主要的局限性是难以验证车体—约束系统的时空间耦合效应，无法考察空间压缩对乘员伤害的影响。另外，碰撞时的车体姿态对约束系统的作用效果也有重要影响。进行斜角碰撞、偏置碰撞、不偏置柱撞等对称碰撞时，车体要发生远离障碍物方向的摆动，在这个作用下，乘员会在车体内向障碍物的方向偏转。例如，做左侧偏置吸能障碍壁和左侧斜角刚性壁碰撞时，乘员就会往气囊的左侧偏转，这时标准坐姿状态下的气袋包络设计就会失效，如果气袋过小，甚至会让乘员头部滑出气袋之外，造成头部磕碰伤害或者颈部扭转伤害。在非对称碰撞中，左、右前轮的非对称运动会通过转向机反过来带动方向盘转动，如果气袋不是圆形或者不是安装在转向柱中心，也会偏离原来承接乘员头部的姿态，造成保护性能下降。除了横向摆动，碰撞中还经常发生车体向前方的反转运动，因为整车质心的位置一般要高于碰撞力的作用中心。座椅前缘的密度应设计得高于乘坐区的密度，以在碰撞中阻止乘员向前滑行和向下运动（也叫作"下潜"，是对安全带约束非常不利的一种姿态）。碰撞中车体发生翻转运动以后乘员会脱离座椅前缘的约束，使整体姿态更加靠前。以上这些车体碰撞效应在台车里不能真实模拟。另外车体塌陷效应、仪表板向后移动、脚踏板后移等变形影响都没有办法在台车试验里进行评估。近年来也有的台车试验系统增加了前倾系统、斜置功能和脚底板变形系统，模拟偏转、翻滚姿态和内侵变形，缺点是系统过于复杂昂贵。

CAE 仿真活动分为整车仿真和约束系统仿真两种。在整车有限元仿真模型中，结合乘员和约束系统、内饰是非常重要的。在这种人—车一体化模型中，可以对车体内侵、内饰变形效应、多种障碍类别影响（如波形影响、偏转效应）、车体—约束系统叠加吸能效应等现象进行直观分析。尽管如此，专门的约束系统优化 CAE 还是十分必要的。在进行后期约束系统参数优化、多因素交互影响迭代分析时，专门的约束系统模拟软件要比人—车一体化有限元模型快得多。

台车试验可以比整车试验节省费用，但是试验费用仍然很高。在进行台车验证之前最好用 CAE 工具对计划的约束系统参数调整方案进行预分析，因此要求约束系统 CAE 仿真范围应当能覆盖所有的台车试验内容。

有些试验条件在台车上也不容易实现，如气囊的高低温性能。以高低温特性表现差异曲线为例（见图 5.18），约束系统会有截然不同的表现。从理论上讲，也可以采用调整气体发生器炸药用量的方法，按照气体发生器在高温和低温试验时测得的输出特性曲线特意制作一个可以在室温环境下模仿高温起爆和低温起爆特性的气体发生器，供室温环境下在台车试验里专门模拟约束系统的高低温性能，但是样品制作和需求量会急剧增加试验成本。如果在标准室温状态下，台车试验数据和 CAE 仿真分析之间已经取得了很好的拟合精度，那么在 CAE 模型里用改变气体发生器压力的方式来模拟高低温的约束性能是完全可信的。可见，台架试验、台车试验、CAE 分析之间是互补和互相支持的关系。

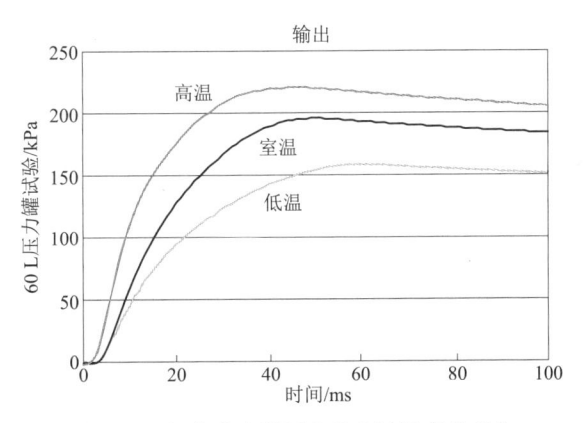

图 5.18　气体发生器压力输出随温度的变化

实车碰撞、台车碰撞、CAE 模拟的分工关系和信息内容流动见图 5.19，在产品开发项目管理过程中可以用来当作协调 CAD、CAE 试验各方面工作接口的导则。

子系统包括：安全带、气囊、座椅、方向盘、转向柱。

产品设计验证包括 6 项活动：子约束系统试制与台架验证、约束系统仿真验证、约束系统台车试验验证、整车有限元碰撞仿真验证、整车碰撞验证和样车试制验证，在图 5.19 中分别用 A～F 标记，各项活动又分为三大阶段，用 Ⅰ、Ⅱ、Ⅲ 表示。每项活动在各个阶段的输出内容用"活动–阶段"标注方法表示。以美国 208 法规系统为例，各个环节的内容如下：

汽车碰撞安全工程

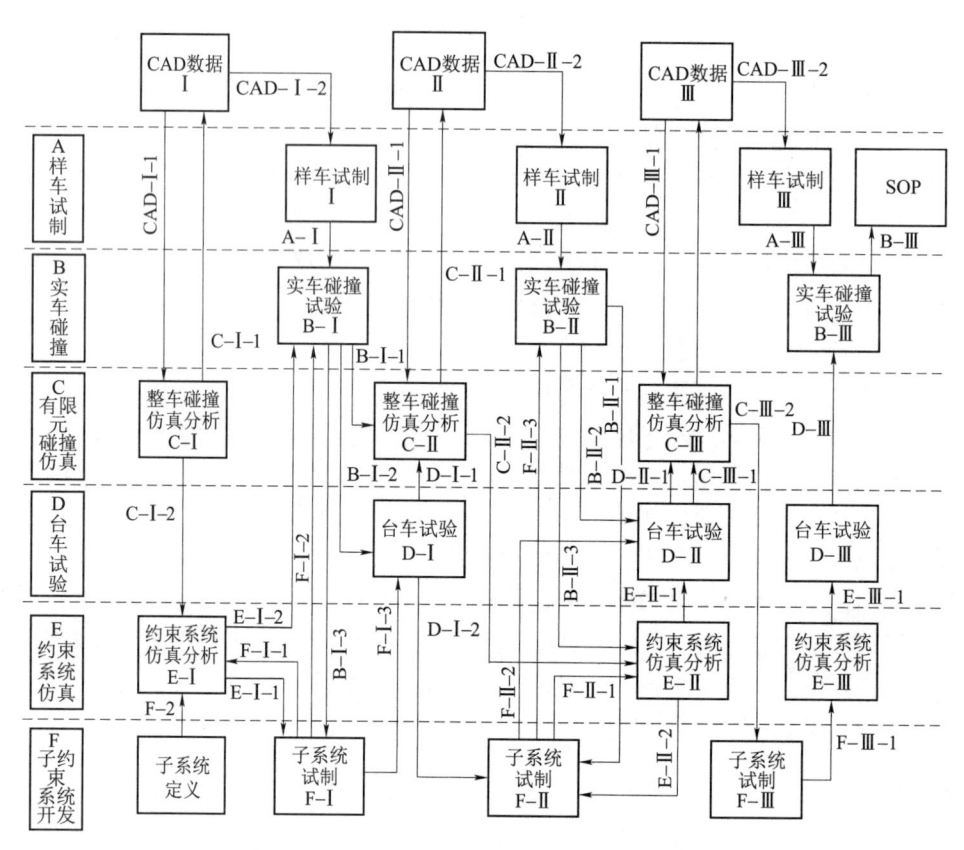

图 5.19 实车碰撞、台车试验、CAE 验证在三个阶段的交互关系

CAD-Ⅰ：第Ⅰ轮 CAD 数据，输入碰撞仿真分析环节进行有限元建模。其内容包括车身、底盘、发动机、车轮的整车设计数据。

C-Ⅰ：建立整车碰撞有限元模型。

C-Ⅰ-1：Ⅰ阶段碰撞仿真输出。内容包括与Ⅰ阶段碰撞矩阵内容相适应的碰撞工况分析，检验碰撞波形、车体变形是否与设定目标相符，如果不符，修改结构设计。完成第Ⅰ轮结构修改以后进行第Ⅰ轮试制。为支持表 5.19，仿真分析项目的设置如表 5.26 所示。

表 5.26 CAE 分析计划

计算项目	碰撞速度		障碍类别			
	(km·h^{-1})	(mi·h^{-1})	FRB	刚性 30°	ODB	CP
1	13	8	×			
2	18	11		×		
3	22	14	×			
4	26	16	×			
5	27	17			×	×

续表

计算项目	碰撞速度		障碍类别			
	(km·h^{-1})	(mi·h^{-1})	FRB	刚性30°	ODB	CP
6	29	19	×	×		
7	32	20	×	×		
8	35	22				×
9	40	25	×	×	×	
10	48	30	×			
11	56	35	×			×

C-Ⅰ-2：约束系统的仿真分析模型可以用多刚体建模，也可以用有限元建模，有时也可以将约束系统和车体建成统一的有限元模型。用什么方式搭建约束系统模型主要取决于具备什么样的乘员模型。如果各类乘员的有限元模型都比较齐备，则将其安装在车体内就会得到非常详尽的综合效应分析结果，例如，车体压缩对乘员的伤害、方向盘后移对约束系统的影响、座椅刚度对乘员姿态的影响、偏置碰撞时乘员对气囊的偏离，这些效应都可以模拟出来。建立这种一体化模型时，除了要求有全系列的乘员模型以外，还要求有子系统的有限元模型，因此在第Ⅰ轮初期分析时很难提供得很详细。最常用的做法是将车体分析和约束系统分析分开，建立两个独立的模型，图5.19就是假设以这种方式工作的。C-Ⅰ-2将有限元车体碰撞的动态响应输出提供给多刚体约束系统模型作为分析输入，对约束系统参数进行初步确认。参数包括安全带刚度、气袋形状、气袋刚度、方向盘与转向柱刚度、座椅刚度、空间布置等要素。

F-1：子系统外特性定义。子系统外特性设计是约束系统的解析设计结果。概念设计阶段解析设计详细过程见第4章内容。

F-2：子系统（安全带、安全带预紧器/限荷器、安全气囊、座椅、仪表板、方向盘/转向柱）的外特性，包括力—位移静刚度特性定义、空间尺寸定义、动态冲击刚度等特性，用于提供约束系统模拟分析的边界条件。如果是前续车型的等同采用件，或者采用车型平台的共用组件模块，则这些特性为已知。

E-Ⅰ：建立约束系统多刚度分析模型，对表5.27所示台车试验矩阵项目进行预分析。

表 5.27 试验矩阵

项目	波形复制	碰撞速度/(mi·h^{-1})	安全带使用	乘员尺寸	乘坐位置	气囊级别	试验目的
1	FRB	16	无	50th%	中	1	为LRD制定起爆强度标准
2	FRB	20	无	5th%	中	1	不系安全带下限，5百分位女性保护效果
3	FRB	20	无	50th%	中	1	不系安全带下限，是否可为50百分位男性提供足够的保护
4	FRB	25	无	5th%	中	2	不系安全带上限，是否对5百分位女性强度过高

续表

项目	波形复制	碰撞速度/($mi \cdot h^{-1}$)	安全带使用	乘员尺寸	乘坐位置	气囊级别	试验目的
5	FRB	25	无	50th%	中	2	不系安全带上限,50 百分位男性保护效果
6	FRB	30	有	5th%	中	2	法规要求
7	FRB	35	有	50th%	中	2	法规要求

E-Ⅰ-1:用约束系统模拟分析修正概念设计阶段的子系统外特性定义,子系统开始第Ⅰ轮试制。

E-Ⅰ-2:确定各种碰撞工况下的最佳点火时间 TTF,在第Ⅰ轮碰撞试验中根据 TTF 用定时器给约束系统发出点火信号。

F-Ⅰ-1:第Ⅰ轮子系统完成试制以后对外特性进行台架测试,将更精确的外特性参数输入约束系统模拟分析模型中,对约束系统模型进行修正。

F-Ⅰ-2:为第Ⅰ轮碰撞试验提供第Ⅰ轮子系统样件。

F-Ⅰ-3:气体发生器输出、模块盖板设计、折叠方式设计、拉带设计、气袋导向设计均得到确认,为第Ⅰ轮台车试验提供样件。

A-Ⅰ:为第Ⅰ轮碰撞试验提供样车。样车状态手工样件或快速模具样件,虽然工艺性与最终状态有差异,但是材料、几何与设计是完全一致的,焊点的个数、位置、焊点质量也要满足最基本的要求。

B-Ⅰ:第Ⅰ轮实车碰撞试验。现在假设按照表 5.21 所示的碰撞矩阵执行。

B-Ⅰ-1:观察整车、子结构、子系统在实车碰撞与仿真碰撞之间的差异,对仿真模型的边界条件定义(材料与工艺特性等)进行修正,重新运行仿真碰撞,反复迭代,直到仿真碰撞与实车碰撞响应的一致性满足设计要求。

B-Ⅰ-2:为台车试验提供碰撞波形输入。

B-Ⅰ-3:在有限工况下计算 v_{NF} 和 v_{MF} 处的碰撞波形,为传感器算法标定提供输入。

D-Ⅰ:第Ⅰ轮台车试验。

台车试验矩阵以约束系统优化为目标。约束系统的优化次序是:

(1)约束系统空间匹配优化;
(2)制定气囊起爆能量配比和点火阈值策略;
(3)约束系统对多种障碍类别的适应;
(4)约束系统对多种乘员状态的适应;
(5)约束系统的稳健性设计;
(6)在高低温等条件下考察对约束系统极限性能的表现。

第Ⅰ轮台车的试验目的主要是考察约束系统在正面刚性基本碰撞工况中的表现,乘员假人可采用 5 百分位女性、50 百分位男性;如果对应表 5.21 所示的Ⅰ轮碰撞矩阵,碰撞速度可选 13km/h(8mi/h)、19km/h(12mi/h)、26km/h(16mi/h)、32km/h(20mi/h)、35km/h(22mi/h)、40km/h(25mi/h)、48km/h(30mi/h),具体内容可根据表 5.21 中的项目有选择地进行。

第 5 章 碰撞安全开发过程管理

波形复制是指在台车上需要再现某一个实车碰撞工况,这个碰撞波形来源于B-Ⅰ-2。

D-Ⅰ-1:根据仿真模型运算与台车试验之间的响应差异,修正约束系统模型的边界条件定义,重复运行 C-Ⅱ模型,使模型精度达到工程标准要求。本车型 v_{EI}、v_{NF} 和 v_{MF} 初步确认;约束系统叠加效率分析。

(1)进行生物力学灰区定义,生成Ⅰ轮约束系统灰区策略定义图谱(见表 5.20)和起爆逻辑;

(2)生成约束系统配置策略,针对系安全带与不系安全带两种情况,定义对各种尺寸、各种坐姿的乘员在各种碰撞速度下的系统能量分级对策;

(3)制定 OOP 对策与 LRD 对策。

D-Ⅰ-2:子系统外特性参数修改建议。

C-Ⅱ:第Ⅱ轮整车碰撞有限元模型,体现了结构更改 CAD-Ⅱ-1。

C-Ⅱ-1:CAD-Ⅱ-1 更改效果分析及结构优化。

C-Ⅱ-2:考虑了 CAD-Ⅱ-1 结构更改之后,重新对表 5.26 计算结构进行更新。在提高分析精度的基础上,观察结构变形及碰撞波形。为台车试验提供更多的关注项目碰撞波形输入,尤其是在整车碰撞矩阵里面不包括的项目。

B-Ⅱ-1:B-Ⅱ试验矩阵参考表 5.27。连同 C-Ⅱ-2,将所有 v_{NF} 和 v_{MF} 处的碰撞波形都提交给传感器进行标定,并完成所有的伤害灰区定义及子系统外特性改进。

B-Ⅱ-2:为台车试验提供修正波形输入。

B-Ⅱ-3:为约束系统仿真提供修正波形输入。

F-Ⅱ-1:通过 OOP 静态试验;将子系统外特性提供给 E-Ⅱ模型。

F-Ⅱ-2:为台车试验 D-Ⅱ提供子系统部件。

F-Ⅱ-3:为整车碰撞试验 B-Ⅱ提供子系统部件。

D-Ⅱ:第Ⅱ轮台车试验。

在表 5.28 的基础上,根据 B-Ⅱ实车碰撞试验和 C-Ⅱ整车仿真结果,进行障碍类别的扩展。将障碍类别扩展到±30°刚性壁、ODB、对中柱撞等类别:

(1)30°FRB:14 mi/h、16 mi/h、18 mi/h、20 mi/h、25 mi/h。

(2)ODB:12 mi/h、15 mi/h、18.5 mi/h、20 mi/h、22 mi/h、25 mi/h、28 mi/h、30 mi/h、35 mi/h。

(3)CP:12 mi/h、14 mi/h、16 mi/h、18.5 mi/h、20 mi/h、22 mi/h、25 mi/h、30 mi/h。

在法规规定碰撞条件和关注碰撞工况下计算中间坐姿、常温状态下的乘员伤害,同时考核内饰变形和车体压入变形对乘员伤害的影响。

D-Ⅱ-1:为台车试验 D-Ⅱ提供子系统部件。第Ⅱ轮伤害灰区策略修正,在空间几何设计匹配方面冻结设计。起爆强度和灰区策略优化留待在Ⅲ阶段全面验证。

E-Ⅱ-1:根据以下条件修正伤害灰区策略:

(1)检验各种尺寸假人、系与不系安全带、座椅位置、方向盘倾角、坐姿等多种因素组合影响,形成多因素判断点火逻辑定义矩阵。

(2)完成座椅前后位置传感器标定,实行各种起爆策略,例如,5 百分位女性乘员用Ⅰ级气囊保护，50百分位男性乘员用Ⅱ级气囊保护；假人靠前时Ⅰ级起爆，假人靠后时Ⅱ级起爆。

E-Ⅱ-2：根据 E-Ⅱ 仿真修改子系统参数。

C-Ⅲ-2：结合 B-Ⅱ-1 内容，冻结灰区策略设计和 OOP 策略设计。

F-Ⅲ-1：完成了在所有 v_{NF} 和 v_{MF} 处的传感器点火算法标定；进行传感器灰区与伤害灰区的匹配与校核。进行子系统极限性能静态测试，如测试气体发生器在高低温下的性能偏差，输入 E-Ⅲ 仿真分析模型中供稳健性检验使用。

E-Ⅲ：第Ⅲ轮约束系统仿真。增加高低温极限等有物理实验难度的边界条件，进行最后的随机性检验。

E-Ⅲ-1：通过了所有伤害灰区边界点的保护效果认证；通过了随机性检验稳定标准。

D-Ⅲ：对伤害灰区—传感器灰区的冲突进行平衡。

B-Ⅲ：所有的碰撞安全性能达标。

安全开发过程中的重大活动节点位置见表 5.28。

表 5.28　安全开发过程中的重大活动节点位置

序号	主要活动	节点位置
1	约束系统解析，性能硬点定义	F-2
2	约束系统空间匹配设计	F-2
3	约束能量分级策略	E-Ⅰ-1
4	Ⅰ轮灰区定义（约束系统时序匹配设计）	D-Ⅰ-1
5	Ⅱ轮灰区定义	E-Ⅱ-1
6	灰区定义冻结	C-Ⅲ-2
7	基本碰撞工况性能验证	B-Ⅱ-1
8	扩展碰撞工况性能验证	D-Ⅲ
9	约束系统稳健性验证	E-Ⅲ-1
10	约束系统极限性能验证	E-Ⅲ
11	ECU 算法标定结束	F-Ⅲ

5.4　侧撞矩阵

侧撞矩阵设计比正面碰撞矩阵要简单一些，原因是工况比较单一，一般没有生产厂自己的"特殊关注项"类型试验，因此只在 v_{NF}/v_{MF} 和法规、保险、NCAP 规定的检验速度上设置检验点就可以了。以美国市场为例，要满足的规则有 FMVSS 201、214 法规，保险公司试验 IIHS 规则，用户评级 SINCAP 规则等，生产厂可以在这些检测点上根据需要自行进行取舍。与正面保护的不同点是，由于乘员与车体被撞部位的间距非常小，车体上几乎没有专门的吸能空间，因此在约束系统动作时间上与正面碰撞策略有所不同，几乎都是要求传感越快越好、起爆越早越好。试验项目汇总如表5.29所示。

表 5.29 侧撞试验项目汇总

碰撞速度		障碍类型	乘员假人类别	法规或标准
(km·h⁻¹)	(mi·h⁻¹)	FMVSS 214 MDB	2xUS-SID，50th	US-SI-NCAP
62	38.75	MDB	2xSID2s，5th	IIHS
50	31.25	90°MDB	50th	ECE R95
29	18.125		1xUS-SID，50th	FMVSS 201 柱撞试验
32.2	20.125	斜角柱撞	1xSID-Ⅱs FRG，5th	FMVSS 214
32.2	20.125	斜角柱撞	1xES-2re，50th	FMVSS 214
50	31.25	MDB	2xSID2s，5th	IIHS
54		MDB	2xUS-SID，50th	FMVSS 214
	33.75	90°MDB		
50	31.25		50th	ECE R95 GB
29	18.125	柱撞	1xUS-SID，50th	FMVSS 201
32.2	20.125	斜角柱撞	1xSID-Ⅱs FRG，5th	FMVSS 214
32.2	20.125	斜角柱撞	1xES-2re，50th	FMVSS 214
54	33.75	MDB	2xSID-Ⅱs FRG，5th	FMVSS 214
54	33.75	MDB	2xES-2re，50th	FMVSS 214
62	38.75	（214 MDB）	2xUS-SID，50th	US-SI-NCAP
51	31.875	MDB	2xSID2s，5th	IIHS
29	18.125	柱撞	1xUS-SID，50th	FMVSS 201
32.2	20.125	斜角柱撞	1xSID-Ⅱs FRG，5th	FMVSS 214
32.2	20.125	斜角柱撞	1xES-2re，50th	FMVSS 214
54	33.75	新版 MDB	2xSID-Ⅱs FRG，5th	FMVSS 214
54	33.75	新版 MDB	2xES-2re，50th	FMVSS 214
50	31.25	90°MDB	50th	ECE R95
50	31.25	90°MDB B	50th	ECE R95
62	38.75	214 MDB	2xUS-SID，50th	US-SI-NCAP
54	33.75	新版 MDB	2xES-2re，50th	FMVSS 214
50	31.25	卡车—轿车 MDB	2xSID2s，5th	IIHS
54	33.75	MDB	2xUS-SID，50th	FMVSS 214
29	18.125	柱撞	1xUS-SID，50th	FMVSS 201
33.2	20.75	斜角柱撞	1xSID-Ⅱs FRG，5th	FMVSS 214

续表

碰撞速度		障碍类型	乘员假人类别	法规或标准
(km·h⁻¹)	(mi·h⁻¹)	FMVSS 214 MDB	2xUS-SID, 50th	US-SI-NCAP
33.2	20.75	斜角柱撞	1xES-2re, 50th	FMVSS 214
50	31.25	卡车—轿车 MDB	2xSID2s, 5th	IIHS
54	33.75	新版 MDB	2xSID-Ⅱs FRG, 5th	FMVSS 214
54	33.75	新版 MDB	2xES-2re, 50th	FMVSS 214
50	31.25	卡车—轿车 MDB	2xSID2s, 5th	IIHS

参考文献

[1] RCAR Bumper Test, Issue 2.0, September 2010, RCAR (Research Council for Automobile Repairs), http://www.rcar.org/papers/procedures/bumpertestprocedure.pdf.

[2] DOT U. Effectiveness of occupant protection systems and their use [C]//Washington, DC, US Congress. 1996.

[3] NHTSA Safety Fact Sheet, http://www.nhtsa.dot.gov/airbags/factsheets/.11/2/99.

[4] NHTSA Special Crash Investigation report (SCI), 8/1/00, http://www.nhtsa.gov/SCI.

[5] Department of Transportation, NHTSA, 49CFR Parts 552, 571 and 595, [Docket No. NHTSA 007013; Notice 1], May 2000, http://www.nhtsa.dot.gov/cars/rules/rulings/AAirBagSNPRM/Index.html.

[6] 62 F.R. 12960-Federal motor vehicle safety standards: Occupant crash protection, March 19, 1997, http://www.gpo.gov/fdsys/granule/FR-1997-03-19/97-6954.

[7] The Transportation Equity Act for the 21st Century (TEA21), September 1998 NPRM, http://www.nhtsa.gov/cars/rules/rulings/AAirBagSNPRM/Index.html.

[8] Huibers J, De Beer E. Current front stiffness of European vehicles with regard to compatibility [J]. Cell, 2001, 1: 1.

[9] Houston R W. The transportation equity act for the 21st century [J]. ITE Journal, 1998, 68 (7).

[10] National Highway Traffic Safety Administration. Federal Motor Vehicle Safety Standards: Occupant Crash Protection–Supplemental Notice of Proposed Rulemaking. 49 CFR Parts 552, 571, 585, 595 [J]. NHTSA Docket, 1999: 99–6407.

[11] National Highway Traffic Safety Administration. Effectiveness of occupant protection systems and their use: third report to Congress [J]. Washington DC: US Department of Transportation, 1996.

[12] Hinger J E, Clyde H E. Advanced Air Bag Systems and Occupant Protection: Recent Modifications to FMVSS 208 [R]. SAE Technical Paper, 2001.

第 6 章

碰撞安全试验验证技术

碰撞安全试验分三个级别进行：零部件级别、系统级别和整车级别。

6.1 整车试验

整车级别的试验是指整车碰撞试验、翻滚试验、防止气囊误爆的行驶冲击试验、行人保护试验以及避撞试验等。整车级别试验是整体安全保护性能的最终检验，也是法规符合、安全认证、用户评价试验所采用的形式。实车碰撞试验主要在车体完整性、内侵压溃变形和乘员伤害等方面评价整车的耐撞性能。

整车碰撞试验是车与车或车与障碍壁以规定的速度和角度碰撞，碰撞试验类别如表 6.1 所示。

表 6.1 碰撞试验类别

碰撞方向	障碍类型	碰撞方式
正面	刚性壁	正面、左斜 30°、右斜 30°
	吸能壁	偏置 40%、偏置 25%
	固定柱	对中、偏置 25%
	车对车	迎面、追尾
	上骑障碍	
	下钻障碍	
	动物	
侧面	移动吸能障碍	垂直、斜角
	固定桩	垂直、斜角

整车碰撞试验中主要进行加速度信号、高速摄像信号、力值测量、位移测量和静态变形测量 5 类信息的记录。由于整车碰撞试验用的试制样车非常昂贵，因此在试验之前一定要有明确的试验目的及设计可靠的测试方法。为此，首先要了解各种信息测试的用途和局限性。

1）加速度信号记录

从车体加速度信号可以评价车体结构是否符合耐撞性设计准则（见第 3 章）。

2）高速摄像记录

从侧向的高速摄像中可以看到气袋的展开过程、气袋与乘员的接触时刻、乘员上肢躯干向前运动的过程，但是由于车门的阻挡，乘员骨盆和下肢的运动很难观察到。有的试验中为了观察乘员的下肢运动，去除了车门的内外板，但是这样一来又会影响车门的强度，因此也不是一个理想的解决方案。如何在整车碰撞试验中用高速摄像清晰地记录乘员全身与车体之间的运动过程，这是碰撞试验测量技术里仍然需要解决的一个问题。

以正面碰撞为例，约束系统的设计工程师最希望能看到以下信息：

（1）试验假人 H 点在纵向（x–z）平面内的位移—时间历史记录；

（2）膝盖关节点在纵向（x–z）平面内的位移—时间历史记录；

（3）踝关节在纵向（x–z）平面内的位移—时间历史记录；

（4）各个时刻肢体之间的角度（见图 6.1）。

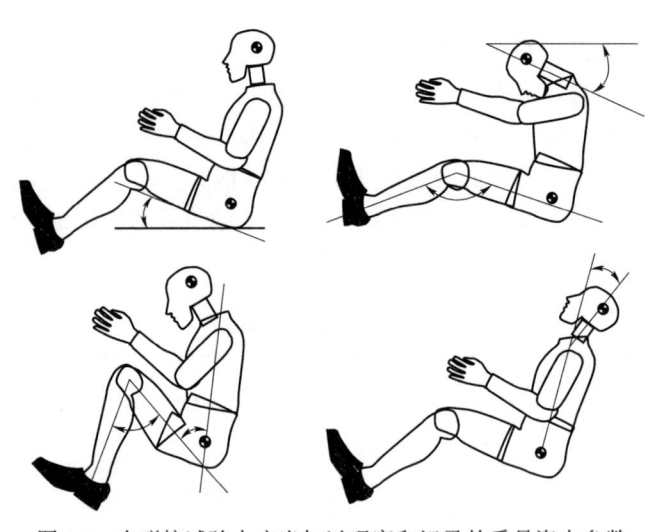

图 6.1　在碰撞试验中应当加以观察和记录的乘员姿态参数

底部高速摄像能够给我们提供大量的结构碰撞行为信息。底部摄像机安置在碰撞区的地坑内，从下往上拍摄，可以观察到保险杠、吸能盒、纵梁、发动机、轮胎等关键吸能部件，能比地面的侧向高速摄像揭示更多的前端结构碰撞行为内容。例如，在底部高速摄像中，我们可以观察到保险杠、水箱、发动机、防火墙等各个部件相接触的时刻，从而在 a–t 曲线里能在时间对应点上找到各个加速度峰值和谷值的成因。如果在开发过程中出现加速度峰值和力值异常,则可以结合高速摄像和整车碰撞 a-t 曲线,解读出碰撞过程中每个重要时间历史事件发生的时刻,以便采取针对性应对措施。

典型的底部摄影效果见图 6.2。底部高速摄影最大的挑战是视野不佳,主要原因是建筑结构的遮挡及透明地面覆盖罩板材料的质量不佳。在正面碰撞中,摄影地坑位于障碍壁的前方,需要用一层与地面平齐的透明盖板覆盖住上开口,供车辆行驶通过,一般使用树脂玻璃材料。由于在中心沿 x 轴方向上要布置牵引钢缆和拖车,因此需要预留钢缆导轨和牵引车轨道,由此会遮挡中心结构的视线。另外,树脂盖板的硬度较低,经过数次碰撞试验的刮擦以后,上表面的刮痕会降低透明度,也会影响摄影效果。为了获得更加确凿的影像判据,应当尽量使中间轨道结构达到最细,并尽量使用高硬度和高透明度的盖板材料。

图 6.2 底部高速摄像示例
(由一汽技术中心安全研究室提供)

理解分析加速度波形分量起因的含义很重要,这样就可以把波形与相关结构的碰撞行为对应起来。另一方面,我们也可以用对应结构来修正加速度波形中不理想的成分。借助于实车碰撞的地坑底部摄影,我们就可以在碰撞波形中分析局部不理想响应的起因。刚性墙碰撞工况的波形特征与碰撞事件关联分析举例见图 6.3 和表 6.2,40%偏置吸能障碍壁碰撞工况的事件—时间关联分析举例见图 6.4 和表 6.3,30°左斜角刚性碰撞事件—时间关联分析举例见图 6.5 和表 6.4(事件的顺序和时间点是因车而异的)。

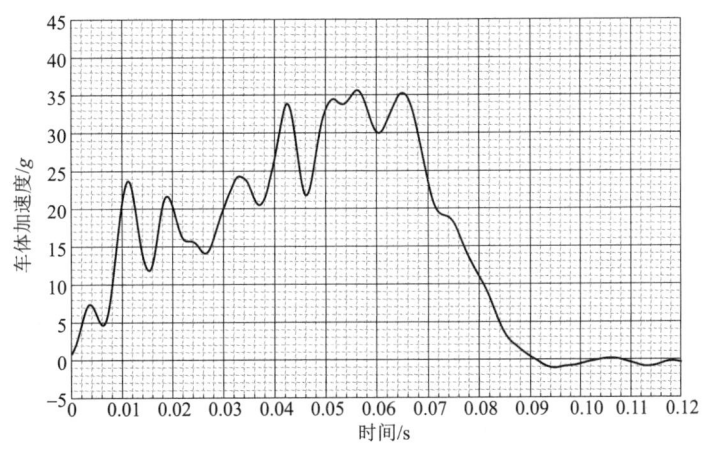

图 6.3 正面刚性墙碰撞事件时间刻度

表 6.2　正面刚性墙碰撞事件时间历史描述（借助摄像观察进行分析）

时间/ms	加速度峰值/g	事　件　描　述
3.8	7.5	保险杠骨架变形
11	23.5	保险杠支架开始压溃
19	21.5	保险杠支架完成压缩，主梁开始压溃变形
22	15	主纵梁的载荷传递到前悬副车架，减震器基座开始变形
33	24	发动机通过散热器与障碍壁开始接触
42	34	副车架与纵梁间的后固定点开始出现皱褶
52	34.5	发动机与车室前墙发生碰撞
56	36	车轮接触障碍壁
65	35.5	主纵梁压溃触底

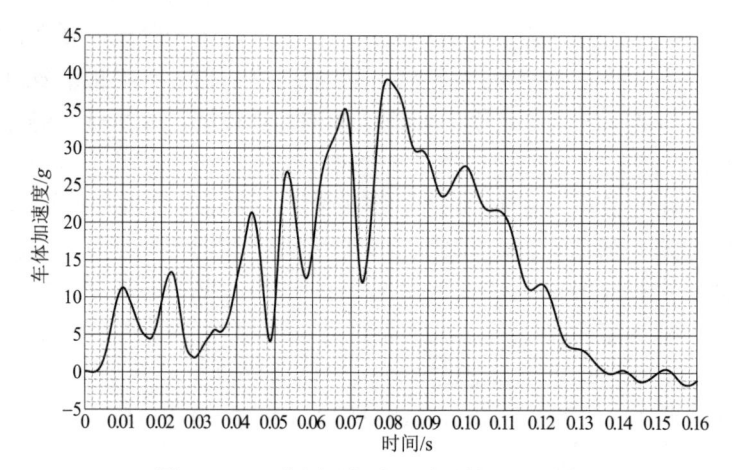

图 6.4　40%偏置吸能障碍壁碰撞时间刻度

表 6.3　偏置吸能墙碰撞事件时间历史描述（借助摄像观察进行分析）

时间/ms	加速度峰值/g	事　件
4	11.5	吸能障碍壁的初始变形，吸能障碍壁由保险杠和主体两大部分组成，4 ms 时车辆保险杠与障碍墙保险杠开始接触，障碍壁主体的变形刚刚开始，其刚度并不是很高
6	13.5	障碍壁保险杠开始压溃，在这个过程中车体还没有发生变形
10	11	第一次车体变形，前端模块和散热器开始吸能，随后，前端模块在输出发生材料断裂，引起加速度稍微下降
22	13.5	保险杠左支架开始变形
34	5.5	压溃开始在较软的障碍壁主体上扩散
44	21	较硬的障碍壁保险杠开始持续压溃直到触底，从这时开始，刚度更大的车体开始变形
53	27	前保险杠、副车架、前悬、主梁开始变形

续表

时间/ms	加速度峰值/g	事件
64	—	减震器基座开始变形
68	35	吸能障碍与左轮胎相接触
79	39	发动机与障碍壁相接触，车体开始绕z轴做俯仰转动
99	27.5	副车架可变形区完成彻底变形，高刚度的后端副车架左侧延伸主梁开始向后移动，引起前端地板的变形，悬架基座出现纵向弯折
107	24	悬架基座后面的左上部纵梁出现第二次挤压皱褶
119	14	副车架后端在纵梁的固定点处出现挤压皱褶
130	6	发动机撞击转向机
140	0	变速器悬置固定点与制动助力器相接触
152	0	左轮胎撞击A柱
		达到最大变形量

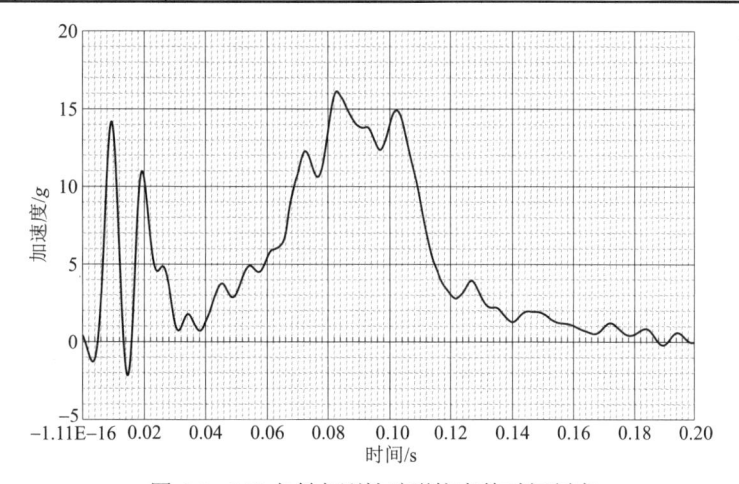

图 6.5　30°左斜角刚性壁碰撞事件时间刻度

表 6.4　30°左斜角刚性壁碰撞事件时间时序

时间/ms	加速度峰值/g	事件
10	14	保险杠开始变形
18	11	保险杠支架开始变形，由于载荷不是沿纵向垂直发生，因此有部分弯折现象出现
74	12	左侧主梁连同前悬副车架一起开始弯折
84	16	发动机、散热器与刚性墙相撞，同时前悬副车架触底

理解事件过程是在产品开发中对不良碰撞波形进行针对性结构修正的重要信息来源。

3）力值记录

车内力值测量包括安全带的拉力测量、假人生物力学的力值测量（四肢与颈部）。

汽车碰撞安全工程

虽然已经可以制定出理想的碰撞加速度波形标准，但是加速度的时间历程并不能体现出与结构设计之间的直接对应关系。与碰撞加速度不同，纵向碰撞力是各个承载结构件撞击力的综合，因此可以直接指导结构件的断面设计。

为了实现一个目标加速度波形 a-t 曲线，可以首先通过 a-t 曲线与质量的乘积求出近似的纵向力的时间曲线 F-t，然后用前端结构的强度去满足 F-t 曲线，从而也就实现了 a-t 目标曲线。但是，在时间域里的 F-t 曲线没有与前端结构纵向尺寸的对应关系。为了建立 F-t 曲线与前端结构尺寸之间的设计联系，还应先由 a-t 曲线作二次积分求出压溃位移 D 与碰撞时间的历史 D-t 曲线，再由 D-t 曲线和 F-t 曲线消去中间变量 t 求出 F-D 曲线，就能得到纵向撞击力与压溃位移之间的关系。

这种利用加速度曲线乘以整车的质量的方法计算出来的是车辆撞击的惯性力，这个惯性力与整车的结构碰撞反作用力有时比较一致，有时不一致。用惯性力代替反作用力在概念设计阶段进行参数解析是没有问题的，但是在作载荷路径分配与横向能量管理设计时就应当进行更精确的力值计算。因此，在试验中能直接测取碰撞力是最理想的。

通过加速度算出来的惯性力是一个总合力。在前端结构设计时，我们还想知道，这个合力在横向上（y-z 平面内）是如何分散到各个纵向吸能部件里的，这些部件包括左右下梁、左右上梁、副车架、悬架、车轮，等等。在结构设计时，我们把一个撞击合力横向地分配到各个承载部件里去，这个工作叫作"横向能量管理"。为了检验横向能量管理的设计效果，即检验每个承载部件是否像期望的那样承担了相应份额的撞击载荷，就要在碰撞试验中对撞击力在横向上（y-z 平面上）的分布加以测量。这个测试是直接对撞击力进行测量，可以区分出各个部件承受的分力时间历程，对部件设计有非常重要的指导作用。带有撞击力测量功能的障碍壁也被叫作"测力障碍墙"。障碍墙测力单元见图 6.6。

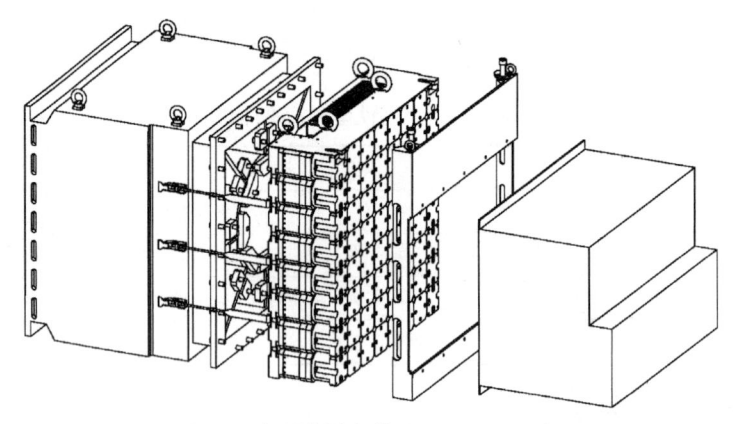

图 6.6　障碍墙测力单元（www.bia.fr）

4）静态结构变形测量

静态结构变形测量包括生存空间测量和车体完整性测量（车窗是否保持完整以防

乘员被抛出车外，碰撞后能否轻易打开车门以便于乘员逃生或营救）。

5）动态位移测量

进行直接测量的位移量只有乘员假人的胸部压缩量，其他的位移量（如假人各个肢体部位的位移、转向柱的后移、车体的位移）都是通过对加速度信号进行二次积分得到的间接测量值。位移也可以通过高速摄影的图像分析进行测量，但是精度有限。

6.2　正面碰撞滑车试验

系统性能测试最常用的设备是滑车系统。滑车试验可以综合考察安全带、安全气囊、座椅、仪表板、方向盘、转向柱等子系统的联合作用效应，可用于子系统的匹配和认证。滑车试验系统见图 6.7 和图 6.8。

图 6.7　正面滑车试验系统
（由一汽技术中心安全研究室提供）

图 6.8　正面台车弹射系统
（由一汽技术中心安全研究室提供）

滑车试验的前提是：车体结构已经完成一轮碰撞试验；已经测得各种工况下的碰撞波形；已经完成生物力学伤害灰区策略定义；假设气囊控制器能正常检测伤害灰区并能及时点爆安全气囊。滑车系统着重解决各个子系统之间的动力学耦合关系。动力学耦合包含两方面的含义：一方面是时间上的耦合，如安全气囊、安全带预紧器、转向柱等功能部件的动作时间；另一方面是子系统外特性在量值上的匹配，如各个子系统之间的刚度匹配。最佳耦合匹配的结果是最大化利用叠加吸能效应、最大化发挥子系统吸能容量、在正确的时间启动子系统的动作，使乘员始终保持正确的姿态和被约束状态。

滑车试验通过再现实车碰撞中试验车辆的碰撞过程，对不同碰撞工况下的约束系统性能进行快速评估。与实车障碍壁碰撞试验相比，滑车试验具有成本低、重复性好等特点，可以用于对众多的约束系统设计方案进行筛选优化，是替代实车碰撞、降低实车碰撞成本、加快研制周期的重要手段。

滑车试验的目的在于再现实车碰撞的动力学过程，用滑车与实车加速度时间历程曲线（a-t 波形）的重合性来评价滑车模拟的精度。控制滑台碰撞波形的装置称为波形控制器，是滑车系统的核心技术。波形控制器按结构原理和控制原理可分为节流控制式、液压伺服控制式和吸能材料式，每种结构都具有其固有的局限性，可根据自己的使用目的选择最适合于其特定要求的结构形式。

按使用方法又可将台车试验设备分为制动式和发射式两种类型。发射式滑车用瞬态的推动力配合恒定的制动力实现滑车的瞬态加速度控制，制动式滑车采用瞬态的制动力对台车的减速度波形进行控制。加速滑车（发射式）的试验段是滑车由静止到运动的加速阶段，加速方向朝向乘员的背后。减速滑车（制动式）的试验段是滑车由运动到静止的减速阶段，运动过程与实车碰撞一样。

HYGE[2]是汽车行业早期最常用的典型发射式试验台，是有代表性的节流控制类滑车系统，采用高压气体作为动力源，通过调整计量芯针外形轮廓对流体阻力进行瞬态控制，从而实现滑动平台加速度波形的模拟。HYGE式脉冲波形是试验行程的函数，对高速波形的控制效果较好，但对起始波形的控制较难。

液压伺服式控制器也常用于弹射系统。液压伺服滑车波形控制器的伺服阀活塞与滑台的运动同步，采用微机控制伺服阀的瞬态开度，调整背压油腔的压力，即可控制活塞的运动规律，液压伺服系统对碰撞速度不敏感，波形精度较高，只是在非常高的速度下才会出现部分波形失控的情况。

加速滑车占地空间较小，由伺服系统控制时可以达到很高的波形精度。加速滑车的局限是不能用来进行结构撞击试验，只能应用于约束系统试验。另外，进行侧撞保护系统模拟时，系统附加机构复杂，必须采用"台上台"结构[3]~[8]，尤其是进行侧气帘系统性能模拟时不十分便利。一种伺服弹射原理的台车系统外观及重复精度见图6.9和图6.10。

图6.9 Seattlesafety加速滑车系统
（由一汽技术中心安全研究室提供）

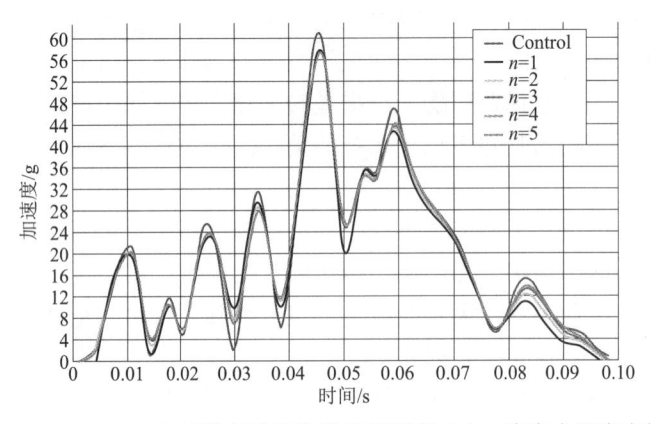

图6.10 Seattlesafety加速滑车系统曲线重复精度（由一汽安全研究室提供）

减速滑车试验的原理是先让滑台达到规定的碰撞速度后对滑台制动，制动的减速阶段是试验段。减速的动态过程是由起制动器作用的碰撞吸能器来控制的。减速滑车原理比较直观，易于理解，试验的物理过程与实车方向相同。试验时将局部车身、乘员约束系统按实车状态固定在一个在滑轨上滑动的平台上，在座椅与约束系统中安放与实车碰撞试验中相同的假人，见图 6.11。吸能器是一个碰撞能量瞬态过程控制器，通过编程，可以使滑车的碰撞过程模拟出任何一个实车碰撞方式下的减速度过程。

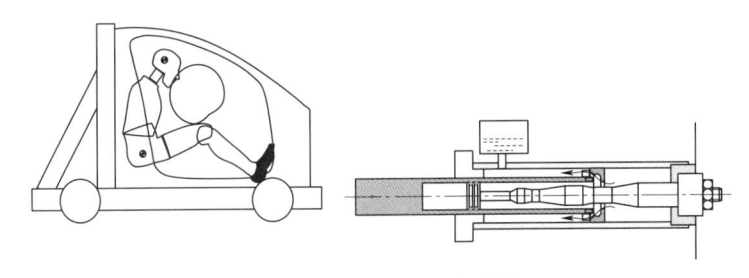

图6.11 液压节流式吸能制动器

减速吸能制动器可以用材料的塑性变形来控制，常见方式有用横向阵列钢筋组模拟车体前端的刚度分布特性，用纵向管件组的轴向压溃变形吸能过程模拟实车碰撞，也有用尼龙套筒与撞头之间的摩擦力进行制动的。在试验过程的结束段，由于碰撞能量的衰减，吸能控制器对波形尾部的控制有些难度。但是吸能材料式有一个独到的特性，即可以模拟双峰甚至三峰脉冲波形；对于节流控制式，由于制动或加速推杆始终与滑台保持接触，故很难取得这种波形形态。材料变形吸能式减速制动器造价低廉，使用费用较低，重复性较好，但是对整车碰撞波形模拟再现的精度很低，用于子总成（座椅靠背与头枕强度、儿童座椅、安全带）动态冲击试验还是可以的，如果用于多子系统之间的耦合联调，使用精度就不能满足要求了。

为了提高波形模拟精度，液压节流制动器是比较常用的技术。液压节流制动器的价格高于变形吸能制动器，但是远低于 HYGE 类的高压弹射设备。节流制动器使用时没有材料消耗，使用费用要比材料变形吸能控制器低，在专门开发的节流控制程序计算下，节流调整与部件制备也很简单。

根据原理和用途的组合，滑车系统的形式包括以下 5 种：节流弹射式[2]、伺服弹射式、节流制动式[9]、伺服制动式[10]和塑性变形制动式等。

文献［9］、［21］介绍了一种成本很低、精度较高的液压节流式吸能制动器（见图 6.11），图 6.12 所示制动吸能工作原理图[21]。

吸能器采用液压节制杆式结构。当滑台撞击套筒活塞时，活塞杆挤压腔内的液体，液体经活塞口流入低压腔；通过改变节制杆的截面形状，控制漏口的面积来控制液体压力。液体压力作用在活塞端面形成液压阻力。控制阻力的变化规律主要依靠节制杆的截面积变化来实现。节制杆是根据实车碰撞波形来设计外形的。节制杆的外形设计采用专门开发的软件，根据目标减速度波形计算节制杆的波纹母线外廓，再将外廓数据文件输入数控车床进行节制杆加工。对于不同的模拟对象采用不同的节制杆。

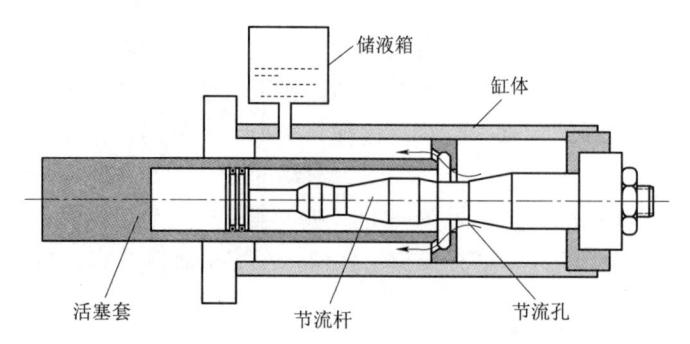

图 6.12　FAW DSS（Decelerating Sled System）波形控制器原理

为了提高系统响应，工作介质的黏性应当尽量小，因此采用炮膛驻退器的工作介质（驻退液）。

在碰撞起始段，滑车以 v_0 的速度与吸能器碰撞杆碰撞，则碰撞杆有极短的加速过程，最终与滑车以共同的速度 v 运动。按理想状态，对不同的碰撞速度，应给定碰撞杆加速时间 Δ 和相应的加速度规律，认为在 Δ 时间内，碰撞杆获得和滑车一样的运动速度，该方法比较符合实际情况，但 Δ 必须事先确定。

如果把滑车和碰撞杆作为一个整体，取碰撞结合为一体来研究，主要的受力[22]有：

重力
$$Q = (m_o + m_p)g = mg \tag{6.1}$$

重力的摩擦力
$$F_o = fQ \tag{6.2}$$

缓冲阻力
$$R$$

其中，R 是液压阻力和摩擦力的合力。

由达朗贝尔原理，连同惯性力，系统处于平衡状态，则有：
$$Ma = R + F_o \tag{6.3}$$

在碰撞杆的质量远小于滑车质量时，可近似地认为滑车的质心加速度为实车数据，则：
$$R = ma - F_o \tag{6.4}$$

1）缓冲阻力 R 的计算

液流的流动与碰撞杆受力分析如图 6.13 所示。假设滑车和碰撞杆碰撞结合后，在 t 时刻的速度为 v，单位时间 $\mathrm{d}t$ 内，活塞的行程为 $\mathrm{d}x$，驻退液的重度为 γ，则根据质量守恒，在主流液：

活塞排出的液体质量为：
$$(A_h - A_j + a_x)\mathrm{d}x\gamma \tag{6.5}$$

节制杆排出的液体质量为：
$$A_{fj}\mathrm{d}x\gamma \tag{6.6}$$

由连续方程得：
$$(A_h - A_j + a_x)\mathrm{d}xv\gamma = a_x\omega'_f\mathrm{d}t\gamma \tag{6.7}$$

$$\omega_2' = \frac{A_h - A_j + a_x}{a_x} v \tag{6.8}$$

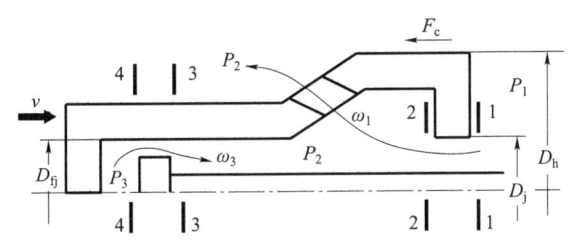

图 6.13 液流的流动与碰撞杆受力分析

绝对速度：

$$\omega_2 = \omega_2' - v = \frac{A_h - A_j}{a_x} v \tag{6.9}$$

式中，a_x 为环行漏口面积；ω_2' 为液流经过主漏口时的速度；A_h 为活塞面积，$A_h = \Pi/4 D_h^2$；A_j 为节制环面积，$A_j = \Pi/4 D_j^2$。

在 1—1，2—2 截面上，由伯努利方程：

$$\frac{P_1}{\gamma} + \frac{\omega_1^2}{2g} = \frac{P_2}{\gamma} + \frac{\omega_2^2}{2g} + H_1 \tag{6.10}$$

式中，P_1 为高压腔压力；P_2 为低压腔压力；ω_1 为高压腔液体初速度；H_1 为考虑液体流动的损失量。

一般认为，$H_1 = \xi_1 \frac{\omega_2^2}{2g}$，且可假设 $\omega_1 = 0$，$P_2 = 0$。

则高压腔压力：

$$P_1 = \frac{(1+\xi_1)\gamma}{2g} \frac{(A_h - A_j)^2}{a_x^2} v^2 \tag{6.11}$$

同理，在次液流上：

$$A_{fj} dx \gamma = a_f \omega_3 dt v \gamma \tag{6.12}$$

$$\omega_3 = \frac{A_{fj}}{a_f} v \tag{6.13}$$

式中，a_f 为次液流口面积；ω_3 为液体经过次流液口时的速度；

$A_{fj} = \Pi/4 D_{fj}^2$——内腔截面积。

在 3—3、4—4 截面上：

$$\frac{P_3}{\gamma} + \frac{v^2}{2g} = \frac{P_2}{\gamma} + \frac{\omega_3^2}{2g} + H_2 \tag{6.14}$$

式中，P_3 为高压腔压力；P_2 为低压腔压力；H_2 为考虑次液体流动的损失量。

一般认为，$H_2 = \xi_2 \frac{\omega_3^2}{2g}$，且可假设 $P_2 = 0$，则第三腔内的压力为：

$$P_3 = \frac{(1+\xi_2)\gamma}{2g} \frac{A_{fj}^2 - a_f^2}{a_f^2} v^2 \qquad (6.15)$$

以滑车和碰撞杆为受力体，其所受合力为两个腔的液压阻力和紧塞具摩擦力之和：

$$R = \varphi_1 + \varphi_3 - F_c = P_1(A_h - A_j) + P_3 A_{fj}$$

$$= \frac{(1+\xi_1)\gamma}{2g} \frac{(A_h - A_j)^3}{a_x^2} v^2 + \frac{(1+\xi_2)\gamma}{2g} \frac{A_{fj}^2 - a_f^2}{a_f^2} A_{fj} v^2 \qquad (6.16)$$

式中，F_c 为紧塞具摩擦力。

令 $K_1 = 1 + \xi_1$：主液流液压损失系数；$K_2 = 1 + \xi_2$：次液流液压损失系数。

2）流液口面积和节制杆直径的计算

由达朗贝尔原理，认为碰撞杆运动不存在变形，是刚性的，则其惯性力 R 可由实车碰撞加速度和质量确定，代入式（6.16）可得到主流液孔面积：

$$a_x = \sqrt{\frac{(A_h - A_j)^3}{\dfrac{20g(R+F_c)}{K_1 v^2 \gamma} + \dfrac{K_2}{K_1} \dfrac{A_{fj}^2 - a_f^2}{a_f^2} A_{fj}}} \qquad (6.17)$$

则节制杆直径为：

$$\delta_x = \sqrt{4(A_j - a_x)/\Pi} \qquad (6.18)$$

由于滑车质量和对应的实车碰撞数据已给定，且惯性力 R 可计算出，因此不同的加速度波形对应着不同的节制杆直径（外形）。

3）对于次液流的考虑

在数学模型中，次液流方程的建立是以次液流的最小截面为基准的，在碰撞杆运动中，必须事先确定次液流的最小流液口位置。由于不考虑复位，一般应将其设计为定值，且其面积应大于主漏口的最小值，这样可方便主漏口的调节。在结构设计中，要考虑次流液口的实现和安装。

如果在结构上不需要次液流（用密封件密封），则 P_3 腔压力不存在，计算时可取 $A_{fj}=0$，次液流液压损失系数 $K_2=0$，则上述模型中可取 $K_2=0$、$P_3=0$，即主流液孔面积为：

$$a_x = \sqrt{\frac{(A_h - A_j)^3 K_1 v^2 \gamma}{20g(R+F_c)}} \qquad (6.19)$$

则节制杆直径：

$$\delta_x = \sqrt{4(A_j - a_x)/\Pi} \qquad (6.20)$$

4）液体排出量的分析

建模时，假设在运动中内腔始终充满液体，而碰撞杆是挤进内腔的，易满足；但由于高压腔和低压腔在开始都充满液体，活塞排出的液体比后腔空间的增大量要多，因此，必须增加辅助空间来容纳后腔多余的液体。如果开始时不装满液体，则必须重新计算液体充满内腔的行程和时间，才可适用于数学模型。

5）液压损失系数的确定

内腔液体的流动十分复杂，除液体黏性造成的流动沿程损失和局部损失外，还有液体流经小孔的收缩现象，以及湍流流动造成的能量消耗等。因此，模型中的液压损失系数 K_1、K_2 实际上是包含内腔液体真实流动的折合系数，认为所有未考虑的因素都与流过流液孔截面的流速平方成正比。这些因素主要有：流动的沿程损失、流动的局部损失、在流液孔处液流截面的收缩、液体的可压缩性、流动的非定常性等。因此，液压损失系数实际上是与运动行程、速度有关的变量。

在节制杆的第一次设计时，由于没有具体的实验数据，可参考相应结构的缓冲器，并取为常数。在节制杆完成后必须进行试验，检验流液孔的合理性，并做出调整，这时由实测的压力行程 $P_1 \to x$ 和速度行程 $v \to x$ 可拟合实际的液压损失系数，即

$$K_1 = \frac{20gP_1 a_x^2}{\gamma v^2 (A_h - A_j)^2} \tag{6.21}$$

并将它作为以后计算的依据。

6）碰撞起始段的说明

由于吸能器固定于壁上，滑车以一定的速度撞击碰撞杆，碰撞杆实际上有极短的加速过程，最终与滑车共同作用在吸能器上。由实车碰撞数据可知，在该阶段滑车减加速度很小而速度很大，若代入式（6.19），必然 a_x 很大，在结构上是很难满足的，故在该段设计及计算时要注意：

（1）对不同的碰撞速度，给定碰撞杆加速时间 Δ。认为在 Δ 时间内，碰撞杆获得和滑车一样的运动速度。该方法比较符合实际情况，但 Δ 必须事先确定。

（2）由式（6.17）计算，用最小节制杆直径进行约束。由于活塞上液流口的面积是一定的，节制环和节制杆所形成的主流液孔的最大面积要受该面积的限制，它决定了主流液孔的最大面积，即节制杆的实际最小直径（比该值小时，活塞上的斜孔成为了主流液孔）。

7）模型的求解

由实车碰撞数据计算吸能器节制杆和行程的方法，称为正面设计。可采用实车的加速度—时间数据，通过积分计算碰撞杆的速度、位移和时间曲线，其模型为：

$$\begin{cases} \dfrac{dx}{dt} = v \\ \dfrac{dv}{dt} = \dfrac{R + F_c}{M} = \text{实车减加速度数据} \\ a_x = \sqrt{\dfrac{(A_h - A_j)^3}{\dfrac{20g(R + F_c)}{K_1 v^2 \gamma} + \dfrac{K_2}{K_1} \dfrac{A_{fj}^2 - a_f^2}{a_f^2} A_{fj}}} \\ \delta_x = \sqrt{4(A_j - a_x)/\Pi} \end{cases} \tag{6.22}$$

由节制杆计算碰撞杆的运动状态和滑车的波形（速度、加速度曲线）是反面问题，也是验证节制是否可行的方法，一般要调整节制杆。在对碰撞起始段进行处理后，可求解运动方程得到滑车和碰撞杆的速度、加速度波形，其模型为：

$$\begin{cases} \dfrac{dx}{dt} = v \\ \dfrac{dv}{dt} = \dfrac{\varphi_1 + \varphi_3 - F_c}{M} \\ \varphi_1 = \dfrac{(1+\xi_1)\gamma}{2g} \dfrac{(A_h - A_j)^3}{a_x^2} A_{fj} v^2 \\ \varphi_3 = \dfrac{(1+\xi_2)\gamma}{2g} \dfrac{A_{fj}^2 - a_f^2}{a_f^2} A_{fj} v^2 \end{cases} \quad (6.23)$$

节流加速系统的试验精度见图 6.14。从试验效果来看，该系统的波形模拟精度与 HYGE 相当，比伺服控制式系统要低，但成本远远低于 HYGE 和伺服控制式台车。该系统实际外观见图 6.15，吸能减速器的外观见图 6.16。与弹射类节流控制系统（如 HYGE）不同，节流制动系统波形发生的动力来源于滑车的动能，而不要求配置昂贵而复杂的高压驱动设备，因此整体结构可以设计成自封闭型，这样就降低了制造成本和复杂程度，并易于维护且使用简单。各种滑车系统综合性能对比见表 6.5。

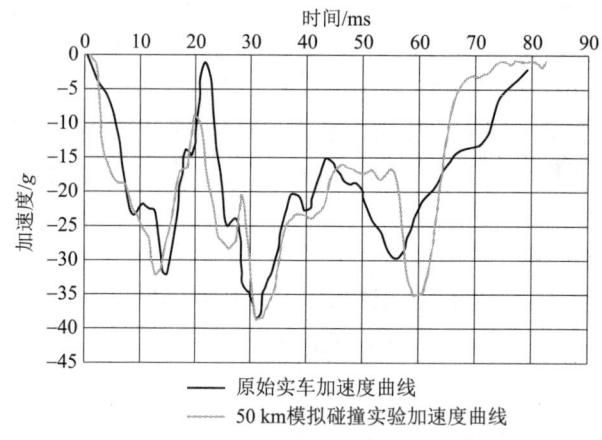

图 6.14 FAW DSS 系统试验精度

与整车障碍墙碰撞试验室共用轨道时，减速滑车可以采用整车碰撞牵引系统驱动。当单独建立滑车试验室时，气动驱动系统性能比较高。柔性牵引索采用凯芙拉材料，因此能同时保证气缸密封、强度、柔性等多项性能要求。凯芙拉牵引可免除气缸的活塞杆结构，其系统原理见图 6.17[11]。

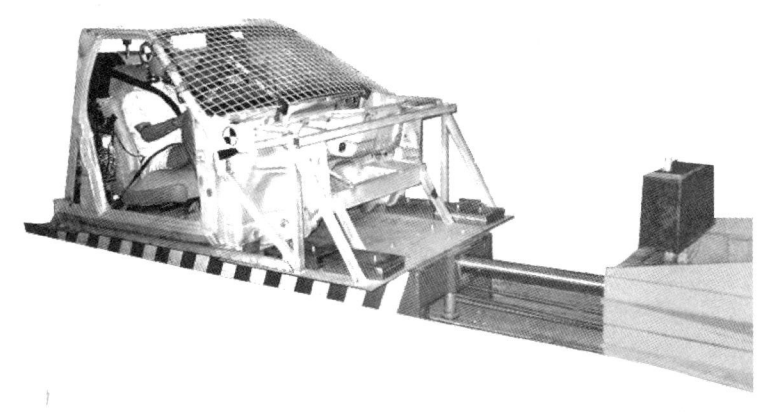

图 6.15 FAW DSS 系统外观（由一汽技术中心安全研究室提供）

图 6.16 FAW DSS 吸能减速器外观（由一汽技术中心安全研究室提供）

表 6.5 各种滑车系统综合性能对比

性　　能	节流弹射式	伺服弹射式	节流制动式	塑性变形制动式
波形精度	很好，起始波形不佳，高速模拟较好	很高，重复性很好	很好，起始波形不佳	一般，结尾波形不佳
多峰波形	不可	可	不可	可
高压辅助设施	需要	需要	不需要	不需要
维护费用	高	高	低	低
使用便利性	一般	很便利	一般	较便利
碰撞前假人位移	无	无	有	有
碰撞前制动模拟	不可	不可	可	可
设备迁移	不易	不易	易	易
场地占用	少	少	多	多
与实车碰撞共享场地	不可	不可	可	可
设备成本	高	很高	低	很低

如图 6.17 所示的牵引系统，由于活塞的启动质量较大，因此响应频率没有伺服式弹射系统高。为了增加波形的再现精度，减速系统也可以采用液压伺服制动式减速滑车方案（见图 6.18），可以综合伺服系统的精度和减速系统的低成本等优势。

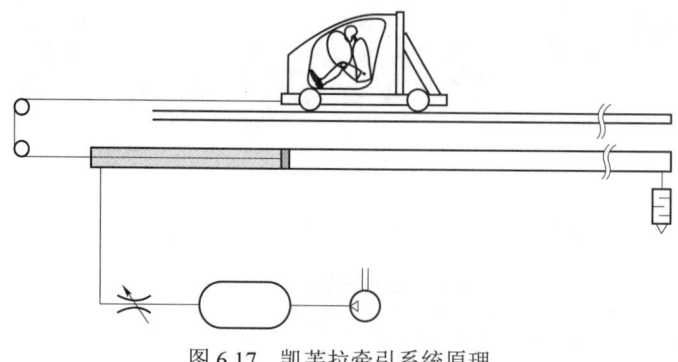

图 6.17　凯芙拉牵引系统原理

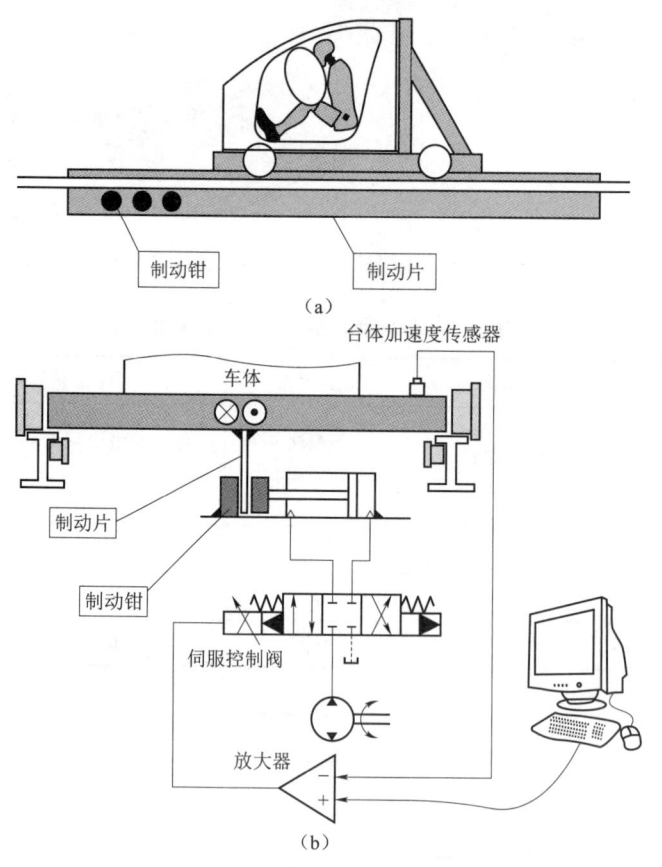

（a）

（b）

图 6.18　液压伺服制动式减速滑车方案

6.3　侧面碰撞滑车试验

在正面碰撞约束系统滑车试验中，整个车体被视为一个刚体，只要正确控制车体碰撞加速度波形的再现精度这一项参数，就可以保证滑车试验的准确性和重复性。相对而言，在侧撞滑车中模拟实际侧撞过程要比正面碰撞模拟难度大得多。在侧撞中，车门、B柱、门槛、座椅、地板都在以不同速度做相对移动，没有统一的特征性波形可用来模拟整车的碰撞过程，为寻求较为准确的滑车复现手段，行业内进行了很多研究[3]~[10]。侧撞滑车试验系统示例如图 6.19 所示。

图 6.19　侧撞滑车试验系统（由一汽技术中心安全研究室提供）

侧面碰撞与正面碰撞模拟的难点有所不同，首先，乘员的侧面空间非常窄小，打击速度非常快，在 10 ms 左右就有可能高达 100 g 以上。如果仍然采用加速度模拟，已有的正面碰撞加速或减速系统的响应速度就显得不足了。其次，直接撞击乘员的门内板速度不像正面碰撞中车体那样呈现平滑特征，而是上下波动，即在加速过程中还带有减速动作，给动力学过程再现带来了一定的难度。

以美国 SINCAP 侧撞试验为例，典型的侧撞过程如下所述。

与正面碰撞用加速度曲线描述过程不同，侧撞试验习惯用速度—时间曲线来描述碰撞过程，因为在侧撞过程中动量交换是能量流动的主要形式。图 6.20 所示为美国 SINCAP 侧撞试验数据（试验编号 756378）。在 3~5 ms 之内，车门内板会达到与撞击障碍 MDB 相同的速度，有时内板的速度会高出 MDB 一些。撞击事件发生以后，在 10~20 ms 时间段内，假人会在 t_1 时刻与车门内表面发生动态接触，因此车门速度在 t_1 时刻达到第一个高峰并开始下降。随着车门对人体动态载荷的增加，人体会在碰撞初始时刻后 20~40 ms 内达到速度的最高点，在此之前会经历一个与车门接触的分离点 t_2。分离以后车门速度又开始上升，因此车门速度在 t_2 处达到谷点。然后，在人体速度继续上升的同时，车门也达到其第二峰值，整体呈现"双峰"特征。如果不发生碰撞，双峰特征则不那么明显。

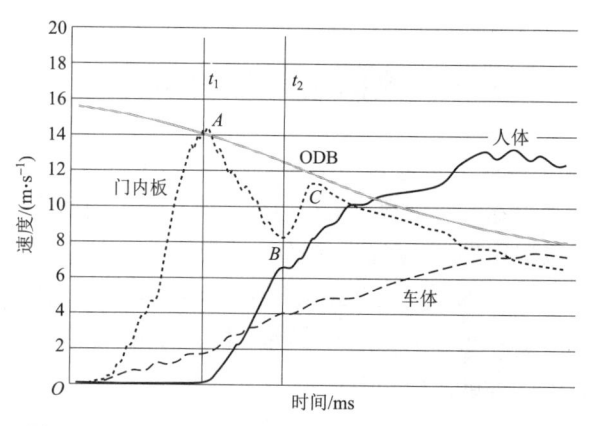

图 6.20　NHTSA SINCAP 试验第 2506 号（1997 年）

文献 [12]、[13] 认为，人体伤害不仅与车门的初始接触速度有关，车门的速度—时间历程也是影响乘员伤害程度的重要因素。其他影响伤害程度的因素还有：车门变形程度、乘员身体承受载荷顺序、B 柱变形形态，等等。

鉴于侧撞过程模拟的复杂性，至今还没有一种被行业所普遍接受的"标准型"滑车设施，大多是按照各自对侧撞过程的理解开发自己的试验系统，这一点与正面碰撞台车模拟系统有很大不同。为保证获得足够的乘员伤害再现精度，无论采用什么结构形式，侧撞模拟滑车系统均必须具备以下 4 方面的性能。

（1）人体—车门接触速度再现。

（2）车门的速度历程再现：双峰速度波形代表了车门—人体动量交换的过程。

（3）"剩余厚度"复制：门外板向内压缩的变形会减小内板与人体撞击时的压缩变形可利用空间，尤其是与 MDB（移动吸能障碍）接触的下部。"剩余厚度"是指障碍壁撞击以后，门内板与外板之间余留空间的厚度，代表了车门的柔顺性。复制"剩余厚度"可以保证提供正确的可利用内板压缩空间，保证侧撞气囊有足够的展开空间。

（4）车门—人体相对几何空间复制：碰撞发生以后，侧撞气囊必须在约 5 ms 后触发，15 ms 以后展开到位。为保证气囊的顺利展开，需要为其在正确的时间提供必备的几何空间。与气囊相接触的结构和气囊反作用基础部位的几何特征都应当尽量复制出来，最重要的是气囊安装点的运动历程再现非常重要，需要从零时刻开始一直复制到人—车门脱离为止。

接触时间、刚度分布、几何空间复制的方法可参考文献 [10]～[14] 进行。

门内板与乘员交互作用的速度历程是决定乘员伤害的主要因素之一，而复现车门速度却是一项具有挑战性的任务。

首先，侧撞中车门内板在 10～25 ms 之内被从静止状态加速到 9～16 m/s [15]，加速度最高可达 160 g，用标准的正面碰撞模拟加速滑车很难把车门加速到这个水平。其次，典型的车门速度具有双峰特性，期间经历了负加速过程，这种双向加速过程用普通的正撞系统是难以模拟出来的。

MIRA [16]、MGA [7]、Ford [5, 17]、Autoliv [13] 的侧撞解决方案是比较有代表性的。

MGA 系统、弗吉尼亚大学汽车安全试验室 UVA 系统和 Mitsubishi 系统可以模拟出第一个波峰，MIRA 系统可以通过增加缓冲衬垫的方法获得双峰效果，但是需要一定的调试经验才能获得满意的效果[18]。

福特采用了一种比较复杂的方法进行双波峰模拟[14]，系统原理见图 6.21。图 6.20 中的 OA 加速段用 HYGE 冲击台实现。由于在图 6.20 中 t_1 之前乘员几乎完全不动，因此 OA 上升斜率与实车符合与否并不影响试验效果。真正的试验段是从 t_1 开始的。从 A 到 B 段是由蜂窝铝吸能来减速的，HYGE 冲击台处于空载运行状态，规定的行程与速度降低量均由蜂窝铝来控制。当需要转入第二波峰阶段时，HYGE 冲击台再次启动，打出 BC 段波形。达到曲线的 C 点时，由图 6.21 中 VIA（液压吸能减速器）对整个滑车系统进行制动，实现 C 点以后的速度曲线模拟。整个过程是一个用 HYGE、蜂窝铝、VIA 进行"推—拉—推—拉"的过程。

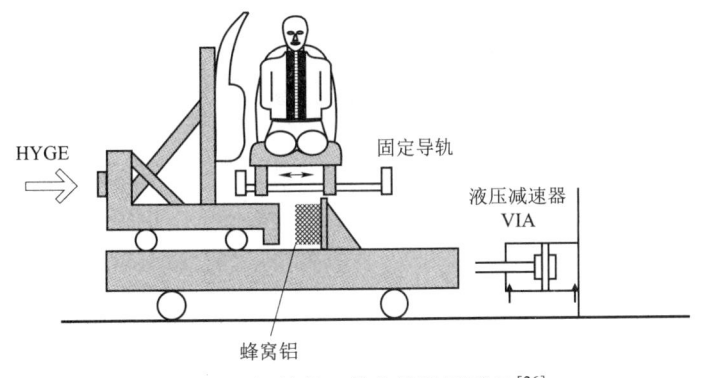

图 6.21 福特的双峰曲线模拟原理[26]

文献 [19] 尝试了用刚性联动机械系统协调车门、座椅与车体之间相对速度的方法，如图 6.22 所示。该方案将车门、座椅安装在一个静止的滑台（称为目标台车）上，另一个滑台模拟移动障碍壁（MDB）以预定的速度冲击目标台车。仍然采用图 6.16 所示的吸能减速器进行制动，用机械联动装置设定车门、车体与座椅之间的运动规律，并控制三者运动时序与实车的相对关系和实测保持一致。

系统由静止台车和运动台车（MDB 台车）组成。静止台车上安装车门、座椅及控制座椅和车门相对运动的刚性连杆控制装置，假人用安全带约束在座椅上。MDB 台车上安装车门吸能器（蜂窝铝）和 MDB 吸能器。

试验时，MDB 台车以规定速度 v 撞击静止台车。车门吸能器首先与车门作用，在静止台车未动时使车门建立起目标速度。车门达到图 6.20 所示的 A 点速度之后，MDB 吸能器与静止台车碰撞使其开始运动。图 6.20 中的车体曲线由 MDB 吸能器控制，在车门曲线 BC 段，人体与车门之间的相对速度关系由连杆机构控制。最后，在制动吸能器、连杆曲线销槽的配合作用下，完成试验后段的尾部曲线控制。

曲线销槽的轨迹曲线由车门和车体和座椅的速度曲线所决定，两条曲线槽分别取不同的外廓（见图 6.23）。

汽车碰撞安全工程

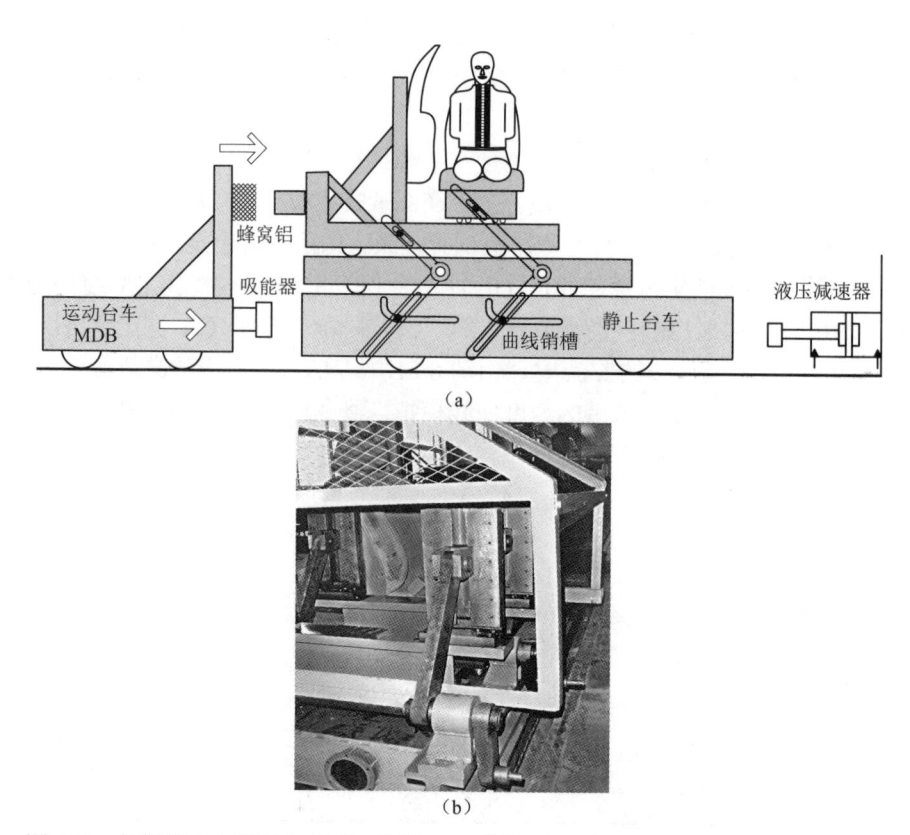

图 6.22 机械联动式侧面台车试验系统 MSIS[19]（由一汽技术中心安全研究室提供）
(a) 系统原理示意；(b) 铰链结构

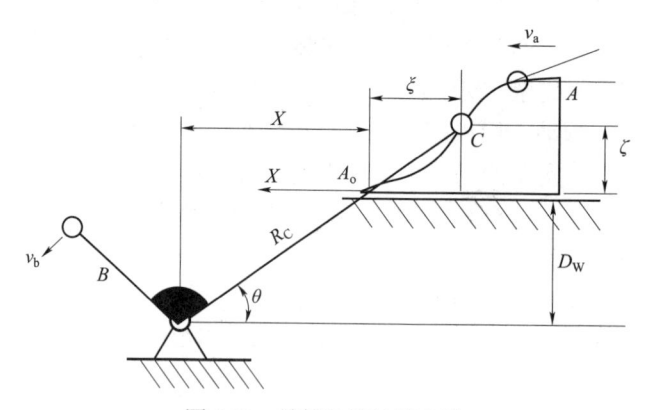

图 6.23 销槽轨迹计算参数

求解曲线方程方法如下：

$$\begin{cases} f(\xi,\zeta)=0 & \text{凸轮理论轮廓曲线方程} \\ f(\xi,\zeta,x,\alpha)=0 & \text{结构几何关系方程} \end{cases} \quad (6.24)$$

第 6 章 碰撞安全试验验证技术

得到传动点的关系：

$$\begin{cases} \xi = \xi(x) & \text{传动点与主动件行程} \\ \alpha = \alpha(x) & \text{传动点倾角与主动件行程} \end{cases} \quad (6.25)$$

由几何关系得曲线槽设计模型：

$$\begin{cases} \varsigma \tan \dfrac{1}{2}(\theta + \theta_0) + \xi = x \\ \sin \theta = \dfrac{D_W + \varsigma}{R_C} \end{cases} \quad (6.26)$$

利用给定的座椅、车门和车体的运动数据，可设计出座椅和车门所需的运动曲线。系统的双峰模拟效果见图 6.24。

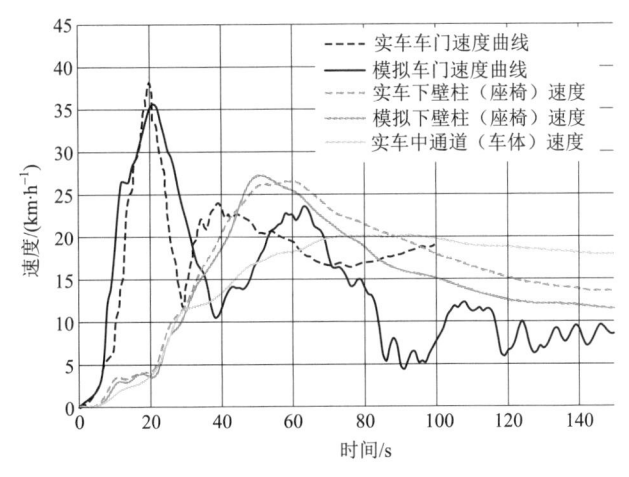

图 6.24 MSIS 的模拟效果

如图 6.25 所示的侧面碰撞车门双峰速度波形模拟系统是建立在图 6.19 侧撞滑车试验系统基础上的，结构比图 6.19 简单。系统由主滑车、伺服制动系统和冲击质量系统构成。试验之初滑车处于静止状态，双质量系统由图 6.17 所示的牵引系统驱动到规定速度。相对于图 6.20 所示的侧撞过程，质量块 M1 撞击到滑车上时将产生图 6.20 中 O 到 A 段加速度。达到峰值 A 点时液压伺服制动系统开始对滑车实施制动，使曲线达到谷点 B。在 AB 制动阶段，质量块 M2 在惯性作用下继续向前空行程滑行，调整 M1 和 M2

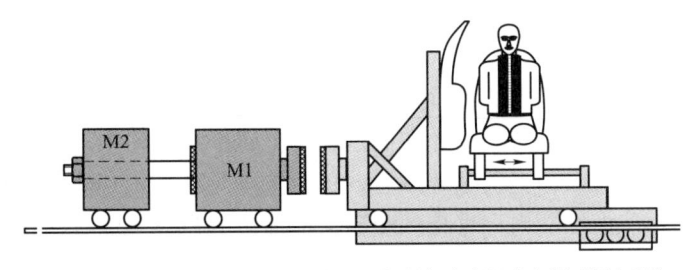

图 6.25 基于液压伺服制动的双质量块减速滑车侧撞模拟系统

之间的距离，使 M1 在 B 点时刻与 M2 相撞，对滑车产生第二次冲击，将曲线推向 C 点。在 BC 段运动期间，液压伺服制动系统完全松开。达到 C 点以后伺服制动系统再次开始制动，实现 C 点以后的曲线波形。

内饰与人体之间的空间和刚度耦合模拟可采用与其他系统相仿的措施。

6.4 乘员约束系统部件与子系统外特性试验

除了整车碰撞和系统滑车试验外，碰撞安全的第三类试验是部件和子系统的力学外特性试验。"外特性"是指总成的静刚度、动刚度、强度等性能，这些性能直接影响着约束系统整体的耦合匹配效果，是系统性能计算机仿真必不可少的边界输入条件。在概念设计阶段，对系统性能的解析和预估也是以部件和子系统外特性参数为计算依据。这些参数一旦确定，就应当成为部件与子系统开发的重要依据，在整个部件产品开发过程中都应当受到严格控制，否则，装配到一起的子系统将无法协同发挥约束系统的整体性能。

约束系统的子系统包括安全带、座椅、气囊、转向柱、仪表板，部件包括安全带织带、头枕、方向盘和安全带固定点。这些部件级别的安全功能要求与性能衰退限制在工业法规里都有详细规定，具体内容可参考公开发行的出版物。法规设定的内容只保证相关安全部件的最低性能表现，并避免潜在的关联伤害，不对系统匹配和如何优化系统负责。系统外特性试验是从系统匹配的角度来看的，必须测定部件的关联特性。例如，座椅和安全带织带的刚度会影响到乘员的坐姿，不同的坐姿要有不同的安全气囊设计策略，等等。这些外特性的大部分（并非全部）在法规里是不做要求的。

无论是部件、系统还是整车，产品的试验均有三种性质：

（1）法规符合性试验：证明产品符合法规要求。

（2）产品开发试验：探索达到法规要求和客户要求的最优化工程解决方案，这种试验要在 SOP（正式产品下线）之前全部完成。

（3）产品一致性检验：也叫作质保检验，保证产品质量的稳定性，保证大批量生产的产品都能像开发试验室表现得一样，都能符合法规要求。

导致产品性能不一致的因素有：供货厂家更改、生产地更改、原材料替代、工艺更改、工装性能衰退，等等。

法规试验规定了事关公共利益的性能（安全、节能、环保）内容，不对舒适便利等涉及客户价值和市场竞争力的项目负责。产品一致性检验着重检验总成的功能和在恶劣环境下抗功能衰退的能力，例如在高低温、电磁干扰、粉尘、机械振动、高湿度等环境下操作与服务寿命相当的循环以后，仍然应当具备基本功能。产品开发试验的性能检测往往都不能由终端用户直接体验到，但却是客户体验的直接保障，如车身的抗弯/抗扭刚度、钢板的强度、阻尼材料的隔声性能。以下涉及的子系统外特性试验都属于产品开发验证类的试验，法规规定的总成功能与性能测试从略。

1）气囊动刚度落锤试验

气囊展开以后，不是一个像气球一样的稳定气袋，而是具有动态的刚度特性，在展开后不同的时间对乘员的约束效果是不一样的。在气袋支撑乘员向前方冲击的过程中，气袋的刚度受多个因素影响。首先，气体发生器的产气量和压力输出不是均衡的。以单级驾驶员气囊为例，气囊控制器点火后，气体发生器的火药燃烧气体在大约 50 ms 后达到最大喷出量，产生最大气袋压力，然后产气量开始逐渐下降。燃烧气体是提供气袋刚度的主要来源。其次，气体的泄漏是刚度控制的另一个影响因素。泄漏的途径有两种，一种是气袋的泄气孔排气泄漏，另一种是通过气袋织物的空隙发生的泄漏。泄漏和腔内压力、气袋材料都有关系，不同质量、不同速度的乘员上肢体冲向气袋以后会引起不同的气袋内压力变化，因此会导致产生不同的气袋刚度效果。

气囊动态冲击刚度是影响约束系统整体效果的重要因素之一，也是验证气囊仿真模型的必要试验，因此应当在开展仿真分析工作之前进行测试。常用设备有落锤冲击试验塔（见图 6.26）和躯干模块自由冲击试验台，二者的目的都是考察点爆气囊以后，在规定的冲击质量和冲击速度下，气袋内部压力随时间变化的规律。

图 6.26　落锤冲击试验塔
（由一汽技术中心安全研究室提供）

2）座椅刚度

座椅对约束系统是否能发挥正常功能起到至关重要的作用。座椅在约束乘员的过程中主要起到使乘员保持正确姿态的作用，如果乘员的姿态不正确，约束系统就无法承接住乘员的冲击运动。典型的姿态异常有身体过度前冲和下潜。可以说，坚固的座椅是一切约束系统发挥功能的根基。

理想的约束系统与乘员身体之间没有间隙，即不允许乘员有自由前移的空间。因为安全带有一定的松弛量和卷收机构间隙，所以在碰撞发生的那一瞬间安全带并不能马上发挥作用，等安全带锁止住织带拉出并开始承受乘员的冲击载荷时，乘员已经向前移动了约 50 mm 的距离。为此目前的中、高端安全带加装了安全带预紧器，即在发生碰撞事故时，安全带不但要锁止，而且要强力往回收卷，以便尽早约束住乘员的前冲运动。除了安全带预紧器外，座椅坐垫面料与乘员之间的摩擦力、高密度发泡坐垫前缘（见图 6.27）

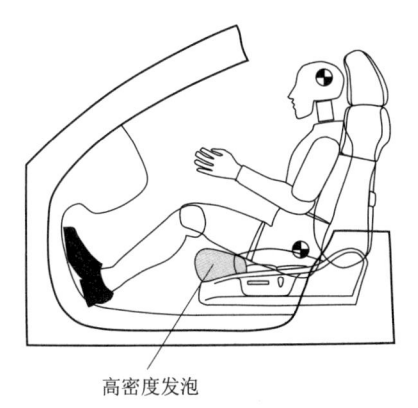

图 6.27　坐垫密度对坐姿的影响

都能阻挡乘员的前移运动。可用如图 6.28 所示的方法测量前缘硬块对乘员的阻挡效应。用垂直重块模拟人体重量，用加载器水平向座椅前方推动臀部模块，坐垫对臀部模块向右面的阻抗力越大越好。如果为了提高抗力，前缘设计得太硬或者太高都会影响乘坐舒适性，影响体压正常分布，因此前缘挡块的截面几何尺寸和硬度参数需要在安全与舒适之间寻求最佳点。

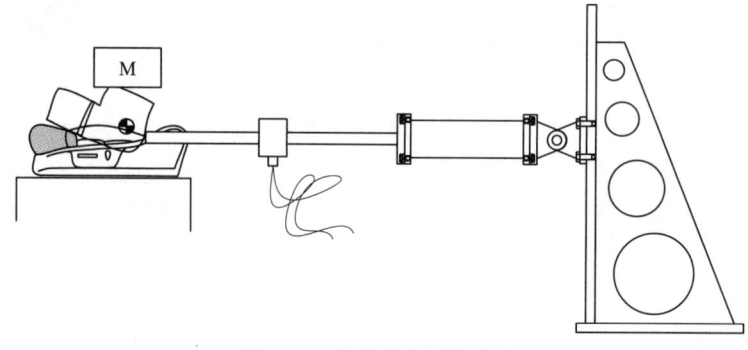

图 6.28　坐垫前向刚度试验

座椅的垂直刚度也非常重要。由于整车中心高度一般在碰撞合力作用线之上，因此碰撞时车体一般会发生绕 z 轴往前翻转的俯仰运动。在翻转运动中，乘员体重产生的惯性力压向座椅，会使座椅结构件向下坍塌，甚至压溃导轨滑架。座椅向下的压溃变形会使前缘挡块的作用失效，对保持乘员坐姿是非常不利的。如果压缩过度，乘员臀部还会滑向地板，即发生所谓的"下潜"现象[20]。发生下潜时，安全带的肩带会离开对肩部的约束区域，向上方移动到颈部，如果和颈部发生冲击就有可能发生危险。图 6.29 所示为座椅垂直刚度的静态试验方法，要求在规定载荷作用下，座椅骨盆下降量不得超过规定数值。

发挥上述垂直刚度和水平刚度性能的前提是座椅导轨和导轨固定点必须有足够的强度，在乘员的载荷冲击作用下不至于发生移位和变形，因此白车身上的座椅固定点和座椅导轨强度试验也非常重要。

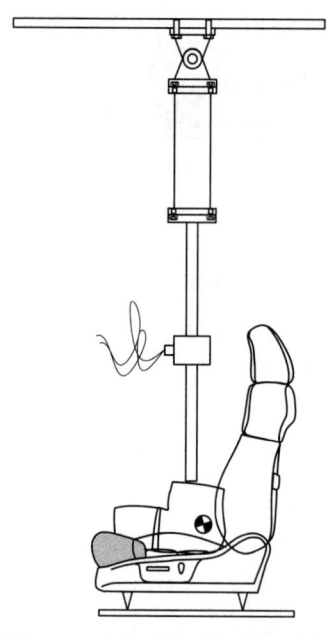

图 6.29　坐椅垂直刚度静态试验

地板与前墙挡板的刚度特性对维持乘员姿态很重要，其试验方法见图 6.30。

仪表板下方的挡膝板是十分重要的约束部件，当座椅坐垫和安全带都没能阻止下肢前移时，挡膝板可以阻挡骨盆和大腿的前移，尽量维持乘员的正确姿态。挡膝板由骨架和软化表皮组成，其必须具备一定的刚度，否则不能起到约束和止动的作用；同时刚度不能过高，否则与乘员膝部相磕碰的时候容易导致膝盖等部位产生骨折伤害。如果在此处安装膝部气囊，则要求气囊支架必须具备足够的刚度，以便为气囊提供支撑反力。测试方法见图 6.31。

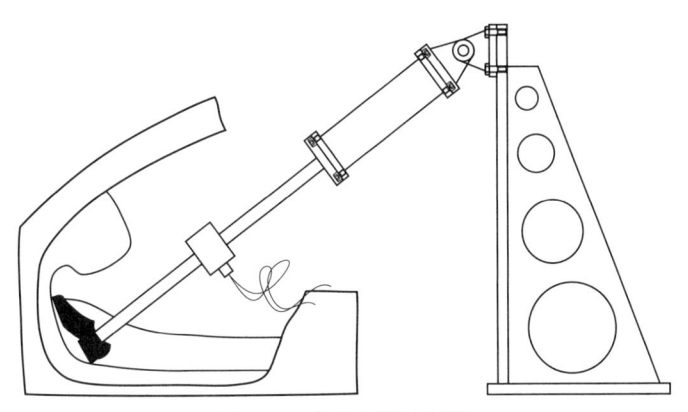

图 6.30　前地板刚度试验

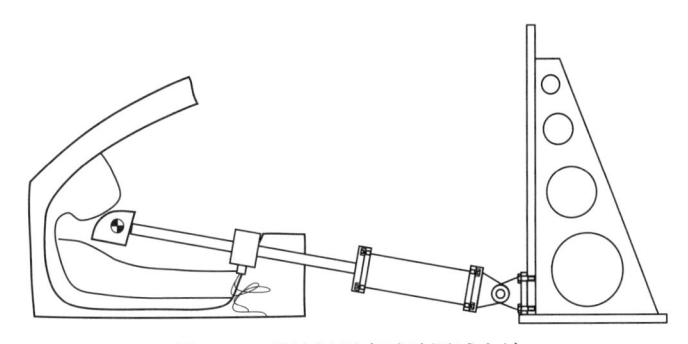

图 6.31　前地板刚度试验测试方法

方向盘和转向柱是气囊的基座，必须为气囊提供稳定的基础，在气囊承受撞击时方向盘骨架不得发生偏斜，否则会使乘员偏向气囊的一侧而滑落出气袋保护范围，与硬性内饰件发生磕碰。另外，在受到一定的轴向载荷压力时，转向柱应当具备收缩功能，以免给胸部造成过大压力。转向柱在受到高于临界值的轴向载荷时向前方缩回，给气囊提供一个近似恒定力的支撑，其作用与安全带限力装置类似。转向柱的轴向刚度特性、方向盘的横向稳定都是气囊匹配需要参考的重要参数，其测量方法见图 6.32 和图 6.33。

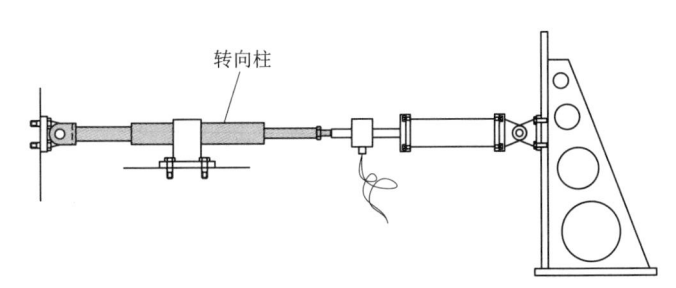

图 6.32　转向柱轴向刚度试验

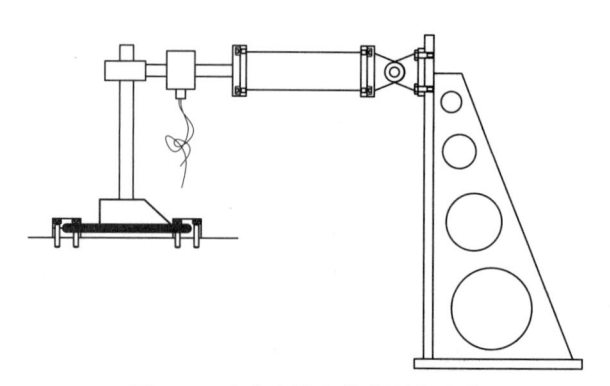

图 6.33　方向盘横向稳定刚度试验

参考文献

[1] BIA 汽车安全试验设备，www.bia.fr.
[2] HYGE 加速台车试验系统，www.hyge.com.
[3] Tony R.Payne, advances in side impact development techniques,Testing EXP 2000, Hamburg, Germany.
[4] Ikeno H, Okada M, Suzuki N. Side impact sled test method for investigation to reduce injury index [J]. ESV18th Paper, 2003 (266).
[5] Sundararajan S, Chou C C, Lim G G, et al. Dynamic door component test methodology [R]. SAE Technical Paper, 1995.
[6] Miller P M, Gu H. Sled testing procedure for side impact airbag development [R]. SAE Technical Paper, 1997.
[7] Miller P M, Nowak T, Macklem W. A compact sled system for linear impact, pole impact, and side impact testing [R]. SAE Technical Paper, 2002.
[8] Stein D J. Apparatus and method for side impact testing [R]. SAE Technical Paper, 1997:25−32.
[9] Qiu S, Zhang Y, Tang K, et al. Development of an Airbag Restraint System [C] Proceedings of the 11th International Pacific Conference on Automotive Engineering. 2001:80−81.
[10] Messring 汽车安全试验设备，www.messring.de.
[11] 超维公司减速滑车气压驱动系统用户手册. 长春超维科技产业（集团）有限责任公司，2008，长春.
[12] Kim O S, Kim S T, Jung S B, et al. Sub-structure Vehicle Test and Analysis to Predict the Frontal Crash Performances of Full-scale Vehicle [R]. SAE Technical Paper, 1999.
[13] Kent R, Crandall J, Butcher J, et al. Sled system requirements for the analysis of side impact thoracic injury criteria and occupant protection [R]. SAE Technical Paper, 2001−01−0721.

[14] Kinoshita A, Shigeno N, Fukushima T. Development of a side impact sled test method using multiple actuators [J]. 22th ESV (Enhanced Safety of Vehicles) Paper (11-0072).

[15] Chan H, Hackney J R, Morgan R M, et al. An Analysis of NCAP side impact crash data [C] Proceedings of the 16th International Conference on the Enhanced Safety of Vehicles. 1998: 1-4.

[16] Hopton J R, Payne A R. Comparison Study of EuroSID, USSID, BioSID Performance Using MIRA's New M-SIS Side impact Simulation Technique [R]. SAE Technical Paper, 1996.

[17] Aekbote K, Sundararajan S, Chou C C, et al. A new component test methodology concept for side impact simulation [R]. SAE Technical Paper, 1999-01-0427.

[18] Miller P M, Gu H. Sled testing procedure for side impact airbag development [R]. SAE Technical Paper, 1997: 17-24.

[19] 张雨，唐洪斌，邱少波. 侧面碰撞台车试验方法的探究 [C]. 中国汽车安全技术国际研讨会议. 2006.

[20] Serber H. Counter Balanced Motion (CBM), Dynamic Seat [R]. SAE Technical Paper, 1999.

[21] 杨臻，邱阳，李强，等. PG—15 型节制杆式台车试验技术研究 [J]. 汽车工程，2002，24（3）：224-227. DOI：10.3321/j.issn：1000-680X.2002.03.012.

[22] 邱少波，张雨，唐洪斌. PG-15 型台车试验系统的研制，第一汽车集团公司技术中心学术年会论文集，2002 年 9 月.

[23] Ha Y H, Lee B W. A Device and Test Methodology for Side Impact Crash Simulation Using A Frontal Crash Simulator and Two Hydraulic Brake Systems [R]. SAE Technical Paper, 2000.

[24] Ikeno H, Okada M, Suzuki N. Side impact sled test method for investigation to reduce injury index [J]. ESV18th Paper, 2003 (266).

[25] Chan H, Hackney J R, Morgan R M, et al. An Analysis of NCAP side impact crash data [C] Proceedings of the 16th International Conference on the Enhanced Safety of Vehicles. 1998: 1-4.

[26] Aekbote K, Sundararajan S, Chou C C, et al. A new component test methodology concept for side impact simulation [R]. SAE Technical Paper, 1999.

[27] Serber H. Counter Balanced Motion (CBM)-Dynamic Seating—New Seat Mechanics to Reduce Occupant Injury and Enhance Comfort [R]. SAE Technical Paper, 1999.

[28] Ohmae H, Sakurai M, Harigae T, et al. Analysis of the influence of various side impact test procedures [R]. SAE Technical Paper 890378, 1989.

第 7 章

未来约束系统技术

7.1 概　　述

碰撞安全技术的发展趋势主要体现在以下四个方面。

1）约束系统

乘员约束系统经历了安全带、电子式安全气囊和智能气囊等几个主要发展阶段，技术已经基本稳定，长期以来未发生变革性突破。工业界认为，依靠现有的传感技术和气囊原理，约束系统的性能很难再有大幅度的提升。因为传统的乘员约束产品研发投入规模较大，质量稳定性与可靠性要求极其严格，再加上本领域的技术创新已经趋于饱和，所以近期很少看到有新的产品供应商加入本行业。尽管如此，约束系统仍然有可能在硬件和软件两方面取得新的发展。

在硬件方面，对气囊的气体发生器产气药剂的试验已经进行了大量的尝试，依靠药剂配方提高产气效率的可能性已经很小。到目前为止，大量的研究都是集中在产气方式上，如尝试各种炸药和压缩气体，但是对气体流动过程的研究却很少。通过控制高温高速气体的流动过程，很有可能提高现有炸药配方的充气效率。本章介绍的"吸气式气体发生器"就是一种已经初见成效的尝试。

在软件方面，由于气囊的展开强度要对各种碰撞强度、碰撞方式、乘员尺寸、乘员坐姿等因素进行适应性调整，寻找到满足多方要求的起爆方式往往是非常困难的。为了在约束系统开发中对多种性能进行均衡和折中，需要在车体中安装更多的传感器，这将给可靠性、系统复杂程度、产品成本带来不利影响。现阶段的传感器均采用物理量的阈值判断模式对约束系统进行控制。物理量和阈值都由工程师进行人为规定。当控制器检测到某一个物理量超过一定的设定阈值时就启动系统执行一个规定的动作。当约束系统需要兼顾更多的起爆约束条件时，各个预置的物理量阈值判据经常会带来性能之间的冲突。如果在起爆条件检测和起爆方式决策过程中采用模式识别判断，即不仅仅依赖于满足所有事先设定的固定物理量阈值，而是依赖更先进的人工智能技术识别出最危险的环境模式，那么约束系统的综合保护效果就会得到很大提高。

另外，模式识别传感系统还可以对不可避免的碰撞事故进行提前预警。如果能比现在的电子气囊控制器提前 100 ms 进行事故报警，那么就可以避免 90%以上的现有事故。

2）耐撞车体

针对法规试验要求，工程界对碰撞机理和应对措施越来越熟悉，选择正确的结构去实现各个地区的法规或者 NCAP 试验并非难事。车体耐撞性结构设计的最大挑战是在满足耐撞安全性要求的同时还要满足轻量化要求。对轻型车辆，车体降重 10%就可以提高 6%～8%的燃油经济性，为此，高强钢、轻金属、复合材料得到了大量应用。然而，轻量化措施经常伴随着成本的提高，同时，有的轻量化技术从全社会的宏观角度来衡量并没有给环境带来正面的贡献。轻量化材料的应用障碍主要来自于工艺、成本、性能仿真等几个方面。除了轻金属和复合材料技术，微结构材料也日益受到关注，是一个有潜力的轻量化车体解决方案。

3）仿真分析技术

数字仿真是替代实际碰撞、缩短开发周期和降低开发费用的重要手段。在有限度的投入规模下，数字仿真可为车辆制造厂带来巨大的经济与实践效益。当人们开始追求"零碰撞"开发的时候，对仿真的投入资源就会激增。"2-8 定律"并不是一个严格的科学论断，但是在这里却可以很贴切地形容数字碰撞仿真的投入与效率之间的关系：当进行有限的投入时，CAE 分析可以解决大多数问题；当需要用 CAE 解决所余下少数问题的时候，所需投入就会飙升。当从事 CAE 仿真的人力资源成本支出庞大到超过效益平衡点时，人们就又会回到寻求物理试验解决方案的原点。

在现行的 CAE 仿真工作模式中，碰撞仿真与其他性能（如 NVH、疲劳耐久、动/静态刚度、空气动力学、车辆动力学等）仿真是分别进行的，而不是处在一个统一的数字化工作域内，即使用各自的数字化模型在各个专业的求解器里进行仿真，当分别完成性能优化以后再对各种性能进行综合平衡。用这种方式进行性能融合是非常困难的，因为每一种性能的优化后果对其他性能的即刻影响都是未知的，只有在下一轮的性能仿真才会清楚，所以各个领域的性能优化很难进行实质互动。如何进行各个专业的性能同步优化、如何在开发阶段就在同一个数字化工作域内开展工作、如何使本专业的性能优化对其他性能的影响得到即刻体现，是对碰撞仿真分析，也是其他性能仿真技术所面临的极大挑战。

除了性能融合以外，数字化模型的融合也是提高仿真效率的障碍。进行各个专业的性能仿真求解之前，首先需要将产品的几何描述模型（CAD 模型）转换为性能描述模型（如有限元、多刚体等模型）。在各个性能专业之间，对模型的描述方式是不一样的。例如，做车身静态刚度分析和动态碰撞强度分析时，虽然都用有限元方法构建模型，但是二者对网格单元有不同的质量要求。在碰撞塑性变形区，单元划分需要密集和均匀，而在车身后部非变形区对网格就没有这么高的要求。同时，静态刚度分析模型的网格单元要求也比碰撞模型低得多，如果把碰撞模型用在静态分析上，一方面会浪费计算资源，另一方面也得不到正确的结果。如何使几何描述模型和性能描述模型工作在统一的数字化仿真域内、如何建立不同性能领域的统一性能模型，是性能仿真技术的另一大挑战。

4）避撞技术

对乘员最好的保护是避免事故的发生。汽车的智能化与信息化新技术给降低碰撞伤害和避免碰撞事故发生带来了新的机遇。智能化驾驶的初级应用是驾驶辅助系统，包括自主巡航（ACC）、自动避撞、偏道纠正等技术，可以缓解驾驶员疲劳并纠正驾驶错误。智能环境感知技术还可以与被动约束系统结合在一起形成一体化主、被动安全保护系统，提前确认不可避免的事故并引爆安全气囊。如果气囊及时引爆，就会避免很多由气囊起爆过晚而引起的气袋击打致伤事故，进一步提高现有约束系统的效率。

7.2 被动安全技术发展趋势

安全带和安全气囊虽然已经经历了四五十年的发展历程，但现有技术仍然有很多不尽如人意之处，主要体现在正确传感碰撞模式及强度、爆炸气体利用效率、气囊展开方式等方面。从表面上看，约束系统的市场应用技术在最近十年之内没有任何变革性突破，给人的感觉是被动安全技术创新方面的努力已经完全转移到主动安全和避撞安全方面上去了。

根据各方估计，自动化、半自动化智能汽车的市场渗透进程如表 7.1 所示[1]。在智能化汽车 100%使用率到来之前，鉴于各种自动级别车辆在各种道路上的混杂状态，在此之前约束系统都还是必备的，只不过是设计原则和技术手段有所改变。

表 7.1 自动化、半自动化智能汽车的市场渗透进程

年代	驾驶辅助		半自动化		高度自动化	
	销量	市场份额	销量	市场份额	销量	份额
2015		5%			0	0
2020		9%			8 000	0.01%
2025		13%	2 千万	15%		20%
2035	1 千万	10%	3 千万	20%	9 千万	65%

在车辆智能化和信息化的大趋势下，碰撞安全技术也在逐渐摆脱以往的技术模式，而是朝向智能安全系统的方向发展（见图 7.1）。

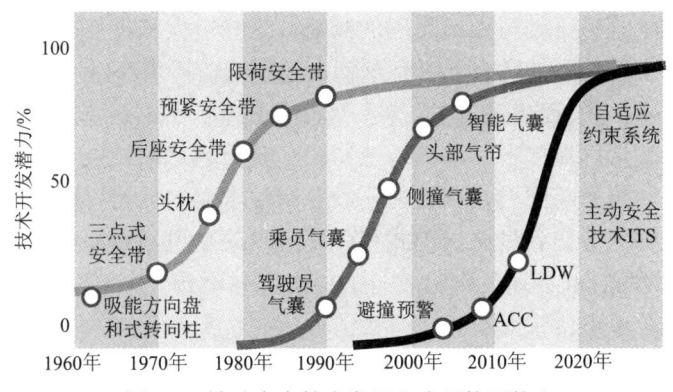

图 7.1　被动安全技术发展和应用接近饱和

（避撞、安全信息和警示技术是近期新的技术增长点[2]）

乘员保护系统的第一次智能化变革是由美国高速公路安全管理局（NHTSA）通过 FMVSS 208 乘员保护法规的升级而推动起来的。这次智能化的主要目的是保证气囊系统的适应性，避免由于气囊起爆本身所带来的伤害。由于气囊打出的动量很大，故只有在高速碰撞中适时展开才能发挥其应有的作用，而"均码"的气囊会引起很多不必要的气囊致伤致死事故。为了使气囊适应于各种碰撞强度、各种身高和坐姿的乘员，智能系统就必须在起爆气囊之前对上述各种变量进行测量，然后决定气囊应有的展开力度与时间。

到目前为止，智能系统的工作主要是增加信息采集量，搜集到更多的信息以后，与事先人工设定的阈值进行比较判断，然后做出起爆决断。下一代的智能系统很有可能融合当前智能机器发展的最新成果，如人工神经网络（ANN）、深度学习、非监督式学习等技术，不断对决断的阈值进行自我更新和调整，给安全系统带来更广的适应性及更简单、可靠的设计。

碰撞保护系统的另一个需求是事故预测。当前的碰撞传感器都是依靠碰撞机械能传感事故的发生，且只有在车辆与障碍发生物理接触以后才能开始判断。事故统计分析表明[3]～[7]，如果能在事故之前的 100 ms 提供事故预警，94%以往发生的事故都能避免，可额外拯救 47%的生命。如果以 100 km/h 的相向速度相撞，提前 100 ms 意味着在相距 3 m 以外时就要发出事故预警，这就必须采用雷达、影像等非接触传感技术，并且要依赖于模式识别技术。未来碰撞保护的智能化方向有可能从现在的量化判断发展到下一步的模式判断。

7.2.1　传感技术

用来感知碰撞能量的中央单点电子传感器大多使用加速度计作感知元件。加速度计可以输出一个与自身加速度成正比的模拟信号，并可在碰撞事件中测量车体的减速度信号。加速度计输出的模拟信号被转换成数字信号，传感器工程师对数字信号进行分析，据此进行点火和不点火的判断，并要编制出一个算法，即要求能够在所要求的点火和不点火碰撞条件下都可做出正确的判断。这些点火和不点火的条件来自于对事故和试验的总结，但并不能适合于所有车辆，也不能包括全部碰撞模式。

为了节省成本，中低档车的碰撞传感一般都选择单点传感方案，即把中央单点传感器放在非压溃变形区域之内。单点传感器的主要问题是，如果不与安装在压溃变形区里的前置接触传感器相配合，则目前还没有一种可靠的理论可以推算出单点传感器的算法，使其能够区分出各种碰撞模式和强度。也就是说，目前信号处理工程师所采用的是"试错"过程，其加速度信号本身的信息量并不充分[8]~[12]。尽管如此，大多数车辆还是采用了单点传感方案。

当前的被动安全保护系统开发大多以各个地区的 NCAP 评价指标为导向，以获得五星评级为目标，但是无暇顾及更多的实际事故模式，因为将牵扯过多的经费和时间投入。随着工业智能化时代的来临，汽车也正在经历着一个从驾驶辅助到半自动驾驶、最终实现全自动驾驶的转变时期，现有的车主—车厂—经销商三方的责任与财产权关系也都会发生转变，事故责任会逐渐由车辆使用者（司机）向车辆制造者转移，财产所属权也有可能由车主向租赁方转移。在这样的权益结构趋势下，车辆的安全设计将脱离现有的 NCAP 限制，转而寻求更全面的保护方案。而现有的单点传感器，甚至是多点前置传感器都会显得"力不从心"。

智能气囊应当具备以下功能：

（1）可以感知乘员的体重和坐姿。

（2）可以对气体发生器的强度进行实时的无级控制。

（3）可以感知碰撞强度与类别，以提前预测碰撞的发生。

在众多的未来传感方案中，神经网络是一种比较适合未来智能化驾驶各个时期特征的备选方案。在驾驶辅助、半自动驾驶和全自动驾驶三个阶段中，对碰撞感知的内容和手段都是不一样的。例如，在高自动化阶段，除了车载传感器以外，很多环境感知的信息都是通过车辆与外部通信获取的，其中包括各种移动障碍和固定障碍物的精准位置信息、与本车的相对位移信息。由于信息来源更加多样化，故针对单一传感器编制的算法将远远无法满足未来的要求。神经网络感知的特点是可以随着传感技术的进步不断容纳各种新增信息，然后用训练和学习的方法集中处理多元感知信息。这种安全传感最初仍然会用在约束系统的控制上，达到高级自动驾驶阶段以后，乘员约束系统也许不再为必备系统，则那时的安全传感主要用在避撞和车—车互动控制上。

神经网络算法是模式识别里面发展比较成熟的一种技术，可以处理来自多个传感器、多种类传感器的信息。其可以在普通的计算机上运行，也可以利用专用的神经网算法芯片进行，主要的理论基础见文献 [13]~[17]。在碰撞传感上的一个具体应用框图见图 7.2[18]。

现在先试将神经网络传感系统应用在乘员状态探测上，假设采用了四个超声波传感器，每个传感器可记录 40 个数据点，分别代表从距离传感器 1~40 in 目标处反射回来的信号，得到一个 40 个数据点组成的数据组，称为向量，最后可得到 160 个数据点（图 7.2 中的节点 n），每个数据点都被存储在最下面的输入层里。标为 B 的第二层被称为隐藏层，每个节点内的数值信息都是输入层节点内容的组合数值信息。怎样在上层节点，例如在节点 $n+1$ 里组合输入信号，就是神经网络算法概念的核心。节点 $n+1$ 和同层其他节点的内容组合利用了所有的底层输入节点内容。同样，C 层节点内容也是利用了所有 B 层节点内容组合而成，每一个节点都有一个独特的组合方式。最后，输出层节点内容由 C 层节点内容组合而成。神经网络可以设计成任何层数，对本应用场合四层结构比较合适。

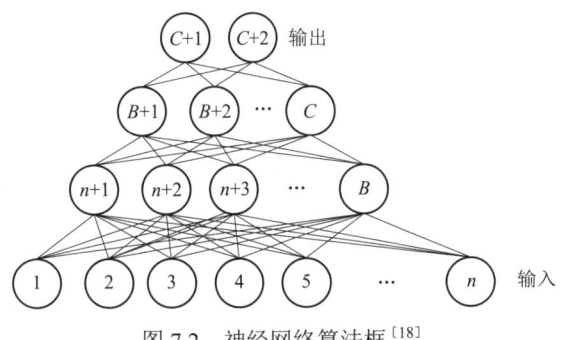

图 7.2　神经网络算法框[18]

假设用 $C+1$ 节点发出起爆指令（值 =1），或者不起爆指令（值 =0）。当我们把从四个传感器里获得的一组特定坐姿数据输入节点 $1\sim n$ 时，如果这个坐姿是一个训练案例，即我们知道应该起爆或者是不起爆，那我们就可以明确要求 $C+1$ 这时应当输出 1 还是输出 0。例如，如果我们放置了一个后向的儿童座椅，就应当明确要求 $C+1$ 输出为 0，抑制气囊起爆。训练以后，神经网络算法就会把 $C+1$ 的 0 输出与这四个传感器在这时的测量输入相对应。

神经网络算法的生成程序决定如何将底层输入组合成 B 层节点内容，再将 B 层输入组合成 C 层和输出层节点内容。上述过程实现的前提是，我们明确知道在某些特定的输入下，输出应当是什么结果。生成程序要确定一系列的线性系数，也叫权重系数，与输入节点内容相乘以后输入 B 层节点。节点 1 的数值乘以一个特定系数，节点 2 的数值乘以另外一个系数，依此类推，然后送入节点 $n+1$ 里相加。神经网络生成程序的任务就是确定这些权重系数，使特定的输入数值组与期望的输出相对应。如果训练成百上千个案例，权重确定就成了一个统计问题，需要由设计良好的神经网络算法生成程序去自动完成。利用 500 000 种不同的坐姿组合数据库进行训练，用四个超声波组成的坐姿探测系统的识别精度达到了 99.9%[19]。

神经网络算法也可以应用于碰撞传感判断中。如果中央传感器安装在非变形区，每种碰撞类型和每种碰撞速度都会留下不同的加速度历程。例如，柱撞与固定障碍墙或者车对车的碰撞波形特征都不同[4]，利用神经网络算法，在碰撞的前几毫秒就能区分出碰撞类别的不同，在此基础上能预测出在随后的碰撞过程中车体的速度历程，将为约束系统作用形式提供更准确的依据，例如决定起爆时间，或者起爆强度。如果把图 7.2 运用到加速度信号处理[11]，则可以在对加速度模拟信号数字化以后按时间间隔分步输入给节点 1。假设时间步长为 2 ms，则在第一个 2 ms 时数字化的加速度信号被储存到节点 1，其他节点的数值为随机或被置零。在第二个 2 ms，即在第 4 ms 时，节点 1 采进新加速度数据，同时将节点 1 原有数据送入节点 2 保存，节点 2 数据送入节点 3 保存……，依次类推，将 $n-1$ 节点数据送入节点 n 保存。如果 $n=100$，则输入数据总共为 200 ms 以内的加速度数据。如果根据训练，某 100 个加速度的排列模式是上层输出端超出设定阈值时，就决定引爆气囊。用这种算法，系统不必追究碰撞到底是什么时刻开始的，不像传统算法那样要根据某一个传感的异常信号去判断一个碰撞的起始点。这种算法在训练时已经考虑各种碰撞之前的信号特征，并已将其纳入考虑范围。上述应用可以扩展到多传感器输入和多动作器输出。

碰撞感知的更高要求是碰撞预测，即使在几米距离以外发出碰撞预警，气囊的误使用率也会大大降低，从而减少不必要的伤害。预测传感器可以使用超声波雷达、主动或被动雷达以及光学传感器。仅知道一个物体的接近速度是不足以预测一起碰撞事故的，例如，一辆摩托车以中等速度撞向车的侧面不需要电报气囊，但是以同样的速度撞向桩柱或树干则应点爆气囊。为了区别这两种碰撞类型，雷达或超声传感器都不能提供足够的信息，因为从摩托车或树干的反射波信号里看不出任何区别；而用被动式光学传感器结合神经网络算法则可以轻易解决上述问题。光学探测系统通常面临的最大困扰是气候环境的干扰，但是在这个应用中不是太大问题，因为预测传感只需要关注几米距离范围之内的物体，当获取接近物体影像之后，受训的神经网络可以区分树木、摩托车、自行车、轿车或者卡车。另外，其还可以结合一个简单的超声传感器用来测定接近物的速度。有了障碍识别，再加上接近速度，就可以预知碰撞的强度，然后决定约束系统的作用形式。

综合上述，将神经网络乘员传感（探测尺寸/类别/坐姿）、神经网络碰撞强度传感（探测障碍的类别与接近的速度）与神经网络碰撞预测传感结合在一起，就构成了未来智能气囊的理想模型。三方面的神经网络算法可以合成为一个单一集成的中央算法，同时，其他信息，如乘员质量、质量分布、座椅位置、锁扣开合、车速等信息都可以加入到这个算法中而不需要针对新增传感器另外开发额外的新算法，这个中央算法的输出会全面掌控气囊起爆的时间与力度，完全适应于各种碰撞强度与乘员状态的组合。与传统传感不同，未来传感不是一个一次性决定，而是在碰撞的全过程中始终更新实时控制指令。

基于 MEMS 的惯性测量单元 IMU、GPS 模块和卡尔曼滤波器一体化单元已经越来越接近于商业应用价格，将其信息输入神经网络安全控制器里就比传统加速度传感器输入更加可靠的判断。碰撞之前，车的姿态、轨迹、惯性物理量都可以当作附加的碰撞事件预测判据。惯量+定位单元不仅能补偿碰撞判断，更重要的是能应用到行驶稳定性控制，防止车辆进入失控区域，而不是像现在这样主要依靠四个车轮的滑移率来判断。

传感器标定时应当考虑以下各种碰撞类别：
（1）正面碰撞。

第 7 章 未来约束系统技术

（2）左/右斜角碰撞。

（3）正面偏置碰撞。

（4）正面对中柱撞。

（5）正面偏置柱撞。

（6）低柱碰撞（低于保险杠）。

（7）正面车对车碰撞。

（8）正面车对车偏置碰撞。

（9）车对车斜角碰撞。

（10）正对尾车对车碰撞。

（11）前面对侧面车对车移动相撞。

（12）上骑碰撞。

（13）动物碰撞。

（14）高速护栏碰撞。

（15）路边石碰撞。

车辆制造厂针对上述工况开发一个算法时，都是针对一个特定车型匹配的，传感器和控制算法在各个车型之间不能互换。任何厂家都不会愿意把上述（实际上还远不止于此）项目都测试一遍，同时也不会愿意让用户在未测过的工况里出现伤亡事故。解决这一两难困境的方法是开发通用碰撞传感与判断系统。如果综合采用先进的乘员感知、碰撞强度感知、事故预测感知，算法可以在不断积累的数据库里进行"集训"，其结果将可在车型或者平台之间互用，甚至在各个车辆厂之间也是通用的，则约束系统的开发成本和周期会大大缩短。

利用神经网络算法开发通用感知系统的过程如图 7.3 所示[18]。

在第 3 步中，需要假设一个适用的神经网路构架。100 个输入节点和 6 个隐藏层的构架属于复杂程度适中的构架。如果太简单，有些案例就不能加入训练，但如果这些案例是重要工况，构架就必须增加节点并重新搭建。如果初始的选择太复杂，则会导致一些权重值接近于零。无论何种情况，都可以用逐一减少节点然后观察效果的方法对构架进行测试。另外，也可以用通用的算法去自动搜索最佳网络结构[20]。

第 4 步训练算法的时候，可以把一个碰撞事件的减速度信号用一个由 100 个数据向量组成的向量矩阵来表示。如果想描述一个全长 200 ms 的碰撞事件，每隔 2 ms 采集一个减速度数据，把这 100 个数据点描绘出来就是这个碰撞事件的波形。对这个事件，我们是明确知道约束系统应当有什么样的响应时间和响应

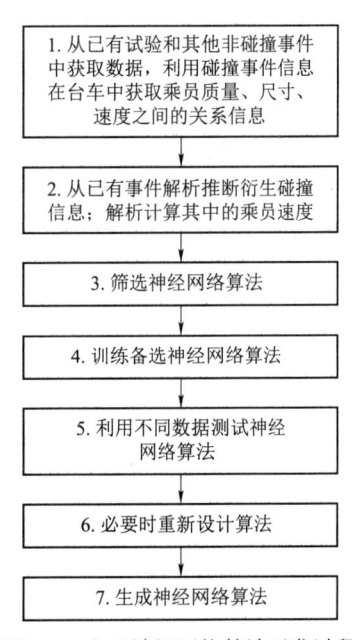

图 7.3 人工神经网络算法开发过程

强度的，因此我们要把这个波形送到网络构架里面去，让构架记住这个波形的特征，同时按照期望输出相应的约束系统动作指令，依次训练网络算法，当网络再遇到这个模式的时候就可输出同样的动作指令。当然，在实测一个碰撞事件时，一般等不及碰撞完成以后才算出判断结果，因此希望观察碰撞事件一开始，甚至更早的时候，加速度波形都有什么特征。为此，我们用100组数据来观察碰撞前期的数据特征。

第1个数据组里只有1个数据，就是前2 ms的减速度平均值；第2组数据有2个数据：3～4 ms的减速度均值和1～2 ms的减速度均值。依次类推，在第10组数据里，第1个数据点是19～20 ms的减速度均值，第2个数据点是17～18 ms的减速度均值，第10个数据点是刚开始2 ms的减速度均值。重复这个过程，第100组数据就是包括完整的200 ms长度的碰撞曲线。这100个数据组代表了碰撞事件各个时间点之前的曲线特征。输入网络构架以后就可以对算法进行训练。用同样的方法也可以定义任何从其他与碰撞相关的传感器里输出的信号，并送入构架增加信息维度。典型的训练包括50 000个碰撞案例和500 000个乘员状态案例。

在第5步，可以采用一些非训练数据库里的实例去测试已经形成的算法。例如在48 km/h（30 mi/h）的正面刚性壁碰撞中，工程惯例上要求在20 ms时起爆气囊，我们就可以把一个碰撞波形的前20 ms数据输入神经框架的输入节点，检验框架的输出节点是否如我们所期望的那样正确输出点火指令；再例如，在不需要点火的13 km/h（8 mi/h）正面刚性碰撞中，可以利用全部100个数据向量去检验。

第6步是反复修正算法直到达到满意的输出效果。这个工作可以用一些市场上的神经网络运算模块自动完成。

最后一步是生成算法并写入微处理芯片。

神经网络算法的缺点主要有一个：如果交由算法判断的一组数据与任何训练数据库都有显著不同，则算法的输出会呈现出极度不合理性。为了避免此类缺陷，可以采用模块化神经网络的组合加以避免，即指定一个网络扫视数据的合理性，如果出现不合理数据，则用模糊逻辑判断取代神经网络判断的输出。类似于神经网络这类的模式识别算法在未来传感控制里是必要的，因为乘员状态和碰撞状态有无数种组合，开发出精确的、普适的、可靠的算法显然已经超出现有人类知识的范围。如果现有的交通事故模式持续下去，自学习式智能安全系统将是未来需求的方向。虽然在表面上看，单车的碰撞传感器数目有所增加，但是由于传感器的功能可以服务于多个系统（如碰撞传感系统、行驶稳定控制系统、自动化驾驶系统、车辆状态自诊断系统），即传感器共享，开发费用和成本的吸收被摊派到更大的批量里去，因此系统的供货价格也会有所下降。

神经网络算法比较简单，一般只需要几百行程序，因此生成一个综合监控智能的中央神经网络算法是可行的，即增加一个额外的检测功能所带来的成本压力会非常小。中央神经网络可以对如表7.2所示的传感器进行信息综合。

表 7.2　智能感知系统对物理量的测量需求

传 感 编 号	传 感 内 容
1	碰撞传感器
2	声音传感器（麦克风）
3	冷却液温度
4	油压传感器
5	油位传感器
6	空气流量计
7	电压计
8	电流计
9	湿度计
10	发动机爆振传感
11	机油浊化传感器
12	油门开度传感器
13	转向力矩传感器
14	轮速传感器
15	转速计
16	速度计
17	氧传感器
18	摇摆/翻滚传感器
19	时钟
20	里程表
21	动力转向压力传感器
22	污染传感器
23	油量表
24	室内温度传感器
25	传动系统液位传感器
26	横滚传感器
27	制冷液液位传感器
28	传动液浊化传感器
29	制动压力传感器
30	冷却液压力传感器
31	加速度传感器
32	GPS 接收器
33	IMU 卡尔曼滤波器

汽车碰撞安全工程

如果将这些信息组合在一起去综合判断某个事件的来临,要比现有的"单一传感+专有算法"准确、高效得多。例如,同样一组加速度传感器可以用来探测某个振动的振源,也可以同时用来测量横摆/反转/滚转,而不用像现在那样设置单独的角速度传感器。同样,这组传感器可以确定一个碰撞时间的严重程度和发生位置,也可以预知一个即将发生的翻滚事件。

利用上述传感信息的组合,可以判断如表 7.3 所示中的非正常状态[18]。

表 7.3　事件感知与传感需求

故障识别	所需传感器
车辆碰撞	1,2,14,16,18,26,31,32,33
车辆翻转	1,2,14,16,18,26,31,32,33
轮胎不平衡	1,13,14,15,20,21
前轮定位偏移	1,13,21,26
需要调整正时	1,3,10,12,15,17,20,22
需要换油	3,4,5,11
发动机故障	1,2,3,4,5,6,10,12,15,17,22
胎压不足	1,13,14,15,20,21
前悬松动	1,13,16,21,26
制冷系统故障	3,15,24,27,30
发电机故障	1,2,7,8,15,19,20
传动系统故障	1,3,12,15,16,20,25,28
差速器故障	1,12,14
制动系统故障	1,2,14,18,20,26,29
催化器与消音器故障	1,2,12,15,22
点火系统故障	1,2,7,8,9,10,12,17,23
轮胎磨损	1,13,14,15,18,20,21,26
燃油泄漏	20,23
皮带打滑	1,2,3,7,8,12,15,19,20
发电机衰退	1,2,7,8,15,19
制冷泵故障	1,2,3,24,27,30
起动机故障	1,2,3,27,30
空气滤清器过脏	1,2,7,8,9,12,15
悬架系统机械疲劳损伤	1,2
机械系统异响定位	1,2
滑移与操纵稳定性控制	12,13,15,16,18,26,29,31,32,33

第 7 章 未来约束系统技术

在未来的车联网和智能车环境下，车辆状态实时监测是远程服务的一项主要内容。在未来的车辆智能互联时代，车主不再需要时刻观察车辆的运行状态，然后依据自己的判断决定是否送到 4S 店里去检修。智能互联时代的车辆维修模式很可能是这样的：车辆制造厂在售后会对产品的终生状态维护负责，在产品寿命周期之内，制造厂会通过网联技术实时追踪每一个产品的健康状态，在重大故障出现之前就能及时感知并进行主动维护。这种早期预警可以提醒驾驶员到附近的维修点采取修救措施，也可以避免很多召回事件给车辆制造厂带来的巨大损失。这就带来一个问题：如何实时监测一辆车的健康状态？现在的汽车很少用多元信息去判断一个事件的发生，而是一个传感器只负责判断一个事件。表 7.3 所列为常见的故障模式，往往不能由单一传感器的一个物理量所能决策。要想可靠诊断上述故障模式，恐怕需要安装 100～200 个传感器。传感器用途单一，这是与未来传感器的主要差别，未来传感器都不是针对某一个部件而安装的。在上述列表里，IMU 单元、声音传感器是与目前传感器的最大区别。

用差分 GPS（DGPS），结合 IMU 单元，车辆可以将定位精度提高到几厘米的级别。把这个信息通过车联网发送给临近的车辆，同时也把临近车辆的位置信息、固定障碍精确坐标信息由网络发送给本车，然后将这些信息输入避撞控制器里进行避撞控制，最终这些车外传感信息会逐渐取代现有的车载传感信息（如超声波雷达、毫米波雷达、激光雷达）。

在日常生活中可以发现，有经验的驾驶员凭借声音就可以判断车辆的哪个系统有问题，如前悬有异响、轮胎声音不正常、发动机声音不对、传动系统声音不对，等等，驾驶员所采用的方法就是"模式识别"，即不是靠单一物理量的计算，然后与阈值比较产生判断，而是根据综合信息（声音、气味、振动），依据感觉和经验做出判断。神经网络和其他自学习式判断都属于经验判断和多元信息融合模式，其与现有判断模式有本质的不同。除了碰撞传感器，其他传感器的信息也将被输入碰撞分析的神经网络框架进行贡献度分析，如果观察到某一个传感器的信息（如麦克风，IMU）对碰撞判断贡献很大，以后的碰撞识别算法里就会采用这个传感输入。当然，也不排除对单一传感器进行信号分析的算法，例如，其他传感器都失灵，单凭声音传感器也可对机械故障做出判断。随着算法的改进，表 7.2 里所需的传感器会越来越少。

未来传感技术的发展方向：
（1）传感器用途多样化；
（2）事件判断的信息多元化；
（3）判断算法会应用最先进的机器学习理论，具有自学习特征及模式识别能力。

7.2.2 气体发生器技术

气囊模块的现行技术主要存在以下问题。

典型的司机侧气囊气体发生器炸药的能量大约为 68 kJ，分析表明，起爆一个司机气囊所需的能量只有 680 J，这就意味着炸药制剂里 99% 的能量被浪费了，其主要原因是炸药燃烧的输出与膨胀气袋的需求不匹配，其性质有些类似于阻抗不匹配。炸药制剂燃烧气体的特性是高压、高温、低气流量，而汽车气囊方面则按要求气源应当低温、低压、大流量。理论上讲，如果炸药制剂的能量被充分利用，则现有的气体发生器比实际需要大出了许多倍。为解决这个问题，市面上出现了"混合式"气体发生器，即用炸药去加温储存在容器里的高压气体，然后充满气袋。无疑，这种气体发生器的能量利用率更高，但是需要增加额外的高压气体容器和容器压力检测器。

由于气体发生器笨重而又低效，在进行燃药成分选择时就会遇到很多限制，主要原因是，燃烧后的气体产物一定是能够支持长时间呼吸的，否则，假设气囊在碰撞中刚刚救人一命，紧接着又用自己排放的有害气体将其毒死在密闭的车室里，那么这种拯救就变得毫无意义。因此，如果排气量很大，那么燃烧气体一定要求是无毒的。如果气体发生器的能量效率更高，排放的气体总量更少，炸药成分就会有更多的选择，因为可以考虑使用一些生成气体里虽含有轻微毒性但短期不会致伤的炸药组分。以前的药剂多数采用的是叠氮化钠，另外还有硝基胍和硝酸铵。叠氮化钠这种药剂的利用率很低，当叠氮化钠燃烧时，由于氧化剂的存在，会产生大量的氮气，同时还有氧化钠。氧化钠必须被阻隔在燃烧室内，因为如果氧化钠遇湿气会生成对人类毒性很大的碱液，所以气体发生器只允许氮气流入密闭的车室（即使被人长时间吸入也不会有中毒危险）。药剂燃烧后 60% 的燃料仍然会留在燃烧室内，余下 40% 的药剂以燃烧气体的形式进入气囊。叠氮化钠的燃烧残留物非常热，因此需要将气囊模块安装在远离易燃材料的位置。其他尝试过的燃料药剂包括硝化纤维、硝基胍、双基/三基配方和液态燃料，其共同问题是燃烧后会产生不同组分的氮氧化合物，外加相当量的一氧化碳，如果在密闭车室里吸入超过一定时间会给人带来危险。

如果车内装多个气囊，同时展开时其总体积会达到 200～300 L，会使密闭的车室内压力急剧增高，甚至会胀破车窗玻璃和打开车门，很容易导致耳部损伤甚至听力丧失。迄今为止，经历气囊起爆的人大约有 17% 遭受到永久性听力丧失伤害。

气袋展开时近距伤人一直是一个受高度关注的问题，当乘员不在正常位置上乘坐，而且距离气囊盖板很近的时候，这种伤害尤其严重。为了能打开气囊模块的盖板，必须首先建立起一定的压力，如果盖板上受压，如人的肢体压在盖板上，这个开盖压力就会更大。因此，人们对如何降低盖板打开力做了很多工作，如用火工技术在气囊起爆之前先将盖板切掉。

气囊本身质量很大，袋子是由厚重的涂覆硅胶材料制成的。没展开之前，很大的气袋要卷起并折叠在很小的模块外壳里，需要很大的充气力才能把气袋从紧凑密集的折叠状态吹胀成为完全舒展的状态，这些因素都增加了气囊的起爆力。为降低气袋的展开力，人们专门研究了很多气袋折叠方法。

针对现状，很多人提出了吸气式气囊概念[21]~[26]，基本过程是，燃料被点燃在燃烧室里产生高温与高压气体后，被导入一个收缩喉管，然后通过一个逐渐发散的喷口将其以超音速喷射出去，这时气体的压力和温度都相对较低。燃烧气体喷射出去以后与外部环境空气相融合，并利用自己的动能带动混合气体一起继续向前运动，进而充胀气袋，其基本理论见文献[27]。

气囊技术面世的早期就有人开始尝试吸气式气囊概念，但是气体混合率（吸气比）只有 1.05，即从车室吸入气囊里的气体只占气体总量的 5%。吸气式气囊在进行结构设计时一般都遇到了以下问题：

（1）喷嘴尺寸与出气喷口结构不易匹配。
（2）燃烧剂仍然局限在叠氮化钠。
（3）仍然不能取代过滤与降温装置。

在众多吸气式安全气囊的设计方案中，最接近实用水平的一种设计方案见文献[28]。据该文献分析，历史上诸多吸气方案没有得到实际应用的主要原因是没有意识到喷嘴直径与混流长度比值的重要性。混流长度是指高压气体被聚集以后与外部有效混合的流动距离。如果没提供足够的混流长度，吸气比就会下降。用直径/混流长度比为几千的设计方案，根据文献[28]所提出原理设计的气体发生器可获得 6:1 的理论吸气比（6 份环境气体与 1 份燃烧气体混合），在应用中达到了 3:1，即可以减少 75%燃药量。另外，提供足够大的进气口也是一个保证吸气比的必要条件。其原理在副驾驶侧的应用结构示意见图 7.4。

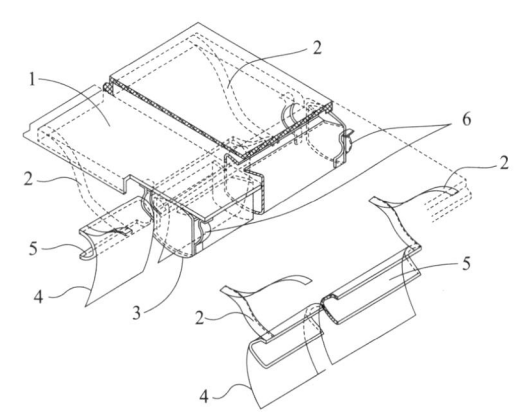

图 7.4 乘员侧吸气式气囊原理示意[28]
1—气囊模块底座基板；2—弹簧钢片；
3—长筒型吸气式气体发生器；
4—出气口气流导板；5—刚性唇口；6—支架

在图 7.4 中，3 是长筒型吸气式气体发生器，其轴向长度方向与车体坐标 y 轴一致，横向安装在副驾驶仪表板内，与现有传统气囊位置相同；1 是气囊模块底座基板，安装时朝向车的前方；4 是展开后的出气口气流导板，高压气体经此开口吹向气袋 8（见图 7.5）；5 是气袋的刚性唇口，与基板之间以弹簧钢片 2 相连。处于工作状态时，车室内的气体通过唇口 5 与基座 1 之间的开口被吸入气囊内。

在非工作状态下，5、1 之间的进气口 7 呈闭合状态，在燃烧压力作用下，盖板被打开，进气口 7 呈大开度状态，8 为气袋。气囊模块的横截面示意图见图 7.5。

起爆过程如下：药剂 19 的形状为长条棒状，上层覆盖引燃剂 11（可以使用硝基纤维等药剂制作），同时将药剂 19 与空气隔绝起来。12 是滤网，13 是一个沿气体发生器壳体 18 长度方向布置的长缝出气口。药剂 19 被引燃剂 11 点燃以后，高压气体经过出气口 13 进入腔体 14，流经由 15、16、17 构成的收缩—扩散喉口，喷到壳外空间。喉口的作用是形成超音高速、低压区域。

药剂 19 的初始燃烧压力将盖板 9 与基座之间的卡接缘口撕开。这个缘口的设计类似于拉链，可以从长度方向上的任一点开始，不需要很大的起始推动力。气体发生器的长度可以设计得和气袋的宽度一样长，这样袋子只需要叠褶而不需要卷曲，起爆力要远小于传统气袋的折叠方式。壳体 18 里的药剂 19 可以设计成双组分，表层的药剂可以燃烧得猛烈一些，用以推开盖板，随后下层药剂可以降低燃烧力度，以避免因气囊展开造成的近距伤害。初始燃烧通过导流板 4 推开盖板以后由唇口 5 向下运动，弹簧 2 张开，进气口 7 打开，外部空气通过进气口 7 被吸进低压区，与喷口 10 射出的超音速气流在混合区 20 形成混合气流充胀气袋。当药剂 19 燃烧殆尽以后，气袋 8 和唇口 5 在乘员的冲击力作用下向基座板 1 的方向运动，5 与 1 之间的进气口 7 变小，但是 5 在弹簧 2 的作用下并不会完全回到图 7.5（a）所示的初始位置把进气口 7 完全堵死，而是留有一个有限的进气口，充当气囊泄气口的职能，让气袋 8 里面的气体从进气口 7 反向流出到车室里去。

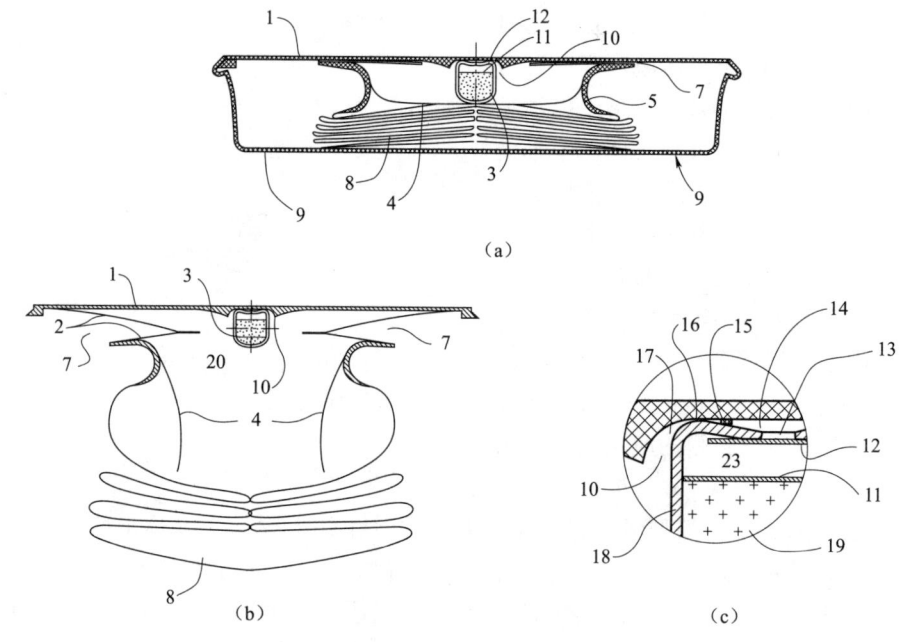

图 7.5 条状吸气式气体发生器断面示意[28]
（a）静止状态；（b）起爆状态；（c）喷气口结构
1—基座；2—弹簧；3—气体发生器；4—出气口气流导板；5—唇口；6—支架；7—进气口；8—气袋；
9—盖板；10—喷口；11—引燃剂；12—滤网；13—出气口；14—腔体；
15，16，17—收缩—扩散喉口；18—壳体；19—药剂；20—混合区

根据质量守恒、动量守恒和能量守恒原理建立的气体发生器的流体动力学分析模型见文献[27]。文献[29]根据上述解析原理对喷口的空气动力学特性进行了仿真分析，目的是寻找喉口收敛进气口和发散出气口的最佳几何结构，使高速流场和低压区成为稳态。几何设计的参数定义方法见图 7.6，仿真模型见图 7.7 和图 7.8。

定义方法见图 7.6，仿真模型见图 7.7 和图 7.8。

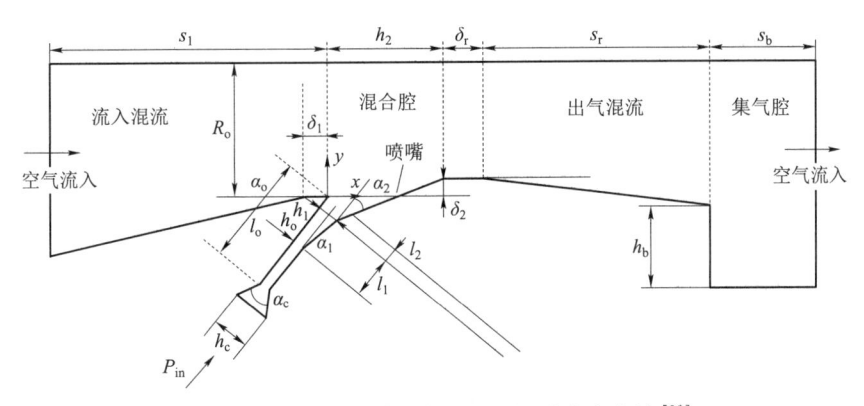

图 7.6　喷气口气动力学模型断面尺寸定义方法[29]

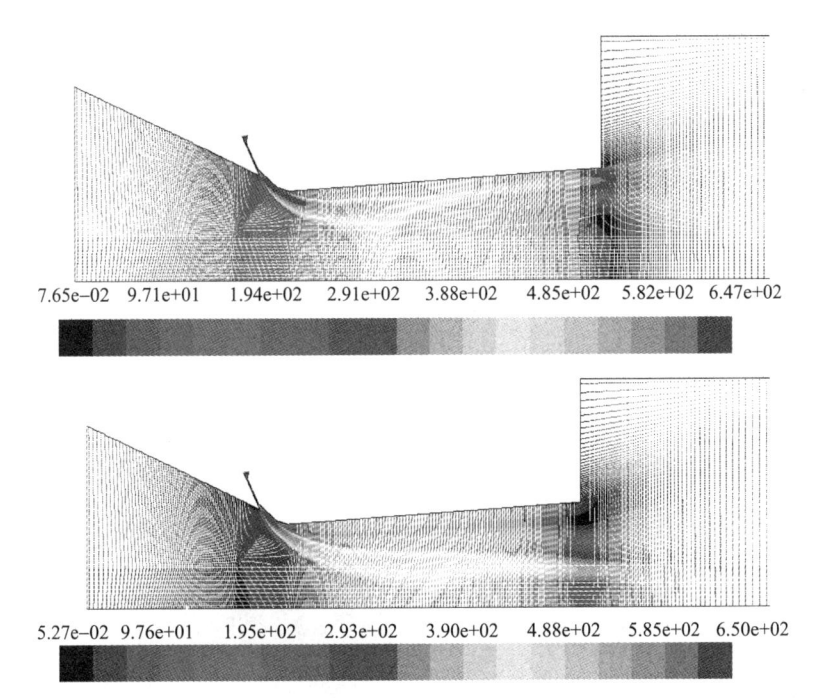

图 7.7　速度矢量（m/s）优化结果：30 bar（上）；35 bar（下）（由 ATI 公司提供）

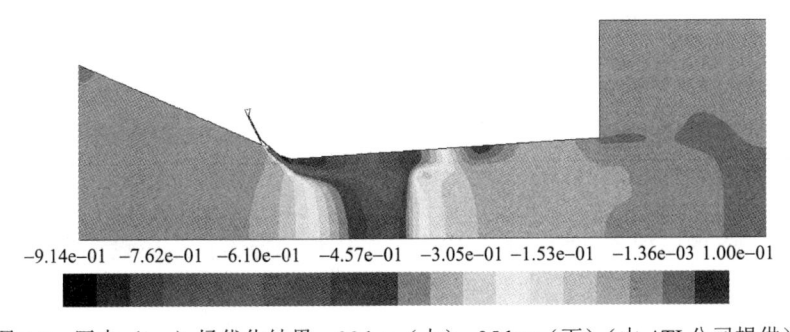

图 7.8　压力（bar）场优化结果：30 bar（上），35 bar（下）（由 ATI 公司提供）

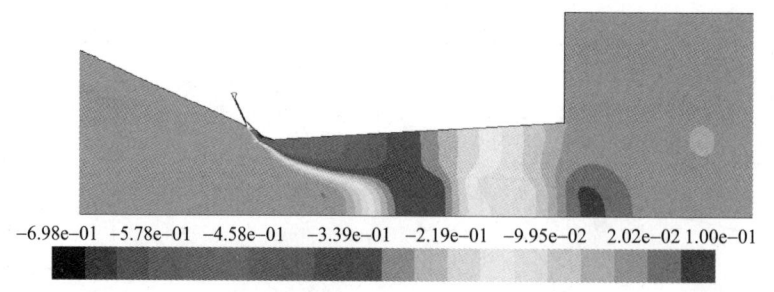

−6.98e−01　−5.78e−01　−4.58e−01　−3.39e−01　−2.19e−01　−9.95e−02　2.02e−02　1.00e−01

图 7.8　压力（bar）场优化结果：30 bar（上），35 bar（下）（由 ATI 公司提供）（续）

对应于图 7.7、图 7.8 的 PAB 结构设计方案见图 7.9、图 7.10[29]，与文献 [28] 所述原理不同，这个结构不是采用狭长喷气口而是采用了环形进气与喷嘴结构。

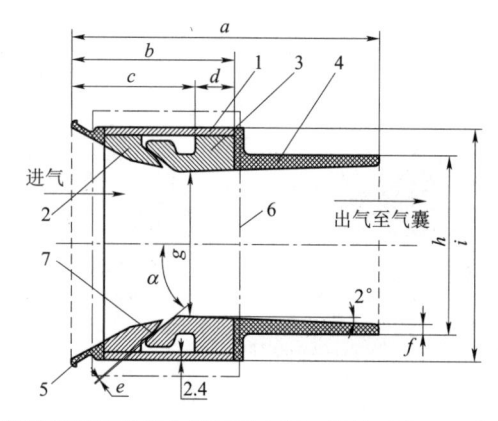

图 7.9　驾驶员侧气体发生器圆形出气口设计（由 ATI 公司提供）
1—外壳；2—喷口外唇；3—喷口内唇；4—出气段；5—进气口；6—混合腔；7—喷气口

图 7.10　驾驶员气囊气体发生器出气口设计（由 ATI 公司提供）

通过几何参数优化，样机上已经可以实现吸气比 3:1。气体发生器在方向盘里的安装布置方向见图 7.11。

图 7.12 所示为另外一种结构的乘员侧吸气式气囊物理样机[31],[32]。

吸气式气囊的原理与传统结构相比有很多优势，并给自适应设计带来了很大的创造空间，其主要优势如下（见图 7.4 和图 7.5）：

（1）降低盖板开启力。如果盖板 9 在某一点受到阻滞，盖缘卡扣会在另外一点被挤开，压力会由此逐渐释放，像拉锁那样从一点逐渐发展到全长，而不会突然整体冲出。如果乘员全身压在盖板 9 上，燃烧气体会从微微张开的进气口 7 溢出。盖板的缘口设计可以使从内部打开的力很小，但是从外部打开很难。

图 7.11　驾驶员侧气体发生器的安装方案
（由 ATI 公司提供）

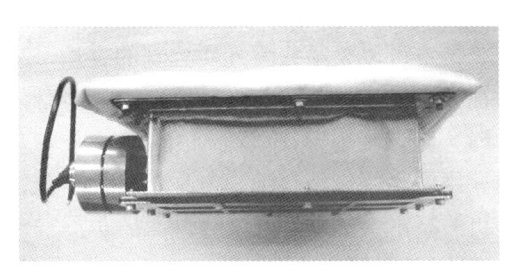

图 7.12　副驾驶侧吸气式气囊物理样机
（由一汽技术中心安全研究室提供）

（2）起爆性能不受环境温度影响。6 是连接气体发生器壳体 20 与基座 1 之间的弹性支架，可以用双金属材料制作，通过材料选择和几何设计，支架 6 可以随温度变化。在低温环境下，药剂燃烧趋于缓慢，扩散—收缩喉口 17 随温度下降而关闭，腔体 15 的压力随之升高，从而提高了药剂燃烧率，直到腔体 15 内的气体流出使压力下降为止。类似地，如果环境温度升高，支架 6 就会增加喉口 17 处的间隙、减少流动阻力、降低腔体 15 的压力，以此保持恒定的燃烧率。一般来讲，随着温度和压力的升高，燃烧率会升高，这是一个不可控现象。但是对间隙进行补偿，会使气体发生器在环境温度变化时保持恒定的燃烧率。传统气体发生器的出气口是恒定的，在低温时需要有双倍的药量才能保持正常的产气量要求，并对气体毒性限制提出了更高的要求。

（3）提高耐燃烧安全性。由于吸气式气体发生器的出气口会随温度做自适应调节，如果处于外部燃烧的高温环境下，可以用支架 6 将出口开到最大，使腔体 15 建立不起高压，从而不会产生爆炸。在传统气体发生器里，需要针对火灾环境设计专门的引燃装置，以避免其发生突然爆炸。

（4）通过对弹簧 2 的优化设计，调节出气口开度，就可以给乘员提供最佳的约束力设计，而不受药剂燃料和包型的影响。

（5）降低气体温度。从喷口 11 喷出的燃烧气体与外部进入的气体混合以后会随之冷却，不需要专门设置冷却过滤网。

（6）提高气体利用率。直到药剂 21 烧尽以后，气袋 8 的气体才会通过开口 7 流出气囊，这意味着所有的燃烧气体先进入气袋然后再排出。传统气囊在开始燃烧的那一刻开始就一边产气一边从泄气孔往外排气，产出了大量没有发挥能量作用的气体。产气量大，意味着气体发生器的质量和燃药剂量都大，则对无毒性的要求更高，药剂的选择范围更小。

（7）不易引起火灾。药剂燃烧得很充分，残留物很少，不像普通的气体发生器那样残留大量的高温燃渣。因为燃烧时间很短，故壳体 20 也可以考虑选择工程塑料。因为不易引燃其他材料，所以气囊模块的布置自由度更大，允许接近一些易燃材料制件。

（8）可以控制燃烧速度。从棒状气体发生器的截面上看，图 7.5 结构呈矩形，意味着药剂会以一致的速度进行燃烧。假设我们需要调节燃烧速度和强度，例如在开始推开盖板的一瞬间要求增大燃烧强度，推开以后为了避免伤人又需要马上降低强度，为此可以采用两种不同强度的药剂进行组合，表层的燃烧快一些，下层的燃烧慢一些。除此之外也可以采用截面几何控制的方法，例如，如果把壳体 20 的截面设计成倒三角形，那么产气量就会逐渐降低。

（9）允许采用薄膜气袋。由于气体温度较低，因此不用采取有较厚涂层的气袋，可以采用由高强度塑料薄膜制成的轻质气袋。薄膜气袋的打开力比涂层织物气袋小，对乘员的打击力也小，更适合于保护非正常坐姿的乘员（OOP），其本身采用的就是一种低风险起爆（LRD）技术。

（10）吸气式气囊有自我限力特征。随着气袋压力的升高，吸气比会随之下降，阻止进一步充气，即总产气量下降，导致气袋压力下降，对乘员的冲击进行自适应性调整。

上述特点带来的直接收益是：气囊的使用非常安全，基本上从力学原理上解决了 OOP 问题；大批量生产以后，气囊模块总成会在成本和质量上大幅降低。

参考文献

[1] KPMG, Deploying Autonomous Vehicles, Self-driving Cars: Are We Ready? http://www.kpmg.com/US/en/IssuesAndInsights/ArticlesPublications/Documents/self-driving-cars-are-we-ready.

[2] 一汽技术中心安全技术发展趋势研究报告，CSB20090035，2009.12.

[3] Pack R, Koopmann J, Yu H, et al. Pre-crash sensing countermeasures and benefits [J]. Volpe National Transportation Systems Centre United States Paper, 2005 (05−0202).

[4] Kanianthra J N. Re-Inventing Safety: Do Technologies Offer Opportunities for Meeting Future Safety Needs?[R]. SAE Technical Paper, 2006.

[5] Crash Avoidance Metrics Partnership. (2007, February). Objective Tests for Advanced Restraint Systems. Technical Proposal. Contract No. DTNH22−05−H01277. Washington, DC: National Highway Traffic Safety Administration. http://www.nhtsa.gov/DOT/NHTSA/ NRD/ Multimedia/PDFs/Crash%20Avoidance/ 2007/ CAMPS.

[6] Eigen A M, Najm W G. Problem definition for pre-crash sensing advanced restraints [J]. DOT HS, 2009, 811: 114.

[7] Crash Avoidance Metrics Partnership (2008, May). Identification of Target Crash Scenarios and Development of Preliminary Functional Requirements. Task 2 Interim Report Contract No. DTNH22−05−H−01277. Washington, DC: National Highway Traffic Safety Administration. http://www.nhtsa.gov/DOT/NHTSA/NRD/Multimedia/PDFs/Crash%20Avoidance/2008/CAMPS.

[8] Breed D S, Castelli V. Problems in Design and Engineering of Air Bag Systems [R]. SAE Technical Paper, 1988.

[9] Breed D S, Castelli V. Trends in sensing frontal impacts [R]. SAE Technical Paper, 1989.

[10] Breed D S, Sanders W T, Castelli V. A critique of single point crash sensing [J]. Society of Automotive Engineers Paper SAE, 1992, 920124.

[11] Breed D, Sanders W T, Castelli V. A complete frontal crash sensor system-1 [R]. SAE Technical Paper, 1993.

[12] Breed, D.S., Sanders,W.T. and Castelli,V. A Complete Frontal Crash Sensor System-II. ESV 1994, Munich, Published by NHTSA, Washington, D.C.

[13] Lisboa P J G, Taylor M J. Techniques and applications of neural networks [M]. Viking Penguin, 1993.

[14] Caudill M, Butler C. Naturally intelligent systems [M]. MIT press, 1992.

[15] Zurada J M. Introduction to artificial neural systems [M]. St. Paul: West, 1992.

[16] Kung S Y. Digital neural networks [M]. Prentice-Hall, Inc., 1993.

[17] Eberhart R, Simpson P, Dobbins R. Computational intelligence PC tools [M]. Academic Press Professional, Inc., 1996.

[18] Breed D S. Airbag deployment control based on deployment conditions: U.S. Patent 7,648,164[P]. 2010-01-19.

[19] David S.Breed, OPTICS, NEURAL NETWORKS AND THE ROAD TO ZERO FATALITIES™, ATI (Automotive Technologies International, Inc.) 公司技术研发报告.

[20] Breed D S. Neural network systems for vehicles: U.S. Patent 7,660,437[P]. 2010-02-09.

[21] Henri C. Device for deflecting a stream of elastic fluid projected into an elastic fluid: U.S. Patent 2,052,869[P]. 1936-09-01.

[22] Vehicle safety apparatus including an inflatable confinement: U.S. Patent 3,632,133[P]. 1972-01-04.

[23] Cuevas J. Aspirating/venting air bag module assembly: U.S. Patent 4,877,264[P]. 1989-10-31.

[24] Poole D R, Wilson M A. Composition and process for inflating a safety crash bag: U.S. Patent 4,909,549[P]. 1990-03-20.

[25] Thorn W F. Aspirating inflator assembly: U.S. Patent 4,928,991[P]. 1990-05-29.

[26] Hayashi M, Kobari K, Sato K, et al. Gas generating apparatus for inflating air bag: U.S. Patent 5, 004, 586[P]. 1991-04-02.

[27] Abramovich G N. The Theory of Turbulent Jets,(1963)[J]. R411, 1963: 541.

[28] Breed D S. Inflator system: U.S. Patent 6,905,135[P]. 2005-06-14.

［29］Bin Yu，David S.Breed．吸气式气体发生器喷气口几何分析报告，#60665，ATI公司研究报告．

［30］潘作峰，鞠伟，李红建，邱少波．吸气式安全气囊（第一汽车集团公司内部研究报告 CSB#100024）．

［31］骆光祚，创盟科技股份有限公司．吸气式气囊开发研究报告，编号 CAS-10090002，12.6.2010．

第 8 章

轻量化耐撞车身设计

8.1 轻量化耐撞设计要求

车体耐撞性能的提高往往以增加质量为代价,因为最传统的工程措施就是增加车身板材的厚度,这种措施的成本代价最小。在节能环保的社会需求趋势下,耐撞性设计最大的挑战是降重。

根据尺寸和类别的不同,车辆动力有 15%～35%用于克服质量。对于传统内燃机车辆,轻型车辆降重 10%就可以提高 6%～8%的燃油经济性,这意味着,每降重 1 kg 会带来 20 kg 的 CO_2 降低。同时,车辆全生命周期的材料回收与再利用法规也在迫使工业界采取轻量化材料技术[1]。根据 World Auto Steel 组织 2010 年的 Future Steel Vehicle 项目总结报告,中型尺寸轿车中,各种动力车辆的整备质量分布见表 8.1[2],而其他尺寸类型的汽车也具有类似的汽车整备质量分布比例。由于轿车白车身占总车重的 25%～30%,故车身降重在降低油耗的任务中扮演着重要角色。

表 8.1　FSV-2 及其对标车车辆的质量构成　　　　　　　　kg

项目	质量			
总成	内燃机动力 (IEC)	混合动力 (HEV)	插电式混合动力 (PHEV)	燃料电池 (FCEV)
车身非结构件	302	257	210	210
车身结构件	337	337	198	175
前悬总成	73	76	51	44
后悬总成	65	73	52	34
转向系统	21	21	19	19
制动系统	47	49	37	34

续表

项 目	质 量			
总成	内燃机动力（IEC）	混合动力（HEV）	插电式混合动力（PHEV）	燃料电池（FCEV）
动力总成	274	359	261	177
燃料、电池、排放	59	125	178	114
车轮与轮胎	96	80	70	61
空调	40	35	47	47
电器	68	68	83	93
保险杠	33	31	26	22
门盖系统	67	62	48	48
合计	1 483	1 574	1 279	1 079

为了给部件或总成降重，试验设计（DOE）、拓扑/形貌优化等大量的计算方法被应用到轻量化设计过程中。每当尝试新工艺和新材料提高耐撞性能时，除了耐撞性能的验证，对耐撞性、刚度、噪声、振动、NVH 和可靠性等性能也必须进行同步控制，因为一项安全工程的结构更改措施可能会引起其他性能的下降。例如，碰撞安全要求载荷传递路径的畅通，而 NVH 要求振动传递路径的阻隔，二者可能会在一个局部结构的设计方案上产生冲突。因此，轻量化耐撞车体设计不仅仅局限于车体碰撞响应波形的优化，而是必须从耐撞性能目标、重量目标、成本效益、材料与工艺可行性等多方面进行综合考虑。

轻量设计的途径一方面是对现有结构进行优化，二是用轻型材料取代传统材料，即通常说的 3G（几何 Geometry、材料等级 Grade 和料厚 Gauge）同步优化。结构优化具体又可以包括拓扑优化、形状优化和尺寸优化，另外还可以包括对材料的微结构进行的优化，即所谓的结构—材料同时优化以及功能导向的材料优化。

21 世纪初，低碳钢部件占白车身结构件重量的 40%～50%。现在，新车的低碳钢使用量一般不超过 20%～25%。新的材料主要包括高强度钢、铝、镁合金、碳纤维复合材料等。使用高强度钢和超高强度钢允许壁厚减小到 0.5 mm，因此降重效果可以达到 10%以上。近年来，最重要的结构轻量化趋势是大量应用高强钢（HSS），即使是欧洲紧凑型轿车，车身也包含有 50%～65%的 HSS，其中碰撞安全吸能件几乎都是由 HSS 制成的。根据已有资料显示，各种材料的减重潜力见表 8.2。

表 8.2　各种材料的减重潜力　　　　　　　　　　　%

轻量化材料	被替代材料	减重效果
高强度钢	低碳钢	0～15
超高强度钢 AHSS	低碳钢、中碳钢	10～30
玻璃纤维复合材料	低碳钢	25～35

续表

轻量化材料	被替代材料	减重效果
铝合金	低碳钢、铸铁	30~60
镁合金	低碳钢、铸铁	30~70
镁合金	铝	25~35
碳纤维复合材料	低碳钢	50~70

ULSAB 是由"超轻钢板车身联盟（Ultra Light Steel Auto Body）"发起的高强钢应用研究项目，对高强钢板的应用起到了全球性的推动作用，其影响一直延续至今。此项目包括了 18 个国家的 35 个成员。ULSAB 单依靠钢材运用，使车身质量降低到 203 kg，相对于对标车的平均质量 271 kg，质量降低了 68 kg（25%），静态抗弯刚度、抗扭刚度、车身一阶模态分别提高了 80%、52%、58%，碰撞性能与基准车相当[4]。

欧洲的 Super LIGHT-Car（SLC）项目[5]是由一个包括 38 个欧洲团体发起的轻量化车身研究活动，由欧洲委员会出资，是欧洲汽车研究委员会（EUCAR）多材料开发研究行动的一部分。SLC 的主要目标是开发一个真正的多材料 C 级轿车车身结构，与 2005 年基准车辆相比，减重达到了 35%。其他目标包括减少材料消耗，轻量化的成本不超过 5 欧元/千克，等效的碰撞安全与刚度、耐久等性能，其概念在 Golf-V 车型上得到了验证。

轻量化材料的应用必须根据车辆的使用环境要求进行选择，例如，重型皮卡需要牵引重载或者装载成吨的货物，与一般轿车的材料选择会有所不同，不会使用铝取代钢去做承载件构架，这时，铝、镁及其他合金就多应用在车身结构、门盖系统和覆盖加强等部位。

其次，各种材料之间的连接工艺非常有挑战性。常用的连接技术有惰性气体保护焊、螺栓等机械紧固件、激光焊、摩擦点焊（FSJ）、铆接、粘接、搅拌摩擦焊（FSW）等。

钢材与铝材、镁材与铝材之间一般用机械紧固件连接，其间加尼龙垫片以防电偶腐蚀，同时，铝/镁部件必须有电偶隔离涂层。大多数铝材连接使用 FSJ 工艺，如果连接部位只能单边接近而不能用 FSJ 工艺，则可使用 Rivtec®铆接。所有的材料之间都可以使用粘接，如果 100%的翻边都是结合其他工艺的同时采用粘接，结构性能会有很大提高。为了防止在碰撞高载荷的作用下发生粘接剥离，在高应力区域一定要加机械紧固件连接。钢—铝连接技术和钢—镁部件的连接技术分别已经在莲花和福特的上市车型上得到了充分验证，其在腐蚀和疲劳方面都没有出现过问题[3]。铝和镁、钢之间目前还没有可靠的焊接技术。

FSJ 是 Kawasaki Heavy Industries 开发的一种点连接技术（见图 8.1）[6]，其利用探头的摩擦热引起

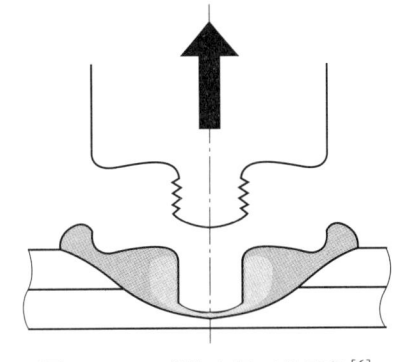

图 8.1 FSJ 摩擦点焊工艺示意[6]

两种材料的塑性流动，使其连接在一起，可以保持母材特性不下降。而电焊对母材特性是有影响的，因为在焊接过程中材料会发生金相改变。FSJ 对翻边宽度要求较小（20 mm），电焊一般需要 25～30 mm 的翻边宽度。FSJ 还具有低成本优势（只有电阻焊点成本的 1/20）。虽然每个连接点的成本不差距明显，但是计算全车的焊接成本就会很可观，例如，2011 年型的大切诺基焊点就超过了 5 400 个[7]。

连续性的粘接会给整体车身刚度和舒适性带来很大提升，同时重量代价却不是很高，文献［3］的白车身粘接剂用量为 1.4 kg。

激光焊是另外一种重要的高强钢连接技术。激光焊的焊缝非常整洁、坚固，使多余材料用量降至最少，为综合利用多等级钢板提供了制造与装配的重要技术保障。激光焊带来了激光拼焊板材等新工艺，焊缝光滑一致，使在焊接区周围的材料畸变与特性改变达到最小化，并可增加总成的整体质量和美观效果。

伴随高强钢应用而出现的激光拼焊和液压成型都可以减少部件数量，降低模具与工装费用，简化后续装配工艺，提高部件、分总成和车身结构件的完整性。与传统焊接工艺有所不同的是，激光拼焊和液压成型工序可以结合在部件和分总成生产的工序当中，而不一定是在最后才完成总成焊接。大众公司在 Golf 2004 车型上首次应用的激光焊工艺就比前续车型减少了 25%的工序时间[8]，[9]。

与激光焊相关的另一个重要工艺是液压成型，即在对各种厚度与强度用激光焊形成管件以后，在管件内部施加液力，使其膨胀到所需要的复杂管型。由于可以把复杂形状和多种材料做成单一部件，因此可以大幅降低管件质量。液压成型件除了直接应用在车门防撞梁等部位，还在分总成中作为单独部件得到大量应用，尤其是应用于轻型卡车的车架结构上。

激光拼焊可以把不同强度和不同厚度的钢板整合到一张板材上去，即在冲压工序或其他成型工序中，可以把这张"组合钢板"当成一块单独板料送进冲压机。与均一化板材相比，激光拼焊版可以用最少的材料达到对强度、耐撞性、抗凹陷强度的性能优化，也可以减少关键部件的数量及简化装配工序。用拼焊版冲压或者液压成型制作的完整部件，免除了将多块板材焊接在一起的麻烦，虽然给冲压成型的上游供需带来了压力，但是在整体上可起到降低净成本和显著提高部件性能（如重量、刚度、强度等）的作用。

8.2　各种轻量化材料的应用

8.2.1　高强度钢

1）高强度钢材料的耐撞特性

汽车业对钢材不陌生，因此高强度钢在车辆里的应用是顺理成章的。与低碳钢相比，高强度钢价格提高了大约 50%，但是由于可以用更薄、更少的材料完成同样的性能，因此有可能在成本增加幅度不大的前提下完成降重任务。借助激光拼焊工艺，还可以把高强度钢仅应用于最需要的部位，因此结合适当的工艺可以进一步降低成本。高强度钢有很多独特的材料特性和工艺，在进行耐撞性分析时应加以注意。屈服强度在 210～550 MPa 都属于高强度钢（HSS）范围，成品强度高于 550 MPa 则属于超高强度钢（UHSS）。

HSS 的加工硬化特性与传统低碳钢有所不同，尤其是双相钢（DP）和相变诱发塑性钢（TRIP）的加工硬化率更是激烈。发生加工硬化以后，随着冷变形程度的增加，强度和硬度会有所提高，但塑性、韧性会有所下降。急速的加工硬化有利于拓展成型极限，提高皱褶压溃抗力，增加撞击能量吸收能力，但是 HSS 部件的轴向抗力幅值与波动范围都会增大，因此必须谨慎处理。急速加工硬化的一个特点是塑性区分布得更广泛，有效地增加了参与碰撞能量吸收的材料容积。塑性区域的大小与叠压变形的形态可能与低碳钢有所不同。与此类似，应变率敏感度效应也会在碰撞载荷中引起屈服强度升高和抗力特性重新分布。

使用高强钢时，需要在强度与成型性能之间进行权衡，即材料抗拉压能力越强，就越难以把材料塑造成型，尤其是对造型与空气动力学有特殊要求的外表面成型更是如此。

每一种新材料出现时，在耐撞结构中的应用障碍之一就是如何对其性能进行建模和数字化模拟。文献［11］对点焊与激光焊高强度钢梁特性进行了研究；文献［13］对 440～780 MPa 帽型对口截面高强度钢样件利用有限宽度理论得出了样件的平均抗力估算方法；文献［14］对 300～590 MPa 高强度钢样件进行轴向压缩试验，用两种建模方法进行有限元模拟分析并与试验结果进行了对比；文献［15］对双相高强度钢帽状截面梁进行试验和有限元分析，在二者之间取得了良好一致性；文献［16］对双相钢侧撞防护梁的弯曲变形进行了性能分析；文献［10］进行了准静态（0.001/s）应变率试验，并用分离式 Hopkinson 压杆进行了高速动态冲击（1 000+ /s）应变率试验，利用 Johnson-Cook[17] 和 Zerilli-Armstrong[18] 两种建模方法对各种几何形状的高强度钢管压缩试验进行有限元模拟。文献［19］分析了应变率效应对整车正面碰撞模拟分析的影响，并分析了对各种材料的建模策略和单元离散效应。文献［20］对先进高强钢 AHSS 的点焊工艺进行了有限元模拟研究，材料包括 DP 钢和 HSLA 高强低合金钢。

文献［12］用考虑应变率敏感度和不考虑应变率敏感度两种建模方法对 NCAP 试验进行有限元模拟，计入应变率敏感度以后碰撞位移下降了 11%，车辆碰撞停止时间缩短，结果与文献［19］分析的结论相一致。由于材料的应变率敏感效应，高速冲击会使前梁的抗力有所上升，进而导致加速度值增高和停止距离缩短。由于在两种模型中流变应力不同，故结构件行为、变形方式、吸收能量都会发生变化。通常，在应变率效应模型里，压溃区会变短，塑性铰接区域减少，整车碰撞的俯仰翻转角度会增加。根据现有研究，高强度钢应变率对整车碰撞响应有可观的影响。因此，对 HSS 进行材料取代研究时，单考虑材料屈服点数值是不充分的，尤其还要考虑应变率敏感度。

应变率敏感指的是载荷施加的速度越快，材料抵抗变形的阻力就越大。对应变率敏感的材料，其动态塑性应力（σ_d）与应变速率（$\dot{\varepsilon}$）有关，这种现象也被称为黏塑性[21]。在动态的碰撞冲击中,对于高度应变敏感性的高强度钢,静态流动应力(σ_0)值应当随之加以修正。文献[22]提供了以下修正方程,即广为应用的Cowper-Symonds方程[33]:

$$\sigma_d = \sigma_0\left[1+\left(\frac{\dot{\varepsilon}}{D}\right)^{1/q}\right] \qquad (8.1)$$

式中,q,D为材料常数。

LS-DYNA求解器中有两个常用材料模型,一个是MAT PLASTIC KNEMATIC模型,另外一个是MAT PIECEWISE LINEAR PLASTICITY,用以强调应变率敏感度的影响。在塑性分析中,直接应用弹性模量和切线模量。在PIECEWISE LINEAR PLASTICITY模型中,需要对流动应力加以修正。二者均可用于建立弹性—塑性应变率敏感模型,以用于碰撞仿真分析中。

2)高强度钢工艺对材料特性的影响

高强度钢应用的另外一个挑战是其加工工艺与我们早已熟知的低碳钢有很多不同[25]。冲压时高强度钢回弹更大,需要提供更大的拔模角度,不同等级种类的钢材在设计和加工过程中有时表现得像不同的材料。成型工艺要适应于更高的强度和更细小的截面形状,制件形状也变得越来越复杂。成型仿真分析[27],[28]与耐撞性仿真分析[25]通常被当成两个工程领域。板材成型会引起显著的加工硬化和制件壁厚减薄,通常认为塑性硬化抵消了壁厚减薄的影响,因此碰撞仿真可以使用原有状态的材料特性进行建模。研究[29],[30]表明,高强钢板材成型对碰撞性能有显著影响,也有的研究将成型影响整合到碰撞建模里[31],[32]。尽管已经观察到成型效应对部件性能有重要影响,但是对整车层面的影响目前还没有清晰的结论。其原因是多方面的,首先,碰撞分析技术都采用大量的近似计算,成型效应在碰撞建模里属于次级影响因素。其次,在成型分析和整车分析过程中,成型过程描述的详细程度是不一致的,掩盖了成型效应对整车碰撞响应的影响。专门分析成型的有限元模型中网格划分更细密,结合到很粗的碰撞网格模型里面以后,成型效应只能在大网格中进行平均分配,从而丢失了局部的成型效应变量。对于轻量化结构,因为在成型过程中经受了更大的拉伸,因此成型效应更加明显,尤其对急剧加工硬化的高强度钢,如DP双相钢和TRIP相变诱发塑性钢。最后,造型与能量吸收结构的多变也会使精细的成型分析变成徒劳工作。随着将来高强度钢的大量应用,如果事实证明成型效应对碰撞响应的影响非常显著和稳定,那么就要进一步将成型效应结合到碰撞仿真分析里面去。

3)高强度钢应用前景与技术障碍

高强度钢成本低、强度高、刚度高、设计数据库翔实,因此各种等级的钢材都很有竞争性。进一步广泛在结构件上应用先进高强度钢(AHSS)的障碍是合金成本高和成型性能不好,其竞争材料是优化的铝合金与纤维增强复合材料。根据美国能源部分析[31],高强钢的发展方向是:开发成型工艺好的增强性能型高强度钢,提高接合可靠性、耐腐蚀性;开发低成本层压钢板、纳米微粒增强钢材;改进工艺,生产更薄和更宽的钢板;可生产由多种等级钢板组合的无缝隙三维结构件,无须接合工艺。

HSS 和 AHSS 应用趋势预测见文献 [31]，如表 8.3 所示。

表 8.3　HSS 和 AHSS 应用趋势预测

项　目	2010 年（基准）	2025 年	2030 年	2040 年	2050 年
抗拉强度/MPa	590	1 500～2 000	1 750～2 250	2 250～2 750	2 500～3 000
密度	7.87 g/cm^3	降低 5%	降低 7%	降低 9%	降低 10%
模量	211 GPa	增加 10%	增加 13%	增加 17%	增加 20%
厚度×宽度/mm	0.65×1 500	0.5×1 800	—	—	0.4×1 800
全面仿真置信度*/%	—	75	80	85	90

*包括成本、碰撞、疲劳、成型、腐蚀等性能。

先进高强度钢 AHSS 应用还面临很多技术挑战。AHSS 需要有 1 500～2 000 MPa 的强度，20% 的延展性，耐腐蚀，不得丧失母材接合点强度，对后处理工艺提出了更高要求，所以需要针对高强度钢开发各种辊压和冲压成型工艺及可靠的接合与防腐工艺。目前，还无法制造 0.4 mm 厚和 1 800 mm 宽的钢板。还没有合适的工艺对强度 2 000 MPa 以上的超薄板进行后处理（打孔、冲压、切割、机加、模具润滑等）加工。各种规格的钢板组合在一起以后，AHSS 和 HSS 的微结构特性还预测不了，现有的建模和模拟分析工具还无法基于物理模型进行材料特性预测、微结构形态与失效关联分析和可制造性分析与性能分析。

8.2.2　铝

铝在汽车降重领域的应用十分广泛，包括动力总成、底盘和车身，车身降重潜力非常巨大。

铝合金材料的强度与钢铁的强度相当，密度是钢铁的 1/3，吸收冲击的能力是钢的 2 倍，导热性能比铁高 3 倍，与其他材料相比，轻量化效果、耐腐蚀性和回收利用性都很好，所以铝合金是应用较早且技术比较成熟的轻量化材料，在汽车上的用量呈现持续增长的趋势[32]。北美、欧洲和日本汽车的单车平均用铝量在逐年增加，其中北美汽车铝的应用水平最高，目前乘用车每车平均用铝量已达 145 kg，欧洲平均每车用铝量达 118 kg，日本与欧洲比较接近[34]。铝冲压件被用于轻量化引擎盖、门盖表层面板的历史已有很多年。

在传统的钢板车身中，冲压板件用点焊连接在一起形成车身框架，然后再把冲压的保险杠、车门、罩盖等部件用螺栓连接在车身上。铝材也可以和传统钢板一样应用在承载车身结构上，也可以将挤压件、铸件、冲压件焊接在一起（被称为"空间框架"[33]）。

与高强度钢相比，铝板大规模应用的最大障碍是成本稳定性问题。铝制造业现在已经把汽车应用瞄准为下一步发展的重要增长点，并已经投入了大量研究。铝材在车身上的应用范围很广，具有很大的降重空间。用铝取代钢板，车身降重最多可以达到 50%，意味着与连带措施加在一起可使整车降重 20%～30%。使用铝材有两种方法，一种是挤压式空间框架，另一种是以传统板材形式应用在承载式车身结构里。这两种方法各有优点，空间框架可以避免冲压，工装费用较低；承载车身类的应用可以利用已有设备，单件成本较低。以 Audi A8 为代表的空间框架被认为是最适合于大量生产的工艺。

铝材目前还不能用于重载车辆的框架结构，铝材应用的发展方向是，进一步改进铸件和锻件的机械特性，组装时减少机械连接件，降低成本及增加可回收性，模拟分析可全部取代实体试制，高性能合金100%回收。具体预测见表8.4。

表8.4 铝材应用趋势预测

项目	2010年（基准）	2025年	2030年	2040年	2050年
强度（MPa）/延伸率（%）	180/5（铸件），275/12（锻件）	提高40	提高100	提高150	提高200
铝与其他材料的连接工艺	速度慢，高成本不可模拟分析	连接件减少50%，更易建模	连接件减少70%	连接件减少80%	连接件减少100%
部件成本	不具竞争性	降低25%	降低30%	降低35%	降低40%
设计技术	对系统特性不完全了解，试制很重要	减少设计时间50%	—	—	零样件
可回收性	总体90%，高性能（HP）合金0	总体90%；HP合金50%；HP再利用	总体90%；HP合金70%；HP再利用	总体90%；HP合金90%；HP再利用	总体90%；HP合金100%；HP再利用

针对表 8.4 所列应用目标，目前还存在一定技术障碍，需要进一步开展研究。铝制品综合应用越来越广泛，需要开发铝与各种金属、塑料、复合材料之间的高强度连接技术。此外，目前已有的铝材粘接技术尚需降低成本和加快速度。目前缺乏模拟铝材—多种材料连接与组装性能以及耐久性能建模能力，因此，目前通常采用过强度设计以保证长期性能。现在还没有可用于优化铝件制造与性能的 CAE 工具，也没有铝件失效分析与断裂机理分析模型，并需要开发相应的特性数据库。

高性能铝合金的可铸造性很差，通常会导致强度下降及铸件之间的性能不一致的现象发生。需要进一步开发高性能铸铝的韧性和高温耐疲劳特性，以进一步适应车辆应用的要求。

铝合金的种类有很多，但是特别适用于车辆应用的合金/工艺组合却是很少，不能同时适应温度范围、强度、疲劳和成本的综合要求。

8.2.3 镁

镁是汽车应用材料中最轻的结构金属，密度 1.74 g/cm^3，比铝轻2/3，比钢轻78%，可作为铸件、挤压件或板件应用，相对于钢制件降重可高达 60%。高纯度镁合金有更好的耐腐蚀性，延展性是铝合金的 3 倍，比铝更适合于作碰撞吸能部件。与传统铸铝合金相比，镁所具有的低密度、合理强度和应用适应性使其成为在汽车应用方面非常有吸引力的材料。目前，欧美轿车上镁合金平均用量大约为 40 kg/辆。我国经过"十五"期间镁合金重大专项攻关，在一些车型上已成功应用压铸镁合金制造离合器、变速箱壳体、仪表板、车门框、气缸盖罩、方向盘骨架、座椅骨架等。镁合金在汽车上的用量以每年 20%的速度上升，预计在今后的 20 年，汽车上镁合金用量将达到每辆 100 kg 左右，是现在镁用量的 30 倍。文献 [35] 提出了在汽车设计领域更广泛应用镁合金的战略，并强调了利用大型铸件减少部件数量，以及镁合金部件的可调节固有频率特性对噪声、振动和 NVH 的适应能力。总体来看，镁必将成为一种适用于汽车大多数零件的新颖材料，但是镁本身也存在一些机械/物理特性缺陷需要在应用时加以特殊注意，同时，仍然存在一些阻碍其广泛应用的技术障碍。

与铝相比，虽然镁的屈服强度相差无几，但是其极限强度、疲劳强度和蠕变强度都比铝低。镁合金的模量和硬度也比铝合金低，热膨胀系数比铝合金大。为克服模量与强度的不足，制件上通常需要加设筋板和支撑结构。

从碰撞性能方面来看，镁是一种应变率敏感的材料[36]，也就是说其强度随加载速度的提高而增大，这同样意味着镁制件在动载荷下会比静载荷吸收更多的能量，因此用镁金属构件承受碰撞载荷可以提高整车的耐撞性能。镁的应变率敏感性不仅对碰撞性能分析很重要，而且对一些镁材加工过程也十分重要，如电磁成型。因此，测定镁合金在不同应变率下的机械特性和建立能够准确描述其行为的本构方程显得尤其重要。描述钢材最常用的本构方程式是 Cowper-Symonds 方程及其各种变化形式，在汽车行业的碰撞仿真中已经得到了广泛应用。但是，对铝和镁合金，这个方程的本构参量信息还很少，不足以准确支撑碰撞仿真。文献 [37] 描述了一个测量镁合金板材本构参量的方法。试验中，准静态试验样品是镁合金 AZ31B–H24，板厚 0.9 mm，用万能拉力机测试准静态特性（试验速度 0.1 mm/s），包括 0.2%名义拉伸屈服强度（$R_{p0.2}$）、极限抗拉强度（UTS）和相对于 80 mm 初始长度的伸长率，见表 8.5。

表 8.5 准静态特性测量

$R_{p0.2}$/MPa	UTS/MPa	伸长率/%
197.4	261.2	7.7

SHPB 的试验装置如图 8.2 所示。

用分离式 Hopkinson 压杆实验方法测量 1 000/s 的应变率下的 $R_{p0.2}$ 和 UTS，然后用以确定 Cowper-Symonds 方程（1）中的系数 D 和 q，见表 8.6。该研究确认，一般情况下可以找到 Cowper-Symonds 系数，甚至某些场合是吻合非常好的。问题是，对于不同的参考应力，这些系数会显现出不同的数值。例如，极限抗拉强度和实用弹性极限应力对应变率的敏感程度就不一样，所以 Cowper-Symonds 系数也不一样，这是 Cowper-Symonds 方程的固有缺陷。这里，使用

图 8.2 SHPB 试验装置（www.relinc.net）

该方程的风险是，用名义拉伸屈服强度 $R_{p0.2}$ 当作参考基点时，对大应变下高应力的预测会产生误差。建立准确可靠的本构方程是进行镁材料碰撞性能CAE分析的基本前提。

表8.6 Cowper-Symonds 方程（1）中的系数

项目	$\dot{\varepsilon}$ 范围/ (s^{-1})	D/ (s^{-1})	q
$R_{p0.2}$	0.001～1 050	24 124.9	3.09
UTS	0.001～1 050	231 191.1	3.56

镁合金的一个缺点是在熔解状态下非常活跃，与铝相比，抗疲劳、蠕动性、耐电偶腐蚀性都欠佳。这些问题来源于镁的650℃低熔点和元素活泼性。镁合金制造与使用过程中的主要危险是燃烧，尤其在对其进行机加工和磨削时更是如此。在粗加工过程中，金属屑一般很厚，其不会被加热到点燃的程度；但是在精加工时金属屑很细小，非常容易被加热到燃点以上，磨削时产生的细小粉末如果被加热到燃点甚至会引起爆炸。为避免火灾，应当尽量避免精加工，避免使用磨钝的刀具，避免高速切削，对刀具进行特殊设计避免热量集中，避免切屑积累在机床和衣物上，使用冷却液等。镁是活泼金属，因此在自然界里不能以金属态存在，都是以化合态的形式存在于地壳和海水中。镁在地壳中通常是以菱镁矿、白云石和光卤石形式存在，在海水中镁的含量为1.2 g/L，氯化镁可以从海水中直接提取。将镁从化合物中提取出来需要大量的能量，因此镁是一种比较贵的金属。

对镁合金焊接时，如果热熔金属与空气接触，则也会产生燃烧危险。为此，在焊接时必须对焊区用惰性气体进行保护。如果不采取适当措施，镁合金在焊接时就会因为其高热传导性和高热膨胀系数而导致比其他金属更严重的变形。部件的使用温度也必须远离合金的熔点。除此之外，镁合金应用还面临其他技术挑战。

在世界范围内，镁的生产都是采用能源密集型工艺并且要付出环境代价。为了能真正从镁合金的应用中获得降重的益处，必须开发低能耗、低成本的镁的生产方式。

从使用过程上看，镁制件防腐蚀是一个大问题。目前，还缺少有效的腐蚀评价与减缓腐蚀措施，也没有预测镁合金腐蚀特性的分析工具，还需要研究在各种使用环境下镁部件的加速腐蚀试验规范，以及进一步就表面结构、微量元素杂质、各向异性、纹理影响等因素对腐蚀的影响机理进行理解。为了防止镁质零部件在使用过程中发生电解腐蚀，经常采用的镁隔离技术都是高成本和高复杂性的工艺，进一步提高了镁制件的价格。杂质（如铜、铁、铼）能加快镁合金的腐蚀，但是目前还没有成熟技术能减少镁合金中的杂质致蚀。

镁合金部件的连接技术兼容性不佳，无法提供镁材与钢、铝、CF、塑料、不锈镁合金、玻璃纤维制件之间的可靠、耐久连接。首先，多材料之间连接要避免电解腐蚀，同时，这些技术还要适应工厂环境的快速生产节拍。

利用CAE建模对镁材进行分析的工具是不充分的，需要开发与现有钢材和铝材分析同样全面的镁合金建模分析工具。需要有镁材分析的原子尺度/中间尺度/宏观尺度的联合模型，具备可以基于合金成分、加工和制造技术进行材料行为预测的能力，还需要具备镁材部件与总成的腐蚀建模能力，以支持更快的隔离技术开发和不锈镁合金开发。

铸镁产品的延展性不足，还不具备足够的耐撞强度以满足安全相关部件的要求。锻造件缺少各向一致性，各向异性会使设计变得十分复杂，限制了镁材料性能的发挥。目前，对镁材变形仍然没有十分透彻的基础分析。

汽车工业界希望镁材制造业能开发出与现今铝合金特性类似的高性能镁合金，并开发出可靠、低成本的低碳排放生产工艺。如果仍然沿用现行主流的碳酸盐生产方式，则应开发出二氧化碳排放当量为 2~3 kg/kg 的镁生产工艺。美国能源部对镁材在汽车业应用前景的预测见表 8.7[31]。

表 8.7 美国能源部对镁材在汽车业应用前景的预测

机械性能	2010 年基准	2025 年	2030 年	2050 年
抗拉强度/MPa	110~120	250	—	350（室温）；300（200℃）
疲劳强度/MPa	85	120~150	—	200（室温）；150（200℃）
延伸率/%	8	15		25

8.2.4 碳纤维和碳纤维复合材料

碳纤维（Carbon Fiber，简称 CF）的含碳量在 95%以上，是高强度、高模量的新型纤维材料，由片状石墨微晶等有机纤维沿纤维轴向方向堆砌，并经碳化及石墨化处理而得到的微晶石墨材料。碳纤维具有许多优良性能，质量比铝轻，但强度却高于钢。碳纤维的轴向强度和模量高，密度低，比性能高，无蠕变，非氧化环境下耐超高温，耐疲劳性好，比热及导电性介于非金属和金属之间，热膨胀系数小且具有各向异性；耐腐蚀性好，在有机溶剂、酸、碱中不溶不胀，耐蚀性突出；X 射线透过性好，有良好的导电导热性能，电磁屏蔽性好等。优良的综合特性使其成为航空航天、土木工程、军事、赛车以及竞技体育器材制造中的高端材料[49],[50]。然而，相对于类似的纤维，例如玻璃纤维或塑料纤维，碳纤维是相当昂贵的。

碳纤维与其他聚合基体材料（如环氧类和聚酯类）结合后就成为碳纤维复合材料（CFC）。复合材料是在现代科学技术发展中涌现出具有强大生命力的材料，一般是由基体材料（包括树脂、金属、陶瓷等）和增强剂（有纤维状、晶须状和颗粒状等）复合而成的。复合材料在汽车上的应用主要有金属基复合材料、陶瓷基复合材料和聚合物基复合材料。碳纤维也可以被复合于其他材料，如石墨，以形成碳—碳复合材料，具有非常高的耐热性。碳纤维材料具有很高的强度—重量比，在需要提供极高的强度密度和刚度密度时，与钢材相比可以降重 60%。推广应用碳纤维材料的最主要问题是纤维成本、纤维资源和生产纤维所需要的能源。由于部件设计不当和制造技术欠缺等原因，碳纤维及复合材料在重型车上的应用还非常有限。

如果把碳纤维复合材料应用于碰撞吸能部件上，则汽车业的共识是选用编织热固碳纤维复合材料，因为其机械特性和冲击特性都比较合适。编织复合物特性的基础研究包括，用解析方法计算纺织与编织复合物的机械特性[38]，研究编织复合物损伤与断裂机理的拉伸试验[39]、抗弯试验[40]、[41]和压缩试验[42]~[44]。同时，为了建立编织复合物计算技术，还开展了很多模拟试验的数字仿真研究[45]，试验类别包括抗弯试验[46]、压溃试验[47]和冲击试验[48]。

一般而言，编织复合材料会随织物类别、复合结构和载荷条件的变化而呈现出不同的失效模式。常见的失效模式包括基质破碎、纤维断裂、脱层、劈展分叉、碎裂、渐进折叠，等等（见图 8.3）。其中的一些模式可以用复合材料模型进行描述，另外一些则需要结合有限元模型描述，因为这些模式是由一些复合材料失效模式之后的行为而引起的，一般包括以下三种建模方式。

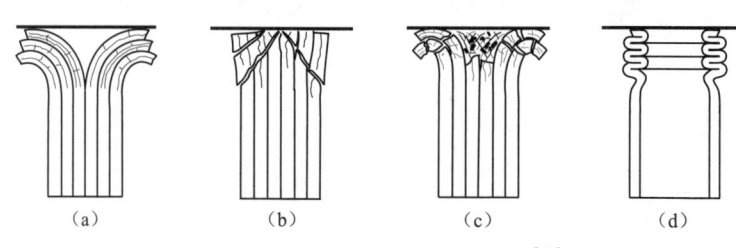

图 8.3　符合材料结构的失效模式[49]
(a) 纤维分叉；(b) 碎片化；(c) 脆性破碎；(d) 皱褶压缩

（1）单层定义法。

单层定义法是一种最简单的建模方法，复合材料有限元模型只包含一层复合材料特性的元素。其缺点是不能模拟脱层和分叉效应，无法观察局部的变形损坏。

（2）多层定义法。

多层定义法可以有效描述复合材料的脱层与劈展失效模式。这种方法可将复合材料特性定义到每一层之中，然后用连接—断开接触类型定义每层之间的连接。

（3）单元定义法。

单元就是重复性纤维构架里的最小单位（见图 8.4），每个单元又可以进一步细分为子单元，子单元根据实际的集合形状和位置由不同纤维束尺寸、纤维走向、交叠次序等要素组成，可以捕捉到编织复合板材在冲击试验里的局部损伤[49]。

文献 [50] 对碳纤维复合材料在碰撞吸能结构中的应用可能性展开了全面分析。首先，该研究对碳纤维复合材料板材试件在 4 种速度下分别进行轴向和横向抗拉、抗压与剪切试验，对碳纤维复合材料圆管在两种速度下分别进行平端挤压和单斜面挤压试验，并在此试验基础上建立了碳纤维复合材料的 LS-DYNA 有限元分析模型。随后，在轻型卡车 Chevrolet Silverado 中对梯状车架进行了材料替代性能分析。车身—车架结构是轻型卡车的典型设计，车架是在碰撞事故中主要的吸能部件。Silverado 车型的车架原设计材料为低碳合金钢板，质量为 231.6 kg，占整车质量的 12.6%（见图 8.5）。两边的主体边梁材料完全由碳纤维复合材料替代以后，质量降低至 156.8 kg，降重率为

32%。该研究将碳纤维复合材料的有限元模型带入 Silverado 整车车型中，根据 NCAP 试验条件进行仿真。图 8.6（a）所示为钢制车架原设计在 56 km/h 正面刚性碰撞时的车架弯折变形形态，图 8.6（b）～图 8.6（d）所示为改变碳纤维复合材料的厚度以后的变形形态。从图示的仿真结果可以看出，通过调整碳纤维复合材料的参数可以实现对车架压溃形态的控制。分析结果同时表明，整车碰撞加速度波形、压溃内侵量也可得到同样的控制，即在降重的前提下可以保证原有的碰撞性能没有下降。

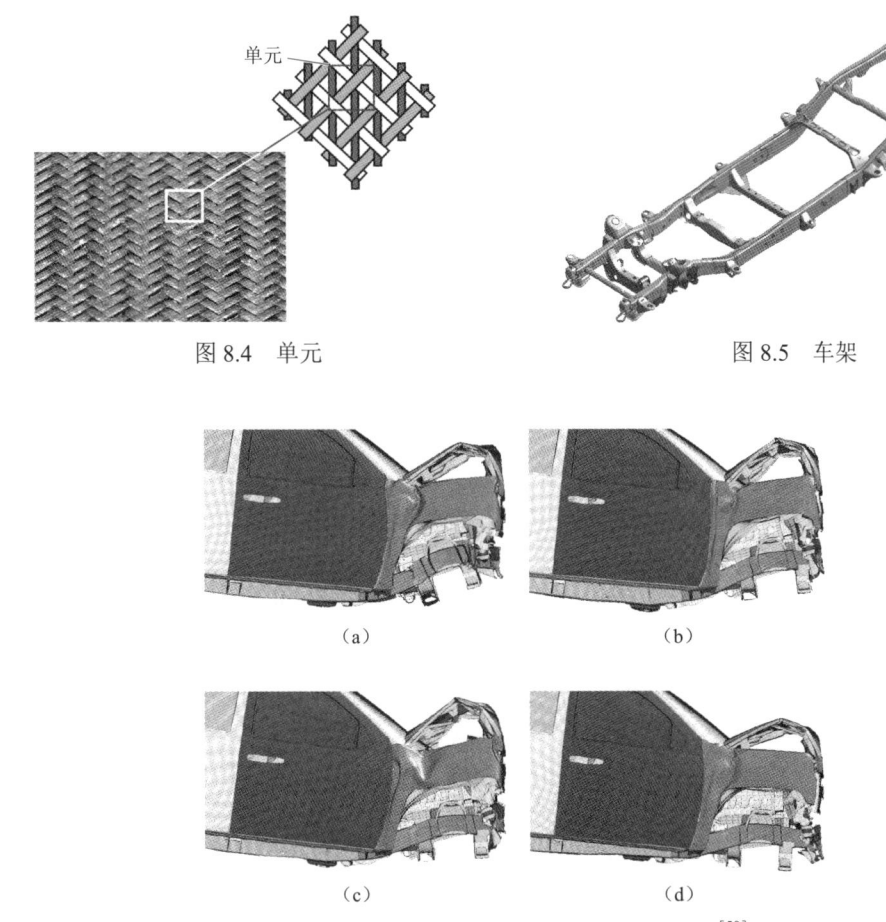

图 8.4　单元

图 8.5　车架

(a)

(b)

(c)

(d)

图 8.6　轻型卡车符合材料耐撞性仿真分析[50]

根据已有的公开文献来看，还缺乏大量、详尽的与 CFC 相关的整车碰撞试验及仿真分析对比，所以说 CFC 仿真分析仍然处于探索阶段。

与金属零件不一样，汽车经受碰撞以后无法对碳纤维材料，尤其是对碳纤维复合材料的零部件进行快速损伤探测，无论是依靠外观还是探测仪，都很难判断哪些零部件应该更换、哪些不必更换。经常的做法是，在生命期内或在事故之后，碳纤维复合材料的关键部件需要进行更换，因此应用 CFC 部件后，维护维修的成本会比较高。为此，需要开发预测碳纤维复合材料特性的分析模型，以在各种碰撞工况下对碳纤维复合材料进行损伤程度预测，以及依据试验结果预测在疲劳和环境老化条件下的损伤区增长，并可结合特定部件将损伤理论应用于结构综合优化中。损伤建模工具应当具备针对短纤维、连续纤维、纺织纤维增强的复合材料分别加以分析的能力。目前，尚无能够准确模拟碳纤维复合材料碰撞安全性、疲劳寿命、加工特性的分析工具，更无法模拟不同材质之间的连接特性，模拟分析所需要的可靠数据库还没有建立起来，因为工业界还缺少CFC在汽车行业上应用的特性试验规范。文献［51］、［52］提出了一种基于非线性纤维模型的纤维增强复合材料模型，进一步提高了碳纤维复合材料的仿真精度，并提高了碳纤维复合材料的利用效率（见图8.7）。

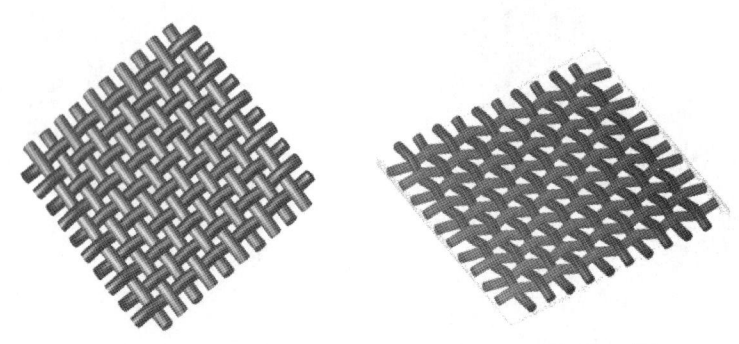

图8.7 基于非线性纤维模型的纤维增强复合材料模型[51]

以前复合材料和碳纤维材料的生产工艺并不是为汽车级别应用所优化的。碳纤维（CF）生产按原料路线可分为聚丙烯腈（PAN）基碳纤维、沥青基碳纤维和黏胶基碳纤维三类，主要以前两种碳纤维生产为主。由聚丙烯腈纤维原丝制得的高性能碳纤维，以其生产工艺较其他方法简单，产量占全球碳纤维总产量的90%以上。到目前为止，碳纤维的价值链和基础设施都是以面向航空工业应用为主的。如果更加深入理解由前体材料到碳纤维转化过程中的结构—特性关系，就可以用更低的成本将前体材料转化为高强度碳纤维，以减少生产所需能源并提高产量。目前还缺乏可靠的碳纤维性能预测工具，在进行碳纤维以及复合材料部件设计时找不到精确的材料特性数据库，以进行具有高可信度的优化设计，避免在碰撞安全等工况中对关键部件采用过度设计。碳纤维材料在各种工况下的材料行为数据还很少，不足以支撑耐撞分析的精确建模。对接合剂（如纤维与基体之间的连接剂）化学特性了解比较少，因此最终的复合材料特性很难加以优化和受控。现有的接合剂需要对大多数热塑性树脂进行优化。

碳纤维复合材料（CFC）除同样面临上述碳纤维的技术问题以外，还面临一些本身的应用障碍，例如，CFC与其他材料的连接技术，包括与其他复合材料、镁、钢、铝、CF、塑料和玻璃纤维部件之间的连接技术，几乎没有什么新的发展，不适应于大批量生产，CFC与其他材料连接点的耐久性也不适应于汽车应用。

碳纤维和制造碳纤维复合材料的基体之间的兼容性还没有得到优化，呈现出与碳纤维有良好兼容性和亲和性的可用基体材料还很有限，现有的基体材料不足以充分发挥碳纤维的固有优良特性，碳纤维的表面特征很大程度上影响了与树脂的连接性和复合材料特性。工业界仍需要对大量的热塑性和热固性树脂进行改性。

纤维/树脂系统的生产费用大都较高，碳化与冷却时间要求很长，目前还缺少低成本—高产量的碳纤维复合材料制造技术，因此还不能满足汽车工业大批量的需求。

另外，碳纤维复合材料的回收兼容性不好，但是各应用行业都对CFC的回收与再利用提出了更高的要求。

为推进碳纤维复合材料的大面积应用，目前最紧迫的任务是，开发低成本的纤维和低成本、快回收周期的制造工艺。例外，需要在设计阶段提供零部件性能和制造性能的预测工具，以便提供更加精确的材料解决方案。为了提高可回收性与再利用能力，需要开发在回收与维修阶段更加便利和便宜的连接技术。行业会应用的进展预测为，2025年碳纤维和碳纤维复合材料会应用于大批量生产的车辆上，届时，材料的供应商将有能力为OEM提供足够详细的材料特性、工具和知识，以便能够开展针对功能/性能的部件设计，见表8.8[31]。

表8.8 CF和CFC应用目标

年份	2020（基准）	2025年	2030年	2040年	2050年
碳纤维材料（CF）					
成本	$9/磅①	$3/磅	—	—	$3/磅
制取	聚丙烯腈	100%基于石油	木质素		100%回收材料
	低产能	高转化率			
	高排放	低排放	—		与基准相比降低80%
加工温度	—	在800℃~1 500℃稳定转化	—	—	—
碳纤维复合材料（CFC）					
应用	重型车上几乎没有应用	总车重5%	—	—	车重15%~25%
成本	$12~15/磅	<$5/磅	<$4/磅	<$3/磅	<$2.5/磅
建模分析能力	有限	性能设计达到CFC材料极限的50%	可进行CAE & FEM预测	可进行CAE & FEM预测	设计达到CF极限的75%
原料	—	非石油基材料（纤维，树脂）			
制造周期	>5 min	<3 min	<2 min	<1.5 min	<1 min
连接技术	—	CF-CF与CF-金属连接的成本与时间与钢材相近	—	—	—
回收	—	100%回收；25%可再生前体材料；降低25%碳足迹	100%回收；35%可再生前体；降低45%碳足迹	100%回收；40%可再生前体；降低60%碳足迹	100%回收；50%可再生前体；降低75%碳足迹
维修	零可探伤，零可维修	100%可探伤，25%可维修	100%可探伤，35%可维修	100%可探伤，45%可维修	100%可探伤，50%可维修

① 1磅=0.453 59千克。

8.3 轻量化微结构材料

镁铝合金和以碳纤维为代表的复合材料，较汽车行业传统使用的钢材而言，具有明显的比强度、比刚度优势，从而在汽车轻量化中扮演了重要的角色。由于材料成本和制造成本的限制，钢材仍然是汽车厂最为广泛运用和最为成熟的结构材料。镁铝合金、复合材料在大规模应用方面，目前仍然存在单位成本因素的限制。因此，寻找价格和性能更优的轻量化材料是目前轻量化研究的另一个重要领域。

轻量化材料除了复合化发展趋势以外，近期还出现了一个微结构化趋势（见图 8.8）。对于产品的整体性能而言，材料的基础性能和结构优化具有同样的作用，因此极大地推动了结构—材料同时优化方法的发展。传统的材料如果和完美的力学承载结构结合，仍然可以创造出全新的结构化材料，如纳米级六边形碳原子的石墨烯材料、比空气轻的固体气凝胶，等等。同时，在更大尺度上，人们同样创造了如蜂窝铝、泡沫铝等具有特殊微结构的材料。这些新材料可以在传统原材料的基础上，人为地实现更为合理的力学承载微结构或优化组合不同的原材料，实现宏观材料性能方面质的提升。

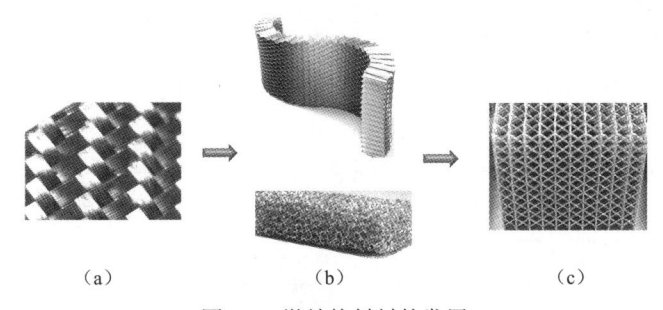

图 8.8 微结构材料的发展
（a）纤维增强复合材料；（b）金属蜂窝金属泡沫；（c）微结构材料

如果说复合材料的优势是将多种高性能材料组合在一起，那么微结构材料则是通过多种普通材料搭建微结构来实现宏观上的高性能。复合微结构材料也被叫作点阵结构复合材料，是一种具有轻质、高比强度、高比刚度以及多功能潜力的新型结构材料，近几年受到国际工业界的极大关注，是新一代结构材料一体化的理想材料。点阵结构复合材料的发展是一个渐进的过程，纤维增强复合材料在夹芯结构中的应用已由部分向整体过渡。已有研究发现，纤维增强复合材料相对金属材料具有更高的比强度和比刚度，尤其是可设计性的优势更加明显。采用复合材料制备成型的点阵结构表现出更加优越的力学多功能优势。各种新型制备技术的研发也给复合材料点阵结构的研究带来了极大便利，为今后应用和深入研究打下了坚实的基础。

"功能导向材料设计"（Function-Oriented Material Design，FOMD）由文献[53]提出，并在近期得到了进一步发展[54],[55]，其可以有效地应用于车辆的轻量化、NVH 和耐撞性设计[56],[59],[61],[64],[66],[67],[70]。可以把 FOMD 的原则简单地描述为

"把合适的材料应用到正确的位置上"。从宏观上看,桁架结构的建筑就是典型的"功能导向结构设计"的实例。埃菲尔铁塔由 12 000 多个预制梁构件组成(见图 8.9),每个构件都有自己的作用,每个单独部件的配置都是为了完成一个总体功能——"将 7 000 t 的塔身重量分布到四个基座里去",因此各部件都有明确的载荷任务,与上述总目标功能不相关的无用结构件不会被加到塔身上,因此其是一种典型的"功能导向结构设计"的代表。与此类似,在车辆工程里,基于 NVH、耐撞性等目标,结构和框架的空间形状要经过拓扑优化以减轻重量[65],[69],[71],[75],这同样是一种"功能导向结构设计"。

图 8.9 埃菲尔铁塔是一种宏观上的微结构

更进一步,"功能导向材料设计"是把宏观的"功能导向结构设计"的概念移植到微观尺度的材料设计领域,将传统材料的均一化材质变成了多样材质的结构化组合。图 8.10(a)~图 8.10(d)[53]用典型的例子来说明对于不同载荷工况和边界条件,结构将有完全不同的最佳材料分布。最佳材料分布是在给定重量的条件下用拓扑优化的方法得到的[65],[69],[75]。图 8.10(a)表示在不同静载和边界条件下的最优材料分布;图 8.10(b)表示在不同质量分布和边界条件下一阶频率最大时的最优材料分布;图 8.10(c)表示在不同频率的动载下的最优材料分布;图 8.10(d)表示一个功能梯度材料设计的例子。这些例子都说明了进行功能导向的材料设计的独特性,即在一个最优结构中,每一处的材料都应该按照该处结构所需要的功能进行最优设计,这样才能真正做到最有效地使用原材料,以达到重量最轻化的目的。

从微观结构上看,纤维增强复合材料采用编织、纺织、粘接、叠层等工艺,已经是一种结构化材料了,但是和"微结构材料"的概念还是有很大区别,主要表现在:

(1)复合材料的原材形式通常为二维,需要二次成型制成构件所需的形状。微结构材料含有微型的三维框架结构,可以堆积出任何形状。

(2)复合材料依靠对优异的组分材料性能进行组合,以达到高性能目标,例如,碳纤维复合材料依靠组合碳纤维和树脂材料的高性能达到轻量化、高强度的应用目的,主要是依靠发挥各个组分材料原有的性能优势。由于碳纤维等组分材料比较昂贵,因此高性能复合材料的价格也比较高。"微结构材料"可以采用高性能材料(碳纤维、陶瓷、铝镁合金),也可以采用普通的低成本材料(低碳钢、玻璃钢),形成微观的立体桁架单元去保证整体性能。即使采用贵重材料,也是将材料用到最需要的地方,因此比传统高性能复合材料的用材方式更加经济。

(3)复合材料的基本结构单元是均一化设计,例如,不同部位和功能的部件是用同一种碳纤维复合材料成型出来的。微观结构材料内的微结构可以按照不同部件的不同功能进行特定设计,在微观的材料层面上更体现出"功能导向结构设计"的概念。

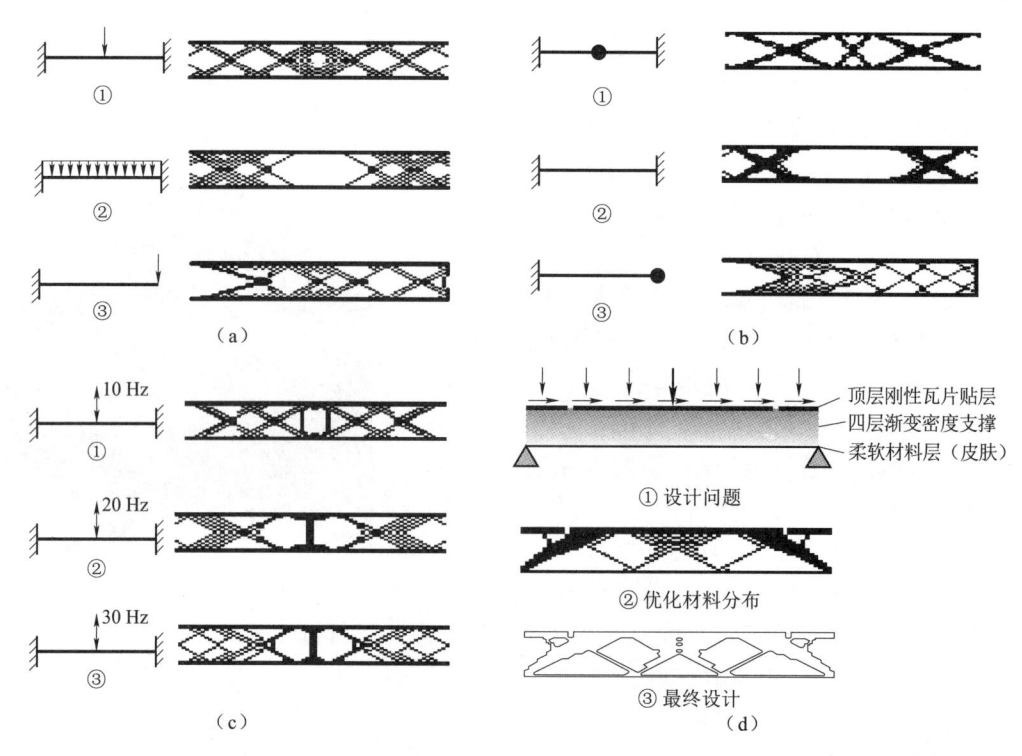

图 8.10 不同载荷工况和边界条件下不同的最佳材料分布[53]

(a) 不同静载和边界条件下的最优材料分布；(b) 不同质量分布和边界条件下一阶频率最大时的最优材料分布；
(c) 不同频率的动载下的最优材料分布；(d) 功能梯度材料设计的示例

在最新出现的各种微观结构材料中，仿生复合材料（Biomimetic Tendon-Reinforced，BTR）[58],[59],[68],[71],[73],[74]和负泊松比（Negative-Poisson's-Ration，NPR）材料[57],[60]是在车身轻量化应用中较有前景的备选材料。

1) 仿生复合（BTR）材料

仿生复合材料的提出，来源于最佳承载结构拓扑优化的研究结果。在垂向载荷作用下，理想的最佳承载结构如图 8.11 中右上角图形所示。理想的最佳承载结构具有以下特性：由平行于载荷方向的立柱来实现最小材料消耗下的最大承载能力，而由与载荷方向呈一定角度的 X 型结构来实现立柱的稳定性以及载荷在各个立柱之间的传递。这样的结构实现了载荷的合理分解，从而实现了最小化的材料消耗。在此基础上，考虑到部件的其他要求，如抗冲击、密封性、阻尼特性等，可增加类似于皮肤、肌肉、壳功能结构的材料。这种材料结构类似于生物体的结构，因而称为仿生复合材料。

BTR 材料体现了生物肌体所具备的六种基本元素：

（1）肋骨——用金属、陶瓷等制成的立柱；

（2）筋腱——用纤维、绳索、钢索等制成的抗拉筋；

（3）关节——连接件、铰接、固接、绳结或主动关节；

（4）皮肤——覆盖材料（如碳纤维复合板、纤维织物等）；

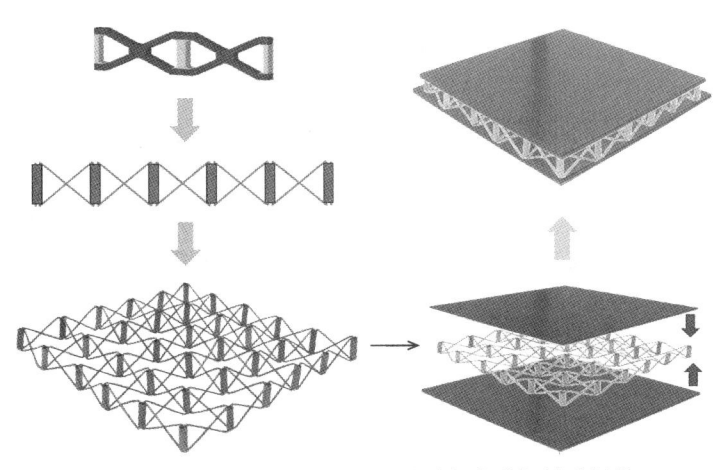

图 8.11　BTR 材料生成原理（由密歇根大学机械系提供）

（5）肌肉——充添物（树脂、橡胶、泡沫等，特殊情况包括液体和空气）；
（6）壳——防冲击、防撞、防弹或防爆炸材料（如用陶瓷制成）；

BTR 材料可设计成复杂的几何形状（见图 8.12），其产品样件如图 8.13 所示。

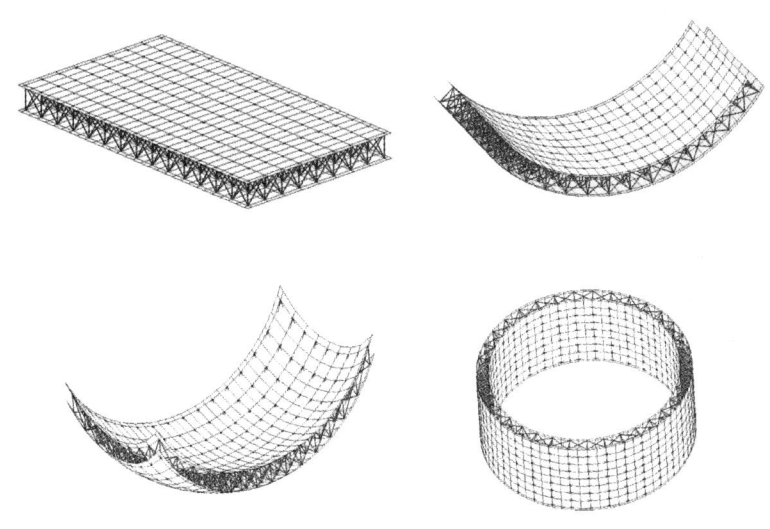

图 8.12　BTR 材料计算分析模型（由密歇根大学机械系提供）

图 8.13　BTR 材料样件试制（由密歇根大学机械系提供）

BTR材料的一个重要优点是可以在不增加（或少量增加）重量和成本的情况下大幅增加板材的面外刚度。而传统的复合材料若要增加面外刚度，则必须增加材料的层数以达到增加厚度的目的，以致使重量、成本和厚度都成比例地增加。对面外刚度的要求越高，重量和成本的增加就会越大。与此相反，NPR材料主要是通过增加板材内部的空间来增加板材的厚度以达到增加面外刚度的目的的，并且刚度的增加是内部空间厚度增加的三次方的关系。这样就能以最小的重量和成本达到最大的面外刚度。

2）负泊松比（NPR）材料

当材料在一个方向被压缩时材料会发生变形，尤其会在与施力方向垂直的另外两个方向伸长，这就是泊松现象。泊松比定义为材料受拉伸或压缩力时，横向变形量与纵向变形量的比值。均质材料的泊松比一般为正值，即轴向受压时在径向上会膨胀。"负泊松比"材料的表现则与此相反，其如果在纵向上受压，则在横向上反而会产生收缩现象。

天然材料和均质材料是很少表现出负泊松比行为的，但是如果采用相应的微桁架结构设计，微结构材料在宏观整体上是可以表现出负泊松比特性的。负泊松比特性意味着，整块的微结构材料受到外部载荷时，会引起内部微结构发生集中堆积，引起材料密度的上升，并且随载荷幅度的加大而上升，也就是说，只有在需要的时候NPR才会在适当的位置聚集起材料密度，加大能量吸收容量。如果没有外部载荷，负泊松比微桁架则处在松散分布的状态。与传统材料相比，NPR材料的这种"智能化"行为表现在材料会自动往需要的地方集中，而传统的材料则不然，其必须在所有可能的载荷路径上都事先布置好材料，静等载荷的到来。从宏观上看，传统材料必须是实体和均匀密布的，而NPR材料则看上去是海绵状镂空的。因此，NPR材料利用率远高于传统材料。图8.14所示为三维负泊松比材料的理论模型。如图8.14所示，它的特性可以用少数几个设计变量来确定。

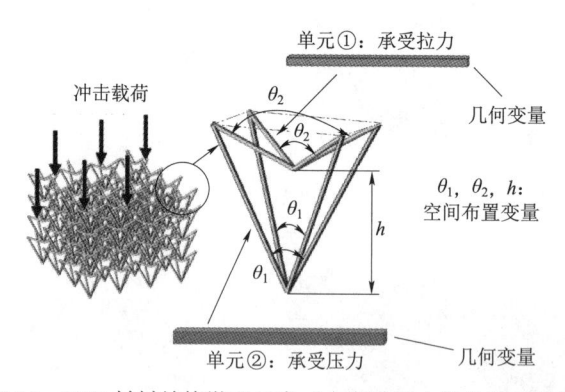

图8.14 NPR材料结构微观示意（由密歇根大学机械系提供）

NPR材料的基本单元是3D桁架结构，优点是承载性能好、质量轻、布置灵活。在垂向冲击载荷作用下，图8.14所示中的单元①将主要承受拉力，以维持横向整体稳定性，并实现横向载荷的传递；单元②主要承受压力，并传递垂向载荷。这种承载功能的微结构分配规划不仅可以掌握单元的承载贡献度,且有利于根据载荷变化对各个梁的几何尺寸及空间布局进行调整和优化[14]。将受拉和承压的功能材料分离的最大好处是可以根据受拉或承压的功能需要来选取最佳、最合适的母体材料。例如陶瓷有很好的抗压特性,但平时很少用来作结构材料,而现在就有可能用来作 NPR 的承压材料。其他如纤维、钢丝、绳索等轻量抗拉材料现在也都可以直接用在 NPR 中作为母体材料,而不再需要依赖树脂等基底材料将其硬化。

这种"智能"性的材料在很多领域里都有广泛的应用前景:
(1) 轻型防撞吸能材料(如汽车、飞机的防撞安全等);
(2) 可变弹性和超阻尼的连接件(如底盘衬套、缓冲块等);
(3) 负泊松比非充气轮胎/轮子(如汽车、其他各种基于轮子的运载工具);
(4) 防爆吸能材料(如电池保护、军事车辆装甲等);
(5) 空间结构、航天运载器结构(如航空、航天);
(6) 可变/可展结构(如军事、民用等各种用途);
(7) 活动房、快速成型功能房、高强度高保温性能的帐篷(如军事、体育、勘探、抢险救灾);
(8) 负泊松比心血管支架(如医疗)。

图 8.15 所示为 NPR 材料承受集中载荷下微观结构的变形形态。由于承载路径上各个微结构单元之间存在横向牵引作用,故使更多的材料参与了承载。整体结构在载荷作用下被逐步压缩直至被压成实体,此种特性非常有利于保证在集中载荷作用下构件整体仍然具备较高的刚度和完整性。可以注意到,这种刚度递增的结构特性非常符合车辆碰撞刚度分布"前软后硬"的设计准则,有利于在纵向空间布置受限的情况下缩短压溃空间,以利用微结构吸能并保持乘员舱完整。特别是在小面积重叠(25%)碰撞工况下,NPR 微结构单元为集中撞击能量提供了必要的载荷扩散传递路径,有助于在保证轻量化结构的同时提高材料的承载参与度。这种现象可以称为 NPR 独有的"加载硬化"现象,并且加载越快,其硬化得就越快,这与高强钢 AHSS 和镁合金的"应变率敏感性"有某种共同之处(都是随着动态载荷的提高而自动提高抗力),非常有利于在耐撞结构中的应用。

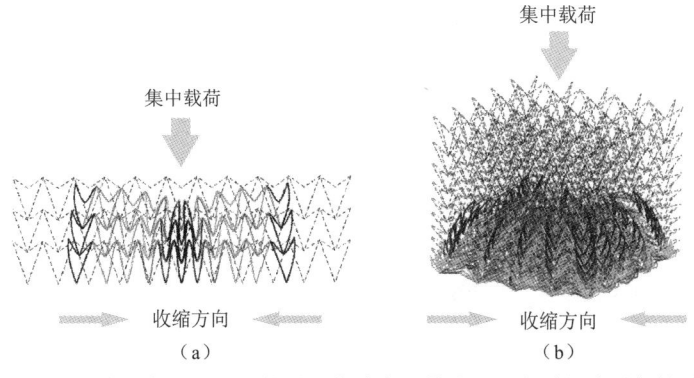

图 8.15 NPR 结构在集中载荷下的受压收缩变形模式(由密歇根大学机械系提供)

除了上述"加载硬化"特性以外，NPR 材料还具有以下特殊性能：可进行功能导向和功能梯度设计、卓越的吸收冲击碰撞能量的能力（见图 8.16）、独特的阻尼放大特性及大范围的材料特性覆盖[58],[59],[62],[73],[74]。

智能轻量化结构设计技术是以结构承载性能为输入条件来优化结构中每一个微小单元的材料属性、结构几何参数及空间布局的，属于载荷针对性设计，是拓扑优化思想在微观层面上的进一步应用。其与多种材料应用技术融合，再配合工艺开发，可为轻量化耐撞结构设计提供创新性的解决方案。与常规设计技术不同的是，功能导向的智能结构设计技术可以对结构优化与材料应用优化进行同步实施，通过定义不同承载功能区来有针对性地进行仿真分析，并采用成本较低的传统材料，实现性能更佳和成本适中的优化方案，缩短开发周期并提升设计效率。

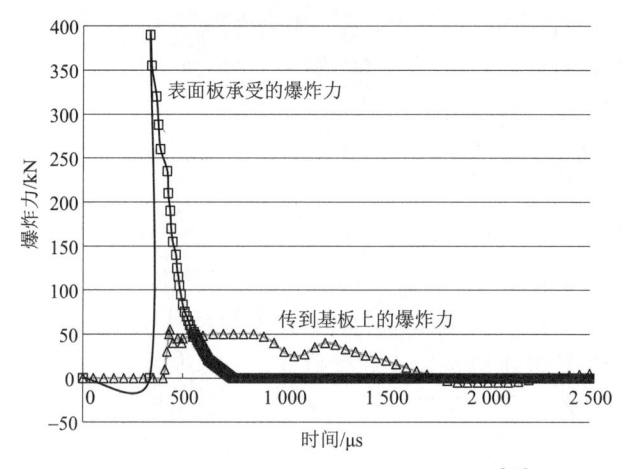

图 8.16 微结构防爆板前后的压力差值[58]

3）微结构材料在碰撞吸能结构中的应用

文献[34]在 FAW A1 轿车保险杠上进行了材料替代研究。A1 轿车前端结构见图 8.17。保险杠横梁原设计材料为低碳合金钢板，替换材料为 MKP 公司的 BTR；原设计碰撞吸能盒材料为低碳合金钢板，替换材料为 MKP 公司的 NPR 材料。

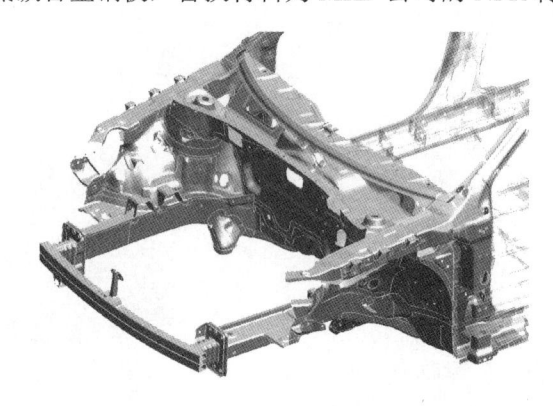

图 8.17 A1 轿车前端结构原方案

替换方案见图 8.18。

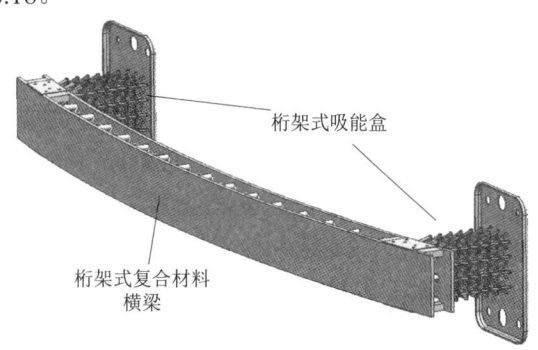

图 8.18 智能轻量化保险杠总成方案[34],[72]

FOMD 设计过程[54],[55]，根据总成的载荷目标，最后确定的保险杠横梁 BTR 微结构方案见图 8.19。

BTR 微结构由 4 部分构成：

（1）金属、非金属或复合材料构成的上、下外覆盖件，起到包络和覆盖的作用；

（2）承受垂向压力载荷的金属支撑管柱，通过调整金属强度来提升抗压特性；

（3）承受横向拉伸载荷的金属梁或钢丝绳，使整体结构具备较好的抗弯特性；

（4）空腔区域可以根据承载性能目标填充发泡材料，有助于提升吸能性和改善阻尼特性。

吸能盒 NPR 微结构方案见图 8.20，采用"几"字形的微结构之间相互搭接实现传递路径的交互。BTR 和 NPR 样件试制状态分别见图 8.21 和图 8.22。

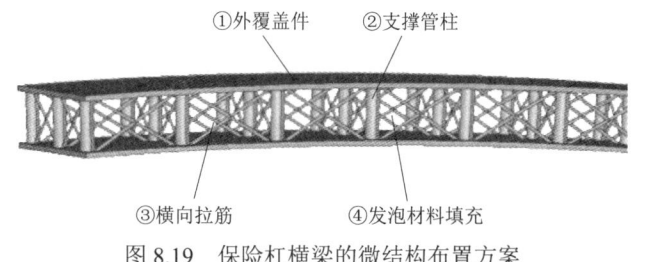

图 8.19 保险杠横梁的微结构布置方案

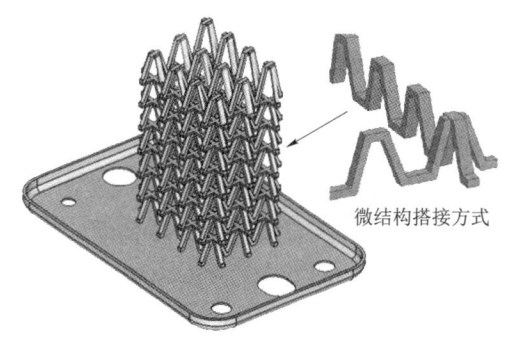

图 8.20 吸能盒的微结构布置方案[34],[72]

图 8.21 保险杠横梁 BTR 材料样件试制（由密歇根大学机械系提供）

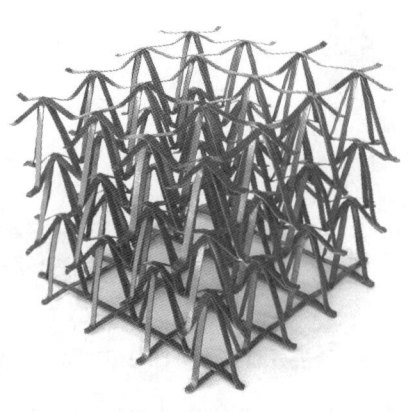

图 8.22　吸能盒 NPR 材料样件试制
（由密歇根大学机械系提供）

对样件进行的特性测试项目有[76]：BTR 三点弯曲试验、BTR 压缩试验、NPR 准静压试验、NPR 落锤冲击试验。根据样件试验数据，对保险杠—吸能盒总成进行有限元建模分析，结果见图 8.23，其已经达到设计要求。

图 8.23　BTR 材料与 NPR 材料碰撞吸能性仿真[34],[72]

总成台车冲击试验结果见图 8.24，结果见表 8.9。

图 8.24　带有泡沫填充的微结构保险杠总成撞击试验（由一汽技术中心安全研究室提供）

表 8.9　微结构保险杠试验结果

项　目	轻量化方案	原结构方案	轻量化方案提升幅度
吸收能量/kJ	8.188	7.285	12.39%
比吸能/(kJ·kg^{-1})	2.767	1.351	104.8%
质量/kg	2.959	5.394	45.14%
压溃量/mm	89.0	81.1	9.74%
平均压溃力/kN	92.0	89.8	2.45%

微结构材料还有可能应用到车体的其他部位，举例如下：

（1）车门侧撞防护梁：用 BTR 取代高强度钢滚压成型梁。

（2）B 柱：中上部采用 BTR 材料降重，下部与门槛之间的"T"形连接采用 NPR 模块，增加对侧撞的吸能容量。

（3）地板总成：用整体 BTR 微结构单件地板取代目前的"梁+板"结构，降重的同时对增加静态抗弯、抗扭刚度会有很大帮助。如果在 BTR 外皮夹层之间注入填充发泡物，则可对隔振、隔热、降噪、降低 NVH 做出贡献。

（4）顶棚：用 BTR 材料可以探索内饰—外饰一体化结构，也可以做成敞篷车的快装式硬顶模块。

目前已经根据各种应用目的开发出了相应的制造工艺。

参考文献

[1] Directive 2000/53/EC of the European Parliament and of the Council of 18 September 2000 on End–of Life Vehicles, http://eur-lex.europa.eu/LexUriServ/LexUriServ.do?uri=CELEX: 32000L0053:EN:NOT.

[2] EDAG, Future Steel Vehicle Overview Report, World Auto Steel, February 18, 2015, http:// www.worldautosteel.org/downloads/futuresteelvehicle–results–and–reports/.

[3] Lotus Engineering Inc. Evaluating the Structure and Crashworthiness of a 2020 Model-Year, Mass-Reduced Crossover Vehicle Using FEA Modeling, Prepared for the California Air Resources Board (ARB), August 31, 2012, http://www.epa.gov/oms/climate/documents/final-arb-phase2-rpt-r1.

[4] Porsche Engineering Service, Inc., Ultra Light Steel Auto Body, Phase 2 Findings, 1998, http://www.autosteel.org/~/media/Files/Autosteel/Programs/ULSAB/ulsab_eng_rpt_complete.

[5] SuperLIGHT-CAR introduction, http://www.superlightcar.com/public/index.php.

[6] FSJ 工艺介绍，http://www.khi.co.jp/english/robot/product/files/webrobot/upload_pdf/catalog_e_fsj.

[7] 2011 黏性大切诺基焊接工艺，http：//www.jaxcjdr.com/2011-jeep-grand-cherokee.htm.

[8] Ghassemieh E. Materials in automotive application, state of the art and prospects [M]. INTECH Open Access Publisher, 2011.

[9] Kochan A. "Laser technology is key to new VW Golf-Streamlining in Body Shop Cuts Production Time by 25 Percent," Automotive News Europe, 2003, http://www.autonews.com/article/20031117/SUB/311170826/laser-technology-is-key-to-new-vw-golf.

[10] Mahadevan K, McCoy R, Faruque O, et al. Strain-Rate Characterization of Automotive Steel and the Effect of Strain-Rate in Component Crush Analysis [R]. SAE Technical Paper, 1998.

[11] Geoffroy J L, Cambien I, Jouet A. Contribution of high strength steels to the absorption of impact energy [J]. Rev. Metall., Cah. Inf. Tech., 1993, 90(10): 1341-1348.

[12] Simunovic S, Aramayo G. Steel processing properties and their effect on impact deformation of lightweight structures [M]. United States. Department of Energy, 2003.

[13] Yoshitake A, Sato K, Hosoya Y. A study on improving crashworthiness of automotive parts by using high strength steel sheets [R]. SAE Technical Paper, 1998.

[14] Sato K, Yoshitake A, Hosoya Y, et al. FEM simulation to estimate crashworthiness of automotive parts [R]. SAE Technical Paper, 1998.

[15] Miura K, Takagi S, Hira T, et al. High strain rate deformation of high strength sheet steels for automotive parts [R]. SAE Technical Paper, 1998.

[16] Hourman T. Press forming of high strength steers and their use for safety parts [J]. REVUE DE METALLURGIE-CAHIERS D INFORMATIONS TECHNIQUES, 1999, 96(1): 121-132.

[17] Johnson G R, Cook W H. A constitutive model and data for metals subjected to large strains, high strain rates and high temperatures [C]//Proceedings of the 7th International Symposium on Ballistics. 1983, 21: 541-547.

[18] Zerilli F J, Armstrong R W. Dislocation-mechanics-based constitutive relations for material dynamics calculations [J]. Journal of Applied Physics, 1987, 61(5): 1816−1825.

[19] Mahadevan K, Liang P, Fekete J. Effect of strain rate in full vehicle frontal crash analysis [R]. SAE Technical Paper, 2000.

[20] Oscar P, Eduardo R L. Impact performance of advanced high strength steel thin-walled columns [C]//Proceedings of the world congress on engineering. 2008, 2.

[21] Larour P. Strain rate sensitivity of automotive sheet steels: influence of plastic strain, strain rate, temperature, microstructure, bake hardening and pre-strain [D]. Universitätsbibliothek, 2010.

[22] Cristescu N. Dynamic plasticity [M]. World Scientific, 2007.

[23] Jones N. Structural impact [M]. Cambridge university press, 2011.

[24] Simunovic S, Aramayo G. Steel processing properties and their effect on impact deformation of lightweight structures [M]. United States. Department of Energy, 2003.

[25] Paluszny A. State-of-the-art review of automobile structural crashworthiness [M]. Automotive Applications Committee, American Iron and Steel Institute, 1992.

[26] Fekete J R. Overview of sheet metals for stamping [R]. SAE Technical Paper, 1997.

[27] Sheet Metal Stamping: Development Applications [M]. Society of Automotive Engineers, 1997.

[28] Menke, H., Saran, M., Eds., Sheet Metal Stamping, SAE Publication SP −1540, 2000.

[29] Kaufman M, Gaines D, Kundrick K, et al. Integration of chassis frame forming analysis into performance models to more accurately evaluate crashworthiness [R]. SAE Technical Paper, 1998.

[30] Dutton T, Iregbu S, Sturt R, et al. The effect of forming on the crashworthiness of vehicles with hydroformed frame siderails [R]. SAE Technical Paper, 1999.

[31] Final WORKSHOP REPORT: Trucks and Heavy-Duty Vehicles Technical Requirements and Gaps for Lightweight and Propulsion Materials,VEHICLE TECHNOLOGIES OFFICE, U.S DOE February 2013, http://energy.gov/sites/prod/files/2014/03/f13/wr_trucks_hdvehicles.pdf.

[32] Cowper G R, Symonds P S. Strain-hardening and strain-rate effects in the impact loading of cantilever beams [R]. BROWN UNIV PROVIDENCE RI, 1957.

[33] The ASF Body of the Audi A8，http://www.fisita.com/email/atz/EXTRA_ASFA8.pdf.

[34] 李亦文，马正东，NPR 与 BTR 材料保险杠总成设计与性能验证，中国一汽–美国密歇根大学联合研究报告，CSB0120048R，12，2012.

[35] Magnesium Vision 2020: A North American Automotive Strategic Vision for Magnesium, United States Automotive Materials Partnership, 2006. http://web.tms.org/Communities/ FTAttachments/MG_2020_Released_11_1_[1].1.06.pdf.

[36] Newland C A, Murray M T. Strain Rate Dependent Behaviour of Magnesium-Based Alloys [J]. 1996.

[37] Peixinho N. DYNAMIC MATERIAL PROPERTIES AND CONSTITUTIVE EQUATIONS FOR ALUMINIUM AND MAGNESIUM ALLOYS [J].

[38] Naik R A. Failure analysis of woven and braided fabric reinforced composites [J]. Journal of Composite Materials, 1995, 29(17): 2334−2363.

[39] Ivanov D S, Baudry F, Van Den Broucke B, et al. Failure analysis of triaxial braided composite [J]. Composites Science and Technology, 2009, 69(9): 1372−1380.

[40] Dauda B, Oyadiji S O, Potluri P. Characterising mechanical properties of braided and woven textile composite beams [J]. Applied Composite Materials, 2009, 16(1): 15−31.

[41] Fujihara K, Yoshida E, Nakai A, et al. Influence of micro-structures on bending properties of braided laminated composites [J]. Composites science and technology, 2007, 67(10): 2191−2198.

[42] Gui L J, Zhang P, Fan Z J. Energy absorption properties of braided glass/epoxy tubes subjected to quasi-static axial crushing [J]. International Journal of Crashworthiness, 2009, 14(1): 17−23.

[43] Okano M, Nakai A, Hamada H. Axial crushing performance of braided composite tubes [J]. International Journal of Crashworthiness, 2005, 10(3): 287−294.

[44] Inai R, Chirwa E C, Saito H, et al. Experimental investigation on the crushing properties of carbon fibre braided composite tubes [J]. International Journal of Crashworthiness, 2003, 8(5): 513−521.

[45] Li X, Binienda W K, Goldberg R K. Finite-element model for failure study of two-dimensional triaxially braided composite [J]. Journal of Aerospace Engineering, 2010, 24(2): 170−180.

[46] Huang Z M. Modeling and characterization of bending strength of braided fabric reinforced laminates [J]. Journal of composite materials, 2002, 36(22): 2537−2566.

[47] McGregor C, Vaziri R, Xiao X. Finite element modelling of the progressive crushing of braided composite tubes under axial impact [J]. International Journal of Impact Engineering, 2010, 37(6): 662−672.

[48] Roberts G D, Goldberg R K, Biniendak W K, et al. Characterization of triaxial braided composite material properties for impact simulation [J]. 2009.

[49] Courteau M A, Adams D O. Composite Tube Testing for Crashworthiness Applications: A Review [J]. Journal of Advanced Materials, 2011, 43(2): 13−34.

[50] Park C K, Kan C D S, Hollowell W T, et al. Investigation of opportunities for lightweight vehicles using advanced plastics and composites [R]. 2012.

[51] Ma Z D, Jiang D, Liu Y. Modeling and Simulation of Woven Fabrics and Woven

Fiber-Reinforced Composites Based on a Nonlinear Fiber Model [C]//ASME 2007 International Design Engineering Technical Conferences and Computers and Information in Engineering Conference. American Society of Mechanical Engineers, 2007: 1527−1538.

[52] Ma Z D, Jiang D. Equilibrium and Vibration Analysis of a Fabric Web under Arbitrary Large Deformation [C]//ASME 2005 International Design Engineering Technical Conferences and Computers and Information in Engineering Conference. American Society of Mechanical Engineers, 2005: 1713−1723.

[53] Ma Z D, Wang H, Kikuchi N, et al. Function-oriented material design for next-generation ground vehicles [C]//ASME 2003 International Mechanical Engineering Congress and Exposition. American Society of Mechanical Engineers, 2003: 185−195.

[54] Ma Z D, Jiang D, Liu Y, et al. Function-oriented material design for innovative composite structures against land explosives [R]. MICHIGAN UNIV ANN ARBOR DEPT OF MECHANICAL ENGINEERING, 2006.

[55] Ma Z D, Wang H, Raju B. Function-Oriented Material Design of Joints for Advance Armors Under Ballistic Impact [R]. MICHIGAN UNIV ANN ARBOR DEPT OF MECHANICAL ENGINEERING, 2004.

[56] Ma Z D. Optimal Structure and Material Design for Lightweight Vehicles, Invited lecture at IDGA's 9th Annual Light Armored Vehicles & Stryker Summit, November 15−18, 2010, National Harbor, MD.

[57] Ma Z D, Bian H, Sun C, et al. Functionally-Graded NPR (Negative Poisson's Ratio) Material for a Blast-Protective Deflector [R]. MICHIGAN UNIV ANN ARBOR, 2010.

[58] Ma Z D, Jiang D, Cui Y, et al. The Development of Nanoclay-Epoxy Composite for Application in Ballistic Protection [R]. SAE Technical Paper, 2009.

[59] Lee D W, Ma Z D, Kikuchi N. An innovative I-bumper concept for improved crashworthiness of military and commercial vehicles [R]. SAE Technical Paper, 2008.

[60] Liu Y, Ma Z D. Nonlinear analysis and design investigation of a negative Poisson's ratio material [J]. Ann Arbor, 2007, 1001: 48104.

[61] Lee D W, Ma Z D, Kikuchi N. Application of tubes filled with granules for crashworthiness design of automobiles [C]//Proceedings of ASME IMECE. 2007.

[62] Jiang D, Liu Y, Qi C, et al. Innovative composite structure design for blast protection [R]. ARMY TANK AUTOMOTIVE RESEARCH DEVELOPMENT AND ENGINEERING CENTER WARREN MI, 2007.

[63] Ma Z D, Wang H, Raju B. Function-Oriented Material Design of Joints for Advance Armors Under Ballistic Impact [R]. MICHIGAN UNIV ANN ARBOR DEPT OF

MECHANICAL ENGINEERING, 2004.

[64] Qi C, Ma Z D, Kikuchi N, et al. A Magic Cube Approach for Crashworthiness Design [R]. SAE Technical Paper, 2006.

[65] Ma, Z D, Jiang, D, Liu, Y, Vanwest, B. Advanced Grid-Stiffened Structure Design Using Topology Optimization. Proceedings of 37th International SAMPE Technical Conference, Seattle, WA, October 31–November 3, 2005.

[66] Qi C, Ma, Z-D., Kikuchi, N, and Pierre, C. A System Decomposition Approach for Crashworthiness Design with Uncertainties in the System, presented at 6th World Congress on Structural and Multidisciplinary Optimization, Rio de Janeiro, Brazil, 30 May-3 June 2005.

[67] Qi C, Ma Z D, Kikuchi N, et al. Fundamental studies on crashworthiness design with uncertainties in the system [R]. SAE Technical Paper, 2005.

[68] Wang H, Raju B, Ma Z D, et al. Joint Design for Advance Ceramic Armor Under Ballistic Impact [R]. MKP STRUCTURAL DESIGN ASSOCIATES INC ANN ARBOR MI, 2004.

[69] Ma Z D. Topology Optimization for Innovative Structural and Material Concepts [C]// Computational Mechanics: Proceedings of the Sixth World Congress on Computational Mechanics in Conjunction with the Second Asian-Pacific Congress on Computational Mechanics, September 5-10, 2004, Beijing, China.

[70] Wang H, Ma Z D, Kikuchi N, et al. Multi-domain multi-step topology optimization for vehicle Structure crashworthiness design [R]. SAE Technical Paper, 2004.

[71] Lee D W, Ma Z D, Kikuchi N. FOA (first-order-analysis) model of an expandable lattice structure for vehicle crash energy absorption of an inflatable morphing body [J]. Structural Engineering and Mechanics, 2011, 37(6): 617–632.

[72] Ma ZD, Feasibility Report of Application Scheme of Smart Materials, Report (3), University of Michiganm, ORSP No: 14-PAF00718, Apr. 2014.

[73] Lee D W, Ma Z D, Kikuchi N. FOA (first-order analysis) model of a granule-filled tube for vehicle crash energy absorption [J]. Mechanics of Materials, 2009, 41(6): 684–690.

[74] Jiang D, Liu Y, Qi C, et al. Innovative composite structure design for blast protection [R]. ARMY TANK AUTOMOTIVE RESEARCH DEVELOPMENT AND ENGINEERING CENTER WARREN MI, 2007.

[75] Ma Z D, Kikuchi N, Pierre C, et al. Multidomain topology optimization for structural and material designs [J]. Journal of applied mechanics, 2006, 73(4): 565–573.

第 9 章

计算分析技术

现阶段在一个车型的开发中,仅面对国内法规的要求,实车碰撞试验车辆一般也需要在 20 辆以上,CAE 分析目前还不能由其他方式完全取代实车碰撞。未来的虚拟碰撞试验有可能取代绝大部分的物理碰撞试验,但需要解决三方面的技术障碍:

(1) 各个专业和领域的 CAE 分析都在同一个数字化模型上进行;

(2) 各个专业和领域的 CAE 分析要实时互动;

(3) 整车 CAE 性能分析时应当可以决定部件的设计,部件的设计更改也能同时影响整车性能。

9.1 碰撞仿真分析现状

C3P(CAD/CAE/CAM/PIM)技术已经在碰撞仿真领域得到了广泛使用,相对于纯粹依赖物理试制和试验,效率已经提高了近百倍。然而,随着 C3P 内容的深入,其成本占汽车开发总成本的份额也越来越大。据估计,以美国的三大汽车公司为例,每个公司每年为此投入在十多亿美元的数量级上。与欧美工业界相比,国内汽车工业界的设计—分析—试验—验收程序没有那么完整和严密,工程师的 C3P 工具运用往往带有"试—错"性质,如何在各个部门之间进行高效率的同步操作、信息流动管理、性能系统控制,以及怎样避免重复性的劳动,都成为当前亟待解决的问题。

目前,描述汽车部件几何形状的 CAD 模型和描述其碰撞特性的 CAE 模型是两种完全不同的数字模型,其间的转换需要通过 CAD 模型用有限元网格生成 CAE 模型,需要大量的数据处理工时,在某种意义上已经成为 CAD/CAE 工程的瓶颈,进而也成了实现最优化设计的瓶颈。CAD 结构设计和碰撞 CAE 仿真通常是在两个不同的部门,当结构需要修改时,CAD 模型和 CAE 模型也要求随之进行手动更新,部门之间要进行设计迭代，由于程序复杂和资源限制，设计过程优化的迭代次数有时只能完成几步就必须终止，如图 9.1 所示。

另一方面，在整个的汽车数字化过程中，整车及零部件的数字模型之间缺乏有机的相互关系，不同性能（如碰撞安全、汽车动力学、振动噪声等）的评价会采用不同的数字化形式，如多体动力学模型、线性有限元模型、非线性有限元模型，这给多性能目标综合分析以及在局部与整体、局部与局部之间进行性能指标分解造成了很大困难，也给在不同的性能指标之间进行协调设计造成了困难。如果无法在部件和子系统层面进行性能指标分解，结构设计目标和设计条件就不会明确。在不同性能指标之间进行协调设计时，不同数字模型和软件之间的数据转化要花费大量的工时及协商工作。

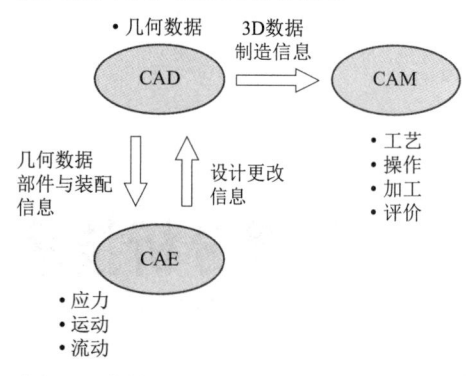

图 9.1 传统 CAD 和 CAE 的反复迭代过程

数字化虚拟仿真的精度和效率是决定产品开发质量和速度的关键因素。目前，计算机的能力和计算方法可谓日新月异，但在一台计算机上用整体求解的方法还很难实现大规模的数字化"虚拟碰撞"的精度要求。尽管目前性能仿真计算已经可以达到 70%～80% 的精度，但要进一步提高精度会遇到瓶颈。一个主要的原因是，现有的分析是建立在整车模型上，不能实现多层次的子结构协同计算；另外，与有限元分析方法在几何描述和物理描述上存在着双重误差。因此，CAE 分析结果最适合于做相对比较分析、改进效果分析，而不是绝对的特性分析。数字化虚拟汽车的最终目标就是在一个虚拟整车上进行多性能精确验证，除了碰撞安全性（行驶安全、碰撞安全、主动安全以及其他）外，还包括经济性能（成本、油耗、维修等）、驾驶性能（移动的距离、速度、加速度、可操控性等）、可靠耐久性能和环境保护性能，进一步的发展则可以评价感觉感官上的各种需求。

2011 年，《第三次工业革命》一书的出版引起人们对新兴工业革命的关注[1]。2012 年，欧洲议会在布鲁塞尔召开了主题为"欧洲在新工业革命中的领导地位"的研讨会，得到了欧盟各国的积极响应。文献[1]提出了新工业革命的五大支柱，主题是新能源和互联，其中互联网技术是一个主要的支柱，一个主要特征是生产方式将以传统的集中式转变为未来的分布式。按照这个必然的发展趋势，设计和计算机仿真也在自然地向分布式求解发展。在工业革命的大环境下，数字化虚拟汽车是朝车辆设计革命这个方向先迈出了一步。如果把"试制和试验"算作第一代汽车设计技术，"仿真分析"可以算是第二代的"计算机分析"标志，第三代是"多目标同时设计"，"分布式计算"极有可能成为第四代开发技术的标志。

最近，由德国提出的"工业 4.0"概念也颇受人瞩目。"工业 4.0"的核心是充分利用互联网、大数据和云计算等技术，以更高的质量、更低的成本、更小的能耗，实现大批量的个性化智能化生产，以更快速、更充分地满足未来消费者对产品的多元化需求。与此相应，我国制造业未来发展的国家战略"中国制造2025"技术路线图也给我国制造业发展提供了重要的环境机遇。"工业4.0"和"中国制造2025"将带来商业模式的彻底改变，通过充分的互联网平台，消费者可以直接向工厂表达需求，智能工厂则经过大数据分析和云端处理后，及时组织各相关要素，按照消费者的需求进行产品的设计、生产及服务。因此，不仅生产环节，销售和流通环节的人力成本所占比例都将显著降低。"中国制造"的核心技术在汽车设计和制造领域里的反映将是如何实现快速、高效、低成本的分布式设计、生产、管理、销售和售后服务。而分布式的数字化虚拟汽车平台技术将会成为关键的技术，可以成为我国汽车行业实现"中国制造2025"的重要手段。

9.2 虚拟碰撞实验室

下一代的碰撞仿真工具可能是"虚拟碰撞实验室"。"虚拟汽车"可以在"虚拟碰撞实验室"里进行碰撞试验，试验完成后可在实验室里对虚拟车辆进行改造试制。虚拟汽车与传统的 CAD/CAE 概念不同，是一个独立的数字化产品的概念，在虚拟现实空间中与物理汽车一一对应，理论上将不再存在对应误差。"虚拟汽车"是一个独立的"产品"，它独立存在，不再单纯是某一 CAD 或 CAE 系统的输入数据文件，而是"虚拟现实空间"的产品，虽然它只存在于计算机系统中，但可以通过虚拟现实技术"看到""听到""触到"，因此，"虚拟汽车"产品不但在几何细节上和物理实车精确地一一对应，同时在物理特征上（包括性能和可拆装性等所有物理特性），即在"形"和"义"上都要有对应关系，这一点是传统的 CAE 技术所无法做到的。

实现上述对应的条件是：

（1）虚拟汽车的模型必须是分层模块化的，由模块化的数据和可执行分析软件共同组成。

（2）可以进行并行的分布式计算，可以直接获取各模块的动态特性。

可以在虚拟数值空间中自由进行拆装组合，可以反复进行虚拟试验和试制。

在互联网+的时代环境下，工业制造与工程设计领域的信息技术应当具有以下特征：

（1）设计信息在设计、分析、试验、制造过程中可以无间隙地流动；

（2）设计信息直接与物理实体相连。

"网络分布式虚拟汽车平台"[3] 提出的概念是一个尝试上述目标的例子。

9.3 网络分布式虚拟汽车平台

根据现有的产业协作模式，子系统仿真模型在地理上和功能上都分布于不同的供应商中，针对这种散乱局面，有些数字化工具已经开始考虑支持分布式供应链的运作[2]~[7]，用产品信息流动管理来支持主机厂与供应链之间的常规商业流程，已经在全球范围内多家公司得到应用。大多数产品生命周期管理（PLM）解决方案是建立在传统 CAD 平台之上的，如 Pro/ENGINEER、UG。除了产品信息的管理，使用分布式模型描述一个整车同等重要。新的动态数据驱动应用系统（DDDAS）[8]，可以将实时数据合并到动态仿真过程中。为合理利用分布式资源来模拟复杂的系统，Winchill[9]建立了混合和共享分布式计算资源平台，可以对分布零件进行耦合。文献[10]～[12]尝试了分布式仿真开发。

在文献[13]中，研究人员提出了基于分布式系统的虚拟汽车中央求解器 Mega-Solver。这个概念包括一个组件模型库，可使不同的软件系统在多层次仿真平台和不同的物理位置同步执行仿真。例如，碰撞模型在 DYNA 里运行，轮胎模型在 ABAQUS 中运行，柔性框架在 MSC/NASTRAN 中运行，发动机燃烧在 MATLAB/SIMULINK 中运行，多体动力学模型可以在 ADAMS 中运行。Mega-Solver 利用包裹工具通过网络为模拟服务器和仿真工具提供连接，通过胶算法为仿真模型提供耦合。该仿真平台甚至可以实现客户驱动设计，通过授权访问客户，子系统供应商可以设计和模拟他们自己的汽车来为客户提供自己独特的设计。在快速搭建虚拟汽车的同时，Mega-Solver 允许子系统工程师将自己的初步设计放入一个完整的虚拟车辆模型进行预验证。这时，虚拟汽车模型对子系统工程师来说只是一个黑匣子，在分布式仿真环境中使用虚拟汽车模型是毫不费力的，设计者可以在早期设计阶段就开始测试其设计方案。在 Mega-Solver 环境下，设计团队可以同时工作在一个整车系统中，从一开始就避免零部件和子系统之间潜在的不兼容。这种工作平台被称为"网络分布式虚拟汽车平台"。

网络分布式虚拟汽车平台必须应对两大挑战，首先，网络分布式子系统模型允许独立开发，允许使用不同的软件，在不同的地理位置运行在不同的计算机上；第二，允许子系统保护专有信息，允许不直接分享模型，在耦合模拟中只交换有限信息，这就要求分布式仿真平台具备以下功能：

（1）以即插即用的形式耦合不同的模型和软件求解器；
（2）通过网络分布式交流计算资源；
（3）保持零件模型的独立完整性。

这些要求需要一种新的融合算法，可以在无须获得组件模型内部细节的前提下整合子系统模型。系统应该能够整合建立在不同软件产品上的模型，如建立在 MSC/NASTRAN 上的有限元模型和 MATLAB 的控制模型，同时能够在不同的操作系统之间通信，如 UNIX 和 Windows。分布计算平台必须解决以下关键技术：

（1）开发有效的黏合算法，整合子系统模型时满足要求误差限度要求；
（2）定义能够描述模型的通用规则；
（3）定义描述模型输入和输出的标准和协议，以便实现不同模型之间的相互交流；
（4）开发现有仿真软件的包裹方法，以便系统地得到模型的输入和输出；
（5）设计分布式系统的结构，能进行异构操作系统交流和适应未来扩展。

分布式仿真目前已经具备了一定的环境基础。几个研究网络仿真的框架，如 ns-2[14]、

INSANE[10]和NetSim[11]，提供了丰富的API和工具，现已经被广泛使用。其中的NetSim可提供轻便的仿真环境和丰富的图形用户界面，用Java编写。HLA（高级结构）是一个通用的仿真互用和重用的结构，起初由美国国防部开发[12]，已被广泛用于战争模拟游戏，并逐渐被其他国家采纳[15],[16]，在2000年9月[12]被电气和电子工程师协会（IEEE）批准为一个开放标准，已经引起了制造业和交通运输业的重视[17],[18]。HLA还支持语言独立和平台独立结构模拟，所以是一个很好的候选开发工具。

目前流行的商业化软件包括CORBA、DCOM、RMI[19]和SOAP[20],[21]。CORBA（公共对象请求代理体系结构）是由OMG提供的供应商交流标准平台，许多分布式仿真工作都是建立在此基础之上的。DCOM（分布式零件对象模型）标准是由微软提供的，虽然仅限于Windows操作系统，但是无处不在的桌面微软软件使其难以忽略。SOAP规范定义了统一的传递XML编码数据的方式,此外还定义了利用HTTP作为底层通信协议执行远程过程调用（RPC）的方式。XML提供了一种元语言来表达客户端与服务器之间或组合服务的组件之间的复杂交互。鉴于XML和HTTP平台的独立性[21]，也可以作为有前景的分布式技术的基础。

基于网络的分布仿真背后的基本思想是在浏览器中完成预处理或后处理，它无须额外措施就可实现全球虚拟访问，大部分成果利用了Java语言[22]~[26]。文献[22]中，作者展示了基于Java的网络图形交互中高性能的后处理、交互式图形环境和通信延迟影响。当然，如文献[25]所述，大型工程模型在网络浏览器中的可视化仿真仍然是一个挑战。分布式仿真平台通常采用一些标准APIs以便于用户把他们的仿真放入平台[26]~[29]，文献[27]提出了通过包裹模型来保护知识产权的想法，但没提供通用仿真算法。其他几个市场上的仿真工具也具备有限度的分布式仿真能力（如ISIGHT[30]和FIPER），自动优化，并在预处理和后处理时节省大量时间。这些工具主要还是关注仿真任务的简单并行执行，而没有讨论分布式仿真系统中耦合仿真的困难。

目前，最常见的分布式仿真是多学科联合模型仿真[31]~[33]，每个学科的模型被包裹成一个仿真对象，在一个数字通道里进行计算，然后通过一个优化算法进行多学科优化设计。多学科仿真只是综合了不同通道的单向计算结果，还无法实现多层次子结构的分布式计算，以及子系统详细模型的多目标同时优化设计。在已有单一学科模型的分布式算法研究中，往往是假设已经先有了整体模型，其目的是实现子系统最优分解，以提高求解的规模和效率。传统子结构方法（如文献[34]）是分布式有限元仿真的雏形，子系统端同时生成刚度矩阵和载荷向量，并发送到中央服务器组装。文献[35]采用了一种叫作FETI的子结构方法，引入了额外的前置变量，使耦合更加有效。如文献[35]、[36]所讨论的，这些努力只专注于现有大型系统的有效划分，而不是耦合已经分布的系统。目前，在多体动力学领域，已经开始研究如何划分子系统和进行并行计算（如文献[27]、[37]~[47]），其中，文献[42]提出了模块化多体系统概念，用"模块图表"表示的子系统可以嵌入SIMULINK仿真包进行计算。"Co-simulation"[43]采用"离散时间滑动模式控制器（DTSM）"，以满足子系统之间的几何约束并解决约束违反的问题。

密西根大学的研究[48]提出了"黏合算法"概念，并提出了包括 MEPI（Maggi's Equations with Perturbed Iteration）和 MOPM（Manifold Orthogonal Projection Method）等理论和算法。文献[2]进一步扩展了"黏合算法"的概念，给出了"黏合矩阵"更一般的算法以及构成分布式仿真平台的三个基本要素，其中包括 XML 模型描述、黏合算法和分布系统结构。文献[3]将分布式仿真平台推广到了柔性多体动力学系统，提出了瞬时质量中心的概念，并以此为基础进行刚体运动和弹性变形的解耦，以求更有效地用分布式方法求解多柔体动力学系统的问题，而多柔体动力学系统是进行整车动力学分析的最一般的模型。文献[3]还进一步提出了处理多柔体动力学系统中非线性弹性连接件的一般方法，使分布式仿真平台可以处理像汽车悬挂系统这样具有大量非线性弹性连接件的问题。本章所介绍的 Mega-Solver 主要是文献[2]、[13]、[52]中完成的研究内容。需要指出的是，分布式仿真平台的基础理论，特别是在收敛性、计算效率及实用性能等方面近期已经取得了实质性的新进展，但在本书中所述的基本原理仍然保持不变。Mega-Solver 遵循通用、自由、灵活的黏合策略，将每个子系统模型视为一个黑匣子，用一致的界面对模拟求解器进行包裹，其中可以包括研究用求解器和已商业化求解器，并且可把每个子系统模型及其求解器变成分布式仿真平台中的即插即用式零件。

9.4 分布式仿真平台的中央求解器 Mega-Solver

网络分布计算的核心问题是解决统一的中央调度问题。文献[2]用 Mega-Solver 执行这一任务。Mega-Solver 平台包括了三个基本要素：

（1）一般性通用 XML 模型描述；
（2）广义黏合算法；
（3）基于网络的分布式结构。

图 9.2 所示为分布式虚拟汽车仿真平台结构。XML 模型首先储存在模型数据库中，其中包裹着各种用来进行仿真计算的模型及其求解器，可使所有仿真模型在分布式平

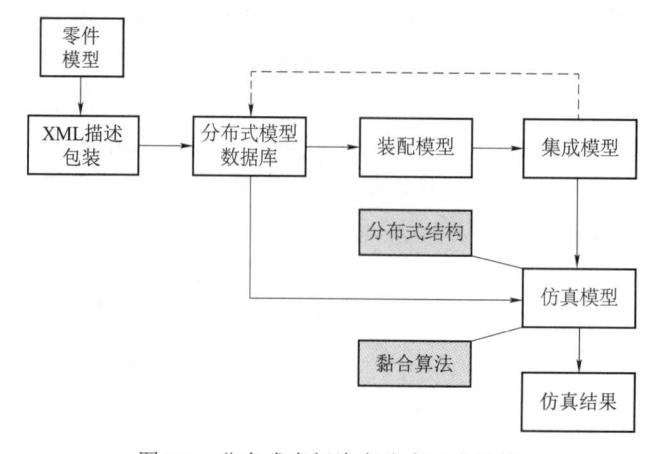

图 9.2 分布式虚拟汽车仿真平台结构

台中受到同样对待并可进行标准化处理。仿真平台用户可以在模型数据库中搜索适当的零件模型,并把它们装配成个性化的整车模型。XML 模型描述是整个分布式仿真平台的基本元素,是物理模型的代理。标记语言 XML 是网络数据交换的应用标准,在这里,XML 被用于描述机械仿真模型。模型描述需要具有足够的通用性来代表可能遇到的各种仿真模型,同时还应该足够灵活,以便适应于仿真模型的不断扩展。

黏合算法把不同仿真模型耦合在一起来模拟整个系统的行为,是平台构建的关键要素。黏合算法必须保证仿真的精度、稳定性和有效性,同时必须保证商业竞争中个体零件的"隐私"。在仿真过程中,子系统界面的平衡条件和兼容条件要同时得到满足。界面信息包括力传递信息和运动信息(如位移、速度和加速度)。平衡条件是指相连接的子系统在连接界面上满足力的平衡条件(除非有外力作用,否则界面上的力不会多出也不会丢失)。兼容条件指的是界面的位移、速度和加速度要保持时空连续性。Mega-Solver 采用了适用于有限元和多体动力学模型的"T-T 黏合算法",所开发的算法只依赖于零件模型的界面信息,并且可以保护子系统内部的专有信息。为了解决在有限元模型黏合中经常出现的界面不匹配问题,Mega-Solver 开发了处理非匹配界面的新方法。

分布式系统结构的作用是最佳地利用分布的求解资源对集成的复杂系统进行仿真,并提供优化计算资源的解决方案。图 9.3 所示为分布式仿真平台的逻辑结构框图,每个椭圆代表一个仿真服务器,它能包裹通过网络访问的仿真求解器和实现黏合运算。任何成熟的网络分布式技术都可以借用,例如 CORBA、COM 和 JAVA RMI;用户通过网络浏览器访问和发送用 XML 描述的模型到仿真管理器来进行运算;仿真管理器先要创建一个基于 XML 文件的集成模型目标(虚拟汽车),然后虚拟数字化平台解析 XML 文件并与适当的子系统模型目标连接。

在分布式仿真平台中,所有仿真求解器都要按照统一标准进行包裹并放在网络上,以便零件模型能够待在它们自己指定的网络位置,黏合算法能够把它们连接到仿真服务器来执行集成仿真。用标准界面方法包裹仿真求解器,根据标准界面信息就可以往集成仿真平台里调用任何子系统的模型。

上述分布式虚拟汽车平台不但可以用来集成多个物理系统,还可以实现多目标(多性能)的同步最优设计。在不同软件(Matlab,ABAQUS,Madymo,MSC/ADAMS,MSC/NASTRAN)下建立的子系统(总成)模型(发动机、轮胎、人体模型、悬架、车身),可以在一个统一的平台下合成,然后同时实现碰撞安全、车辆动力学、疲劳强度、振动噪声,甚至防爆的性能分析。在分布式虚拟平台里,从已有车型中取出的借用件可以方便地组装在新设计里,新开发的系统及零部件可以实现 TSS(拓扑、形状、尺寸)同时最优化设计。总而言之,成功的数字化平台可实现以下功能:

(1)数字化模型的参数化、模块化和分析自动化;
(2)多层次子结构的自动分解与综合;
(3)基于子结构方法的灵敏度分析;
(4)功能目标的有序分解(Target Cascading)和性能同步控制;

(5) 基于拓扑优化的汽车结构最优设计;
(6) 统一 CAD 和 CAE 的等几何分析;
(7) 功能导向的 TSS 同时优化设计。

9.5 分布式仿真平台的若干关键技术

9.5.1 分布接口算法技术

分布式仿真平台物理实现的第一个问题是仿真服务器分布式计算技术的选择。目前，CORBA、DCOM 和 RMI 都是很成熟的技术，在此基础上已建立了很多应用程序。应当注意，DCOM 是一个 Windows 平台的特定技术，很难被应用在横跨平台里。RMI 是在 JAVA 语言优势的基础上建立的，"编写一次，随处运行"，避免了很多跨平台障碍，不足之处是 JAVA 本身的局限性使其不容易成为一个广泛适用的求解器包裹，而是需要重新建立新的系统。

网络服务器在工业界越来越受欢迎，网络服务可以用任何语言和操作系统的形式去实现，并且能够包裹 CORBA、DCOM 和 RMI 对象。网络服务的消费者也可以在任何操作系统，用任何语言实现。已经有人利用网络服务来在各种各样的网络平台异构软件中交互操作仿真[70]。网络服务可以通过无处不在的网络通信协议访问（如 HTTP 或 SMTP），因此实际上提供了一种能够连接网络上下文中任何应用的通用方法。目前，几乎所有网络服务实现都是基于 SOAP 协议，这是一种建立在 XML 上的可扩展简单通信协议，因此 SOAP 自然有能力在任何应用程序之间通信。

网络服务并不是用来面向分布式技术需求的，它采用了面向连接的程序模型，如 CORBA 和 DCOM。面向连接意味着需要建立在服务器和客户之间的连接，并可执行多个要求/回复。网络服务本质上是无状态的，这意味着每个函数调用服务器都独立于其他的调用，因此给分布式结构服务提供了极大的弹性。网络浏览器和网络服务器之间的通信通常就是无状态的，正因为如此，网络浏览器才得以流行。然而，因为分布式仿真中协调器和子系统模型之间需要多个通信，所以需要的是有状态的编程模型。SOAP 是平台独立的和防火墙友好的，故对于建立仿真平台其是个很好的选择。目前，已经出现了很多将 SOAP 结合到 RMI、CORBA 和 DCOM 的工作，例如 XSOAP 就是利用 SOAP 实现 RMI 的工具包。Microsoft Net 技术引入了 Microsoft Intermediate 语言的概念，类似于 JAVA 字节代码，能够跨语言集成多个项目，也可以在非 Windows 平台上实现 Net Framework。Mega-Solver 建立了基于微软的平台。Net Remoting 是 Net Framework 中的分布式计算技术，基于 SOAP 设计，支持有状态计算。

在仿真平台中，每个分布式零部件模型将保持在本地，并运行于其自己的仿真求解器上，如 NASTRAN、ADAMS、DYNA、MADYMO，或其他仿真求解器。仿真平台只根据接口信息控制这些独立仿真并根据 T-T 算法协调它们之间的通信，实现仿真模型的"即插即用"。仿真求解器必须被包裹成仿真服务器，并可被协调器访问。分布式仿真方法论中的一个重要问题就是如何执行"即插即用"的仿真能力，即如何提供一个标准的外壳程序使仿真求解器可以很容易地被纳入仿真平台，而不需要重新编译或对仿真平台进行大的改动。此外，模型透明度要求叶模型和集成模型具有同样的接口，以便使高层集成模型在仿真中可以不用区分处理其是叶模型还是集成模型。

9.5.2　分布式网络结构设计

分布式网络结构设计为实现黏合算法和计算资源优化提供了解决方案。图 9.3 所示为分布式仿真平台的逻辑结构，可以通过网络访问被包裹的仿真求解器并实施黏合运算。用户通过网络浏览器访问系统，并发送模型的 XML 描述到仿真管理器执行仿真运算。

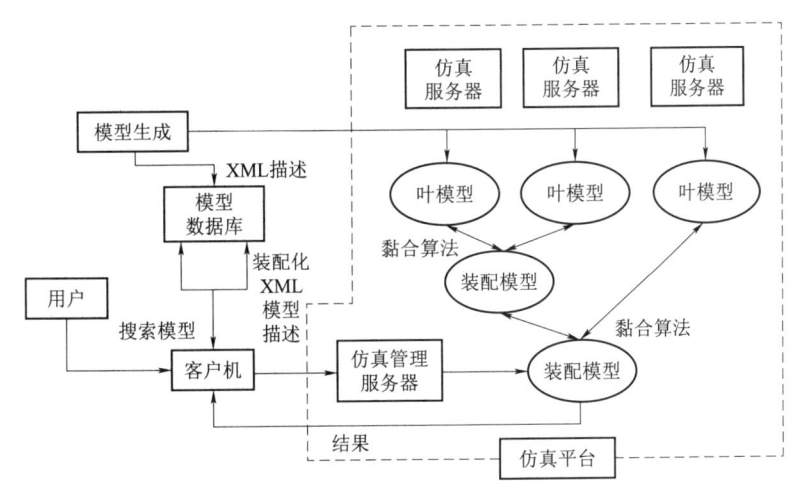

图 9.3　分布式仿真平台的逻辑结构

9.5.3　XML 模型描述

Extensible Markup Language（XML）是目前网络应用和很多其他要求数据交换的应用的标准。XML 提供了可用于不同计算机、不同应用程序之间共享信息的基本的语法和句式。数字化平台中的模型描述需要具备一定的通用性，以便适应各种可能的仿真模型；同时它也应该具备足够的灵活性，以便适应于仿真平台的扩展。在 Mega-Solver 中，密西根大学开发了黏合仿真，其 XML 模型需要提供三类模型信息：

（1）常规信息，如模型名称、设计开发者信息、模型唯一性 ID、模型类别、模型级别、模型特征、子系统说明等；

（2）装配信息，如模型界面名称和标志、界面几何特征、对接节点信息、相关模型的说明、装配连接关系等；

（3）仿真信息，如仿真求解器、服务器信息、输入输出文件、仿真参数。

模型描述的更多细节见文献 [2]。

9.5.4 黏合算法

黏合算法是分布网络里必须解决的核心技术。以下结合 Mega-Solver 平台对原理进行简单介绍。

1）子模块合成的黏合算法

黏合算法只依赖于要被耦合模型接口的信息。此处，接口是指两个模型的连接或共同的表面（点、面或线），接口可以用一组有限元模型中的对接节点，或者一组多体动力学模型中的连接来代表。接口信息可以被分为运动信息和力信息。运动信息包括接口的位移、速度和加速度，力信息指的是接口运动量及作用力和反作用力。

要想黏合任何机械系统，接口处必须满足两条力学原则：必须是作用力与反作用力；运动学变量必须满足兼容条件。如果先定义接口的力变量，平衡条件自动得到满足，那么在迭代过程中只需考虑兼容条件，此时接口力变量可以被看作是接口运动量的函数，并且可以利用运动信息和兼容条件进行更新。类似地，如果先定义一组接口运动变量，使兼容条件自动满足，那么在迭代过程中就只需要考虑平衡方程。在后一种情况下，接口运动变量是接口力变量的函数，可以通过满足平衡条件来更新。将哪组接口变量被定义为输入，决定着使用哪种黏合策略。

2）黏合算法的一般概念（T-T 方法）

假设用 F 定义接口力向量，其中包含了必要和充分接口力空间，而且 F 可以用来实现对接面上的自我力平衡，即如果在一个界面上加载 F，在与其对接的界面上加载 $-F$，接口处的平衡条件就可以自动满足。e 作为一个误差度量向量，代表了接口处兼容条件的违背程度，其中 $e = 0$，表明兼容条件被充分满足。在通常情况下，我们将 e 视为 F 的函数，即

$$e = e(F) \tag{9.1}$$

黏合算法的唯一目标就是修改 F 以使 e 等于 0，即找到适当的 F 满足：

$$e = 0 \tag{9.2}$$

方程（9.2）定义了一组（线性或非线性）方程，可以通过选择适当的算法（线性或非线性）或求解器来求解。假设在上一步的迭代，我们知道 $e^{(i)} = e(F^{(i)})$。那么在通常情况下，黏合算法中的 T-T 方法可被表达为

$$F^{(i+1)} = F^{(i)} + \Lambda(-e^{(i)}) \tag{9.3}$$

其中，Λ 叫作黏合矩阵或者 lambda 矩阵，如果方程（9.3）是线性的，这将是一个常数矩阵；如果其是非线性的，这将是 F 的函数。黏合矩阵可以通过利用标准的 Newton-Raphson 方法或其他方法获得。当使用 Newton-Raphson 方法时，其黏合矩阵为

$$\Lambda = \left(\frac{\partial e}{\partial F}\right)^{-1}_{F=F^{(i)}} \tag{9.4}$$

方程（9.3）表明接口力可以通过观察运动信息来进行更新（以满足兼容条件），因此，关键问题变成如何以系统和有效率的方式获得方程（9.4）中的 Λ 矩阵。需要指出，

这里采用 Newton-Raphson 方法是为了说明 T-T 方法的一般概念。在实践中，可能会有更多有效的方法，例如改进的牛顿方法或 Quasi-Newton 方法[59]。

3）迭代方法

图 9.4 说明了一种典型的与 T-T 方法一起使用的迭代方法。矩形代表坐标或者集成模型，椭圆代表零件模型。简单起见，图 9.4 中只有一个零件模型。实际情况中，一个集成模型可能有两个或以上零件模型。这里，u、v 和 a 代表模型零件的状态变量，F、D 代表接口力信息、运动信息。如图 9.4 所示，从前续时间步长获得每个零件模型的第一状态，然后获取接口运动信息并发送到协调器，最后，协调器更新接口力并把这些力发送回零件模型。每个零件都是独立地求解出接口力的更新状态，这个过程一直重复到收敛。收敛后，便进入到下一个时间步骤。可以看出，在集成模型仿真管理器的控制下，仿真的每个迭代都是同步的，以便完成零件模型之间的信息交换。

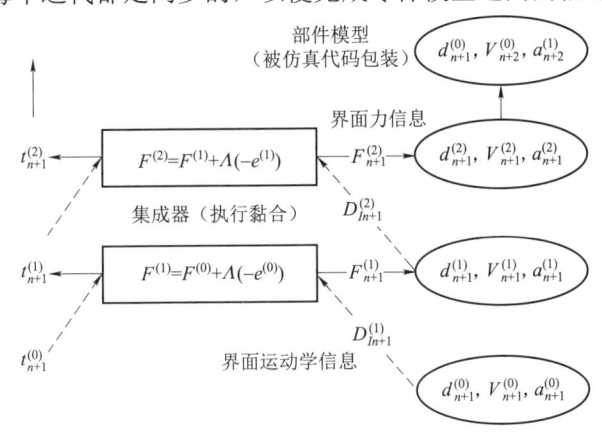

图 9.4 黏合算法的步骤方法（T-T 方法）

也可以考虑采用其他迭代方法，例如文献 [48]；也可以考虑时间集成回路的不同迭代方法。采用什么样的迭代方法，取决于是否存在主/子系统关系，以及如何为不同零件之间的信息交换安排时间步骤。

4）黏合矩阵的计算

为便于阐述，首先考虑一个分布式系统的弹性静力学问题。利用有限元方法，每个分布式子系统的运动方程可以写为

$$K^i u^i = f^i, \ (i=1,2,\cdots,n) \tag{9.5}$$

或

$$\begin{bmatrix} k_{oo}^i & k_{oc}^i \\ k_{co}^i & k_{cc}^i \end{bmatrix} \begin{Bmatrix} u_o^i \\ u_c^i \end{Bmatrix} = \begin{Bmatrix} f_o^i \\ f_c^i \end{Bmatrix}, \ (i=1,2,\cdots,n) \tag{9.6}$$

式中，u_o^i 为第 i 个子系统的内部节点的位移；f_o^i 为施加在第 i 个子系统的内部节点上的力；u_c^i 为内部节点的位移；f_c^i 为接口的反力；n 为参与集成的子系统的数目。

此处的问题是黏合方程（9.6）中的所有子系统的方程，以满足子系统接口处的平

衡条件和兼容条件，同时方程（9.6）中的子系统方程能够独立求解。

在一般情况下，方程（9.6）中的子系统接口力向量 f_c^i 能被 F 的变量子集代表，因此，f_c^i 可被写为

$$f_c^i = f_c^i(F), \ (i=1,2,\cdots,n) \tag{9.7}$$

现在定义 C_i，对于第 n 个子系统

$$C_i = \frac{\partial f_c^i}{\partial F}, \ (i=1,2,\cdots,n) \tag{9.8}$$

在典型的情况下，C_i 是一个简单的常数矩阵。

假设 U 是所有子系统的接口位移的集合，即

$$U = \{u_c^i\}^T = \begin{Bmatrix} u_c^1 \\ \vdots \\ u_c^n \end{Bmatrix} \tag{9.9}$$

在通常情况下（这里考虑静力学问题），误差度量 e 可被写为

$$e = e(U) \tag{9.10}$$

现在定义一个矩阵 B_i，对于第 i 个子系统有：

$$B_i = \frac{\partial e}{\partial u_c^i}, \ (i=1,2,\cdots,n) \tag{9.11}$$

这里不加证明地指出：在一般情况下 $B_i = C_i^T$。

利用方程（9.8）和方程（9.11），方程（9.4）可被写作

$$\Lambda = \left(\sum_{i=1}^n \bar{G}^i \right)^{-1} \tag{9.12}$$

其中，

$$\bar{G}^i = B_i G^i C_i \tag{9.13}$$

并且

$$G^i = \frac{\partial u_c^i}{\partial f_c^i} \tag{9.14}$$

在式（9.14）中，G^i 叫作子系统 i 接口的"柔性矩阵"，它可以通过对每个子系统独立求解方程（9.6）计算，其中 $i=1,2,3,\cdots,n$。值得注意的是，Λ 本质上是方程（9.14）定义的子系统接口柔度矩阵集合的逆矩阵。而 C_i 和 B_i 叫作子系统 i 的装配矩阵，这将在下面进行进一步讨论。

为了显示方程（9.12）的特殊结构，以及方程（9.13）中的 C_i、B_i 和 G^i，先讨论一些典型情况。首先，如果 F 的组件能直接从 f_c^i（$i=1,2,\cdots,n$）中选出，那么有

$$F = \{(f_A^1)^T, (f_A^2)^T, \cdots, (f_A^n)^T\}^T \tag{9.15}$$

其中，f_A^i 是从 f_c^i 选出的独立力变量的子集，因此有：

$$f_c^i = \begin{Bmatrix} f_A^i \\ f_R^i \end{Bmatrix} \qquad (9.16)$$

其中，f_R^i 包含了 f_c^i 余下的力的分量。为了方便，我们称 f_A^i 为"主动"或"作用"力，称 f_R^i 为"被动"或"反作用"力。被动力通常是由相连子系统的主动力决定的。例如，如图 9.5 所示，对于有简单联系的系统，有：

$$f_R^i = -f_A^{i+1}, \ (i=1,2,\cdots,n-1) \qquad (9.17)$$

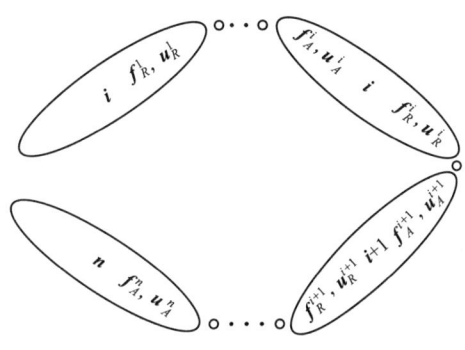

图 9.5 黏合简单连接零件

在这种情况下，方程（9.8）变成一个 $m \times n$ 的矩阵，只含有数字 1、–1 和 0。更具体来说，对于子系统 i，有：

$$C_i = \begin{bmatrix} 0 & \cdots & \overset{i}{I} & \overset{i+1}{0} & \cdots & 0 \\ 0 & \cdots & 0 & -I & \cdots & 0 \end{bmatrix} \qquad (9.18)$$

对于相同的问题，假设给定的误差测量为

$$e = \begin{Bmatrix} \vdots \\ u_A^i - u_R^{i-1} \\ u_A^{i+1} - u_R^i \\ \vdots \end{Bmatrix} \text{第 } i \text{ 个子系统} \qquad (9.19)$$

那么从方程（9.11）可以得到：

$$B_i = C_i^T = \begin{bmatrix} 0 & 0 \\ \vdots & \vdots \\ I & 0 \\ 0 & -I \\ \vdots & \vdots \\ 0 & 0 \end{bmatrix} \Big\} i-th\ subsystem \qquad (9.20)$$

假设每个零件的矩阵 G^i 能被表示为

$$G^i = \begin{bmatrix} g_{AA}^i & g_{AR}^i \\ g_{RA}^i & g_{RR}^i \end{bmatrix} \qquad (9.21)$$

其中，上标表示 G^i 中每个字矩阵的关系，关于接口集合 A 和 R，利用方程（9.21），有：

$$\bar{G}^i = \begin{bmatrix} \ddots & & & \\ & g_{AA}^i & -g_{AR}^i & \\ & -g_{RA}^i & g_{RR}^i & \\ & & & \ddots \end{bmatrix} \tag{9.22}$$

另一个典型的情况是当系统有多个零件在同一接口处相连。例如，对于图 9.6 所示的系统，误差测量为

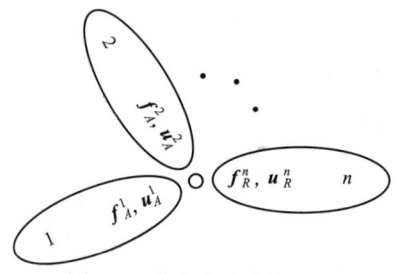

图 9.6 黏合多体连接零件

$$e = \begin{Bmatrix} u_A^1 - u_R^n \\ u_A^2 - u_R^n \\ \vdots \\ u_A^{n-1} - u_R^n \end{Bmatrix} \tag{9.23}$$

选择 F 为

$$F = \left\{ f_A^1, f_A^2, \cdots, f_A^{n-1} \right\}^{\mathrm{T}} \tag{9.24}$$

那么从方程（9.18）可得：

$$C_i = \begin{cases} \begin{bmatrix} \cdots & \underset{i\text{-}th}{I} & \cdots \end{bmatrix} & (i = 1, 2, \cdots, n-1) \\ \begin{bmatrix} -I & -I & \cdots & -I \end{bmatrix} & (i = n) \end{cases} \tag{9.25}$$

从方程（9.20），得：

$$B_i = C_i^T, (i = 1, 2, \cdots, n) \tag{9.26}$$

求解方程（9.6）和方程（9.14），可得：

$$G^i = \begin{bmatrix} g_{AA}^i \end{bmatrix} \tag{9.27}$$

最后得到 $\bar{G}^i$

$$\bar{G}^i = \begin{cases} \begin{bmatrix} \ddots & & \\ & g_{AA}^i & \\ & & \ddots \end{bmatrix} & (i = 1, 2, \cdots, n-1) \\ \begin{bmatrix} g_{AA}^n & \cdots & g_{AA}^n \\ \vdots & \ddots & \vdots \\ g_{AA}^n & \cdots & g_{AA}^n \end{bmatrix} & (i = n) \end{cases} \tag{9.28}$$

第 9 章 计算分析技术

注意，在方程（9.8）和方程（9.11）中被定义的子系统集合矩阵 C_i 与 B_i 是通用的和一般的。方程（9.18）、方程（9.20）、方程（9.25）和方程（9.26）是方程（9.8）和方程（9.11）的特殊形式，实际上可以有更复杂的形式，并取决于独立力向量 F 的选择。

方程（9.14）中的 G^i 可以通过直接求解方程（9.6）用静凝聚的方法得到，即

$$G^i = \left[k_{cc}^i - k_{co}^i (k_{oo}^i)^{-1} k_{oc}^i \right]^{-1} \tag{9.29}$$

但使用上式需要获取子系统的内部信息，并需要子系统有特殊的求解功能，以致无法满足黑匣子作业的要求。在一般情况下，方程（9.14）中的 G^i 可以仅通过界面上的操作近似得到为

$$G^i \cong \left[\frac{\Delta u_m}{\Delta f_n} \right]_{\Delta f_n \to 0} \tag{9.30}$$

其中，u_m 是 u_c^i 的第 m 个元素，f_n 是 f_c^i 的第 n 个元素，Δu_m 是关于接口力增量 Δf_n 的 u_m 的变化。对于线性系统，方程（9.29）对于任何 Δf_n 都是准确的。换句话说，对于线性系统，G^i 独立于外力的大小，$\dfrac{\Delta u_m}{\Delta f_n}$ 是独立于 Δf_n 的幅值的，因此可以假设：

$$\Delta f_n = 1 \tag{9.31}$$

并且有：

$$\Delta u_m = u_m^1 - u_m^0 \tag{9.32}$$

其中，u_m^0 是在不施加任何接口力的情况下，通过求解方程（9.6）计算的，u_m^1 是通过在第 n 个接口自由度施加单位接口力计算的。要注意，对于每个 Δf_n，我们可得到向量 $\Delta u_n = \{\Delta u_m\}^T$。

总的来说，计算 G^i 的过程如下：
（1）不施加任何接口力，计算初始的 u_0；
（2）在 n 个自由度的接口处，施加一个单位力；
（3）通过求解子系统方程（9.6）（利用它的独立求解器）得到 Δu_n。

对于所有接口自由度，重复步骤（2）和（3）来得到 $G^i = [\Delta u_1, \Delta u_2, \cdots, \Delta u_N]$，其中 N 是接口自由度的总数。

通常，接口自由度的数目比子系统模型的总自由度数目小很多。因此，当 $G^i (i=1,2,\cdots,n)$ 已知时，Λ 就能很容易地计算出来。这个方法把每个子系统看作一个不用访问其内部信息的黑匣子。子系统接口矩阵 G^i 能够通过召集子系统模型相关的独立求解器来计算，并且子系统可以单凭接口信息黏合在一起。对于线性系统，使用方程（9.3）是不需要迭代的。以上描述的黏合算法可以通过进一步扩展来解决动力学或多体动力学问题。对于动力学或多体动力学问题，误差度量可以包括接口或接口组合的加速度、速度和位移，但基本原理和上面所述相同。采用类似的过程可以计算黏合矩阵，并由此对子系统模型进行耦合。

9.5.5 非匹配界面的处理

在方程（9.8）和方程（9.11）中，我们定义了 **B** 和 **C** 矩阵，导出了两种一般形式。在推导中，我们假设接口的自由度相互之间匹配，以便 **B** 和 **C** 矩阵的每个相关连接都是相同的。实际情况下，因为有限元模型是由不同开发人员单独开发的，接口之间通常是不匹配的，这是一个需要解决的重要问题，否则在实际工程设计中将无法应用黏合算法。处理非匹配界面可以借用许多成熟的技术，Mega-Solvor 提出了一种处理非匹配接口的虚拟界面方法。

1) 虚拟界面方法的概述

如图 9.7 所示，接口处理的原则可以总结为：

对于每对接口 Γ_R^i 和 Γ_A^{i+1}，定义一对虚拟接口，表示为 Γ_{VR}^i 和 Γ_{VR}^{i+1}，不管实际的接口是否匹配，虚拟接口均具有匹配的对接自由度。对每个与实际接口相对应的虚拟接口，利用插值法对载荷和运动进行转换，然后在虚拟接口之间使用黏合算法。

黏合算法用于虚拟接口之间，其运动是由真正接口的数据而产生的。在一般情况下，虚拟接口的自由度一定要小于或等于现实的接口自由度。如果虚拟接口的自由度比真正的接口自由度大，那么连接的黏合矩阵就会变为奇异或欠秩，因而无法使用黏合算法。下面进一步探讨界面上实际载荷和运动的传输。

2) 界面上载荷和运动的传输

在有限元方法和无网格方法中，可以在有限数目的离散点上用插值来代表连续域中的数据，插值是形状函数的线性组合。如图 9.8 所示，实际接口处的位移，可以通过有限元网格表示为

$$\tilde{u}_R = \sum_{i=1}^{M} \phi_i^R d_i^R \tag{9.33}$$

式中，$\tilde{u}_R$ 为连续位移域；M 为自由度数目；ϕ_i^R 为接口的形状函数；d_i^R 为接口节点的节点位移。

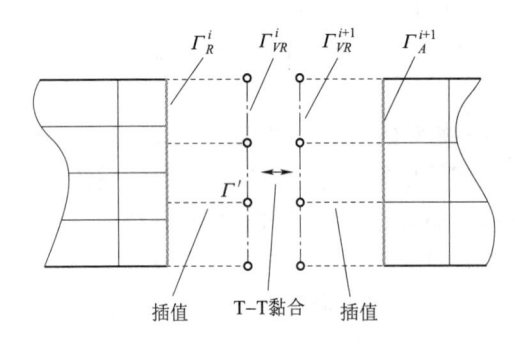

图 9.7 接口处理的一般程序

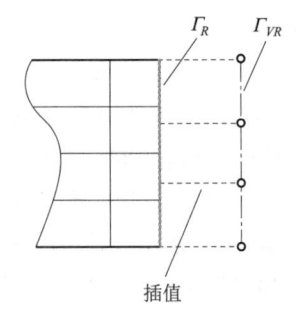

图 9.8 接口处理的插值法

与此类似，虚拟接口 Γ_{VR} 的位移域可以表示为

$$\tilde{u}_V = \sum_{i=1}^{N} \phi_i^V d_i^V \qquad (9.34)$$

式中，N 为自由度数目；$\phi_i^V (i=1,2,\cdots,N)$ 为虚拟接口的形状函数。

需要注意的是，对于无网格近似法，我们可以仅仅把 d_i^V 当作控制点的值来看待。从根本上讲，插值法就是为了寻找 d_i^R 和 d_i^V 之间的关系。

假设有一个合适的插值法，就能很容易地从虚拟接口把位移传输到真正的接口（这里，位移被当作运动信息的代表，但可以很容易地扩展到其他运动量）。传输关系被定义为

$$u_R = g(u_V) \qquad (9.35)$$

其中，$u_R = \{d_i^R\}$，$u_V = \{d_i^V\}$ 是真正接口和虚拟接口的相对位移向量。在虚拟接口被定义后，这种关系可以基于插值法轻易获取。在本研究中，要求插值应该是连续的，可以明确表示为

$$u_R = L u_V \qquad (9.36)$$

式中，L 为连续插值矩阵。

真正接口和虚拟接口的力定义为 f_R 和 f_V，则 f_R 和 f_V 的虚拟功可以写为

$$\delta W_R = f_R^T \delta u_R \qquad (9.37)$$

$$\delta W_V = f_V^T \delta u_V \qquad (9.38)$$

如果方程（9.37）和方程（9.38）中的虚拟功表达是相等的，即在传输中没有能量损失或获取，那么传输算法将保证接口的能量守恒。因此方程（9.37）和方程（9.38）有下述关系：

$$f_R^T \delta u_R = f_V^T \delta u_V \qquad (9.39)$$

将方程（9.36）中的变量代入方程（9.39）中，有：

$$f_R^T L = f_V^T \quad \text{或} \quad L^T f_R = f_V \qquad (9.40)$$

引入 L 的广义逆矩阵

$$S = (L^T L)^{-1} L^T \qquad (9.41)$$

方程（9.39）可写为

$$f_R = S^T f_V \qquad (9.42)$$

方程（9.42）是载荷从虚拟接口传输到真正的接口的方程，可以在 T-T 黏合算法中使用。

把方程（9.42）代入方程（9.38），或者利用方程（9.39）的伪逆形式，得到位移从实际接口传输到虚拟接口的方程如下：

$$u_V = S u_R \qquad (9.43)$$

方程（9.42）和方程（9.43）是用于 T-T 方法的载荷和运动传输公式，它在传输中

保持了能量守恒和接口处力平衡。S 是传输矩阵。应该指出的是，分析是起始于虚拟接口到实际接口的运动传输，而不是反向传输，这是因为虚拟接口上自由度数目通常比实际接口要小。

3）非匹配接口处理的 T-T 黏合算法

上述的非匹配接口的处理可以容易地纳入 T-T 黏合算法。

现设接口力向量 F 和位移向量 U 是虚拟接口的相应量，欲在其间施加黏合。传输矩阵用来组成装配矩阵，即 B_i 和 C_i，如果所有接口利用上述算法处理，那么装配矩阵 B_i 和 C_i 变为

$$B_i = C_i^T = \begin{bmatrix} 0 & 0 \\ \vdots & \vdots \\ S_A^i & 0 \\ 0 & -S_R^i \\ \vdots & \vdots \\ 0 & 0 \end{bmatrix} \} i-th\ subsystem \quad (9.44)$$

其中，S_A^i 和 S_R^i 为物体 i 的运动和反作用接口相应的传输矩阵，而装配矩阵 B_i 和 C_i 变为

$$B_i^T = C_i = \begin{cases} \begin{bmatrix} \cdots & \underbrace{S_A^i}_{i-th} & \cdots \end{bmatrix} & (for\ i=1,2,\cdots,n-1) \\ \begin{bmatrix} -S_R^n & -S_R^n & \cdots & -S_R^n \end{bmatrix} & (for\ i=n) \end{cases} \quad (9.45)$$

4）基于虚拟接口的移动最小二乘法

移动最小二乘法（MLS）是数据拟合的一种近似方法，因为它可以用来生成无网格法的形状函数，因而最近得到广泛研究。MLS 的特点还有，可以算出用于曲线和曲面拟合问题的连续光滑近似，也可以通过增加或减少所能衍生的多项式顺序而轻易地控制近似的精确度。

基于 MLS 的虚拟接口具备一些独特的优势。首先，MLS 提供了选择虚拟接口自由度数目的灵活性。由于 T-T 黏合算法的成本与接口自由度数目成正比，因此当接口反作用不重要的时候，就可以根据 MLS 的灵活性将黏合问题进行简化。其次，基于 MLS 的形状函数是不变的插值函数，即有再生常数域的能力，这是一个理想的特性，因而能保证接口处的力平衡。虚拟接口用有限元插值的缺点是，如果两个接口的网格没有适当定义，就可能导致插值矩阵 L 的奇异。使用基于 MLS 的虚拟接口，能够保证使真实接口的自由度 s_{max} 大于虚拟接口的自由度 d_{max}，以此来避免接口矩阵奇异的问题。

在 MLS 近似中，域 $u(x)$ 近似为

$$u^h(x) = \sum_{j=1}^m P_j(x)a_j(x) = P^T(x)a(x) \quad (9.46)$$

式中，m 为基函数（在此为多项式，即 P_j 的数目），$\boldsymbol{a}(\boldsymbol{x})$ 为给定的系数向量。

$$\boldsymbol{a}^{\mathrm{T}}(\boldsymbol{x}) = \{a_1(\boldsymbol{x}), a_2(\boldsymbol{x}), \cdots, a_m(\boldsymbol{x})\} \tag{9.47}$$

任意 x 的函数都是由数据拟合过程确定的。$\boldsymbol{P}(x)$ 是基函数向量。$\boldsymbol{P}(x)$ 的通常选择是完整的多项式，其最高次数是由精确性要求来确定的。在一维空间中，$\boldsymbol{P}(x)$ 可表示为

$$\boldsymbol{P}^{\mathrm{T}}(\boldsymbol{x}) = \{1, x, x^2, \cdots, x^{m-1}\} \tag{9.48}$$

在二维空间中有：

$$\boldsymbol{P}^{\mathrm{T}}(\boldsymbol{x}) = \boldsymbol{P}^{\mathrm{T}}(x, y) = \{1, x, y, x^2, y^2, \cdots\} \tag{9.49}$$

在三维空间中有：

$$\boldsymbol{P}^{\mathrm{T}}(\boldsymbol{x}) = \boldsymbol{P}^{\mathrm{T}}(x, y, z) = \{1, x, y, z, xy, yz, zx, x^2, y^2, z^2, \cdots\} \tag{9.50}$$

也可以利用其他基函数，例如三角函数、B-Spline 等，选择由问题的性质所决定。对于近似值 $u_1, u_2, \cdots, u_n$ 的域 $u^h(\boldsymbol{x})$，在控制点 $\boldsymbol{x}_1, \boldsymbol{x}_2, \cdots, \boldsymbol{x}_n$ 应用方程（9.46），有

$$u^h(\boldsymbol{x}, \boldsymbol{x}_I) = \boldsymbol{P}^{\mathrm{T}}(\boldsymbol{x}_I)\boldsymbol{a}(\boldsymbol{x}), \ I = 1, 2, \cdots, n \tag{9.51}$$

通过最小化剩余

$$\begin{aligned} J &= \sum_I W(\boldsymbol{x} - \boldsymbol{x}_I)[u^h(\boldsymbol{x}, \boldsymbol{x}_I) - u_I]^2 \\ &= (\boldsymbol{Pa} - \boldsymbol{u})^{\mathrm{T}} \boldsymbol{W}(\boldsymbol{x})(\boldsymbol{Pa} - \boldsymbol{u}) \end{aligned} \tag{9.52}$$

可得到系数向量 $\boldsymbol{a}$ 为

$$\boldsymbol{a}(\boldsymbol{x}) = \boldsymbol{A}^{-1}(\boldsymbol{x})\boldsymbol{B}(\boldsymbol{x})\boldsymbol{u} \tag{9.53}$$

其中

$$\boldsymbol{u} = \{u_1, u_2, \cdots, u_n\}^{\mathrm{T}} \tag{9.54}$$

$$\boldsymbol{P} = \begin{bmatrix} p_1(x_1) & p_2(x_1) & \cdots & p_m(x_1) \\ p_1(x_2) & p_2(x_2) & \cdots & p_m(x_2) \\ \vdots & \vdots & \ddots & \vdots \\ p_1(x_n) & p_2(x_n) & \cdots & p_m(x_n) \end{bmatrix} \tag{9.55}$$

并且

$$\boldsymbol{W}(\boldsymbol{x}) = \begin{bmatrix} w(x - x_1) & 0 & \cdots & 0 \\ 0 & w(x - x_2) & \cdots & 0 \\ \vdots & \vdots & \ddots & \vdots \\ 0 & 0 & \cdots & w(x - x_n) \end{bmatrix} \tag{9.56}$$

以及

$$\boldsymbol{A} = \boldsymbol{P}^{\mathrm{T}}\boldsymbol{W}\boldsymbol{P} \tag{9.57}$$

$$\boldsymbol{B} = \boldsymbol{P}^{\mathrm{T}}\boldsymbol{W} \tag{9.58}$$

把方程（9.52）代入方程（9.45）中得到：

$$u^h(\boldsymbol{x}) = \sum_{I}^{n} \phi_I^k(\boldsymbol{x}) u_I \tag{9.59}$$

其中

$$\boldsymbol{\varphi}^k = [\phi_1^k, \phi_2^k, \cdots, \phi_n^k] = \boldsymbol{p}^{\mathrm{T}}(\boldsymbol{x}) \boldsymbol{A}^{-1}(\boldsymbol{x}) \boldsymbol{B}(\boldsymbol{x}) \tag{9.60}$$

其中，k 是多项式的项数。当 $k=0$ 时，形状函数 φ^0 是 Shepard 函数，可以写为

$$\phi_I^0 = \frac{w(\boldsymbol{x} - \boldsymbol{x}_I)}{\sum_I w(\boldsymbol{x} - \boldsymbol{x}_I)} \tag{9.61}$$

Shepard 形状函数能够再生常数域。对于质量函数 $w(\boldsymbol{x})$，有三种选择。

$$\text{exponential: } w(\bar{s}) = \begin{cases} e^{-(\bar{s}/\alpha)^2} & \bar{s} \leqslant 1 \\ 0 & \bar{s} > 1 \end{cases}$$

$$\text{cubic spline: } w(\bar{s}) = \begin{cases} \dfrac{2}{3} - 4\bar{s}^2 + 4\bar{s}^2 & \bar{s} \leqslant \dfrac{1}{2} \\ \dfrac{4}{3} - 4\bar{s} + 4\bar{s}^2 - \dfrac{4}{3}\bar{s}^3 & \dfrac{1}{2} < \bar{s} \leqslant 1 \\ 0 & \bar{s} > 1 \end{cases} \tag{9.62}$$

$$\text{quartic spline: } w(\bar{s}) = \begin{cases} 1 - 6\bar{s}^2 + 8\bar{s}^3 - 3\bar{s}^4 & \bar{s} \leqslant 1 \\ 0 & \bar{s} > 1 \end{cases}$$

其中，$s = \|\boldsymbol{x} - \boldsymbol{x}_I\|$，$\bar{s} = s/s_{\max}$，$s_{\max}$ 是支持半径。

为了组成基于 MLS 的虚拟接口，可以简单地遵循用于无网格方法的步骤。例如，对于一个二维问题，构造一个三角域并选择节点作为控制点，这在大多数情况下能够自动完成，然后可以将 MLS 形状函数构造在控制点上。接下来，代入实际接口的坐标点即产生方程（9.35）中的插值矩阵 $\boldsymbol{L}$，即将 x_J^R 代入 φ^k，有：

$$\boldsymbol{L} = \begin{Bmatrix} \varphi^k(x_1^R) \\ \varphi^k(x_2^R) \\ \vdots \\ \varphi^k(x_M^R) \end{Bmatrix} \tag{9.63}$$

设 $d_{\max}$ 是实际接口上两个节点之间的最大距离，如果 $S_{\max}$ 大于 $d_{\max}$，虚拟接口的自由度数目不大于实际接口，那么 $\boldsymbol{L}$ 就是一个全秩矩阵，这样就可以避免前述提到的奇异问题。

9.6 网络分布式仿真平台的搭建

当今的 CAE 分析工作一般是按学科分类而单独进行的，主要的学科有碰撞安全、车辆动力学、可靠、耐久、NVH、空气动力学等，每个学科与 CAD 数据的交互都是内部循环。在进度配合上，每个学科之间的工作进展不同步，在工作内容上难以体现学科交叉效应（见图 9.9）。

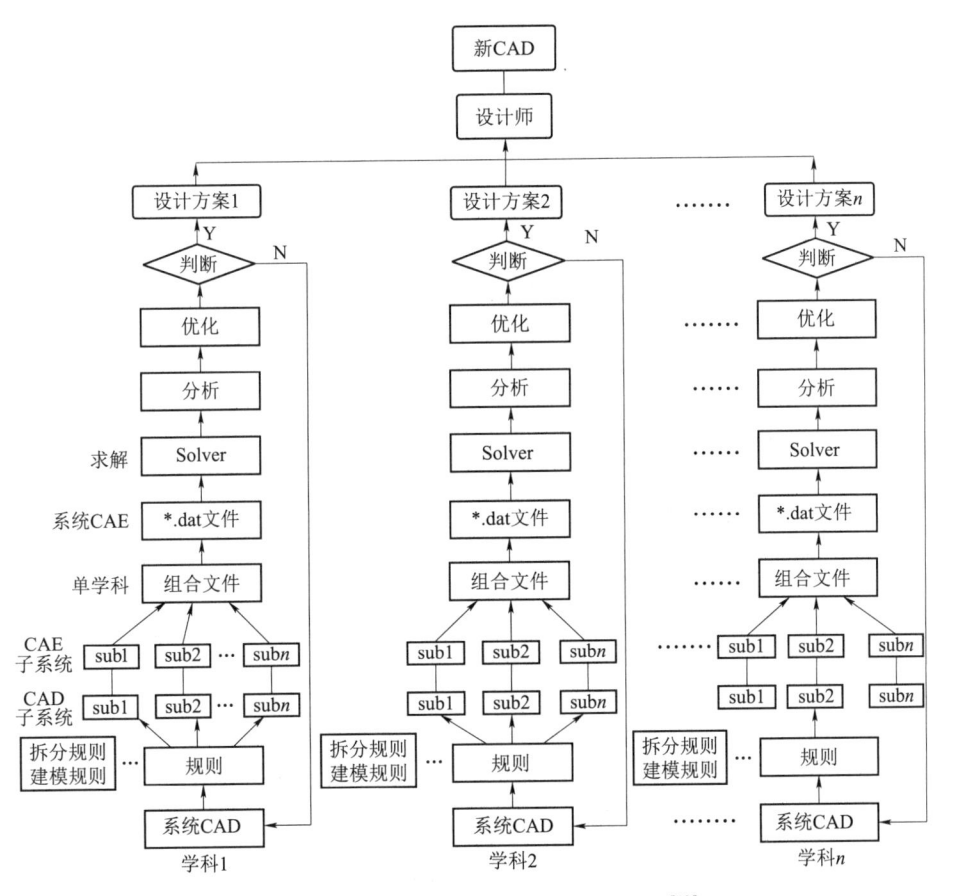

图 9.9 传统的多学科 CAE 并行工作方法[13]

传统分析方法中各个学科同时拿到上一轮冻结的系统 CAD 数据，根据自己的学科规则进行子系统拆分和建模，用自己学科的求解器进行求解，然后根据专业知识对结构设计方案进行优化，提出自己的改进设计方案，再提交给结构设计师。如果有 n 个学科，设计师就会收到 n 个这样的设计方案。假设设计师先将学科 1 的设计方案体现到结构设计，当体现学科 2 的设计方案时，学科 1 的性能就有可能受到影响，依次类推。

网络分布式仿真分析平台的工作方法见图 9.10。各个学科拿到第一轮设计的 CAD 数据后，按照统一规则将整车分解成子系统，形成多学科组合文件，送入 Mega-Solver 进行求解，结果交由产品项目的性能主管对各个学科的性能进行均衡和协调，然后将统一的结构设计更改方案交由产品设计师。需要指出的是，性能的均衡必须由人工进行判断，因为这代表了一个具体产品的价值取向，是不能由机器代替执行的。

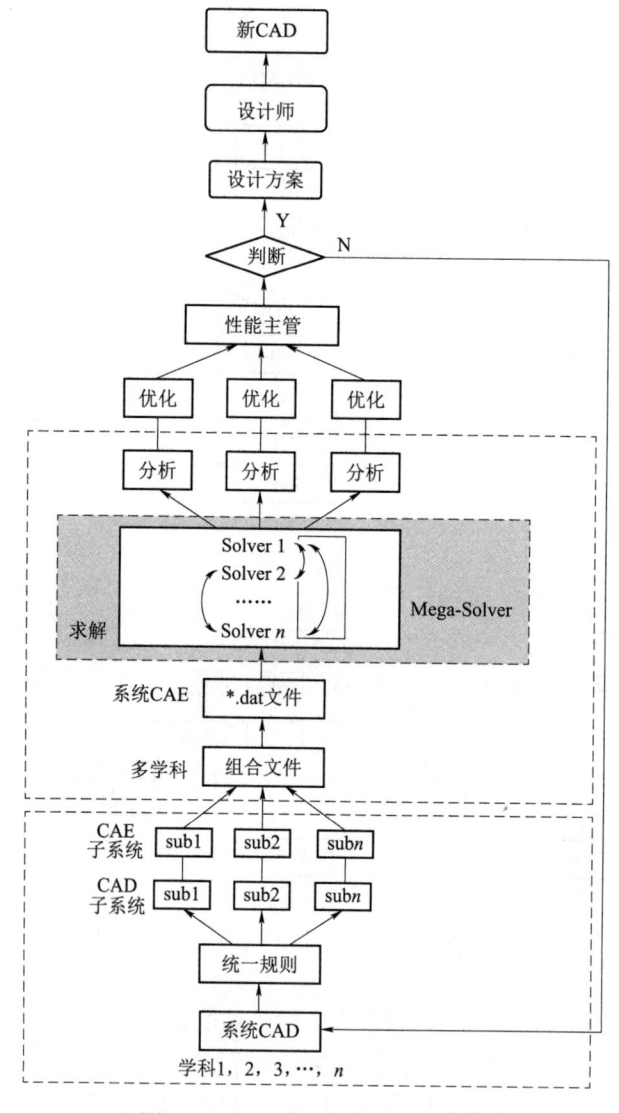

图 9.10　网络分布式仿真平台[13]

搭建网络分布式仿真平台时的一个学科组合案例见图 9.11。

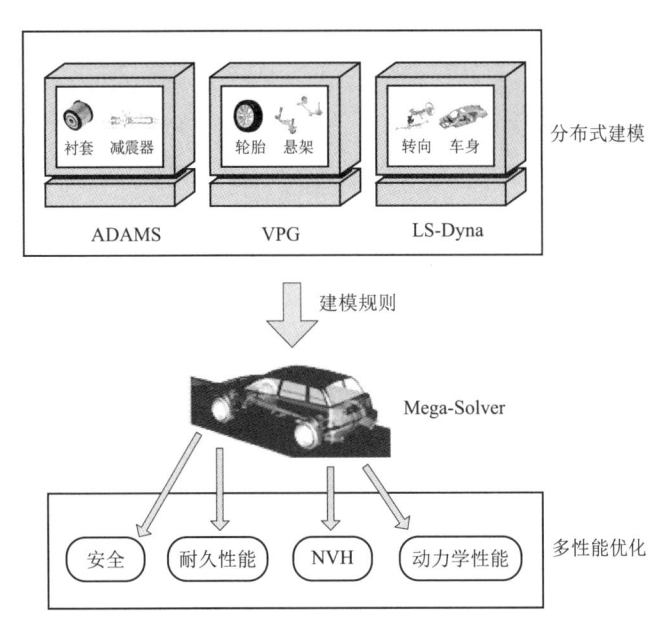

图 9.11　网络分布仿真平台的学科组合案例

在 9.10 中，多体与有限元的耦合网络通信见图 9.12。利用 MATLAB 语言为主控机编写控制代码，通过 OPC 服务器技术可以对客户机实现任务分配管理及传递客户机的计算结果。为客户机编写的计算控制代码可以接受或等待主机分配计算任务，并接收主机传递的计算结果数据，根据计算需要可以连接多台客户机。OPC 数据服务器结构见图 9.13。

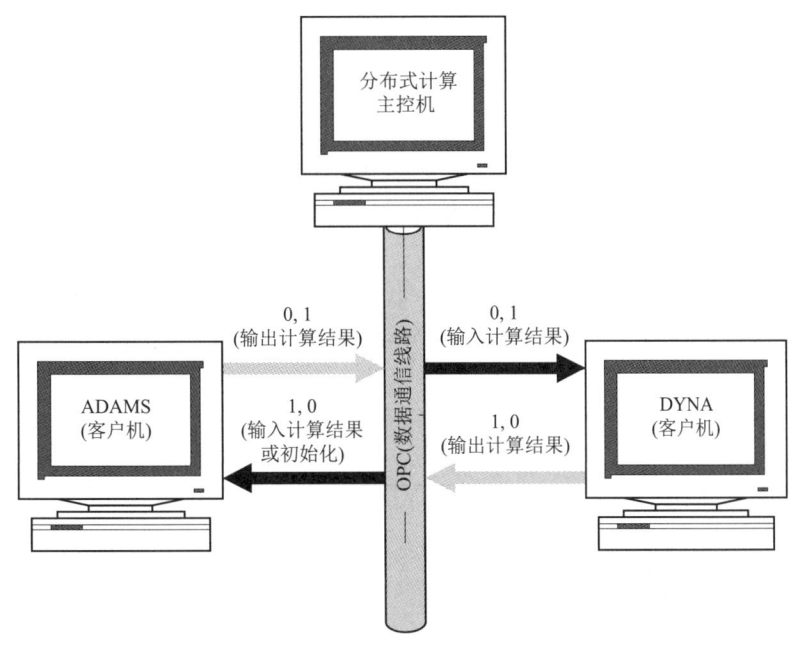

图 9.12　基于 OPC 的多体与有限元的耦合网络通信

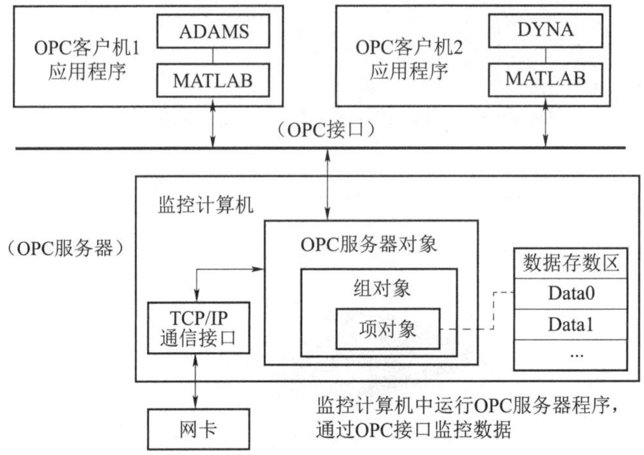

图 9.13 OPC 数据服务器

参考文献

[1] Rifkin J. The third industrial revolution: how lateral power is transforming energy, the economy, and the world [M]. Macmillan, 2011.

[2] Wang, Jinzhong. Distributed Simulation and Design of Mechanical Systems. Ph.D.Thesis, Mechanical Engineering, The University of Michigan, May 2005.

[3] Yu, Geunsoo. Advance Gluing Algorithm for Distributed Simulation and Design System. Ph.D.Thesis, Mechanical Engineering, The University of Michigan, July 2009.

[4] May A, Carter C, Joyner S. Virtual team working in the european automotive industry: User requirements and a case study approach [J]. Human Factors & Ergonomics in Manufacturing, 2000, 10 (3): 273–289.

[5] Childerhouse P, Hermiz R, Mason-Jones R, et al. Information flow in automotive supply chains–present industrial practice [J]. Industrial Management & Data Systems, 2003, volume 103 (3): 137–149 (13).

[6] Lim D, Palvia P C. EDI in strategic supply chain: impact on customer service [J]. International Journal of Information Management, 2001, volume 21 (3): 193–211 (19).

[7] Crum M R, Johnson D A, Allen B J. A Longitudinal Assessment of EDI Use in the U.S. Motor Carrier Industry [J]. Transportation Journal, 1998, 38 (1): 15–28.

[8] Covisint. http://www.covisint.com.

[9] Winchill. http://www.ptc.com.

[10] Enslow P H J. What is a "Distributed" Data Processing System?[J]. Computer, 1978, 11 (1): 13–21.

[11] Coulouris G F, Dollimore J, Kindberg T. Distributed systems: concepts and design

[M]. pearson education, 2005.
- [12] The Network Simulator. http://www.isi.edu/nsnam/ns/.
- [13] 秦民. 数字化汽车CAE集成关键技术研究[D]. 一汽集团科技创新项目研究报告，No. 1334A，2014.
- [14] The Grid 2: Blueprint for a new computing infrastructure [M]. Elsevier, 2003.
- [15] Veith T L, Kobza J E, Patrick Koelling C. Netsim: JavaTM-based simulation for the World Wide Web.[J]. Computers & Operations Research, 1999, 26 (6): 607–621.
- [16] Dahmann J S, Fujimoto R M, Weatherly R M. The department of defense high level architecture [C]//Proceedings of the 29th conference on Winter simulation. IEEE Computer Society, 1997: 142–149.
- [17] Kuhl F, Weatherly R, Dahmann J. Creating computer simulation systems: an introduction to the high level architecture [M]. Prentice Hall PTR, 1999.
- [18] OZAKI A. Design and Implementation of Parallel and Distributed Wargame Simulation System and Its Evaluation [J]. Ieice Transactions on Information & Systems, 2001, (10): págs. 1376–1384.
- [19] Zuobin Y, Yuanchang Z, Wen Z, and Meisheng F. Application Research of HLA/RTI in Distributed C3I System Simulation. 4th International Symposium on Test and Measurement (ISTM/2001) Shanghai, China.
- [20] DCOM. http://www.microsoft.com/com/.
- [21] RMI. http://java.sun.com/products/jdk/rmi/.
- [22] Prescod, Paul, Second Generation Web Services. http://www.xml.com/pub/a/2002/02/06/ rest.html.
- [23] Chatterjee S, Webber J. Developing enterprise web services: an architect's guide [M]. Prentice Hall Professional, 2004.
- [24] Kuljis J, Paul R J. An appraisal of web-based simulation: whither we wander?[J]. Simulation Practice & Theory, 2001, 9 (1): 37–54.
- [25] Buss A, Jackson L. Distributed simulation modeling: a comparison of HLA, CORBA, and RMI [C]. //Simulation Conference. IEEE Computer Society, 1998: 819–825.
- [26] Shen X, Liao W, Choudhary A. An Integrated Graphical User Interface for High Performance Distributed Computing [J]. International Symposium on Database Engineering and Applications, 2001: 237–242.
- [27] Narayanan S, Cowgill J, Malu P, et al. Web-based distributed interactive simulation using Java [C]. //IEEE International Conference on Systems, Man, and Cybernetics, Computational Cybernetics and Simulation. IEEE, 1997: 2690–2695.
- [28] Salisbury C F, Farr S D, Moore J A. Web-based simulation visualization using Java3D [C]. // Winter Simulation Conference. IEEE Computer Society, 1999: 1425–1429.
- [29] Cholkar A, Koopman P. A widely deployable Web-based network simulation

framework using CORBA IDL-based APIs [C]. //Winter Simulation Conference. IEEE, 1999: 1587–1594.

[30] Dieckman D, Martin D E, Moore L, et al. Distributed web-based simulation for protecting intellectual property [J]. Enabling Technology for Simulation Science Ⅲ, 1999.

[31] Fitzgibbons J B, Fujimoto R M, Fellig D, et al. IDSim: an extensible framework for Interoperable Distributed Simulation [C]. //IEEE International Conference on Web Services. IEEE, 2004: 532–539.

[32] Cubert R M, Fishwick P A. A Framework For Distributed Object-Oriented Multimodeling And Simulation [J]. Winter Simulation Conference, 1997: 1315–1322.

[33] Tseng F C. Multibody dynamics simulation in network-distributed environments [M]. University of Michigan, 2000.

[34] Sistla R, Dovi A R, Su P. A distributed heterogeneous computing environment for multidisciplinary design and analysis of aerospace vehicles [J]. Advances in Engineering Software, 2000, 31: 707–716.

[35] Goldfinger A, Silberberg D, Gersh J, et al. A knowledge-based approach to spacecraft distributed modeling and simulation [J]. Advances in Engineering Software, 2000, 31 (89): 669–677.

[36] Farhat C, Wilson E. A parallel active column equation solver [J]. Computers & Structures, 1988, 28 (88): 289–304.

[37] Hudli A V, M. V. Pidaparti R. Distributed finite element structural analysis using the client–server model [J]. Communications in Numerical Methods in Engineering, 1995, 11 (3): 227–233.

[38] Adeli H, Kumar S. Distributed Finite-Element Analysis on Network of Workstations — Algorithms [J]. Journal of Structural Engineering Asce, 1995, 121 (10): 1448–1455.

[39] Farhat C. Implicit parallel processing in structural mechanics [J]. Compt. Mech. Adv., 1994, 2: 1–124.

[40] Craig R R. Coupling of substructures for dynamic analyses: an overview [C]//Proceedings of AIAA/ASME/ASCE/AHS/ASC structures, structural dynamics, and materials conference and exhibit. 2000: 1573–1584.

[41] Le Tallec P, Le Tallec P. Domain decomposition methods in computational mechanics [J]. Comput.mech.adv, 1994, (2).

[42] Kim S. A Subsystem Synthesis Method for Efficient Vehicle Multibody Dynamics [J]. Multibody System Dynamics, 2002, volume 7 (2): 189–207 (19).

[43] Featherstone R. A Divide-and-Conquer Articulated-Body Algorithm for Parallel O (log (n)) Calculation of Rigid-Body Dynamics. Part 1: Basic Algorithm [J].

International Journal of Robotics Research, 1999, 18 (9): 867-875.

[44] Featherstone R. A Divide-and-Conquer Articulated-Body Algorithm for Parallel O (log (n)) Calculation of Rigid-Body Dynamics. Part 2: Trees, Loops, and Accuracy [J]. International Journal of Robotics Research, 1999, 18 (9): 876-892.

[45] Anderson K S. Highly Parallelizable Low-Order Dynamics Simulation Algorithm for Multi-Rigid-Body Systems [J]. Journal of Guidance, 2000, 23 (2): págs. 355-364.

[46] Duan S, Anderson K S. Parallel Implementation of a Low Order Algorithm for Dynamics of Multibody Systems on a Distributed Memory Computing System [J]. J.eng.comput, 2000, 16 (2): 96-108.

[47] Sharf I, D'Eleuterio G M T. Parallel simulation dynamics for elastic multibody chains [J]. Robotics & Automation IEEE Transactions on, 1992, 8 (5): 597-606.

[48] Tseng F, Hulbert G M. A Gluing Algorithm for Network-Distributed Multibody Dynamics Simulation [J]. Multibody System Dynamics, 2001, volume 6 (4): 377-396 (20).

[49] Tseng F, Ma Z, Hulbert G. Efficient numerical solution of constrained multibody dynamics systems [J]. Computer Methods in Applied Mechanics & Engineering, 2003, 192 (2): 439-472.

[50] Hulbert G M, Michelena N, Ma Z, et al. Case Study for Network-Distributed Collaborative Design and Simulation: Extended Life Optimization for M1 Abrams Tank Road Arm [J]. Mechanics of Structures & Machines, 2007, 27 (4): 423-451.

[51] Tseng F C. Multibody dynamics simulation in network-distributed environments [M]. University of Michigan, 2000.

[52] ZD Ma, Digital Technical Integration Program Report of FAW Mainstream CAE Analyses Software, UM-FAW Cooperative Research Project, U of M ORSP No: 14-PAF00720, Jan. 2014.

第 10 章

避撞安全技术

10.1 智能化汽车发展趋势

作为"改造世界的机器",汽车工业虽然已经沿其稳定的技术路线发展了 130 年,但是在动力、操纵、控制几方面的基本原理上并没有发生变革性的进步,在人机交互关系上,汽车业几乎没有任何发展。在同一个时期内,航空工业的发展历程已经经历了从螺旋桨推进到喷气推进、从机械操纵到线控操纵、从罗盘导航到全自动驾驶等多领域的跨越式发展。相比之下,面对汽车普及所带来的四大公害(安全、能耗、排放污染、交通拥堵),汽车工业提供的技术解决方案显得软弱无力。

解决四大公害的根本出路在于寻找新的车辆动力方案和新的汽车使用方式,智能化驾驶车辆(或称无人驾驶车辆 Autonomous Driving Vehicle,Automated Vehicle,Self-driving Vehicle)技术为此提供了可能。在未来的十年里,智能化驾驶技术的进步有可能引发一场百年未有的道路交通革命,与此相伴的潜在关联影响不仅将彻底重塑产业竞争格局,而且还将改变人与汽车之间的相互关系,改变未来的道路和城市设计,其变革来临的时间可能远比我们所预料的要早。

根据中国公安部历年公布的道路交通安全事故统计数据,2013 年全年涉及人员伤亡的道路交通事故在 20 万起以上,死亡人数超过 6 万人,需住院治疗的受伤人数超过 20 万人。保守估计,与事故相关的所有费用包括医药费、财产损失、生产力损失、诉讼费用、行程延误以及生活质量损失等,应该在 300 亿元人民币以上。

智能驾驶技术在提高交通安全性、降低能耗、减少排放、消除拥堵方面具有巨大的潜力。全球每年的道路交通死亡人数接近 130 万,其中 90% 以上是驾驶员人为因素导致的,40% 的致命交通事故与酒后驾驶、注意力分散、疲劳以及导致精神不集中或困倦的药物相关,自动驾驶汽车可以避免这类人为的误判断和误操作。如果实现自动驾驶，预计每年可以挽救因交通事故导致的3万～15万伤亡人员[1]~[21]。最终，道路交通死亡率可望与目前的铁路与航空持平，即下降到现在的1%。自动驾驶的环境感知不仅靠车载传感器，还要依靠网络融合，凭借传感器技术和外部环境（V2X）通信技术的互联，令汽车自身能够准确无误地自行行驶。如果行人及自行车、摩托车骑行者身上携带小型发射装置（也可能与现在的智能手机或智能穿戴共用），通过V2P（人—车）通信并辅以精准定位手段，则可以100%避免智能驾驶车辆与行人或非机动车之间的交通事故。最终，能够消除交通事故的发生，或至少能够确保在正常运行条件下不会发生死亡事故，进而实现"零死亡"目标。

由于车辆避撞技术高度发达，不再需要进行坚固的耐撞车身设计，钢铁制造商生产的相关金属结构产品在市场上的需求会大幅降低，整车质量有可能降低2/3，车身与底盘的成本也相应会降低。非耐撞车身的大幅降重还会导致机动性提高及能耗与排放的降低。仅通过协同驾驶、密集驾驶技术和避撞降重技术，就可带来20%的油耗降低，每年可减少3亿吨CO_2排放。随着智能化汽车覆盖率的不断提高，汽车带来的CO_2排放量每年可以减少2 000万～1亿吨。

此外，当社会智能化汽车保有量达到一定规模后，新型的智能化社会和智能出行方式也会随之出现。届时，ITS智能交通网络、智能化专用快速道路、门到门接送服务、智能停车场等一系列新设施和服务的出现，必将在提高人们出行能力的同时，改善交通通行效率，最大化道路和土地利用率。

在2025年后，自动驾驶汽车每年能产生0.2万亿～1.9万亿美元的潜在经济影响[1]~[10]。据估计，在2017—2020年出售的高档汽车中，75%～90%的汽车将配备自动驾驶系统，20%～30%的中档车也将具有自动驾驶功能。这预示着在2025年，全球12亿私家车的保有量中，会有10%～20%行驶在公路上的汽车能够在大部分交通条件下实现自动驾驶。

美国高速公路安全管理局对自动驾驶汽车的自动化程度进行了分类（对自动化程度分类和定义是非常必要的）。对明确的车辆行为进行分类和定义有益于技术开发分析、交通管理建模、环境效益与经济效益分析，具体分级定义见表10.1。本书中引用的智能化水平均借鉴SAE定义。

麦肯锡公司在其2013年的"改变生活、商业与全球经济的颠覆性技术"战略分析报告[1]中，把汽车智能化排在了12项技术中的第6位，而混合动力、电动汽车却不在其中。中国的自动驾驶汽车市场被预测将成为全球第二大市场[5]~[10]，4级自动化互联智能驾驶在2035年将达到270万辆，占全球智能驾驶市场的1/5～1/4，2025年，中国的互联智能驾驶相关产值会达到900亿～8 000亿美元。

预计在2017—2025年销售的卡车中，会有10%～30%的卡车将具备部分自动驾驶的功能（2级和3级自动化），而此类卡车完全可以胜任公路运输要求。假如在2025年，大部分长途运输卡车不配备司机，这种运输模式将产生1 000亿～5 000亿美元的潜在经济效益。

表 10.1 自动驾驶汽车的分级定义

NHTSA自动级别定义	SAE定义	SAE名称	功能定义	转向、加/减速任务执行者	环境监控执行者	动态驾驶任务的反馈执行者	机器责任范围
\multicolumn{8}{c}{由驾驶员负责监测环境}
0级	0级	人工驾驶	完全由人类驾驶员完成操作，即使有报警与干预	人	人	人	无
1级	1级	辅助驾驶	具有一个或多个自动功能，例如电子稳定控制、制动预增压、转向、加减速，其他任务由驾驶员完成	人+机器	人	人	部分工况
2级	2级	部分自动	具有至少两项关键控制功能联合协同工作，例如具备 ACC 和车道保持功能的联合功能	机器	人+机器	人	部分工况
\multicolumn{8}{c}{由机器负责监测环境}
3级	3级	有条件自动	由自动驾驶系统在特定交通环境下执行驾驶任务。当机器要求人工介入时，有充分的移交时间，需要驾驶员随时响应	机器	机器	人	部分工况
4级	4级	高度自动化驾驶	由自动驾驶系统在特定交通环境下执行驾驶任务。当机器要求人工介入时，即使驾驶员不响应也能继续操作	机器	机器	机器	部分工况
	5级	全自动	在所有交通环境下自动驾驶控制系统完成所有驾驶任务	机器	机器	机器	所有工况

智能化汽车带来的不仅是生产方式和生活方式的变革，作为可进行联网和信息互动的网络节点，其会使汽车成为家和办公室以外真正的人类主要活动场所，一系列的体验和服务会随之出现。按照工业 4.0 的预测，可担负信息生产、传递和使用的智能化汽车将成为经济和科技的主要推动力，并创造更多的增值服务空间。

鉴于智能汽车即将对汽车工业产生革命性影响，从 21 世纪初开始兴起了全球范围大规模的政府组织和跨行业协作行动，欧、美、日政府分别对此平均每年持续投入大约 1 亿美元资助基础研究，并在 2012 年正式成立三方工作组，实现了信息共享、规范统一和在公共领域合作[11]~[17],[37]。

目前，全社会已经对上述各个级别的自动化的市场时间有了比较统一的共识：根据 NHTSA 的定义，实现 2~4 级自动驾驶市场化的年代分别为 2016 年、2020 年和 2025 年。针对这个实施时间表，车辆制造厂和产品、技术供应商分别制订了各自的技术发布时间计划（见表 10.2）。

表 10.2 技术发布时间计划

企业	年份	目 标
沃尔沃	2016 年	推出全球首款搭载低速驾驶辅助系统（也称为自动列队辅助系统，简称 AQuA）的自动驾驶技术汽车，该类型智能车在车流行驶速度低于 50 km/h 的情况下，自动跟随前方车辆行驶。目前，在华销售的 S60、S80L、XC60 三款畅销车型有望率先搭载该系统
	2020 年	最终推出完全自动驾驶且绝对安全的零事故车

续表

企业	年份	目　标
宝马	2014 年	i3 将搭载部分自动驾驶技术——自动导航系统，在遇到交通堵塞时速度可控制到 40 km/h
富士重工	2014 年	推出自动驾驶技术，其核心着重于转向辅助控制、碰撞回避制动、全车速尾随巡航控制的 EyeSight 新车型
	202×年	推出的 Future EyeSight 车型，计划在高速道路上实现限路段的自动驾驶，除了识别前方的立体摄像头，还配置可识别 360° 的传感器，辅助全方位碰撞回避辅助系统
奥迪	2015 年	推出能够在低速情况下（如在交通拥堵情况下）进行自动转向、加速和制动的汽车
	2016 年	A8 将使用自动驾驶技术，同年上市的奥迪 A9 则预计匹配半自动驾驶技术，该车型能自动驾驶和驻车停放
凯迪拉克	2015 年	推出具有"超级巡航功能"的车辆：自动转向、制动和车道指引
日产	2015 年	计划销售具有自动转向、制动、车道指引、加速、换挡以及在驾驶员离开车辆后自动泊车（如法律允许）的车辆
	2020 年	将投产基于 LEAF 研发的自动驾驶汽车
谷歌	2015—2017 年	正式上市自动驾驶汽车
	2018 年	发布自动驾驶汽车技术
丰田	2016—2017 年	发布其第一辆自动驾驶车型
特斯拉	2016 年	开发能够在 90%行程中进行自动驾驶的车辆
大陆	2016 年	发布部分自动化低速驾驶车型，速度为 30 km/h（即 18 mi/h）
	2020 年	发布高度自主化低速驾驶车型，速度为 60 km/h
	2025 年	发布全自动化高速驾驶车型
通用	2020 年	向市场推出半自动驾驶车，凯迪拉克品牌将首先搭载"超级巡航系统"（Super Cruise System），之后可能进一步配备在通用汽车旗下其他品牌车型

10.2　现阶段智能化解决方案

通向自动驾驶的必由之路是 1 级和 2 级辅助驾驶技术，目前的国际高端市场技术仍然处于这个阶段。辅助驾驶系统的主要作用是降低驾驶员的操作负荷，尽量将多任务操作简化成单一任务或少量任务操作。例如，在高速公路的车流中行驶时，我们必须同时注意车道线边界、与前车距离、与相邻车道车辆的距离、速度与行为意图、限速与行驶规则、车载系统操作（视野保障、空调、娱乐、通信等）、车辆自身状态等，由于任务繁多，给驾驶员过多压力就会带来安全隐患。从降低任务负荷的角度来看，舒适与便利是安全驾驶必不可少的保障。舒适度是一个主观量，很难分类和量化。我们不妨将驾驶舒适便利技术模块分成 7 个输入层面和 5 个效果层面（见图 10.1），其中与安全最直接相关的第 I 组任务便是由驾驶辅助系统来解决的。

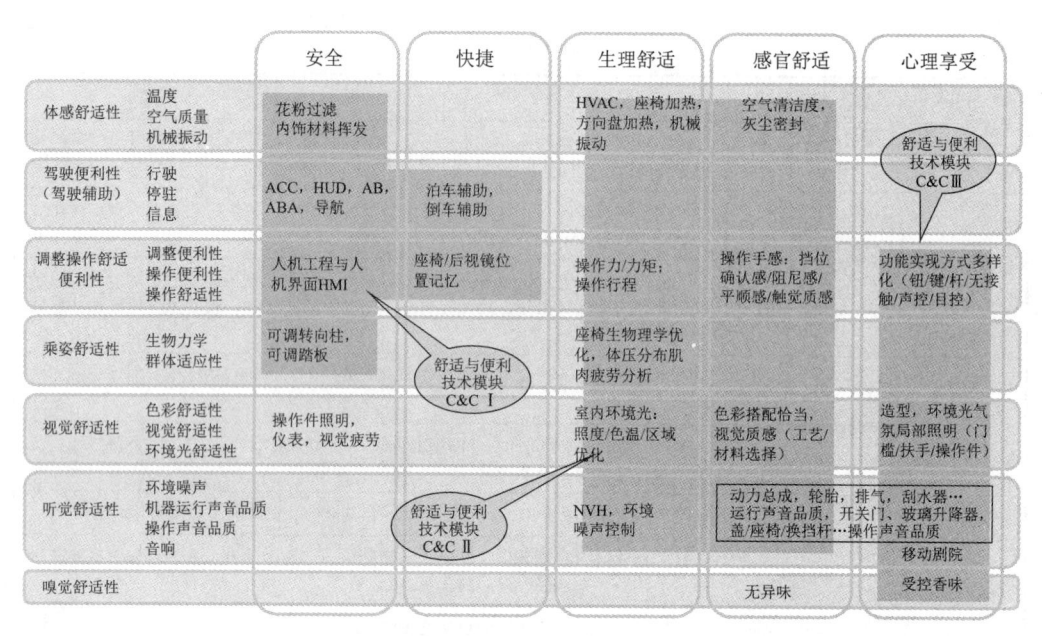

		安全	快捷	生理舒适	感官舒适	心理享受
体感舒适性	温度 空气质量 机械振动	花粉过滤 内饰材料挥发		HVAC，座椅加热， 方向盘加热，机械 振动	空气清洁度， 灰尘密封	舒适与便利 技术模块 C&C Ⅲ
驾驶便利性 （驾驶辅助）	行驶 停驻 信息	ACC, HUD, AB, ABA, 导航	泊车辅助， 倒车辅助			
调整操作舒适 便利性	调整便利性 操作便利性 操作舒适性	人机工程与人 机界面HMI	座椅/后视镜位 置记忆	操作力/力矩； 操作行程	操作手感；挡位 确认感/阻尼感/ 平顺感/触觉质感	功能实现方式多样 化（钮/键/杆/无接 触/声控/目控）
乘姿舒适性	生物力学 群体适应性	可调转向柱， 可调踏板	舒适与便利 技术模块 C&C Ⅰ	座椅生理学优 化，体压分布肌 肉疲劳分析		
视觉舒适性	色彩舒适性 视觉舒适性 环境光舒适性	操作件照明， 仪表，视觉疲劳		室内环境光； 照度/色温/区域 优化	色彩搭配恰当， 视觉质感（工艺/ 材料选择）	造型，环境光气 氛局部照明（门 槛/扶手/操作件）
听觉舒适性	环境噪声 机器运行声音品质 操作声音品质 音响		舒适与便利 技术模块 C&C Ⅱ	NVH，环境 噪声控制	动力总成，轮胎，排气，刮水器… 运行声音品质，开关门，玻璃升降器， 盖/座椅/换挡杆…操作声音品质	移动剧院
嗅觉舒适性				无异味		受控香味

图 10.1　舒适与便利技术模块

2 级以下自动化的人机交互关系框图如图 10.2 所示。这个系统构成的特点是，智能化汽车对环境的感知主要靠车载传感器（毫米波雷达、超声波雷达、激光雷达、摄像头等）来完成，智能判断以某种物理量的阈值判断为主，例如 ACC（主动巡航控制）系统以与前车之间的碰撞时间 TTC（Time to Collision）阈值判断为唯一标准、LKP（车道保持）系统以车辆与车线之间的横向距离阈值为唯一判据，对信息的综合能力、危险模式的判断能力非常有限。各个功能之间的交互执行能力也很有限，例如，当 ACC 系统的判断与 LKP 系统的判断发生冲突时，机器的综合决断能力是有限的。

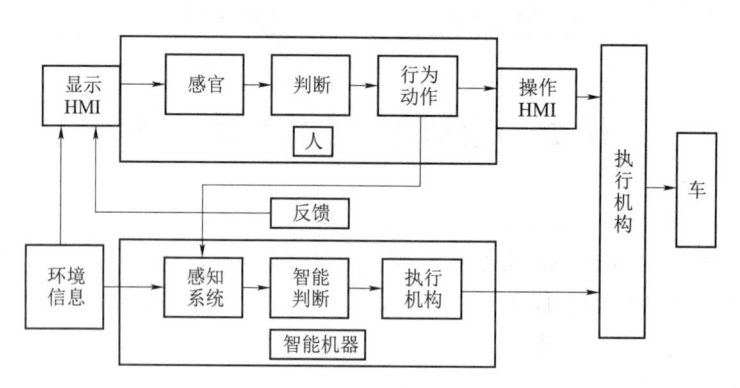

图 10.2　驾驶辅助系统的人机交互关系

在 1 级和 2 级自动驾驶（辅助驾驶）阶段，最关键的技术是障碍物识别与跟踪、危险等级判断、轨迹规划与车辆控制，以一汽 H7 轿车 2013 年型（见图 10.3）的开发为例，分别简述各部分子系统的开发方法。

图 10.3　具备 ADAS 功能的一汽 H7 轿车（全速 ACC 系统 0~120 km/h 跟停；
紧急避撞系统＜27 km/h 内自动刹停，＞27 km/h 时降低碰撞等级；
碰撞预警系统 FCW 至少提前 2 s 危险预警）

1）移动障碍物识别与跟踪

准确识别与跟踪主目标车辆的运动状态是实现自适应巡航控制（ACC）、避撞等驾驶辅助功能（ADAS）的首要前提。根据图 10.4 的信息感知流程，移动障碍物感知与识别大致分 4 个步骤，即原始数据提取、目标筛选、CIP（Close In Path）目标识别和目标跟踪。

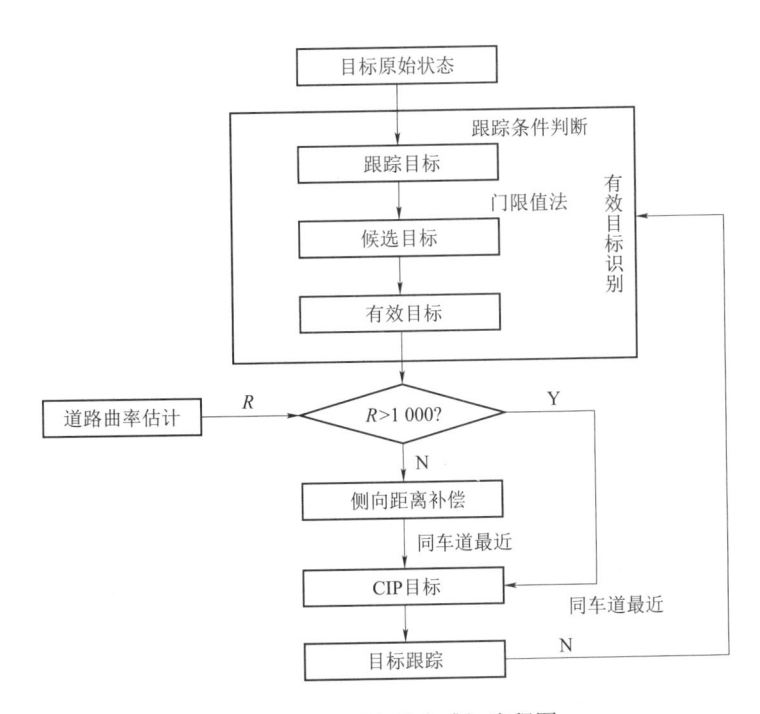

图 10.4　H7 轿车信息感知流程图

（1）原始数据提取。原始数据提取通常是由传感器完成的，目前常用的移动障碍物探测传感器包括毫米波雷达、摄像头和激光雷达等。77 GHz 毫米波雷达由于实时性好、精度高、运行可靠、不易受天气等环境因素影响，性价比相对合理，目前被公认为是车用移动障碍物探测应用的最佳解决方案之一，得到了全球范围内的广泛应用，代表性品牌有 Bosch、Denso、Eaton、Delphi、Continental、TRW 等[18],[19]。利用摄像头进行障碍物探测的技术近年来得到了很大发展，比较有代表性的是以色列 Mobileye 公司 EyeQ 系列产品。摄像头在物体分类、横向尺寸判别等方面优势明显，但是在纵向距离识别、速度探测方面相比毫米波雷达还有差距。随着欧洲 Euro-NCAP 对驾驶辅助系统要求的逐步严格，使用摄像头进行行人识别以及使用摄像头和雷达融合信息进行车辆紧急制动已成为主流技术。受篇幅限制，下面主要介绍单一毫米波雷达传感器的信号识别和跟踪。

（2）目标筛选。ADAS 系统一般通过两个步骤来完成对目标车辆的筛选，即首先利用横向距离阈值进行非本车道目标剔除，然后根据本车道最近原则选定 CIP[20]。试验表明，特别是在复杂的城市道路工况，这个算法的实际效果并不理想，远不能满足 ACC 等系统的使用需要。在此基础上，文献［21］提出了 HORA（Hierarchical Object Recognition Algorithm）方法，并取得了一定的效果；文献［22］提出了生命周期算法，即通过对目标车辆参数的变化规则和当前状态设置生命周期的若干阶段，来进行相应目标信息的更新、预测和跟踪。以上算法无法实现多次的识别与跟踪两阶段的切换，文献［23］完善了两阶段的切换过程。

车载雷达可为 ADAS 系统提供每个目标的相对车速 v、相对车距 d 和方位角 θ 三方面的信息。基于雷达信号的特性，通过对多目标的原始信息进行过滤，首先对目标车辆进行初步选择。在城市交通状况下，实际可测到的目标一般多达十余个，其中包括同车道及旁车道的车辆，道路旁的树木、指示牌、护栏，特别是因目标回波反射不均造成的虚假目标，都会对主目标的确定造成困难。因此，首先应利用横向距离区分阈值对雷达信号进行初步过滤，即通过目标是否处于本车即将行驶的车道之内来排除非相关目标的干扰。根据一般行车道的宽度，H7 车型选取的横向距离阈值左、右均为 1.5 m。针对静止目标，还可以使用相对速度阈值（需综合参考雷达速度识别精度、分辨率等参数进行设置）进一步滤除静止目标（如本车前方井盖）。

（3）CIP 识别了筛选后的移动目标，使用同车道最短相对车距原则即可初步锁定 CIP 目标。但是，由于目标车辆的横向距离是随时变动的，故初选中的横向距离区分阈值不能适用于所有工况，并且雷达波束衍射造成的虚假目标也可能存在于本车道之内，因此需要在雷达信号初步过滤的基础上进一步识别有效目标。基于历史信息的一致性检验是一个很好的方法。

一致性检验就是看某个被初选的目标是不是历史一贯性、稳定性地处于本车道之内。为此首先要假设在雷达扫描更新的相邻周期内，本车道内真实目标的运动状态不会出现激变。以雷达扫描周期为 50 ms 为例，50 ms 之内获得的目标的相对速度、相对距离、方位角都会保持在一定波动范围之内，即：

$$\begin{bmatrix} \theta_t \\ d_t \\ v_t \end{bmatrix} - \begin{bmatrix} \theta_{t-1} \\ d_{t-1} \\ v_{t-1} \end{bmatrix} \leqslant \begin{bmatrix} q_0 \\ d_0 \\ v_0 \end{bmatrix} \qquad (10.1)$$

若 t 时刻的目标信息通过了一致性检验，则将其作为 $t+1$ 时刻的衡量依据。虚假目标在短暂时间内也可能满足历史一致性条件，因此对所有符合一致性的目标再设置一个持续时间门限 T_r，即增加了目标识别的准确性。

如果阀值选取过大，会造成漏检和目标识别滞后；选取过小，则经常会发生雷达误判现象，因此需要在探测率和误报率之间做出权衡。上述 4 个阀值，θ_0、d_0、v_0、T_{0r} 需要通过大量实车试验才能进行最终的确认。相对识别而言，由于跟踪过程持续时间一般较长，车辆运动状态的起伏波动可能较大，因此一致性检验中应选用相对宽松的阀值。

（4）目标跟踪。确定 CIP 目标后，就需要对目标运动进行持续跟踪并预测其未来运动行为可能。为了提高目标跟踪过程的准确性，可利用卡尔曼预测等技术对 CIP 目标信息进行实时更新。基于加速度及角度变化率在周期内保持不变的假设，对下一周期的车辆运动状态估计值为

$$a_t = a_{t-1} \qquad (10.2)$$

$$v_t = v_{t-1} + a_{t-1} \cdot t \qquad (10.3)$$

$$d_t = d_{t-1} + v_{t-1} \cdot t + \frac{1}{2} a_{t-1} \cdot t^2 \qquad (10.4)$$

$$\dot{\theta}_t = \dot{\theta}_{t-1} \qquad (10.5)$$

利用上述车辆状态估计值可对短时间内由于车辆颠簸等原因引起的雷达信号异常或丢失进行补偿，保证了跟踪过程中雷达输出结果的连续性。但是如果长时间目标跟踪丢失，就说明在前方有效区域内没有车辆或有新的目标车辆出现，系统需要删除现有的跟踪重新识别主目标。因此，文献 [23] 设置了跟踪门限 T_t，即对处在跟踪阶段内的主目标信息错误或丢失的时间段进行累计，当总累计时间大于阀值 T_t 时，则意味需要进行"目标识别"与"目标跟踪"的模式切换。

"目标识别"与"目标跟踪"两种模式交替进行，对切换时机的把握关系到雷达信息的真实性以及应用到 ADAS 系统里的可靠性。一方面，应尽量快速、准确地识别前方目标的新状况，且不易受其他车道的车辆及障碍物干扰，以免因识别错误而发生跟踪目标频繁变换的情况；另一方面，跟踪阶段不应有长时间的滞后，以便对前方车辆切入和驶出情况具有一定的敏感性，能及时、正确地判断出目标的变换。文献 [23] 为此设置了一个切换时间门限 T_s，当首次到达阈值 T_s 时，若有符合标准的新目标出现，则再次进行跟踪，否则继续识别主目标；当再次到达 T_s 后，根据识别结果决定是否进入跟踪阶段。依次循环。由于跟踪门限的设置本身会造成随后的切换延时，因此可变阈值 T_s 会随进入切换阶段的时间线性增加。

（5）特殊场景问题。目标跟踪与识别要解决的一个重要问题是弯道识别，即要识

汽车碰撞安全工程

别本车正前方的车辆是本车道车辆，还是前方弯路上的邻道车辆；或者，前面不在本车正前方的车辆是邻道车辆，还是本道车辆随弯道而转向到了两侧。为此，必须进行弯道半径的估计，通常采用横摆角速度估计、方向盘转角估计、侧向加速度估计以及左右轮速差估计等几种方法，这些方法在不同的工作条件下（如侧向风、道路横倾、车轮半径偏差等）测量灵敏度和有效性是不一致的。文献［23］利用横摆角速度进行弯道半径估计，原理如下所述。

利用横摆角速度估计弯道半径的公式如下：

$$R_y = v_x \bigg/ \left(\frac{\mathrm{d}\varphi}{\mathrm{d}t} \right) \tag{10.6}$$

式中，$\mathrm{d}\varphi/\mathrm{d}t$ 为横摆角速度；R_y 为道路的弯道半径；v_x 为车辆的纵向速度。

在图 10.5 中，主车行驶在半径为 R 的弯道 C 上，旁侧车道的车辆出现在 D 点，其对应的道路圆心角为

$$\varphi = \frac{1}{2} \arctan \frac{L + \rho_d \cos\theta_d}{R - \rho_d \sin\theta_d} \tag{10.7}$$

式中，φ 为圆心角的半值；L 为主车后轴至雷达安装点的纵向水平距离。

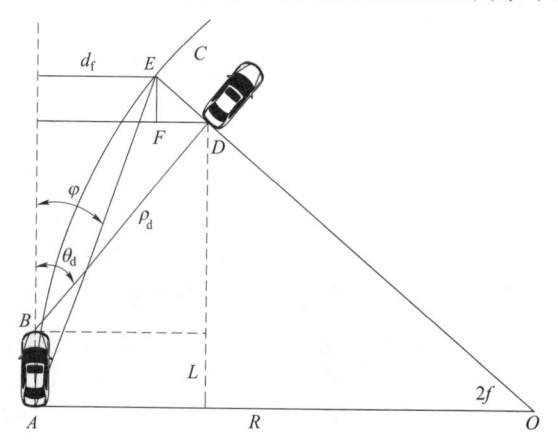

图 10.5 弯道目标补偿（由一汽技术中心安全研究室提供）

与旁车道目标对应同一圆心角的主车道轴线位置出现在 E 处，和主车的横向距离为 d_f 为

$$d_f = 2R \sin^2 \varphi \tag{10.8}$$

此时，如果有

$$\rho_d \sin\theta_d - d_f > 0 \tag{10.9}$$

则说明目标车辆行驶在主车道轴线的右侧，ED 即横向相对距离 d_y，其值为

$$d_y = \frac{\rho_d \sin\theta_d - d_f}{\cos 2\varphi} \tag{10.10}$$

纵向相对距离为

$$d_x = 2\varphi(R - d_y) - L \tag{10.11}$$

利用上述方程即可实现弯道半径预测以及弯道过程中纵向与横向相对距离的补偿。

弯道、坡道工况是辅助驾驶和自动驾驶技术面临的重要挑战，路径几何预测技术是其最有效的解决方案。各种曲率弯道中的目标判断、车辆控制和直线行驶工况有很大区别，避撞、协同驾驶必须以定义每一辆车的车道属性为前提。单独依靠车载惯性传感来预测弯道还有一定的局限性，尤其是在进入弯道之前的直道阶段，车载传感是测不出横向加速度的。对惯性测量的补偿方法有影像传感、卫星定位、数字地图信号融合、车联网协同控制等方法。就卫星定位服务而言，其目前的定位精度在 10 m 以上，直接用于车道定位还有一定困难，但是可以将其作为一个辅助参数，把前方道路的曲率融合到惯性测量的判断里面。未来的亚米级车辆定位和车辆互联技术可以为车道属性提供可靠判断。

2）前方障碍碰撞危险判据

通过传感器（毫米波雷达、超声波雷达、影像、激光雷达等）探测到环境中的障碍信息的物理量以后，必须运用碰撞危险判断准则对这些障碍物的运动学信息进行处理，判断危险的等级，然后触发相应的自动系统动作。反过来，不同的判据需要提取不同的物理探测量，确凿的判据有助于制定更明确的障碍物信息提取要求，这些要求再加上气候/光线等环境适应性要求，就构成了未来传感器研发的方向。

目前常用的前方车辆碰撞危险评价判据有 7 种[24],[75]~[78]，强调的危险关注点各有不同，其中 TTC 和 THW 判据已经得到广泛应用。

（1）TTC（Time to collision：碰撞时间）[25]，假设当前时点本车与前车的相对速度不变的情况下，本车与前车碰撞发生时的时间。

$$\text{TTC} = \frac{D}{v_r} \tag{10.12}$$

式中，v_r 为本车与前车之间的相对速度，假设在碰撞之前辆车一直以目前速度匀速行驶。参数示意见图 10.6。

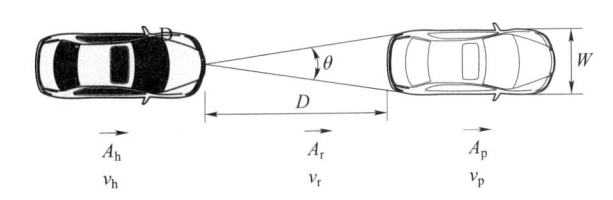

图 10.6　计算碰撞危险判据所需的计算参数量

（2）THW（Time Headway：车间时间），本车到达前车的当前位置时的时间。

$$\text{THW} = \frac{D}{v_h} \tag{10.13}$$

式中，D 为与前导车之间的距离；v_h 为本车行驶速度，假设前车突然刹停在当前位置，所以是 TTC 的极端情况估计。

(3) TTC^{-1}（TTC 的倒数）[26]，前车视觉大小增加率的时间变化，或车间距离对数的时间变化。

$$\text{TTC}^{-1} = \frac{v_r}{D} = \frac{1}{dt\left(\dfrac{d\theta}{\theta}\right)} = \frac{1}{dt(\ln D)} \tag{10.14}$$

式中，v_r 为与前车之间的相对速度。

(4) KdB（接近/远离状态评价指标）[27]。驾驶员通过前车在视觉上的面积变化判断前车的接近和远离，进而采取加减速操作，KdB 指标就是依据这一原理制定的，即把前车面积的时间变化量转变为感觉量。当本车与前车的车间距离小于等于 100 m，并且相对速度 $v_r = -0.1\,\text{km/h}$ 时，被认为已达到人类感知能力的边缘，故此时的 KdB 为 0 dB。

$$\text{KdB} = 10\log_{10}\left|\frac{-2v_r/D^3}{5\times 10^{-8}}\right| \tag{10.15}$$

(5) KdB_c，这个指标对 KdB 中的相对速度进行了修正，即使本车与前车的相对速度为 0，指标也能对碰撞危险进行评价[27]。

$$\text{KdB\_c} = 10\log_{10}\left|4\times 10^7 \times \frac{v_r - 0.3\times v_p}{D^3}\right| \tag{10.16}$$

(6) RF（Risk Feeling），这个指标是 TTC 和 THW 的倒数的线性和[25]。

$$\text{RF} = \frac{5}{\text{TTC}} + \frac{1}{\text{THW}} \tag{10.17}$$

(7) MTC（Margin to Collision），这个指标利用"前车制动距离+车间距离"与本车制动距离的比值来评价本车与前车同时急减速（0.7 G）时碰撞的可能性[28]。

$$\text{MTC} = \frac{D + \dfrac{v_p^2}{19.6\times \mu}}{\dfrac{v_h^2}{19.6\times \mu}} \tag{10.18}$$

式中，μ 为附着系数，干燥路面，$\mu = 0.7$；潮湿路面，$\mu = 0.5$。

前车减速、本车加速、长时间近距跟车都是与前车发生碰撞的危险因素，做避撞判断的时候应同时考虑。但是，上述 7 个指标对各种不同工况的敏感程度是不一样的。例如，根据日常经验，当本车与前车之间相对速度为 0 但是跟车距离非常近的时候，会隐藏着相当大的碰撞危险。如果两车的绝对速度很高，一旦前车急减速，过短的车间距离使后车无法及时采用制动措施，就会发生碰撞。此时已经很危险，但是 TTC 的计算指标却是无穷大，即意味着现在很安全，这显然是一种非常严重的误判。

文献[24]对前车慢速、本车高速、等速近距三种工况进行了建模分析，发现 7 个判据在不同工况下表现出了不同的工况敏感度。

当前后车速一致时，THW、KdB_c、RF 和 MTC 能够发挥作用，TTC、KdB 和 TTC^{-1}

(=0)失效。从计算公式可以看出，TTC、TTC^{-1}、KdB 都需要测量车辆之间的相对运动，当相对速度为 0 时，就无法对碰撞危险做出判断。THW、KdB_c、RF、MTC 的计算公式中包含了本车速度信息，即使当相对速度为 0 的时候，仍然可以根据本车速度的高低合理评价潜在的碰撞危险。

人在驾驶的时候，会利用周边的信息，如车外的标示等推测出自车的位置、车速等，以对行驶的方向进行预知。同样，司机在加速行驶的时候，也是建立在一定的预知条件上的。由于存在这个预知作用，所以主动接近前车的危险感觉与前车减速时被前车被动迫近的危险感觉是不一样的。上述 7 个判据都能评价本车接近前车时的危险程度，当进一步比较在不同跟车速度下不同的主动危险感觉差异时，TTC 受影响最大，KdB_c 所受影响最小。TTC、TTC^{-1}、KdB 表达式里包含了车辆相对关系信息，随着本车速度的提高，能够更好地评价出本车速度增加所导致的主动危险感觉的上升。

前车慢速行驶、本车高速行驶时，所有 7 个判据都能给出正确判断，但是如果当前车在低速行驶又同时进行制动时，只有 TTC、TTC^{-1}、KdB、RF、MTC 能评价出不同制动减速度所带来的不同的危险等级。

综合对比结果如表 10.3 所示。

表 10.3 各危险评价指标的评价结果

危险评价指标	相对速度为 0（潜在危险）	本车加速（主观危险感觉）	前车减速（明显危险）
THW	○	○	×
TTC	×	○	○
TTC^{-1}	×	○	○
KdB	×	○	○
KdB_c	○	×	×
RF	○	○	○
MTC	○	○	○

表 10.3 显示，RF 和 MTC 既可以评价潜在危险，也可以评价车速变化（本车和前车）带来的"明显危险"和驾驶员的"主观危险感觉"。TTC 无法对潜在危险进行评价，但 TTC 对变速带来的"明显危险"和驾驶员的"主观危险感觉"比较敏感。

碰撞危险判据对不同工况的敏感侧重现象表明，只有对多元信息进行融合判断才能正确评价危险等级，因此目前还没有任何一个单一判据能满足所有工况要求，即雷达、摄像等环境传感信息的融合显得越来越重要。

3）轨迹规划与轨迹跟踪

驾驶辅助系统对车辆的干预包括纵向控制和横向控制，纵向控制是指按照原有的直线轨迹只做加速、减速或制动，横向干预的动作有跟线行驶、换线、超车、障碍物

汽车碰撞安全工程

规避等。进行车辆横向运动干预时，随后的轨迹不再是直线，需要介入对方向盘的控制，可能的轨迹是一簇曲线，挑选其中最适合的未来轨迹就是轨迹规划。美国国防部组织的 DARPA 自动驾驶挑战赛活动对轨迹规划理论的成熟度起到了决定性的推动作用[82]~[88]。

在作高速公路上驾驶时，车辆行为是由一些基本的操作组合而成的，这些操作包括跟线行驶、换线行驶、超车、遇障碍换线、换线后遇障碍，等等，每个操作又可以看成是跟线行驶和换线这两个基本动作的组合。换线行驶控制是辅助驾驶的"基本功"，因此可以结合换线工况观察轨迹规划过程。

典型的换道轨迹见图10.7。在车辆稳定性允许的范围内，如图10.8所示，车辆换到左车道可能采取的最快捷路线为 a 路径，但是出于舒适性考虑，实际操作要比曲线 a 更加舒缓。当换道操作过于缓慢时，本车又可能与这两个车道上正常行驶的车辆发生冲突，影响交通效率。出于这方面的考虑，换道操作的轨迹最好不慢于轨迹曲线 b。曲线 a 和 b 之间就是换道轨迹的可选范围，轨迹规划就是根据具体交通状态来选择最佳轨迹。

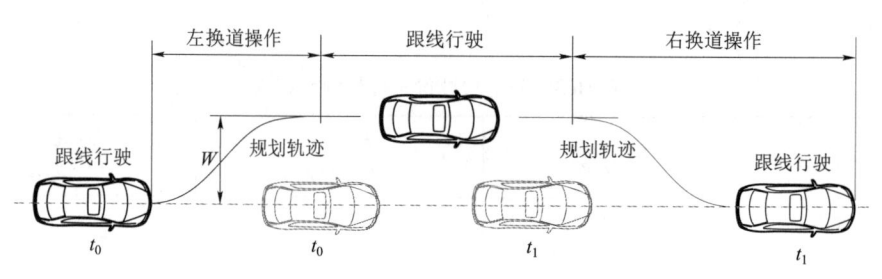

图 10.7　换道轨迹规划

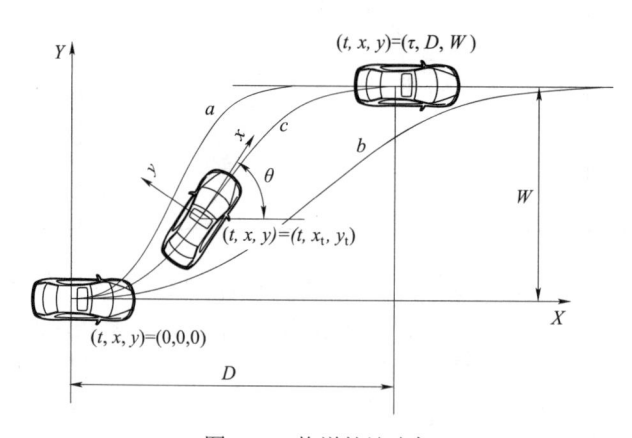

图 10.8　换道轨迹坐标

图 10.8 的换道轨迹中的路径曲线 c 可用多项式描述：

$$\begin{cases} x(t) = A_3 t^3 + A_2 t^2 + A_1 t + A_0 \\ y(t) = B_3 t^3 + B_2 t^2 + B_1 t + B_0 \end{cases} \quad (10.19)$$

假设换道前后的直线行驶速度都是 u，则开始和结束的边界条件为

$$x(0) = 0, x(\tau) = D, \dot{x}(0) = u, \dot{x}(\tau) = u$$
$$y(0) = 0, y(\tau) = W, \dot{y}(0) = 0, \dot{y}(\tau) = 0 \tag{10.20}$$

因此路径方程可表示为

$$\begin{cases} x(t) = 2(u\tau - D)\left(\dfrac{t}{\tau}\right)^3 - 3(u\tau - D)\left(\dfrac{t}{\tau}\right)^2 + ut \\ y(t) = -2W\left(\dfrac{t}{\tau}\right)^3 + 3W\left(\dfrac{t}{\tau}\right)^2 \end{cases} \tag{10.21}$$

当强调快捷性时，t 为最小值，路径选择为 a 曲线；当强调舒适性时，车辆的综合加速度为最小值，路径选择为 b 曲线。路径规划要在舒适性与快捷性之间进行择优权衡，为此文献 [29]、[80] 构造了一个成本函数 J：

$$J = w_1 a^2 + w_2 \tau^2 \tag{10.22}$$

式中，w_1 和 w_2 为加权系数；a 为换道过程中的最大综合加速度：

$$a = \max(\sqrt{\ddot{x}^2 + \ddot{y}^2})\big|_{t=0 \sim \tau} \tag{10.23}$$

根据式（10.21）～式（10.23），路径规划的目的是使成本函数为最小：

$$J_{\min} = \min\left[w_1 a^2 + w_2\left(\dfrac{3W^3 a}{u^4} + 4.8\sqrt{3}\dfrac{3W^2}{u^2} + 2.4^2 \dfrac{w}{a}\right)\right] \tag{10.24}$$

求解上式，可得到加速度与时间的最优解：

$$a^* = \left(\dfrac{5.76 w_2 W}{2 w_1}\right)^{1/3} \tag{10.25}$$

$$\tau^* = \sqrt{3}\dfrac{w^{3/2}}{u^2}\left(\dfrac{5.76 w_2 W}{2 w_1}\right)^{1/6} + 2.4\sqrt{W}\left(\dfrac{5.76 w_2 W}{2 w_1}\right)^{-1/6} \tag{10.26}$$

式（10.21）可表达为

$$\begin{cases} x(t) = 2\sqrt{3}\dfrac{w^{3/2}\sqrt{a^*}}{u^2}\left(\dfrac{t}{\tau^*}\right)^3 - 3\sqrt{3}\dfrac{w^{3/2}\sqrt{a^*}}{u^2}\left(\dfrac{t}{\tau}\right)^2 ut \\ y(t) = -2W\left(\dfrac{t}{\tau^*}\right)^3 + 3W\left(\dfrac{t}{\tau^2}\right)^2 \end{cases} \tag{10.27}$$

上述轨迹没有考虑到车辆的动态响应和环境因素。在考虑车辆动态响应范围的基础上，文献 [29] 制定了方向盘转角控制的优化策略和路径预测方法。图 10.8 中，X 轴与车道中线平行，与前进方向之间的夹角为 θ。车载本地坐标为 x-y。在已知车速和横摆率的情况下，暂短时间 τ_1 后的车辆运动可预测为

$$\begin{aligned} x_1 &= u\tau_1 \cos\theta - R_s[1 - \cos(r_s\tau_1)]\sin\theta \\ y_1 &= u\tau_1 \sin\theta - \mathrm{sgn}(\delta)R_s[1 - \cos(r_s\tau_1)]\cos\theta \\ \theta_1 &= \theta + r_s\tau_1 \end{aligned} \tag{10.28}$$

式中，θ 为当前车辆偏角；r_s 为稳态横摆角速度。

车辆从 (x_1, y_1) 点行驶到 (D, W) 位置的过程中，沿车道线轴 X 方向的行驶距离 $D(t)$ 为

$$D(t) = \frac{W(t) - y_1}{\tan(\theta + r_s \tau_1)} + x_1$$

$$\approx \frac{w(t) - u\tau_1 \sin\theta - \dfrac{u\tau_1^2 \delta}{2L(1+Ku^2)}\cos\theta}{\theta + \dfrac{u\tau_1 \delta}{L(1+Ku^2)} + \dfrac{\left(\theta + \dfrac{u\tau_1 \delta}{L(1+Ku^2)}\right)}{3}} \qquad (10.29)$$

式中，δ 为转向角；L 为轴距。

K 由下式表达为

$$K = \frac{m}{L^2}\left(\frac{a}{K_{yr}} - \frac{b}{K_{yf}}\right) \qquad (10.30)$$

式中，m 为质量；K_{yr}，K_{yf} 为前轴和后轴的转向刚度系数。

用式（10.29）可以得到沿 X 轴行驶距离 $D(t)$ 所需要的时间，从而得到转向角 δ 与行驶时间之间的关系：

$$\tau(\delta) \approx \frac{\dfrac{w(t)}{u} - \tau_1 \sin\theta - \dfrac{\tau_1^2 \delta}{2L(1+Ku^2)}\cos\theta}{\theta + \dfrac{u\tau_1 \delta}{L(1+Ku^2)} + \dfrac{\left(\theta + \dfrac{u\tau_1 \delta}{L(1+Ku^2)}\right)^3}{3}} \qquad (10.31)$$

同时注意横向加速度与转向角之间的下述关系：

$$a_y(\delta) = \frac{u^2}{L}\delta \qquad (10.32)$$

与式（10.22）类似，可以构造出成本函数对转向角进行优化：

$$\min(J) = \min\left|w_1 a_y^2(\delta) + w_2 \tau^2(\delta)\right| \qquad (10.33)$$

用上式对 a_y 和 τ 分别微分可以求得在不同权重原则下的任意时刻的最佳转向角。

继续考虑以下动力学边界条件：

$$a_{y\max} = \mu g \qquad (10.34)$$

式中，μ 是路面摩擦系数，g 是重力加速度。

$$|r_{s\max}| = \frac{\mu g}{u} \qquad (10.35)$$

在稳态转向下，转向半径约为

$$R_s = \left|\frac{u}{r_s}\right| = \left|\frac{L(1+Ku^2)}{\delta}\right| \qquad (10.36)$$

在任意时间点 t 的车辆运动参数为

$$\begin{cases} x(t) = \dfrac{L(1+Ku^2)}{\delta} \sin\left[\dfrac{u}{L(1+Ku^2)} \cdot \delta t\right] \\ y(t) = \dfrac{L(1+Ku^2)}{\delta} \left\{1 - \cos\left[\dfrac{u}{L(1+Ku^2)} \cdot \delta t\right]\right\} \\ \theta(t) = r_s t \end{cases} \quad (10.37)$$

将转向角度和转向速度的极限考虑在内：

$$\delta_{\min} \leqslant \delta \leqslant \delta_{\max}, \ \dot{\delta}_{\min} \leqslant \dot{\delta} \leqslant \dot{\delta}_{\max} \quad (10.38)$$

就可以得到轨迹预测，将预测轨迹沿途的障碍物纳入判断，就可以得到路径规划。

上述规划过程是依靠车载传感器进行的驾驶辅助判断过程，在实现互联的情况下，外部障碍信息、本车的精准位置、运动历史、路径规划结果等大量信息都会在临近车辆之间共享，会使路径规划变得更加简单。

10.3　自动驾驶汽车发展趋势

驾驶辅助的趋势是车越来越复杂，每辆车都是一个自我决断中心，其越来越像一个完整的生物体，具备全套的感知、决策与执行能力（见图10.9）。与驾驶辅助系统不同，自动驾驶车辆所能带来的安全、节能、减排、高效方面的社会效益只有通过协同驾驶才能实现，例如，只有密集编队形式才能降低油耗和提高公路利用效率，只有通过车—车通信才能建立无红绿灯路口，等等。因此，"协同"是自动汽车时代的核心技术关键词。从理论上看，越复杂的单体协调起来就越困难；从自然界也可以看出，低等动物的协调动作能力更加出色，如蜜蜂、蚂蚁、鱼类。

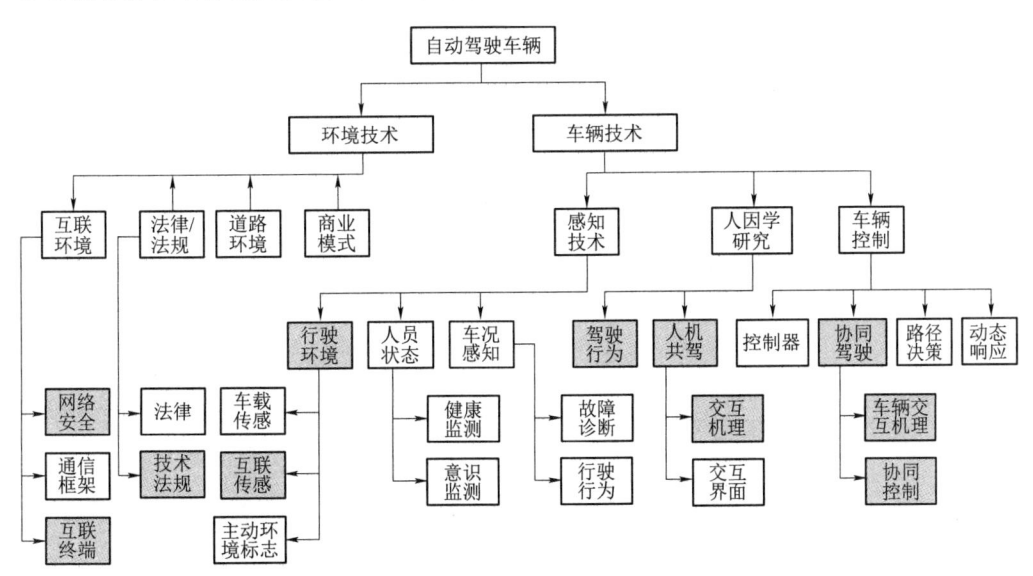

图 10.9　智能车的基本构成

有些海里的小体型鱼种，为了提高捕食效率、规避被捕食风险，经常在白天采用同步式游进方式（见图 10.10），鱼群可以整体在瞬间同步改变队形和游进方向，其中以鲱鱼为最快。描述其中个体行为的模型主要有距离关系模型和拓扑关系模型两种[30],[31]（见图 10.11），个体行动遵守以下行为准则：

图 10.10　海鱼同步群游

（图片来源：http://(reativecommons.org)）

（1）临近个体同向移动准则；
（2）与临近个体之间的距离控制准则；
（3）与临近个体之间的避撞准则。

这两个模型只能粗略描述群体，而不能解释群体协调动作的控制机理。据推测，生物之间传感主要靠光学、声学和信息激素类传感器。

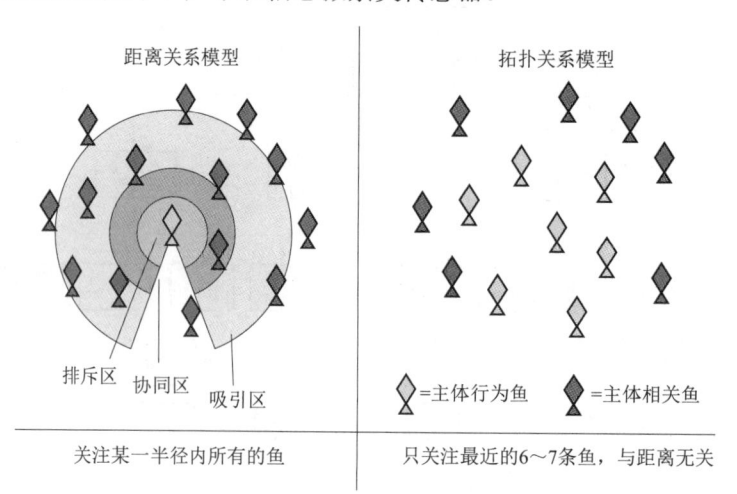

图 10.11　两种同步行为模型[30],[31]

（图片来源：https://en.wikipedia.org/wikj/shoaling_and_schooling）

细胞与鱼、蜜蜂、蚂蚁相比，其生命形式更加简单，本身没有决断能力，几乎没有任何功能，但是细胞可以自发地组织成有机体，因此在自我组织和自主装配方面的能力更加高超。自主装配是指低能的单体可以自发组成远高于自身功能的集合体，例如细胞可以组成蚂蚁，蚂蚁可以组成过水的"蚂蚁桥"。可以发现，细胞具有以下协同特征：

（1）单体细胞的自我组织和自主装配能力；
（2）集合体对单体细胞具有容错能力；
（3）单体细胞具有自我修复能力；
（4）组装规模具有可扩展能力。

通过模仿动物在微观（细胞自组装）和宏观（鱼群、鸟群）的集群行为，"群机器人"学科专门研究智能机器的集群行为。2014年，哈佛大学Kilobot小组的成果被评论为是一个群机器人研究的里程碑[32]。Kilobot是上千个硬币大小的简单小机器人的集群，可以按照人工的初始指令自主协同完成组型、均布、群体移动等任务。自主协同的含义是机器人群不通过任何中央智能系统的引导，没有统一的领导，只接受初始命令，在过程中必须像蜜蜂和蚂蚁一样自主协作。Kilobot对单元机器人做出了很多限制，其中包括最简化限制：单元不对整体任务负责，只负责自己的动作执行，就像一个生物细胞，只对自己在微环境下的行为负责，简单的运算能力只完成简单的任务：相对于邻居单元，应当站在什么位置。这种最简化的小机器人成本只有14美元，只配一个仅能与周边几个单元进行通信的红外传感器，计算自己与邻近同伴间的距离。同时，从群体效应上来看，要求群机器人具有可扩展性，也就是说将机器人总数减少到500或增加到2 000以后，机器人群都依然能完成同样的任务。可扩展性要求每个单元都具有同样的模块化接口设置。

当4级自动化汽车分布到全社会以后，群体无人驾驶车辆的行为与上述Kilobot群体机器人很类似。驾驶辅助功能的感知系统只依靠车载传感系统规避障碍，而自动驾驶汽车却要靠通信连接形成协同操作。与辅助驾驶相比，协同驾驶可以将安全与可靠级别提高到另一个等级。协同驾驶行为与海里的鱼群协游类似，甚至于应当与细胞行为更接近。3级自动化是以车辆自决判断和车辆中央任务控制为特征，机器的复杂程度在无人自动驾驶的演变过程中将达到最高峰。相比之下，4级自动化汽车则应当朝着简单单元、集群行为化发展。每辆自动化汽车将成为一个整体集群的单元，集群具有容错能力和可扩展能力，同时单元具有自我修复能力。

与Kilobot项目类似，如果把4级自动化汽车设计成一个机器人集群里的单元，为了满足自组织、自组装、自我修复、集群容错等要求，车辆应该具备以下基本功能与特征：

（1）理解所有临近相关车辆的运动方向；
（2）理解所有临近车辆与自己之间的距离；
（3）根据车辆动力学行为制订避撞计划；
（4）根据其他车辆的运动方向、位置和避撞准则制订自己的路径规划；

（5）集群控制的可扩展性；

（6）每辆车的控制模式都是标准一致化的。

图 10.11 中的距离关系模型和拓扑关系模型都可以用来描述自动车辆集群行为。无论采用哪种模型，如果仍然沿用现在的车载传感技术，要想实时监测周边车辆的相对位置和相对速度，就需要在车体周边上安装众多数量的探测传感器，无论从成本、重量、可靠性上都会带来负面影响。和鱼群同步群游一样，未来自动驾驶的环境感知关键技术是精准定位和通信。

精准定位技术就是要求在全球坐标系里标定出每一个车辆的动态三维坐标。当每辆车实时测量的坐标精度都达到分米级以内，并同时告知其他车辆时，就可以应用到集群运动的协同和避撞控制里了。有了临近车辆的精准坐标历史，我们就可以很容易推断出邻车和主车之间的相对位置关系、相对速度关系、邻车下一刻的运动方向等运动学信息。

依靠目前的卫星定位（GPS 系统、北斗系统、Galileo 系统、GLONASS 系统），实时精度（±15～30 m）还达不到避撞控制应用的要求，如果要求将定位精度提高到亚分米级别，则要依靠载波相位差分技术（RTK，Real Time Kinematic）或者 WADGPS（广域差分全球定位）等技术，在地面增设补偿基站。在避撞安全的应用中，必须考虑车辆高速运动给定位信息带来的滞后误差。以 100 km/h（28 m/s）速度行驶的车辆，如果以 100 Hz 的频率接受卫星定位的信号，每次接受信号期间车辆已经又移动了 2.8 m，在此期间的中间值一定要用其他的装置来补偿，最常用的技术是惯性导航单元（IMU）。可以看到，为了得到实时的车辆精准定位信息，必须依赖于 RTK 的民用化普及和激光惯导 IMU 单元的小型轻量化、低成本化发展。

如果高精卫星定位设备不能得到及时普及，依靠环境景象分析的高精定位系统也是很有希望的未来技术[74]。景象定位基本原理和人的视觉定位过程非常相似：当你看到了一个熟悉的环境镜像，你就知道自己处在什么方位。在行进过程中，车载摄像头会不断摄取街景，每拍摄一张街景照片的时候也会同时得到一个此刻的普通精度卫星定位信息，然后把这个图像和相应卫星定位数据成对地发送给图像定位系统的中央服务器。其他路过此点的车辆也会给服务器发送同类数据，但是由于卫星定位数据的误差，故与此点照片对应的定位坐标数据是离散的。当关于此点的数据量达到一定数量以后，离散的坐标数据就会收敛到一个分布中心，这就是与此位置相对应的精确坐标值，而且其精确度会随数据量的增加而不断提高。最后，当再拍摄到这张景象时，只要发送给中心服务器，服务器就会给车辆反馈一个精准的定位坐标信息（见图 10.12），当数据积累到一定阶段后，设置不再需要卫星的支持就可以定位，这就和我们人类的视觉定位过程是一样的了。无论是依靠卫星定位还是视觉定位，作为与用户之间的应用界面，高精度地图总是必不可少的[79]。

从图 10.12 可以看到，通信与定位技术一样重要。通信对象包括车—车、车—驾驶员、车—行人/自行车/摩托车、车—中央服务器，等等。如何搭建高速、安全、稳定的通信系统是协同自动驾驶的基础。

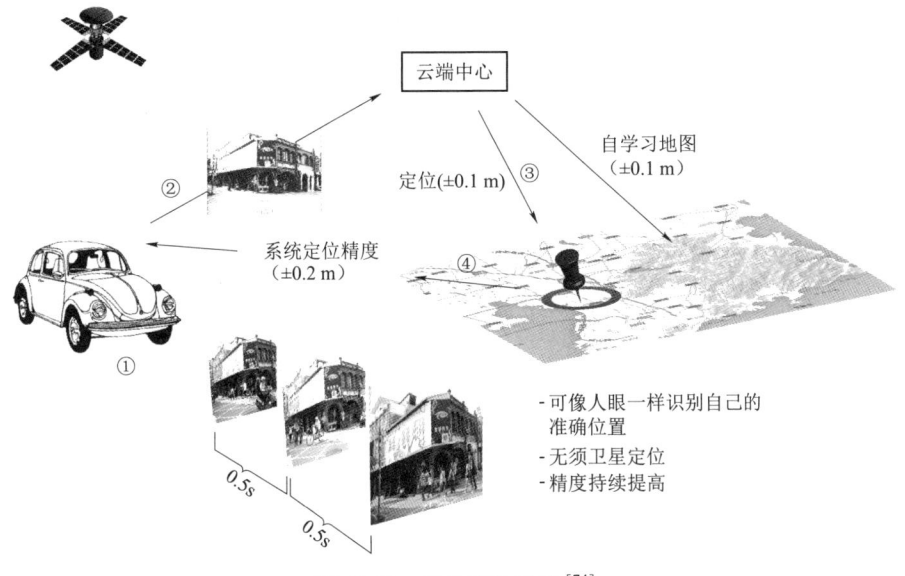

图 10.12　视觉定位系统[74]

自动化车辆的运行环境和对车辆感知、决策和执行等环节的要求见图 10.13。综上所述，环境感知和通信是 4 级自动化集群控制的技术关键。环境感知研究需要解决三方面的问题：

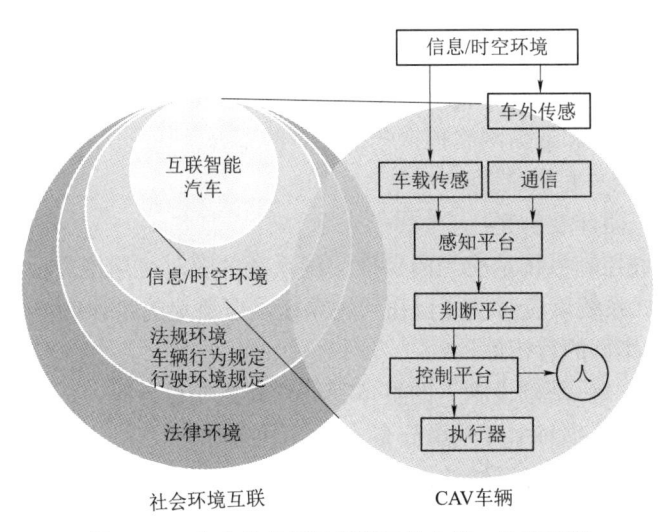

图 10.13　自动化车辆运行所需的内部、外部环境

（1）人员状态在线监测：通过多元信息综合传感（车载传感、穿戴电子传感），依靠机器学习等理论综合分析，对人员的疲劳、健康、注意力、能力进行全时在线监测，并与自动驾驶控制系统进行实时通信。

（2）车辆状态与故障在线监测：通过多元信息综合传感，依靠机器学习等理论进行综合分析，对车辆的机械故障、电子故障、安全隐患、行驶状态进行实时监测和模式识别，监测结果可实时发送给自动技术决策系统及车辆厂后台服务中心。

（3）精准车辆环境感知：利用卫星定位、视觉定位和高精地图进行三维亚分米级的高精定位技术；主动式移动障碍射频信标定位、地面设施信标引导技术；利用 V2X 通信对车载传感、信标传感、精准定位传感进行多元信息综合，为路面移动障碍避撞/车线识别/路口避撞/自动驾驶提供"互联式环境感知网络"支持。

10.4　智能驾驶技术未来发展的挑战

自动驾驶车辆的系统技术构成见图 10.9，主要涉及以下十个方面的技术问题有待解决。

1) 协同驾驶和密集编队技术[33]~[42],[51],[56],[92]

（1）开发集群密集行驶行为的模拟工具，建立自动驾驶车辆集群行为模型，进行安全、节能与环保宏观后果分析。

① 对"各种密集度+各级自动化市场占有率组合"宏观效果的分析。

② 定义什么是集群行驶的最大威胁。（在车辆单元失效等紧急情况下如何处理？整队换线对其他交通有何影响？）

③ 如何应对气候突变、道路等级变化和城市流量增加？

④ 怎样防止扰动周围的交通？

⑤ 集群（编队）成形与队形解散的协议制定及网络标准基础确定。

（2）不同人/车辆特性差异对协同驾驶的影响机理分析。

① 不同动力、外形尺寸和制动效果车辆之间如何进行互相协调？

② 交通模拟分析和通信网络模拟分析工具的整合。

2) 计算机安全与冗余[44]~[47],[54]

需要在以下方面开展研究：

（1）智能驾驶控制系统是应当向保证关键系统的随时可用性方面设计，还是应当设计成集群容错式系统以应对单体自动驾驶系统不可避免的错误？

① 怎样定义集群的容错性？

② 在设计"车辆+基础设施"的整体智能驾驶系统设计时，应当采用中央集中控制还是应当像 Kilobot 项目那样采用分布式自组织控制？

（2）强调私人权利、可靠性的同时，如何维护"计算机安全性"和"计算机容错性"？

① 如何调和公共机构与私人机构在计算机安全要求上不同的利益观点？

② 自动驾驶车辆运行需要的真正数据有哪些？其最简化的形式是什么？用什么形式提供？

（3）如何开发信息安全保护框架。

① 研究计算机安全黑客攻击模拟和评价方法。

② 对信息接入点（如 USB、以太网、DVD、CAN、Wi-Fi、蓝牙、DSRC、ZigBee、ANT+、3G/4G 等）进行安全隐患与漏洞模式定义。

③ 针对危害模式，开发数据安全防护构架，进行关口设计布局（如"汽车嵌入式防火墙""数据加密""用户身份认证"，不安全信道的通信密钥约定）。

④ 将"数据安全防护构架"部署到关键的车载互联单元和通信网络单元。

⑤ 制定信息安全构架设计规范与信息安全测评标准。

3）数据拥有、获取、保护与利用

必须回答以下与数据利用相关的问题：

（1）数据是否可以提供二次利用？哪些数据允许二次利用？是否允许对收集到的海量数据进行发掘？

（2）谁来掌管数据？数据的保密性如何保证？

（3）车主获取车辆数据时有什么法定权利？

（4）制定数据发掘的准则，其应覆盖以下准则：

① 尊重隐私与个人；

② 权利准则；

③ 信息目的准则；

④ 信息获取准则；

⑤ 告知准则；

⑥ 信息公平准则；

⑦ 信息保护与保留准则；

⑧ 公开准则；

⑨ 参与准则；

⑩ 责任准则。

4）能源与环境的冲击与影响[48]~[50],[52],[53]

需要开展对以下问题的研究：

（1）自动驾驶车辆对能源与环境产生影响的途径分析。

① 如何评价净影响效应（如密度增大以后引起的总排放量增加）？

② 怎样制定政策鼓励自动驾驶技术朝着有利于能源环境的方向发展，同时抑制其负面效应？

（2）分析如何改变现有的车辆财产拥有、价格与车辆设计格局。

① 评估对降低基础设施的成本投入和降低替代能源（如电或氢）产品初始成本所带来帮助。

② 分析协同驾驶环境下车辆加速与减速放缓而产生的道路二次容量问题。

③ 分析各级自动化混杂交通环境下由于密度增加而引起的总体排放量增加的可能性。

④ 识别互联智能驾驶呈正面/负面冲击的系统化效应，同时评估这种冲击的幅度、时间、可能性。

5）人因学与人机交互行为 [55],[57],[72],[73],[89],[90],[93],[95]

以下问题仍然需要进一步研究：

（1）驾驶员对自动机器正确的信任度是指什么？（驾驶员给智能机器过高的信任，或者过分怀疑，二者的影响都是负面的）。

① 如何避免驾驶员对自动驾驶系统的过分依赖？

② 怎样理解互联智能驾驶的隐含危机："自动驾驶使一般性任务变得简单，但使复杂任务变得更复杂"。

（2）在3级自动化车辆中，驾驶员的角色从操作者转变成为监控者，带来的问题是：

① 疲劳状态检测是否变得更为重要？

② 自动系统失效以后怎样将系统移交给驾驶员，尤其是在驾驶员精力不集中的情况下？

③ 怎样检测驾驶员的状态？必须了解哪些驾驶员状态的基本信息？如何让驾驶员重新介入人工驾驶？最安全的方式是什么？

④ 自动驾驶的个性化设置应当设计成什么程度？自动系统是否应该有个性化设置？个人驾驶习惯和安全性哪个更优先？驾驶员个性对自动系统如何产生影响？

⑤ 如何定义驾驶员从自动系统重新接收驾驶权所需的最短时间？

⑥ 自动驾驶系统的误用形式有哪些？

（3）如何从自动驾驶功能故障中恢复？

① 驾驶员需要什么信息才能将自动驾驶仪从故障中快速恢复出来？

② 在什么时机用什么方式给驾驶员提供驾驶环境信息，以便把驾驶员的注意力和意识重新引导到路面环境上？

（4）自动驾驶系统故障的严重程度对驾驶员重获车辆控制的影响。

① 车辆退出自动驾驶模式以后，驾驶员要花多长时间恢复对车辆/环境的了解和掌控？

② 恢复人工控制以后驾驶员操作能力衰退的评估。

（5）驾驶员—车辆界面设计。

① 自动系统如何给驾驶员提供适度反馈？

② 如何整合自动系统失效、碰撞预警、其他在线车辆报警等信息同时又不至于引起信息超量？

③ 控制权移交警报如何与临撞报警相区别？

6）基础设施与运行 [58]~[66],[55],[91],[94]

（1）基础设施如何适应自动驾驶程度的提高和自动程度比例的变化？

① 应当优先考虑哪种自动级别车辆的应用？

② 怎样用基础设施支持各级自动化的普及过渡？

③ 各个级别自动驾驶的大规模部署时间预期是什么？对基础设施建设意味着什么？

④ 高速公路如何制定战略,以支撑早期的自动车辆导入,例如,如何设计受控专线和主动交通控制?

⑤ 自动驾驶专有路线上的自动车辆是否会导致更复杂的交通环境?

(2) 基础设施如何适应与支持自动车辆的集群运行?

① 对城市、高速和乡村公路各有什么特殊的要求?

② 基础设施是否必须有特殊路线标志、传感器、友好标志、数字地图、环境传感器、卫星高精定位地面站的支持?

③ 交通控制信息(信号、标志、路面标志)在自动车辆群控里扮演什么角色?

④ 通信设施和交通控制中心的角色定位:应当采用分布式自组织模式还是中央集控模式?

⑤ 在公路环境里非机动交通者如何与自动车辆交互,是否有必要为互联智能驾驶单独隔离出一条高性能车道?如果需要,如何设计和管理这些交互行为(进入方式、道路隔离方式、驾驶员信息)?

⑥ 隔离线或采取其他方式的基础设施的措施是否会影响非自动车辆用户的接受度?

⑦ 需要结合不同级别自动车辆以及不同的市场占有率,评估自动驾驶专道的效应。

⑧ 理解自动驾驶系统的基本需求、性能极限、特征优势,指导高速公路十年以后的建设规范。

⑨ 对现有的高速公路规划假设与输入进行重新评估。

(3) 运行经济与效益分析。

什么是基础设施营运者最佳的盈利点?

① 自动化过渡阶段对运输效率会有什么影响?尤其是,要过多久才能发挥互联智能驾驶的正面作用?

② 基础设施发展与自动驾驶技术发展的交互商业模式,是由市场引导还是由公众利益主导?

③ 如何开发新的分析(虚拟建模)与试验(特殊试验台)工具支持互联智能驾驶与环境互动研究?

7) 可靠性、运行风险与保险[67]

目前还没有确定答案的问题包括:

(1) 法律责任分配、责任类别如何考虑各个阶段自动化程度的车辆特性?

① 驾驶员对自动车辆的干预程度、控制移交之前的交互行为、驾驶员对自动机器性能的可设置范围等因素。

② 汽车行业已经准备好在十年之内接受全自动驾驶,如何对车辆行为、路面设施制定一致性框架法律,以避免互联智能驾驶时代开端的混乱,避免为适应非统一性法律框架而带来的系统开发成本增加?

(2) 哪方面的风险可能阻碍自动驾驶技术的继续发展?

(3) 设计者如何证明自动驾驶系统在可预见范围内是安全的?

① 怎样证明系统是低风险设计？
②"合理的安全"指的是哪种程度的安全？
③ 自动车辆是否应当具有比"正常人"更高的要求？
（4）未来自动车辆的拥有权可能从个人转移到车厂或第三方，保险业怎样继续维持营业？
① 在新环境下保险业怎样量化风险？
② 会诞生新的保险模式吗？
③ 新型保险模式需要提供多少信息？怎样获取这些信息？
8）机动与交通分享[65], [66]

（1）自动驾驶技术对土地空间利用管理及自主泊车对道路设计和停车空间设计的影响。
① 评价各种自动驾驶共享出行模式带来的社会效应。
② 研究如何综合利用现有三类评价指标：
a. 私人机动性能（行驶里程、行驶时间、旅行时间、道路服务水平）；
b. 公交性能（乘坐人数、每人每英里费用、容量利用率、服务速度）；
c. 出租系统评价指标与其他个人快捷交通系统的评价指标。
（2）需要研究在中国的经济运行模式下，自动驾驶对财产拥有模式、商业运行模式、车辆使用模式都有哪些影响。

需要建模分析新兴的自动驾驶运用/拥有模式会给中国社会带来哪些微观经济和宏观经济冲击，以便为政府制定互联智能驾驶国家战略提供科学论据。

9）试验、认证与牌照[37], [68]~[71], [81]

（1）制定验证方式。
① 怎样使用实验室、场地试验、模拟试验、道路试验对自动驾驶车辆进行安全风险与可靠性验证？
② 支持自动驾驶认证都需要哪些试验？如果全面执行遍历性检验，是否过于耗费资源？在进行公共路面试验之前，需要做多少及哪些种类的场地试验？
（2）除了法规要求，开发者如何在试验中规避风险？
① 如何避免负面报道？
② 自动驾驶系统需要什么形式的认证，怎样、由谁来认证（自我认证，还是第三方认证）？
③ 如何对部件、子系统、系统、整车、地面设施、终端（车载/地面）进行综合验证？
④ 系统供应商需要为认证提供哪些详细的说明？
⑤ 驾驶的性能期望是否应当比人类驾驶员更高？为自动车辆颁发许可证书时，是否应当将其设置在与人同等的能力水平上？
10）通信系统与构架

通信系统包括了车辆与任何种类终端之间的通信，比如车—车通信、驾驶员—车通信、车—行人/自行车/摩托车之通信、车—地面设施通信等。需要探讨的问题如下：

（1）虚拟分析模型如何反映自动驾驶占有率和通信装备密度？

（2）为了形成集群驾驶能力，自动车辆的通信应当具备哪些最基本的功能？应当为自动车辆提供哪些最基本的信息？信息的质量标准是什么（安全性、速度、稳健性）？

（3）集群驾驶中的单元车辆对环境感知的渠道与现在高端的驾驶辅助环境感知方式有什么不同？如何通过通信网络传输环境感知信号，以降低传感器成本、拓宽感知范围和进度？

（4）现有的通信构架技术里哪个比较适合于支持自动驾驶通信？根据应用目的、使用费用，怎样对目前已有的通信技术（车辆专用短距通信协议 DSRC、蜂窝技术等）进行动态选择？在满足数据质量、通过量和通信速度的前提下，什么是网络选择的其他驱动力？

参考文献

[1] Manyika J, Chui M, Bughin J, et al. Disruptive technologies: Advances that will transform life, business, and the global economy [M]. San Francisco, CA: McKinsey Global Institute, 2013.

[2] Fagnant D, Kockelman K. Preparing a Nation for Autonomous Vehicles: Opportunities, Barriers and Policy Recommendations [J]. Eno Center for Transportation. October, 2013.

[3] Frost & Sullivan, Intelligent Mobility, 13 Apr. 2015, http://ww2.frost.com/files/9314/2730/9525.

[4] Silberg G, Wallace R, Matuszak G, et al. Self-driving cars: The next revolution [J]. White paper, KPMG LLP & Center of Automotive Research, 2012. http://www.cargroup.org/ assets/files/self_driving_cars.pdf.

[5] Accenture Technology Vision 2014: From Digitally Disrupted to Digital Disrupter, http://www.accenture.com/sitecollectiondocuments.

[6] Accenture, A New Era For the Automotive Industry: How Cloud Computing Will Enable Automotive Companies to Change the Game, 2014, http://www.accenture.com/sitecollectiondocuments.

[7] KPMG, Deploying Autonomous Vehicles, Self-driving Cars: Are We Ready? http://www.kpmg.com/US/en/IssuesAndInsights/ArticlesPublications/Documents/self-driving-cars-are-we-ready.pdf.

[8] Morgan Stanley Blue Paper: Self-Driving the New Auto Industry Paradigm, Nov. 2013, http://www.morganstanley.com/articles/autonomous-cars-the-future-is-now/index.html.

[9] RAND, Autonomous Vehicle Technology: A Guide for Policymakers, http://www.rand.org/pubs/research_reports/RR443-1.html.

[10] Strategy Analytics, Automotive Advanced Driver Assistance Systems Challenges & Opportunities, http://www.strategyanalytics.com.

[11] Yasuhiro Okumura, ITS Policy and Program Office, Automated Driving Activities in Japan, TRB Workshop on RVA, 2013, http://2013.vehicleautomation.org/materials.

[12] Paul S. Rau, US DOT, Safety Through Automation Program, TRB Workshop on RVA, 2013, http://2013.vehicleautomation.org/materials.

[13] Juhani Jaaskelainen, European Commission, Automated Driving from the European Perspective, TRB Workshop on Road Vehicle Automation, 2013, http://2013.vehicleautomation.org/ materials.

[14] Mike Schagrin, Developing a U.S. DOT Multimodal Program Plan for Vehicle Automation, TRB Workshop on Road Vehicle Automation, 2013, http://2013.vehicleautomation.org/ materials.

[15] Tientrakool P, Ho Y C, Maxemchuk N F. Highway capacity benefits from using vehicle-to-vehicle communication and sensors for collision avoidance [C]//Vehicular Technology Conference (VTC Fall), 2011 IEEE. IEEE, 2011: 1−5.

[16] Federal Highway Administration (2009a). Manual on Uniform Traffic Control Devices. U.S. Department of Transportation. Washington, D.C. http://mutcd.fhwa.dot.gov/.

[17] Federal Highway Administration (2013). Public Data for Highway Statistics. Office of Highway Policy Information. Washington, D.C.

[18] 党宏社，赵广社．汽车巡航控制用传感器进展[J]．传感器技术，2002，21（1）：1−3．

[19] Woll J D. VORAD collision warning radar [C]//Radar conference, 1995., Record of the IEEE 1995 International. IEEE, 1995: 369−372.

[20] 张景波．基于汽车防滑控制系统的自适应巡航控制系统的研究［D］．北京：北京理工大学博士学位论文，2004．

[21] 刘志峰，王建强，李克强．具有鲁棒特性的车载雷达有效目标确定方法［J］．清华大学学报：自然科学版，2008，48（5）：875−878．

[22] Lee C Y, Lee J J. Object recognition algorithm for adaptive cruise control of vehicles using laser scanning sensor [C]//Intelligent Transportation Systems, 2000. Proceedings. 2000 IEEE. IEEE, 2000: 305−310.

[23] 尚秉旭，朱明，刘斌，等．自适应巡航控制系统中主目标车辆的识别与跟踪［J］．汽车技术，2014（6）：52−56．

[24] 张惠，邱少波，李红建，等．前碰撞危险判定指标评价［C］．中国汽车工业学会安全年会．2011．

[25] Lee D N. A theory of visual control of braking based on information about time-to-collision [J]. Perception, 1976 (5): 437−59.

[26] 森田他. 運転支援システムのためのドライバのブレーキ操作タイミングに関する要因の解析［J］.計測自動制御学会論文集，2008，44（2）：199-208.

[27] 津留直彦. 前後方向の接近に伴う危険状態評価に関する研究（第5報）［J］. 自動車技術会学術講演会前刷集，2007，38（2）：25-30.

[28] Kitajima S, Kubo N, Arai T, et al. Representation of Danger of Rear-end Collision by Drive Video Recorders and Verification of Driver's Brake Operation [J]. JARI RESEARCH JOURNAL, 2007, 29 (3): 125.

[29] Zhang S, Deng W, Zhao Q, et al. Dynamic Trajectory Planning for Vehicle Autonomous Driving [C]Systems, Man, and Cybernetics (SMC), 2013 IEEE International Conference on. IEEE, 2013: 4161-4166.

[30] Reynolds, CW (1987). "Flocks, herds and schools: A distributed behavioral model". Computer Graphics 21 (4): 25-34. doi: 10.1145/37401.37406. ISBN 0897912276.

[31] Czirok, A;Ben-Jacob, E;Cohen, I;Shochet, O (1995) . "Novel type of phase transition in a system of self-driven particles". Physical Review Letters 75 (6): 1226–1229.

[32] http://www.eecs.harvard.edu/ssr/projects/progSA/kilobot.html.

[33] Chan E, Gilhead P, Jelínek P, et al. Cooperative control of SARTRE automated platoon vehicles [C]//19th ITS World Congress, Vienna, Austria. 2012: 22-26.

[34] Robinson T, Chan E, Coelingh E. Operating platoons on public motorways: An introduction to the sartre platooning programme [C]//17th World Congress on Intelligent Transport Systems. 2010: 1-11.

[35] Bergenhem C, Huang Q, Benmimoun A, et al. Challenges of platooning on public motorways [C]//17th World Congress on Intelligent Transport Systems. 2010: 1-12.

[36] SARTR Project, http://www.sartre-project.eu.

[37] National Highway Traffic Safety Administration (2013a) . Preliminary Statement of Policy Concerning Automated Vehicles. Washington, D.C. http://www.nhtsa.gov/About+NHTSA/

Press+Releases/U.S.+Department+of+Transportation+Releases+Policy+on+Automated+Vehicle+Development.

[38] Davila A, del Pozo E, Aramburu E, et al. Environmental Benefits of Vehicle Platooning [R]. SAE Technical Paper, 2013-26-0142.

[39] Davila A, Nombela M. Platooning-Safe and Eco-Friendly Mobility [R]. SAE Technical Paper, 2012-01-0488.

[40] Chan E, Gilhead P, Jelínek P, et al. Cooperative control of SARTRE automated platoon vehicles [C]//19th ITS World Congress, Vienna, Austria. 2012: 22-26.

[41] Sadayuki Tsugawa, Meijo University, Japan, Energy and Environmental Implications of Automated Truck Platooning within Energy ITS Project, TRB Workshop on RVA, 2013, http://2013.vehicleautomation.org/materials.

[42] Zia Wadud, Energy savings and rebound effects of highly automated vehicles, TRB Workshop on RVA, 2013, http://2013.vehicleautomation.org/materials.

[43] Joe Grand, Think Like Hackers, TRB Workshop on RVA, 2013, http://2013.vehicleautomation.org/materials.

[44] J. Sam Lott, A generic framework for hazard analysis of automated vehicles in transit service–Technology Innovations at New York City Transit, TRB Workshop on RVA, 2013, TRB Workshop on RVA, 2013, http://2013.vehicleautomation.org/materials.

[45] Dorothy Glancy, Santa Clara University, Data Values from Automated Vehicles, TRB Workshop on RVA, 2013, http://2013.vehicleautomation.org/materials.

[46] Stephen P. Wood, NHTSA, Automated Vehicles: Data Needs, Sources and Types, TRB Workshop on RVA, 2013, http://2013.vehicleautomation.org/materials.

[47] J.D. Schneeberger, Applications for the Environment: Real-Time Information Synthesis (AERIS) and Vehicle Automation, TRB Workshop on RVA, 2013.

[48] Ausn Brown, Automated Vehicles Have A Wide Range Of Possible Energy Impacts, TRB Workshop on RVA, 2013, http://2013.vehicleautomation.org/materials.

[49] Yeganeh Mashayekh, Carnegie Mellon University, Connected & Autonomous Vehicles and Key Energy & Environmental Impacts, TRB Workshop on RVA, 2013, http://2013. vehicleautomation.org/materials.

[50] Kanok Boriboonsomsin, University of California at Riverside, Role of Vehicle Automation in Reducing Traffic-Related Energy and Emissions of Light-Duty Vehicles, TRB Workshop on RVA, 2013, http://2013.vehicleautomation.org/materials.

[51] Stephen Simon, University of MN, Who are the stakeholders for data ownership and privacy issues? TRB Workshop on RVA, 2013, http://2013.vehicleautomation.org/materials.

[52] Tom Paige, Automated Transit Networks: Power/Energy Estimation & Design Trades, TRB Workshop on RVA, 2013, http://2013.vehicleautomation.org/materials.

[53] Steven E. Shladover, University of California, Berkeley, Automation for Energy and Environment (PATH Experience), TRB Workshop on RVA, 2013, http://2013.vehicleautomation.org/materials.

[54] Ryan M. Gerdes, Utah State University, Insecurity as a Function of Automation, TRB Workshop on RVA, 2013, http://2013.vehicleautomation.org/materials.

[55] PATH, California, International Scan of Cooperative Vehicle-Highway Automation Systems, TRB Workshop on RVA, 2013, http://2013.vehicleautomation.org/materials.

[56] Arturo D, Nombela M. Sartre-Safe Road Trains for the Environment Reducing Fuel Consumption through lower Aerodynamic Drag Coefficient [R]. SAE Technical Paper, 2011.

[57] Arne Bartels, Future challenges and research needs from the perspective of

Volkswagen group research, TRB Workshop on RVA, 2013, http://2013.vehicleautomation.org/materials.

[58] Michael Lowry, NASA Ames Research center, Observation from NASA Investigation of Toyota Unintended Acceleration, TRB Workshop on RVA, 2013, http://2013.vehicleautomation.org/materials.

[59] Ginger Goodin, Potential to Use Managed Lanes to Support Early Deployment and Operations, TRB Workshop on RVA, 2013, http://2013.vehicleautomation.org/materials.

[60] Mohammed Yousuf, FHA, Accessible Transportation Technologies Research Initiative (ATTRI), TRB Workshop on RVA, 2013, TRB Workshop on RVA, 2013, http://2013.vehicleautomation.org/materials.

[61] Caroline Rodier, California's GHG Legislation: Regional Planning and New Transport, TRB Workshop on RVA, 2013, TRB Workshop on RVA, 2013, http://2013.vehicleautomation.org/materials.

[62] Fawzi NASHASHIBI – INRIA, Automated vehicles for mass transportation: technological challenges, TRB Workshop on RVA, 2013, TRB Workshop on RVA, 2013, http://2013.vehicleautomation.org/materials.

[63] Derek Toups, Regional Considerations of Public Transportation and Vehicle Automation, 2013 Workshop on the Challenges and Opportunities of Road Vehicle Automation—Synopsis of Proceedings, http://www.vehicleautomation.org/.

[64] Will Baumgardner, Arup, City of San José Automated Transit Network Feasibility Study, 2013 Workshop on the Challenges and Opportunities of Road Vehicle Automation—Synopsis of Proceedings, http://www.vehicleautomation.org/.

[65] Susan Shahe En, University Of California, Berkeley, Trends And Trajectory Of Shared Mobility, 2013 Workshop on the Challenges and Opportunities of Road Vehicle Automation—Synopsis of Proceedings, http://www.vehicleautomation.org/.

[66] Greg Larson, Caltrans Interest in Automated Vehicles, TRB Workshop on RVA, 2013, http://2013.vehicleautomation.org/materials.

[67] C Weber, Insurance Presentations from Innovation & Insight Day, February 28, 2013, http://www.celent.com/reports/scenario-end-auto-insurancehttp http://auto.qq.com/a/20120718/ 000391.htm.

[68] Eric C. Williams, IIHS, Legal Gaps and Practical Needs: Licensing, Testing and Certification, TRB Workshop on RVA, 2013, http://2013.vehicleautomation.org/materials.

[69] Thomas P. Healy, NHTSA, Testing, Certification, and Licensing, TRB Workshop on RVA, 2013, http://2013.vehicleautomation.org/materials.

[70] Maxime Flament, ERTICO–ITS Europe, Legal issues of automated road transport in

［70］ Europe, TRB Workshop on RVA, 2013, TRB Workshop on RVA, 2013, http://2013.vehicleautomation.org/materials.

［71］ Timothy J. Mattson, Products Liability Law And Automated Vehicle Systems, TRB Workshop on RVA, 2013, TRB Workshop on RVA, 2013, http://2013.vehicleautomation.org/materials.

［72］ Clifford Nass, Stanford University, Psychology of Automated Vehicles, TRB Workshop on RVA, 2013, http://2013.vehicleautomation.org/materials.

［73］ Bryan Reimer, Automated Vehicles: A Safety Enhancement or Threat? AgeLab & New England University Transportation Center, MIT, May 10th, 2012.

［74］ Zhang J G, Li H J, Liu B. A Precise Positioning System Based on DGPS and GIS for Automatic Driving Vehicle [J]. Applied Mechanics and Materials, 2013, 416: 776-780.

［75］ 李红建，邱少波，刘斌，等. 中国一汽智能安全技术研究与智能车开发 [J]. 第六届中国智能交通年会暨第七届国际节能与新能源汽车创新发展论坛优秀论文集（上册）——智能交通，2011.

［76］ 刘斌，邱少波，李红建. 解放 J6 商用车前撞告警系统开发 [J]. 汽车技术，2012（4）：17-19.

［77］ Liu B, Shang B, Qiu S, et al. A Real-Time Virtual Simulation Environment for Advanced Driver Assistance System Development [R]. SAE Technical Paper, 2014.

［78］ Liu B, Shang B, Qiu S, et al. Modeling and simulation of intelligent driving with trajectory planning and tracking [R]. SAE Technical Paper, 2014.

［79］ Nick Cohn, TomTom, Potential for Digital Maps and Other Data to Support Automation, TRB Workshop on RVA, 2013, http://2013.vehicleautomation.org/materials.

［80］ Wu M, Deng W, Zhang S, et al. Modeling and simulation of intelligent driving with trajectory planning and tracking [R]. SAE Technical Paper, 2014.

［81］ Center for Information and Society (2012). Automated Driving: Legislative and Regulatory Action. Stanford, CA. http://2013.vehicleautomation.org/materials.

［82］ Urmson C, Anhalt J, Bagnell D, et al. Autonomous driving in urban environments: Boss and the urban challenge [J]. Journal of Field Robotics, 2008, 25 (8): 425-466.

［83］ Junior: The Stanford Entry in the Urban Challenge, Journal of Field Robotics 25 (9), 569-597 (2008), Wiley Periodicals, Inc.

［84］ Bacha A, Bauman C, Faruque R, et al. Odin: Team victortango's entry in the darpa urban challenge [J]. Journal of Field Robotics, 2008, 25 (8): 467-492.

［85］ Leonard J, How J, Teller S, et al. A perception-driven autonomous urban vehicle [J]. Journal of Field Robotics, 2008, 25 (10): 727-774.

［86］ Team Cornell's Skynet: Robust Perception and Planning in an Urban Environment,

Journal of Field Robotics 25 (8), 493–527 (2008), 2008 Wiley Periodicals, Inc.

［87］ Patz B J, Papelis Y, Pillat R, et al. A practical approach to robotic design for the darpa urban challenge [J]. Journal of Field Robotics, 2008, 25 (8): 528–566.

［88］ Kammel S, Ziegler J, Pitzer B, et al. Team AnnieWAY's autonomous system for the 2007 DARPA Urban Challenge [J]. Journal of Field Robotics, 2008, 25 (9): 615–639.

［89］ F Flemisch, Maintaining Safe Levels of Human Engagement During Autonomous Driving, FISITA summit 2013, Mainz, Germany, http://www.fisita-summit.com/2013.

［90］ B W Smith, Who Actually Drives an Automated Vehicle? FISITA summit 2013, Mainz, Germany, http://www.fisita-summit.com/2013.

［91］ K. Bogenberger, Creating Freeways Ready for Autonomous Vehicles, FISITA summit 2013, Mainz, Germany, http://www.fisita-summit.com/2013.

［92］ Davila A, Aramburu E, Freixas A. Making the best out of aerodynamics: Platoons [R]. SAE Technical Paper 2013–01–0767, 2013, doi: 10.4271/2013–01–0767.

［93］ Larburu M, Sanchez J, Rodriguez D J. SAFE ROAD TRAINS FOR ENVIRONMENT: Human factors' aspects in dual mode transport systems [C]//ITS World Congress, Busan, Korea. 2010.

［94］ HM Treasury of UK, National Infrastructure Plan 2013, December 2013, https://www.gov.uk/government/publications/national-infrastructure-plan–2013.

［95］ Peters J I. Accelerating Road Vehicle Automation [M]//Road Vehicle Automation. Springer International Publishing，2014：25–35.

第 11 章

迈向"零"目标

车辆安全工程师应当始终清楚地意识到,满足技术法规并不是车辆安全性能开发的目标。法规制定的技术条件只是对已往发生的交通事故伤害模式的提炼和总结,表述了一种最有代表性的模式。事发事故的形态千变万化,几乎不会有两个事故以完全相同的模式发生,更不可能以法规规定的"标准"模式发生,因此,为了更广泛地降低车辆对人员的伤害,需要不断地积累和总结更多的事故背景信息,更深入地理解道路交通事故的伤害机理,才有可能有针对性地对车辆结构进行改进。

道路交通安全是一项浩繁的系统工程,瑞典等北欧国家率先发起了道路交通"零伤亡"运动。"零伤亡"不仅是一个目标,更重要的是一种思维方式。更安全的车辆是全社会道路安全体系中重要的一环。如何把车辆安全设计放在"零伤亡"大环境背景下去做全面考虑,是汽车工业界义不容辞的责任。

因为道路环境不同和社会人文因素的差异,各国之间的道路伤亡模式很难互相借用和取代。我国的碰撞安全法规与 C-NCAP 评价方法是参照欧洲和美国的标准体系制定的,其还不能充分反映国内交通事故的独有特征。建立国内全面和翔实的道路交通事故数据库可以推动车辆安全技术的提升。欧美的事故统计数据库建立的时间较早,内容更加全面,分析方法也很成熟,是技术法规进化和交通系统设计的基本依据,值得国内同行参考。

11.1 政府管理与组织的关键作用

世界卫生组织发布的《2013 年全球道路安全状况报告》显示,全球 182 个国家的道路交通死亡人数仍高达每年 124 万人。

全世界每年由道路交通引起的事故死亡人数约 100 万,相当于每 30 s 就有一个人在车轮下丧生；另有5 000万人受伤。这种伤亡给国家带来了巨大的经济损失，占大多数国家GDP总值的1%~3%，给数百万计的家庭带来了心理和财政创伤。

WHO在2009年发起了2011—2020年的"十年安全行动"[1]，总体目标是到2020年稳定并随后降低预测的世界各地道路死亡率，决心在2020年将死亡人数控制在自然趋势的50%。为实现此目标，联合国倡议在地方、国家、区域按照"五大支柱"展开活动，"五大支柱"包括道路安全管理、加强道路与机动安全、加强车辆安全、加强道路使用者安全及加强碰撞后应对。

"车辆安全"是第三大支柱，内容是综合协调相关全球标准、消费者信息计划和制定新技术激励措施，鼓励普遍采用能够增强车辆被动和主动安全性能的技术，其主要由以下7项活动构成：

（1）鼓励会员国应用和推广联合国全球车辆法规论坛制定的机动车辆安全法规（WP29）。

（2）鼓励在世界各地实施新车评价计划（NCAP），以便向消费者进一步提供车辆安全性能方面的信息。

（3）鼓励达成协议，保证所有新机动车一律配备符合碰撞标准的安全带和固定点。

（4）鼓励普遍应用已经证实确实有效的防撞技术，例如，在摩托车中加装电子稳定控制系统和防抱死制动系统。

（5）鼓励采用财税及其他激励措施，使用对道路使用者更加安全的机动车辆，并阻止低安全标准的新、旧车辆进出口。

（6）鼓励实施行人保护规定，进一步研究降低弱势交通者风险的安全技术。

（7）鼓励政府车队和私营部门车队管理人员购置、运营和保有先进安全技术及能为驾乘人员提供高水平防护的车辆。

绝大多数的道路碰撞事故本来是可以避免的，挽救生命和避免伤害等同于增加国民总产值。在经合会OECD/ITF成员国范围内[2]，经过有组织性的系统性措施，在1970—2005年这35年期间死亡率降低了50%。然而，这种业绩表现是不平均的，西欧和亚太地区国家降低率较高（分别为61%和45%），北美死亡率只下降了20%，中欧、东欧在2000年以后没有再继续下降。

道路安全的影响因素错综复杂，降低事故率是一项浩大的系统工程，车辆设计只是其中的因素之一。整个社会的道路安全需要由政府组织进行全面管理。

道路安全就像其他产品的制造过程一样，是一个生产体系的管理结果，而不应当由一系列意外所构成。交通安全管理包括三个环节的内容："职能管理体制"对交通行为进行"干预"，进而产生"效果"。对国家管理层面而言，设置好道路安全管理系统的基本要素，并定义其中的连带关系，是发挥有效管理的重要前提。

目前，最大规模的国际性合作是经合会（OECD）54个成员国的ITF（International Transport Forum）论坛[3]，是成员国的政府间组织。Joint Transport Research Center（交通研究中心）研究机构由OECD和ITF于2004年共同成立，执行与政策制定相关的项目研究，负责组织活动的实施，共享成员国的成功经验和专业知识，并给其各成员国推荐了制定交通可持续发展规划所需要的最佳实践方法。JTRC 在 2008 年发布了研究报告[4]，开展了历史上国际的首次大规模合作，其成员国承诺在共同的系统性交通安全框架内制定与采用共同的政策。这个行动的远大目标是，逐步行动，直至消除所有的交通死亡与重伤事故。

所谓的"系统性"安全措施，是以承认以下事实为出发点：

（1）人经常会犯错误，会导致交通碰撞事故发生；

（2）人体抵抗撞击的能力有限；

（3）道路安全是利益相关者的共同责任（道路使用者、道路管理者、车辆制造厂等），应当共同采取措施，保证碰撞事故不至于导致死亡或重伤。

瑞典、荷兰和澳大利亚在 20 世纪 90 年代后期就开始启用"系统性交通安全"概念，提出了著名的"零"愿景（Vision Zero）和"可持续安全"计划，成为这个领域的先驱。丹麦交通安全委员会也在 2000 年提出了 2001—2012 年十年安全目标的准则："每一次交通事故都是太多（Every accident is one too many）"用以取代 1988 年行动计划。尽管很多其他国家对"系统性交通安全"的某些方面保持沉默，尤其是涉及"零"目标及设立"零"伤亡政策时有些犹豫，但是已经引发了很多管理机构、国家、国际组织对此的注意，并且从 2008 年公布以来已经逐步接受和采用这个概念。

系统性交通安全建设同时成为联合国十年交通安全行动的核心。这个行动要求所有国家，不论其发展程度如何，其行动计划的准则一定要强调"系统性"。

报告中指出，道路安全管理机构必须具备有七项功能（面向结果、协调、立法、资助和资源分配、推广、检测和评估、研究开发和知识转移）。

（1）面向结果。

管理部门需要在干预措施与干预效应之间建立一个联结战略，指定领导部门，联合其他机构完成以下职能：

① 不断拓展管理体系的能力，能够清晰理解一个国家道路安全所面临的问题；

② 提交具有中期结果和远期目标的详细战略；

③ 提交干预措施和目标成果；

④ 性能评审。

（2）协调：组织核心部门制定与提交道路安全政策与战略。

（3）立法：通过有实效的立法促使期望结果的实现。

（4）资助和资源分配：为干预机构与相应的职能管理机构寻求准确的投资定位。

（5）推广：在政府与社会团体里开展道路安全计划宣传。

（6）检测与评估：对干预效果的评估着重稳健性和系统性。

（7）研究开发和知识转移：对已经产生积极影响的研究项目和知识在国家内各个领域和成员国之间进行传播与共享。

在以上诸元素中，制定面向结果的整体战略是能否实现国家预期目标的最关键因素。观察 ITF 各个成员国的干预措施效果可以发现，最佳实践里都有对道路安全结果进行评价的长期目标和量化中期目标。安全目标里规定了相关利益人、相关社团共同认可的系统安全效能，并由政府批准。为增加目标的可信性，中期目标必须由一系列具有成本效益的干预措施组成，目标一定要被描述成最终结果的形式。另外还应规定，中间结果必须与已获得的成就相一致，制度措施的输出也需要达到中间结果要求。

ITF 向成员国建议推行以下道路安全系统的最佳实践活动：

（1）制定高远的道路安全目标。建议所有国家都要将长远目标瞄准在彻底消除由于使用交通设施而引起的死亡与重伤的高标准上。采用这一目标可以改变人们长久的陈旧观念，那就是"交通伤害是不可避免的"，可以改变机构与社会的职责，并将改变道路安全干预的方式。

这是一个有抱负的愿景，甚至需要改变以往的最佳实践，需要社会力量共同协作开发出新的、更有效的干预措施。远期目标必须配合以 10 年以内的中期目标。

（2）制定中期目标，系统性地朝向中期目标迈进。所有国家所制定的目标必须有挑战性、可实现且基于经验。制定目标的方法必须将干预、职能机构输出与中期、远期目标联系在一起，为不同的干预措施选项制定相应的不同目标。从 OECD 和 ITF 成员国的经验来看，10 年内将死亡率降低 50% 就是一个既有挑战又可行的目标。

（3）推荐所有成员国，无论其道路安全表现水平如何，都要转向系统性道路安全系统，该系统应建立在已有干预系统的基础之上，但是需要对安全评审的方法和管理方法进行重新定义。该系统应当将所有交通要素作为一个整合因素来考虑，确保事故的撞击能量远低于能致死或重伤的水平。该系统还应强调系统设计者和道路使用者之间的责任共担。该系统促进创造新式干预途径和取得长期目标的新型伙伴关系。

（4）采用已被证实为有效的干预措施获取早期回报。那些在改进道路安全性能时遇到困难的国家，需要马上对其道路安全管理系统能力进行顶层审查，着手准备长期投入战略，开展项目和研究，弥补已经暴露出的系统弱点。这些项目和研究应当采用那些已经在先进国家采用的行之有效的制度安排和有效干预实践，并广泛使用国际上联合开发的最佳实践工具加速这一过程。

（5）进行充足的数据搜集和分析，以便理解碰撞的危害性和现有安全系统的性能。所有国家都应建立数据采集流程，包括：最终结果（至少包含道路使用者的死亡和重伤信息）；社会性度量（如结果与人口数量、执照驾驶员总数、行驶里程等基数之间的关系）；中期结果（也叫作安全性能指数，包括平均交通速度水平、安全带使用情况、酒后驾驶、车辆安全等级评定、基础设施安全等级评定）；机构输出的提交物（包括不同类别的强制执行措施）；与道路伤害相关的社会—经济代价；其背后的经济因素（如此期间的新车销售量信息）。

应当做详尽的数据分析，以便进一步理解碰撞的成因和其他事故趋势，允许混合采用不同类别和不同强度的干预措施，以便设定具有挑战性而又脚踏实地的目标。

（6）强化道路安全管理系统。所有国家都应致力于保证道路安全系统的有效性，尤其是应当通过其安排机制管理实现强化的结果负责制。结果负责制需要对以下机制进行清晰的概念区分：领导部门；政府职能部的核心组；与此相关的机构，他们的角色与职责；安全性能目标在职能输出、中期结果和远期结果里各都有什么样的表达形式。

（7）加速知识转化。在研究项目和计划里必须包括对知识传播活动进行适当资助的内容，以克服管理体系能力的弱点，尤其是要建立向先进国家学习的机制。为调动资源，并使研究投入的规模与道路交通死亡和重伤导致的损失规模相当，必须有持续的国际合作支持。

对于低收入和中等收入国家尤其如此，但是对于高收入国家，也存在一个如何探索创造性战略以最终彻底消除交通死亡和重伤的最终目标的问题。

（8）对道路安全进行投资。

大多数国家都需要更新其关于道路碰撞事故代价评估方面的相关知识，无论是从政府方面还是从保险公司方面，同时还需要更新对道路安全改进和伤害预防方面的知识。道路安全管理部门需要通过这些信息为所建议的干涉提案的经济效益准备财政与经济论证，以便赢得政府对投资创新项目的全面支持，以及对碰撞保护和救助的资源分配透明的支持。使道路安全投资获得丰厚回报的机会是普遍存在的，道路安全的执行人和管理部门应当为这种投资开展商业案例研究。根据全世界大多数国家的现状，为实现最终的高标准道路安全目标，需要对道路安全管理和安全运输系统的投入资源进行很多调整。

11.2　系统性道路安全措施

根据安全综合性治理实施效果最好的国家的经验，管理初期降低事故率最有效的入手途径有以下几种。

1）超速管理

强制执行已有的限速规定可以得到迅速的效益回报，其是比任何其他手段都更加快捷的安全措施。有效的速度管理要求为不同的路面标准、路侧危险、道路结构、交通流量、弱势交通者的混流等条件设立不同的限速标准。一定要获得公众对降低速度限制的支持，因为一般人不了解，速度增加一点就会大幅增加伤害程度。其他配合限速管理的要素包括基础设施改进和使用新技术，如智能化自适应速度控制、自动限速标志识别等，以弥补非故意的疏忽。

2）酒驾管理

根据实践经验，应公开强制性、随机性的呼气测试，保证酒精含量在法规限制之内（0.5 g/L）。当配合强化宣传措施时，强制性检验才是最有效的，尤其要对屡犯的人员进行严惩。未来技术可以考虑在所有车辆上强制加装酒精互锁装置，其主要取决于是否能获得公众的认可。

3）安全带使用率

根据经验，推广安全带应用的最有效措施是严格的强制性措施、密集的媒体公告，再加上惩罚措施。如果再配合采用安全带提醒装置或者安全带互锁装置，则会使安全带佩戴率达到百分之百，但是必须事先获得公众与汽车工业界的认同。

4）更安全的道路和路侧设施建设

短期的措施要包括识别与特殊处理事故高发地段，采用边缘压线声响提醒、足够的路肩外延、路侧植物清理、横穿马路通道建设等。长期而言，对路侧设施进行系统设计和定期更新是非常重要的。

5）提高车辆安全性

车辆安全性能一直在得到不断的改善，无论是在被动安全（安全防护）还是在主动安全（碰撞规避）技术方面。电子稳定控制系统（ESC）的广泛应用是主动安全技术的典型技术，其他的新型技术包括避撞制动系统、偏道预警系统，等等，在近期已经开始大范围装备。

6）降低年轻驾驶员的危害

道路安全性高的国家经常采取的措施是，在驾照管理方面，根据年龄制定驾驶资格分级管理措施，对青年驾驶员在学习期间接受额外的特殊培训。资格限制的内容包括夜间驾驶、限制同龄乘客、实习期过失积分和零酒精标准。扩展训练应当包括监督条件下在各种路面和气候环境下的驾驶训练。

11.3　道路安全管理最佳实践

在经合会 ITF 成员国里，瑞典、英国、挪威、日本和丹麦是道路安全成绩最突出的五个国家。它们的成功经验已经被很多其他国家和联合国行动所借鉴。

瑞典是"零"愿景的发起人，其提出的"零"愿景是道路安全观念的一次革命[5]。随后，"零"愿景得到了越来越多国家的响应。

瑞典交通部发起的交通伤亡"零"愿景于 1997 年得到瑞典议会批准，旨在完全杜绝交通死亡与重伤事故的发生，是一次交通安全观念的彻底革命，对全球的道路交通管理产生了深刻的影响，奠定了瑞典世界的道路安全领袖的地位。在"零"愿景推行初期，瑞典每 10 万居民交通死亡率为 7 人，目前为 3 人，而世界其他大多部分国家仍然处在 10~15 人的水平。

当时交通部推行"零"愿景计划时，最大的阻力来自于政治经济学家，他们的职业就是进行成本—效益分析。政治经济学家很难接受"零"的概念，因为在经济学模型里，任何收益都是以成本为代价的，其潜台词就是，应当有一个交通死亡的最佳数量，这是人们为进行交通活动而必须付出的代价。"零"愿景则相反，认为如果人们进行交通与运输就必须伴随死亡与重伤这个观念是不可接受的，这是一个基本公民权利的问题。很多工业界的专家对"零"愿景也持怀疑态度。研究表明，90%的事故都与人为因素有关[6]，因此，专家们把主要精力都投放在如何防止事故的发生上。大多数专家同意这样的观点：为了安全，必须改变人们的行为。"零"愿景的观点与此完全相反，其理念首先承认人不是完美的动物，人是一定会犯错误的；同时人体对外部伤害有一定的承受能力，我们为什么不建设一个适应于人的交通系统，反而一味要求改变人的天性行为呢？既然我们知道，人们在交通作业时一定要打手机分神，一定要做很多我们不喜欢的事情,为什么还一定要把责任强加到这些行为人身上呢?"零"愿景相信人们具备足够的知识去建设一个人类行为友好的交通系统,这个系统不应当让交通系统使用者们承担道义责任,所以其包含了两方面的考虑:伦理要素,每个人都是独特不可代替的;科学要素,人类的身体以及精力是存在一个已知极限的,强调责任共担而不是单独指责道路使用者。其强调安全比移动更加重要。

在"零"愿景概念里,事故的发生不是问题的焦点,人们在事故中死亡和受重伤才是人们应当关注的重点。人们受重伤的原因是人体承受外界能量冲击的能力是有一个确定的阈值的,超过了这个阈值,人就会受到重伤。现在,人们对这些阈值的了解已经相当清晰。"零"愿景概念把人的耐受能力也纳入整个安全系统,成为里面一个积极的因素。这和我们谈论环境污染与毒性的威胁是一个道理,人们很清楚,毒性超过一个怎样的含量以后才能对人造成实质性伤害。在交通里有一系列这样的阈值,例如,"零"愿景观点认为高于 30 km/h 的碰撞就会导致人重伤,被 50 km/h 车速撞击的行人受重伤的概率是 80%,如果将速度降到 30 km/h,重伤概率就只有 10%。

但就限速这一个问题而言,"零"愿景要求采用系统性解决方案,比如除了限速,必须还要配合以减速带、车让行人、绿色箭头灯、街心环岛等规定与设施,还要审视所有的交通冲突点,如不能同时允许机动车右转和行人直行。"零"愿景从最简单和最基础的措施开始做起,但是强调系统性和一致性。用一句话来概括"零"愿景的概念就是:"尽管人类会出各种各样的错误,但是道路系统不应该出错。

与瑞典相类似,丹麦道路安全委员会提出了 2001—2012 年道路安全目标[7]:2012 年年底之前,每年的死亡人数少于 300 人,重伤人数少于 2 443 人,相对于 1998 年数据各自减少了 40%。政府对治理交通安全的决心是:"每一次交通事故都是太多。"与瑞典的"零"愿景不同的是,丹麦的安全政策坚持纠正人的行为,并以事故预防为入手点。

安全行动包括[7]:交通者必须改变他们的行为;有组织的交通运输;必须用硬件设施保障交通安全;地方道路安全是地方政府的职责;加强国家级别的干预力度;改进车辆设计与安全装备。四个重点治理的领域是超速驾驶、酒后驾驶、自行车、路口管理。

2013 年,丹麦政府宣布,成功实现了前十年的道路安全目标,实际结果为 2012 年相对于 2001 年的伤害和死亡数量降低了 50%[8]。在此基础之上,政府又提出了更具挑战的目标:2020 年,死亡人数少于 120 人,重伤人数少于 1 000 人,轻伤人数少于 1 000 人。下一个十年计划仍然沿用以前的宣传用语("每一次交通事故都是太多"),根据过去十年的数据统计结果,对以下十个领域开展干预:超速、酒精与药物影响、分神、安全带与头盔使用、行人交通、自行车与电单车骑行人、24 岁以下司机、迎面交通事故、单车交通事故、农村交叉路口治理。

德国道路交通委员会(German Road Safety Council:DVR)成立于 1969 年,是道路安全国家战略的制定与实施责任部门,是 1993 年欧洲道路安全议会 European Road Safety Council ERSC 的成立者之一[9]。该部门的成立宗旨是支持"改进一切道路使用者的交通安全措施"。

从 2007 年 10 月起，DVR 的道路安全战略开始采用"零"愿景理念，承认以下四项基本原则：

（1）人是会犯错误的；
（2）人的冲击耐受极限是由人类的身体忍耐力决定的；
（3）生命价值是不可协商的；
（4）人们有权使用安全的交通系统和安全的工作环境。

上述四条原则是建立一切交通系统的根本原则。交通安全的相关者，包括政治家、车辆生产厂、政府管理部门等，都有义务践行上述四条准则。

挪威道路安全委员会在《National Action Plan for Road Safety 2002—2011》中也将"零"愿景概念作为国家安全战略的基础。挪威采取一系列的指标对交通系统的安全性能进行年度量化评估，包括碰撞事故数量的减少、重型车技术标准、安全带使用率、头盔使用率、自行车的灯光使用、步行者与自行车的反光器使用、受酒精与药物影响驾驶员的比例和危险交通行为等。

英国的国家道路安全战略是"Tomorrow's roads: safer for everyone 2000—2010 in the UK"[10]，其提出了死亡与重伤十年内降低 40%和儿童死亡与重伤降低 50%的目标。具体行动包括十大措施：儿童更安全、更有素质的驾驶员（培训和考试保证驾驶）、更安全的驾驶（酒精与药物监控）、更安全的基础设施、更安全的速度、更安全的汽车、更安全的摩托车驾驶、更安全的行人/自行车、更严格的执法和更好的道路利用。

日本的"交通安全政策法"要求政府每年用"日本交通安全白皮书"的形式报告事故现状、实施中措施和下一步计划。2013 年，白皮书提出以下议题：对学校交通路径的紧急联合检查；对患有某些疾病人员的驾照签发管理系统；高速公路旅游客车的安全强化措施；老龄交通安全措施；先进安全技术汽车（ASV）的推进；自行车安全措施；国家汽车安全与受害人救助机构（NASVA）的医疗救助设施设立与运行；成立中央交通安全政策委员会；推行 ISO39001（道路交通安全管理系统）[11]。

以上是道路安全国家管理最成功的案例。总的来讲，在道路安全方面，国家战略大概有两种指导思想，一种是更着重导致人员死亡与受重伤的原因，其主要围绕降低碰撞强度，这方面的代表是瑞典；另外一种更着重于导致碰撞事故的原因，后续措施是以预防事故和碰撞为主，这方面的主要代表是丹麦。只要系统地执行两种思想，基本都可得到相当好的成绩，前者需要投入更多的基础设施改造，后者需要投入更多的高新技术。就长远发展来看，目前还看不出哪种思想会占据主导地位。

总结这些先进实践国家的经验可以发现，其有以下共同之处：

（1）道路安全在这些国家都得到了高调处理，有时是通过最高政体机关进行推进，例如，日本首相亲自担任"中央交通安全措施中央委员会"主席，负责起草制订"基础交通安全计划"。强有力的政界支持意味着充足的资金支持。

（2）多采用系统性措施，包括瑞典的"零"愿景和荷兰的"持续性机动"计划。

系统性措施意味着集合社会方方面面的力量和视角（政策、工程、公众意识、教育），同时将其整合为"方案"。

（3）这些国家的道路安全工作还展现了强大的全国范围的协调能力。道路安全涉及社会多方面领域，如何把各级管理者、系统设计者、使用者集成到一个系统里去需要很强的社会协调能力。

合作不光是局限在政府机构，而且还要延伸到私人领域，很多公司（如 Ikea 和 Carlsberg）提供道路安全服务，故也因自己对道路安全的影响而承担着相应的社会责任。道路管理部门与它们签订协议推进道路安全计划，并有可能推进一些启动措施，例如在这些公司的车队里推广酒精互锁器等一些启动措施。

道路安全政策越来越偏重于减少伤害。"以人为本"的哲学越来越被广泛接受。尽管一般来讲政治家们不热衷于支持"零"愿景（因为他们认为一定数量的死亡人数是可以接受的），但是这些国家仍然提出了非常高远的安全目标，以便使所有的政府努力都集中到正确的焦点上来。

这些国家作为道路安全的领跑者，都热衷于对道路安全的新技术进行高标准研究。

11.4　国家道路安全战略的重要性

总结各国的最佳安全实践（如 SUNflower[12]，LTSA[13] 行动）可以发现，完整的国家道路安全战略构成元素如图 11.1 所示。其中，社会成本是碰撞事故给整个社会造成损失的集合，其不但包括经济损失，而且包括身体痛苦与哀伤情绪。远期结果包括死亡率、重伤率、致死碰撞事故率和致伤碰撞事故率，是社会成本的核心元素。中期结果并不是人们追求的目标，其主要关注的是中期结果的含义。中期结果将行动与目标联系在一起，以确保远期抱负的实现。中期结果包括行为度量和环境度量，如平均交通速度、酒驾比例、安全带使用率、道路网络的物理状态及车辆的安全标准。

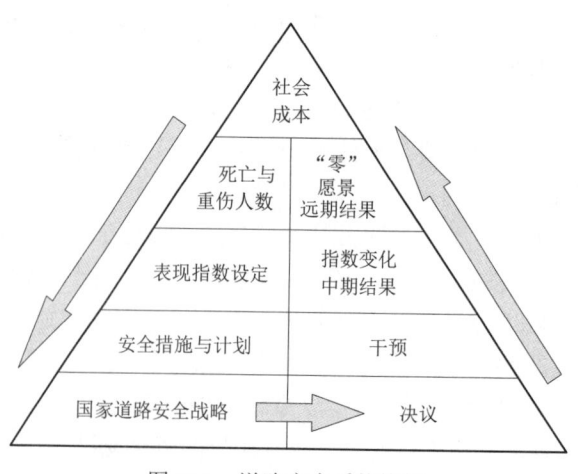

图 11.1　道路安全系统构架

11.5　设立国家与地区道路安全目标的重要性

文献[14]强调了设定目标对改进道路安全性能的重要性。明确的目标可以促使管理者谨慎审视当前的安全现状，并有可能依据明确的目标将任务分解到各个责任部门。明确的目标也有益于推进政府对安全政策进行支持、更改法规及拨付足够的预算。

OECD/ITF推荐所有国家都应当制定量化目标。2000年，欧洲运输部长联席会European Council of Ministers of Transport（ECMT）为其成员国设立了2000—2012年减少死亡人数50%的目标。根据OECD成员国的经验，10年时间将死亡和重伤人数降低50%是一个很有挑战的目标。最终，只有少数几个OECD和ITF成员国家在2012年顺利地完成了既定目标，但是，多数国家的结果表明，在适当的政策支持、机制支持和资源支持下，走上正确轨道的安全计划完全可以使死亡率稳步下降。

"以结果为目标"是道路交通安全行动取得成功的重要保障。保证既定的结果输出需要识别达成结果所需要的机制方法与干预措施。目标要与输出（如强制性立法）、中期结果（如旅行速度、安全带使用）、最终结果（死亡与重伤人数）和社会成本收益建立联系。

制定目标最好的方法是[15]：基于干涉方案量化模型分析，然后结合经验推导出目标设定。用这种方法，历史经验性的成功措施可被用于对未来的预测，既可以获得近期的安全收益，又有宏伟的长期愿景。

不同安全性能等级的国家应当在道路安全改善方面有不同的抱负。对某些工业化国家，每10万人口死亡6人就是一个比较理想的目标，已经达到这个目标的国家应设立更高的理想。零死亡与零重伤代表了目标的最高境界，建立在交通与运输系统导致的任何伤亡都是不可接受的。典型的代表是瑞典的"零"愿景（Vision Zero）和荷兰的"可持续性安全"国家战略，这种战略在航空、铁路和海运交通里已经践行了几十年。这是一个令人向往的愿景，但目前还几乎不可能列举所有的必要干预措施。因此，除了现行手段和计划中的手段，还必须进行大量的未知领域探索，这对社会管理和技术领域都是一个挑战。

怎样处理现实与理想之间的距离呢？

以西澳大利亚为例，其"趋近零"道路安全战略"Towards Zero：Getting There Together"制定了2008—2020年的目标，同时对目标的含义做了明确解释[16]。

"趋近零"的含义是我们不接受道路上的任何伤亡。在现实层面上，我们很清楚，现有路面系统在2020年达到零伤亡是不现实的，但是我们不承认任何"伤亡是不可避免"一类的说法。如果社会作为一个整体，在道路安全的思维上开始彻底转变，在对可接受范围的预期上开始彻底转变，那么这个目标就是可以实现的。我们的目标是，到2020年，死亡与重伤人数少于11 000人，如果"趋近零"战略充分实施，那么我们就有理由相信，2008—2020年西澳大利亚的道路伤亡人数少于11 000人，这个数字与2005—2007年相比下降了40%。

这个预期的伤亡降低率是对一整套计划中的干预措施进行建模分析而得出的结论。ITF 组织中有很多成员国在没有与干预措施建立连接的情况下就在规定期限内承诺了很高的伤亡降低率目标，给自己的履行造成了巨大的困难。最糟糕的情况是，未达标会在整体上影响设定目标和道路安全项目推广的信誉和信心。许多国家采纳了 2000—2012 年期间道路死亡降低 50% 的目标，但是都没有实现。因此，目标的设立最好以特定的干预措施为输入，以结果模拟分析为基础，向系统的最终目标迈进。长期"零"目标最好有与其相配合的双轨路线图：依靠道路安全战略里规定的干预措施，在规定的时间内实现中期量化改进目标；同时，研究更加有效的创新性干预措施推进整体性能的进一步提升。

到目前为止，我国政府还没有开始系统制定中远期道路安全战略。随着汽车保有量的增加，道路安全局势会更加严峻，相信我国也会适时出台可执行的量化道路安全战略。

11.6　道路安全事故数据的重要性

目前大家均已认识到数据的质量和可用性的重要性。数据决定了决策过程，尤其是当预算有限的时候更是如此。丹麦和日本建立了负责数据采集与分析的专门分离机构，以便更专注地进行问题识别、确定适宜目标，筛选优先级别和调整费用计划。数据也可以用来把道路运输系统的目标转换成测量质量的度量，并用于检测，这样就可以使计划、项目、措施的定期测评变为可能。

例如，对每一例死亡案件都进行深入研究，以检查其是否本来可以避免。有时，这些研究不一定关注碰撞为什么会发生，而是关注为什么会导致这样一个结果（为什么会死人）。系统设计者会召集相关责任者（如在牵扯重型车的事故里与此相关的载重车司机）一起讨论可能的解决方案和实施方法，然后再由各责任方签的意向声明中予以确认。这是瑞典采用的一种"OLA"过程（客观数据、解决方案列表、签名的行动计划：Objective data, List of solutions and Addressed action plans）。

无论是为了制定可执行的道路安全目标，还是识别干预措施的优先级别，或者检测项目运行的有效性，建设全面的数据采集与分析系统是一个最基本的前提。数据库里最重要的部分是碰撞事故描述统计数据，高质量的数据库还包括必要的补充性信息，如相关人口统计信息、交通容量等背景信息，以便生成安全性能指数。

性能指数也可以被当作中期目标（如安全带使用率、超速与闯红灯数量）。除此之外，基础设施指数数据（如具有碰撞危险的路段长度、平均行进速度等）也很重要。

做深度数据分析可以更好地理解以往的道路安全成就，同时也可以根据观察到的及希望的趋势，对降低伤亡率的目标进行评估。这些评估不是以往降低率的简单自然延伸，而是预测各种确凿的趋势对整体安全系统的影响度。制定干预措施的时候，数据的可信度与质量是核心问题。即使在安全性良好的国家，也需要付出一定的努力才能把警方的碰撞事故报告与医院数据联系起来，以提高数据的质量和完整一致性，尤其是对有生还者的重伤事故更需如此。

2013年11月，40多个国家的道路安全专家在布宜诺斯艾利斯参加了IRTAD/OISEVI（Interna- tional Road Traffic and Accident Database（IRTAD/Ibero-American Road Safety Observatory）联合研讨会，专门讨论数据采集与分析如何为道路安全政策设计发挥出关键工具的作用[17]。

IRTAD和OISEVI成员就以下12项推荐实践达成了共识。

（1）可靠的、与背景关联的事故数据是理解、评估与监测道路安全问题的性质与程度、制定有抱负并可执行的安全目标及实施有效政策的最基本要素。

（2）道路安全分析需要具备最基本的数据组，不但应当包括安全数据，而且应当包括环境关联数据。尽管搜集数据的方法需要进一步研究，但目前可以确定数据可以在三个层面进行搜集：

① 结果层面数据：包括各类交通使用者的死亡与受伤人数、道路类型、时间，等等；

② 输出层面数据：包括性能指数，着重于道路使用者行为、车辆与基础设施的安全；

③ 环境关联数据：包括 exposure data，如人口、各种道路使用者的每车公里行程等。

IRTAD建议各国还要采集道路碰撞事故成本信息、政策与实施质量信息。

（3）建议所有拉丁美洲和加勒比海国家改进数据系统，加入OISEVI组织并为本地的IRTAD组织（IRTAD LAC）做出贡献。为拉丁美洲和加勒比海地区设计的数据模型含有地区性网络功能和专用数据库，其被设计成一个学习工具类型，以便其可以在世界任何其他地区轻易复制。

（4）安全数据库应在国家级别上加以汇总，分析后由国家级领导机构进行公布发表。该机构应当有能力基于关键指数检测道路安全表现，并对干预进展和影响提供客观评估，然后将其提供给道路安全战略的设计与实施者。

（5）许多国家都在道路安全领导机构或者部门下设立了道路安全观察组织，专门负责数据的搜集与分析。这种模式已经被证实是一种良好的机制建设，可以展示道路安全的全貌，并刺激政策行动的诞生。但是，必须维护其客观性，否则很难得出令人信服的结论。

（6）应当定期检测与分析关键的道路风险指数（如驾驶员超速的频次、不带安全带的驾驶员和乘员的比例、酒驾比例、头盔使用率等）。这些结果应当定期公布，必要时应对已有战略进行调整。

（7）在广泛的范围内，需要理解道路安全表现与经济发展水平之间的关系，在长期与短期上理解其与商业周期的关系。很多经济指标会影响道路安全，如失业率、消费水平和生产水平。这些指标不但会影响交通容积（量与成分），而且会影响交通行为。对商业周期的观察表明，经济增长确实是和道路安全有连带关系的。一般而言，当经济增长放缓或失业率增加，道路交通中的死亡人数就会减少。但是，其中的机理还没完全被理解，需要对那些随意性关联进行进一步研究。

（8）国际组织应当致力于数据的协调统一，包括对主要指标的一般性定义。大多数国家目前采用30天定义交通死亡，故也强烈建议其他国家都照此执行。

（9）仅靠死亡数据是不能充分理解道路安全问题的，致伤碰撞的信息对更全面理解道路安全也是非常重要的，应当将越来越多的伤害信息在国际水平上进行比较。IRTAD建议将"道路交通严重伤害"定义为简化伤害等级系数MAIS（Maximum Abbreviated Injury Scale）[18] 3级以上，也就是"MAIS3+"。尽管其已经得到了科学界多数人的认可，但还需要制定一种收集伤害数据的更通用性方法。其对低等级碰撞伤害（MAIS1、MAIS2）的分析也很有意义，尤其是需要从伤残调整生命年（DALYs）的角度看待伤害对社会的影响，为此需要采用通用的评价方法。

（10）警察数据仍将是道路碰撞事故统计的主体内容。但是，因为不充分报告和偏向性报告（如对不同种类的车辆有不同的判定），医院数据还应当与警察数据形成互补，这就需要在警察数据与医院数据之间建立一个链接。详细的链接过程信息可以参考IRTAD report "严重伤害者报告"。

（11）一些IRTAD国家高效利用一些工具成功预测了短期收效和长期趋势。鼓励在目标制定和相对于目标做表现评估时系统性地利用这些工具。

（12）在国家之间进行基准对比有助于促进本国道路的安全改善和国家互相之间进行经验分享。对标分析的方法与工具开发已经取得很大进展，目前正在朝一致性方法方向努力。

1988年，经合会组织OECD建立了IRTAD（国际道路交通与事故数据库：International Road Traffic and Accident Database），提供汇总类数据库，对国际范围的事故、受害人以及exposure data进行连续性搜集，由一个数据库和一个工作组构成。IRTAD数据库包含了29个国家的交通与事故数据及其他安全指数。IRTAD工作组是OECD的JTR（Joint Transport Research）和ITF（International Transport Forum）的长期持续工作组，由来自于知名的安全研究机构、国家道路与运输管理部门、国际性组织、大学、汽车联盟、机动车工业等方面的道路安全专家和统计学家构成，由Federal Highway Research Institute in Germany（BASt）维护。IRTAD的目标是包括尽可能多的国家，建立并维护一个高质量的道路安全信息数据库，目前（2015）的成员国有39个[19]。国际性的道路安全数据库除了IRTAD以外，IRF（International Road Federation）提供的世界道路统计（WRS：World Road Statistics），是唯一的全球性道路与车辆信息统计，2000版的WRS是根据189个国家提供的数据编辑而成的。汇总类数据包括碰撞事故数量、受伤与死亡人数、单位驾驶历程事故发生率、施工路段与夜间事故率，还包括了每种车辆类别的行驶里程。目前，已出版的最新版本为"WRS2014"。

联合国欧经会UNECE（Economic Commission for Europe）也发表了欧美56个国家的道路碰撞事故的汇总数据，包括欧经会成员国政府提供的基本统计[20]，归欧经会WP6工作组领导[21]。

数据库提供道路碰撞事故与伤亡的总体描述和发展趋势，同时提供更详细的统计数据，包括事故地点、时间、道路条件、伤害与死亡、酒精作用，车辆总体数据、每车行驶里程、各种年龄段人口分布等信息也包括在数据库里。

世界卫生组织 WHO（World Health Organization）死亡率数据库[22]包含了目前 194 个成员国上报的官方汇总死亡率信息。数据库根据第 9 版与第 10 版"国际疾病分类"ICD（International Classification of Diseases）对死因进行定义。按年度与国家分类，这里能查找到每 10 万居民不同年龄与性别的死亡率，其中的一类是机动车交通碰撞。

其他各个国家的交通安全数据库信息如表 11.1 所示。

表 11.1 各国交通安全数据库信息

国家	数据库建立时间	负责机构与网站
德国	1968 年	联邦统计办公室（Federal Statistical Office）https：//www.destatis.de
印度	2001 年	道路交通与高速公路部（Ministry of Road Transport & Highways）
日本	1966 年	国家政策局（National Police Agency），http：//www.stat.go.jp/english/data/chouki/29exp.htm
韩国	2003 年	韩国道路交通局（Korea Road Traffic Authority：KoROAD），https：//taas.koroad.or.kr
英国	—	英国运输部，https：//www.gov.uk/government/collections/road-accidents-and-safety-statistics
澳大利亚	—	澳大利亚基础设施、运输与区域经济管理局：The Bureau of Infrastructure, Transport and Regional Economics（BITRE），http：//www.bitre.gov.au/statistics/safety/fatal_road_crash_database.aspx
美国	1975 年	国家高速公路交通安全管理局 NHTSA（National Highway Traffic Safety Administration），http：//www.nhtsa.gov/FARS

对比各个地区的数据库可以发现，多数可利用的公路严重碰撞数据库里只包含汇总数据，这意味着全球性广泛对比只能以汇总数据为基础，而不能根据分类数据进行深入对比研究。这给国际合作研究也造成了一定困难，因为无法理解各个国家事故差异的根源所在。各个国家的数据库起始点不同，给研究事故—经济发展模式的关联与研究早期历史与趋势带来了很大困难。最重要的一点是，几乎所有数据库都限制对分类数据的访问。IRTAD 数据库的分类数据访问权只限于成员国范围内。美国是全球唯一对分类数据不加任何限制的国家。各个国家向所属组织（如 IRTAD）提交汇总数据的时候，汇总的方法是由国家内维护数据库的责任部门自行决定的，对基本概念的定义也有区别，例如很多国家采用定义死亡率的 30 天原则（将事故发生后 30 天之内的死亡事件都归因于车祸），有些国家采用 24 小时等其他标准。当然，采用 30 天原则比 24 小时原则会统计出更高的道路交通死亡率。有时，对"道路事故"的含义理解是不一致的。各国数据库里的事故相关因素很类似，但是一般都缺失以下信息：事故日期与时刻、事故类型、道路级别环境、道路类别与交通控制、标称速度限制。

国家之间的数据对比是制定本国道路安全政策的重要激励。由于概念定义与环境关联等原因，数据库之间的绝对量化数值往往没有对比性，这是目前道路安全国际合作的最大障碍。绝对的量化必须与环境数据联系在一起才有比较意义，如国家的居民总量、国家的车辆行驶总里程等。对绝对量的采集记录方式、碰撞、道路死亡、伤害程度、道路类别的定义也是因国而异。为增加数据的横向可比性，需要引入一些一致性的定义方法。

（1）死亡人数定义。可以采用每 10 万人口死亡率，也可采用单位交通容量或总行驶里程（机动能力）的死亡率，但是很多国家没有这个交通量的基数。交通容积可以用车辆总数或燃油总消耗量作为测量标量。另外一种方式是指数型表达，也就是把某年的道路死亡人数定为指数 100，然后其他年份的伤亡人数照此标定表达。这种表达能够反映出自己国家安全措施的有效性和社会环境对安全的影响，但是很难对各国之间安全系统性能做比较衡量。每 10 万人口死亡率是目前比较有可比性的指标。

（2）道路碰撞事故定义。荷兰对道路碰撞的定义是："在荷兰公共道路上发生的、导致物品受损与人员伤害并与至少一辆移动中车辆相关的交通事件。"这个定义以为行人相撞、滑板相撞、骑马相撞都不能算是交通事故，只有与"移动中车辆"（自行车、电单车、电动自行车或其他机动车）相撞才能被列为交通事故。美国 FARS 也规定只有涉及机动车才算是碰撞事故。对私人路面上发生的事故、自杀、自然原因引起的交通事故（如突发心脏病），各个国家的处理方法各不相同。

（3）道路交通事故死因界定。很多国家对事故死亡的定义是道路碰撞事故后 30 天之内发生的死亡（包括第 30 天），都被归因于由碰撞事故而引起（UN-ECE，1968；UN-ECE，1995）。另外有些国家只把事故当天死亡的人数记为事故致死。早期的统计一般都采用短期责任制，致使与现阶段的数据之间产生了不连续性。通常，统计学家根据概率分析结果用一个系数（见表 11.2）来纠正各种计时与 30 天计时之间效果的差异。

表 11.2　修正系数

国家	死亡责任计时标准	修正系数	数据年限
东德	3 天	1.15	1977 年前数据
法国	3 天	1.15	1965 年数据
	6 天	1.09	1970—1992 年数据
法国	6 天	1.057	1993—2004 年数据
希腊	24 小时	1.18	1995 年前数据
匈牙利	48 小时	1.2	1975 年前数据
意大利	7 天	1.08	1998 年前数据
日本	24 小时	1.3	1994 年前数据
韩国	3 天	1.15	1999 年前数据
奥地利	3 天	1.15	1970—1982 年数据
		1.12	1983—1991 年数据

续表

国家	死亡责任计时标准	修正系数	数据年限
葡萄牙	24 小时	1.14	所有数据
西班牙	24 小时	1.3	1992 年前数据
捷克	24 小时	1.3	1979 年前数据
瑞士	30 天以上	0.97	1991 年前数据

这个修正系数显然因国家而异，因为事后救助效率、医疗系统能力会影响这个系数的大小。例如，1993 年后，西班牙开始采取不同的方法。他们观察到，事故后 30 天内重伤人员死亡大约占 3%，准确的比例与交通形式有关（司机、乘员、行人），也和发生在城市还是发生在乡村有关。这个计算方法产生了额外的道路交通死亡数目，将这个数目除以原来的 24 小时计时统计数，得到的系数是 1.15，每年在此上下波动。2005 年以后，法国开始采用 30 天计时规则，根据 2005 年数据，将 2004 年的数据的系数修正为 1.069[23]。对发展中国家的修正系数很难估计，因为那里有更多的当场死亡事故，只有很少的人在事故发生后 1~30 天才死亡，再加上公共卫生设施落后，只能用大概的系统 1.15 对其修正[24]。

（4）伤害程度定义。粗略地分，如果现场处理以后就能自行回家就叫轻微伤害。各国的分类习惯不太统一，如荷兰对伤害的大概分类是"住院治疗""现场或医院门诊处置"和"其他轻伤"三类。如果需要住院，伤害程度则视后果而逐渐升级：住院治疗、必须从单位或者学校请病假（影响日常活动）、必须接受恢复治疗、承受永久性伤害、长久处于昏迷、30 天后死于事故后果。法国将需要住院六天以上的伤害归类为重伤，其他国家伤害级别的判断完全交由警察判断，因此伤害统计数据很难互相对比。一些国际医院对此开展了基础研究，对住院的受伤人员进行客观观察，如 Pendant 和 SafetyNet 项目[25],[26]。根据 ICD 第 9 版和第 10 版［http://www.who.int/classifications/icd/en/］，利用"简明伤害等级"AIS（Abbreviated Injury Scale）对伤害程度进行定义。这些研究发现，很多住院者只是住院观察，有时观察需要一周以上，最后也没有发现有任何伤害。目前看来，最大 AIS（MAIS）是一个比较合适的指标，能清晰定义重伤和轻伤之间的区别，得到了 IRTAD 的推荐。目前，对碰撞事故的永久伤害、长期生理与心理后果还难以评价。

（5）道路类型与交叉路口类别。大多数的基础设施数据是没有国际可比性的，每个国家都使用自己的定义。SUNflower[12] 和 SafetyNet[27] 项目试图探索通用的无歧义定义。SafetyNet 推荐了一个 9 类定义体系，包括 6 种乡村道路和 3 种城市道路。

每个国家都有自己对机动能力的定义，其中包括：

（1）用车辆总数乘以年均行驶里程；

（2）基于燃油总耗量进行估计；

（3）路侧设施计数统计；

（4）在定期的车辆检查、维修或销售环节中读取车辆里程表；

（5）机动能力调查。

当然，所用方法不同意味着不同的分解能力，例如，油耗指标难以分解出道路类型和驾驶员年龄，而驾驶行为对油耗的影响也很大。对使用率 exposure 的计算方法决定了对结果评估的不确定程度。

11.7 我国现状

11.7.1 国家战略

联合国 WHO 对各国的道路安全管理、战略和政策水平作出了评估，其中对中国的评估结果[28]见表 11.3。

表 11.3 联合国 WHO 对中国的评估结果

	评价项目	中国现状
领导机构	是否有领导机构	有
	领导机构属性	跨部领导
	领导机构是否获得资助	有
国家战略	是否有国家道路安全战略	有
	战略是否包含量化国家目标	无
	战略是否获得资助	有
政策	有推行行走与骑自行车的国家政策	无
	国家政策鼓励对公共交通领域投资	有
审查	对新建道路有正规审计	无
	对已有道路进行定期审计	无共识
驾照考试	笔试	有
	路试	有
	医疗	—
车辆保险	必须保险	是

中国道路交通安全的负责部门是公安部和交通运输部，目前在这两个部门的政务网站上还查不到向社会公布的国家道路安全战略和安全目标。

11.7.2 道路伤亡数据

中国最权威的道路交通事故伤亡数据来源于公安部，公布于每年的《中国交通运输统计年鉴》。从公安部的事故统计趋势上看,从 2001 年到 2004 年连续年死亡人数超过 10 万,随后的每年事故死亡率以平均约 10%的稳定速度连续下降一直持续到 2013 年。按照国际通行度量方法,依据这个数据统计,中国 2012 年每 10 万人口道路交通死亡率为 4.4,已经低于工业国家美国(10.9)、德国(5.04)和澳大利亚(4.87),从日常生活观察和交通秩序治理效果来看,这几个国家的死亡率应当不会高于中国,而与我国交通状况相类似的国家(俄罗斯、巴西)通常为 20 左右,达到了我国的 4~5 倍。另外,2003—2013 年这十年期间,全国的汽车保有量以每年递增 10%的速度翻了 10 倍。从国际经验上看,猛增的汽车保有量再加上对汽车文化很生疏的驾驶员,这段时期也会同时伴随事故伤亡率的上升,但是上述经验性的判断与公安部的统计结果正相反。

从 IRTAD 向其成员国推荐的最佳实践方法之中,警察部门数据与医院数据的关联互补分析是十分重要的数据验证环节。根据卫生部公布的《中国卫生统计年鉴》[29],交通事故死亡率在 2005 年以后的趋势也呈现出与公安部相反的趋势(见表 11.4、图 11.2),到 2012 年,仍然呈现上升趋势,两组数据分歧越来越大。针对这些数据之间的不一致性,联合国 WHO 组织开展了观察研究。

表 11.4 公安部与卫生部逐年道路交通死亡人数统计数据

年份	公安部/人	卫生部/人
2000 年	93 853	
2001 年	106 000	
2002 年	109 000	93 583
2003 年	104 000	66 122
2004 年	107 077	112 918
2005 年	98 738	104 229
2006 年	89 455	116 738
2007 年	81 649	131 656
2008 年	73 484	118 245
2009 年	67 759	157 852
2010 年	65 225	159 399
2011 年	62 387	165 834
2012 年	59 997	166 392
2013 年	58 539	243 928

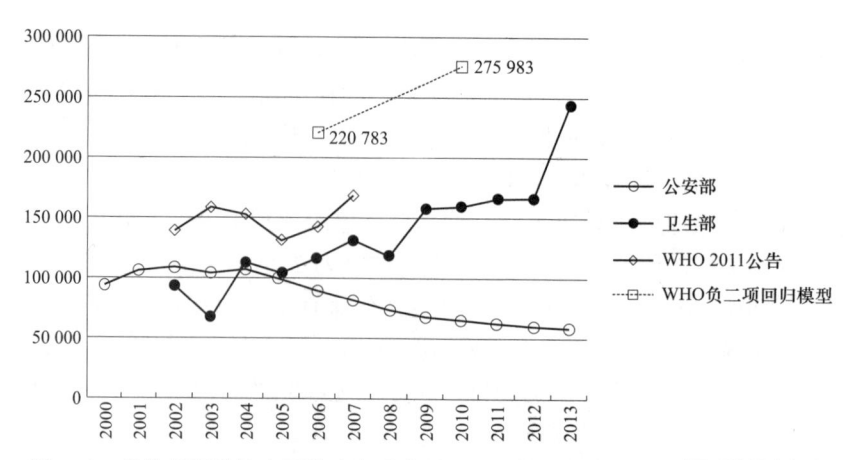

图 11.2 多信息渠道的中国道路交通事故死亡人数逐年统计结果[28~30],[39],[41]

2011 年，WHO 在第 89 卷公告板上引用了一项 2009 年教育部新世纪优秀人才支持计划（NCET-10-0782）项目研究成果，文献 [30] 对公安部与卫生部两组死亡数据进行对比，然后对 2002—2007 年的道路死亡人数进行推算，其结果见图 11.2 中曲线"WHO 负二项回归模型"，统计参数显著性水平 $P<0.05$。著名医学杂志《柳叶刀》随后在其网站上对上述分析发表了支持性评论[31],[32]，同时提到了一个联合国 WHO 组织于 2009 年开发的世界各国交通事故死亡率统计模型，该模型的预测也显示，中国实际死于交通事故的人数比官方报告的数字高出了 124 000。

约翰霍普金斯国际伤害研究部（JH-IIRU）2013 年对全国疾病监测点（DSPs）数据库和公安部的交通死亡数据进行了对比分析[32]，发现在 2006—2010 年期间，每 10 万人口的自行车骑行死亡率从 1.1 人上升到了 1.6 人（上升率 45%），而公安部数据库显示此间的全国整体交通事故率反倒下降了 27%（从 89 455 降到了 65 225）。同时，与 DSPs 数据相比，公安部的交通死亡事故统计数据有可能漏掉了 90% 的骑自行车死亡人数。

联合国 WHO 组织在"全球道路安全报告 2013"[33],[34] 中，使用自己开发的模型对全世界各国的道路伤亡数据进行了修正，以弥补普遍存在的漏报和低估现象。

首先，WHO 按照欧洲运输部长会议 ECMT（European Conference of Ministers of Transport）所采用的死亡原因认定事故后 30 天计时标准，对全世界各国的各种计时标准进行统一调整，见表 11.5。

表 11.5 计时差异修正系数

其他计时标准	相对于 30 天计时的修正系数
当场死亡	1.30
3 天	1.15
6 天	1.09
7 天	1.08
30 天	1.00
365 天	0.97

由于我国采用 7 天计时制度，用这种修正方法，我国 2006 年的官方死亡统计数字 89 455 被 WHO 调整为 96 611[35]。随后，WHO 在官方报告修正结果上用负二项回归模型对死亡人数进行了测算。

第一步是根据人口动态登记数据检验官方数据的完整性。VR 数据来源为文献 [36]、[37]，以及 WHO 的最新死亡人数统计。利用上述信息，将所有国家划分为两组：第 1 组为 VR 数据完整性高于 85%、死亡外部原因归为"非确定意向"类（Undetermined Intent，第 10 版 ICD（ICD–10）代码为从 Y10 到 Y34）低于 30%；第 2 组为 VR 数据完整性低于 85%、死亡外部原因归为"非确定意向"类高于 30%。第 1 组由 37 个高收入国家、36 个中等收入国家和 2 个低收入国家组成。这些国家的数据被用来生成负二项回归模型，但暂时先不对这些国家进行评估；第 2 组包括 3 个高收入国家、48 个中等收入国家和 43 个低收入国家。

第二步，用上述预测模型对第 2 组国家进行评估。中国被划分在第 2 组。

第三步，模型中考虑的与输出变量（交通事故死亡率）有直接关系的影响变量有四大类：交通参与指数（E_j）、风险与预防指数（R_j）、伤害降低指数（M_j）、国民总产值指数（I_j）。交通事故死亡率（Y_j）可以表示为上述独立指数的函数：

$$Y_j = f(R_j, M_j, I_j, E_j)$$

模型构成见图 11.3。

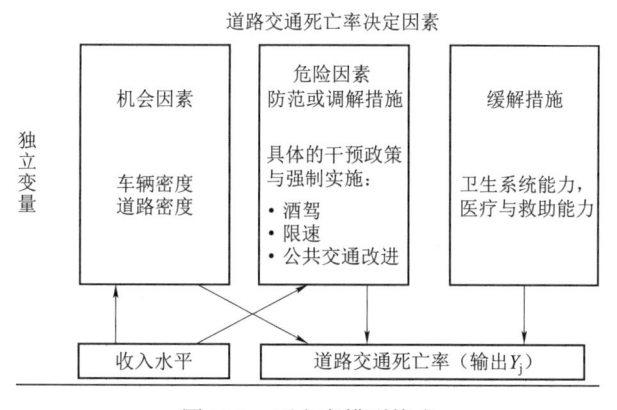

图 11.3　死亡率模型构成

建模的详细方法与过程见文献 [38]。用这个模型对第 1 组国家进行点估计，取得了与官方报告非常一致的结果，尤其是瑞典、日本、英国等先进国家的点估计与官方报告数值是完全一致的。对部分先进工业国家和 BRIC 四国的测评结果见表 11.6。利用同一个模型，WHO 对 2010 年中国道路交通测算的死亡人数达到了 275 983，每 10 万人口死亡率为 20.5。

在所有 169 个被统计的国家中，中国是官方数据与 WHO 测评之间分歧最大的国家。

表 11.6　2006 年交通事故死亡人数报告与分析对比

国家	自统计人数/人	WHO 点估计	90%置信度区间	每 10 万人口死亡
澳大利亚	1 616	1 616		7.8
日本	6 639	6 639		5.0
瑞典	471	471		5.2
英国	3 298	3 298		5.4
法国	4 620	4 620		7.5
德国	4 949	4 949		6.0
美国	42 642	42 642		13.9
巴西	35 155	35 155		18.3
俄国	35 972	35 972		25.2
印度	105 725	196 445	155 727～266 999	16.8
中国	96 611*	220 783	183 428～333 623	16.5

* 经过计时系数 1.08 修正，见表 11.5。

卫生部的死亡记录为医生正式签发的官方记录，公安部的统计数据也出自于权威部门，为什么与 WHO 的数据有如此之大的差距呢？原因来自多方面，其中之一可能是医生签发的死亡人数仍然不能代表全部的交通事故死亡人数。根据"国家卫生计生委公安部民政部关于进一步规范人口死亡医学证明和信息登记管理工作的通知"[40]规定：死亡证明可以由负责救治或进行正常死亡调查的医疗卫生机构签发，未经救治的非正常死亡证明则由公安司法部门按照现行规定及程序办理，卫生计生部门只负责建立"正常死亡"人口信息库。根据 WHO 估计，中国的交通事故与先进工业国家相比有更高的当场死亡率（重伤 30 天后的救助成功率更低）。当场死亡的事故受害者死亡统计仍然应当归公安部门管辖，所以这一部分是进入不到卫生部门的统计范围的。另一方面，根据文献 [39]，苏格兰 45%的住院伤者是不经警察备案的，这种情况也可能发生在国内，也就是事故后不治身亡的那部分人也没有计入公安信息系统。

不管出于什么原因造成各方数据的巨大差异，有一点是可以肯定的，就是我们关于道路交通安全数据的官方统计质量有问题，还存在很大的改进空间。数据质量是制定国家战略、出台对应干预措施、设立阶段性和长远量化目标的最基本依据，没有高质量的数据库，一切安全措施都无从下手。

11.8　车辆安全性设计对道路安全数据的需求

车辆制造厂开发新产品的安全性能时，其习惯做法是依照法规的指标限制进行适应性开发。法规是人们对事故模式进行统计以后总结出来的典型模式，法规技术条件是应对典型事故的最简单措施。在事故实发环境中，事故的起因及过程都非常复杂，不可能用有限的技术条件全部覆盖住。这里带来的问题是，车辆开发的目标是对法规负责，而不是对实发事故的模态负责。如何随着环境的改变、事故模式的改变使车辆安全技术得到相应进化，是车辆安全工程始终面临的重大课题。

车辆制造厂除了提高法规检验性能、NCAP 试验表现以外，还经常要依据社会上可利用的事故统计数据库和自己产品的事故经验采取一些独有的安全措施。这时，社会上可供公开查询的数据库就会起到非常重要的作用。

作者所在的研发机构在开发重型载货车产品的经验中发现，卡车一旦发生事故，其潜在危害要比一般乘用车大得多，无论是对乘驾人员还是对其他道路使用者，都是极大的威胁。这个观察与国际上的事故统计与国内公安部已发布数据统计结果的结论是一致的。公安部的统计数据表明[41]，轿车相关的死亡率（（轿车事故死亡人数/总事故死亡人数）×100%）低于事故率（（轿车事故数量/事故总量）×100%），而卡车的死亡率高于事故率（见图 11.4）。与当地公安机关联合开展的研究项目表明[42]，虽然卡车的事故率远低于乘用车，但是与卡车相关的死亡率却逐年接近于乘用车；虽然乘用车的事故率与死亡率呈下降趋势，但是卡车的事故率和死亡率却出现了上升势头，如图 11.5 所示。在这种背景下，商用卡车产品产生了加装先进避撞系统和加强乘员保护的需求。

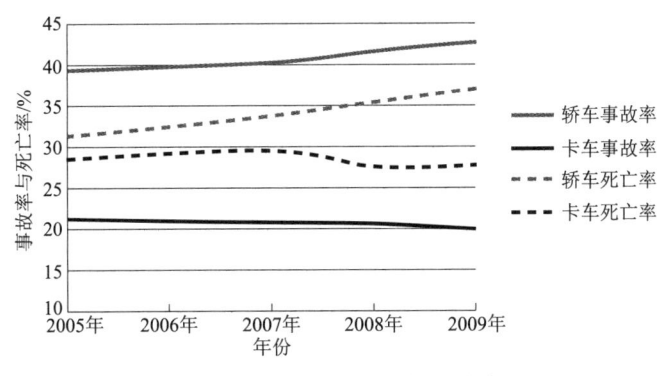

图 11.4　轿车与卡车的事故率/死亡率对比

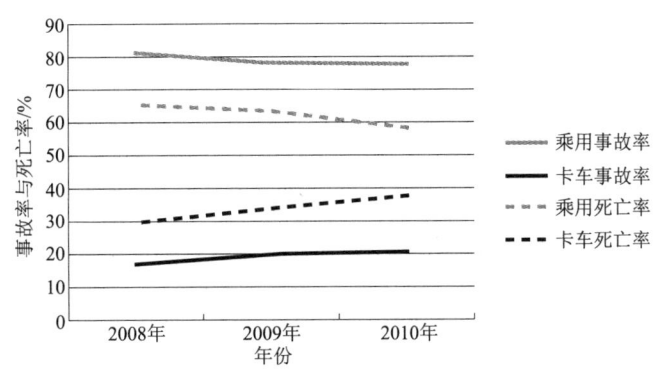

图 11.5　本地卡车与乘用车的事故率/死亡率对比

给乘用车安装避撞系统和乘员保护系统是有法规依据可以参考的，然而对于商用车，却需要车辆制造厂自己去探索事故模式。加装主动安全与被动安全系统的首要问题是以往事故的发生环境是什么？人员的伤害模式是什么？由于缺少相关的事故数据，只有根据国外环境相关数据、用户调查、事故反馈进行系统参数设计。这时，事故数据库的指导意义就显得十分珍贵。

在乘员保护措施方面，加装安全气囊是否有实际意义，这和卡车的常见伤害模式相关。20 世纪 90 年代的一项研究表明，商用车 34%的致死事故是由于乘员被抛出车室所致[43]。根据类似的分析，Autoliv 开发了用于商用车的防乘员弹出气帘（见图 11.6）。但是由于缺少相应的国内事故统计数据，人体弹出是否是主要致伤致死模式还难以断定，因此也难以决定是否应当采用防弹出气帘对乘员进行保护。

图 11.6　Autoliv 开发的卡车用防弹出气帘

对该品牌产品的针对性 25 次实际事故案例研究表明，二次碰撞仍然是乘员伤害的主要形式，因此，该商用车产品最后决定采用方向盘气囊和膝部气囊作为乘员保护方案。与此观点相类似的是，Freightliner 卡车公司也根据其产品的三起事故观察开发了自己的约束系统[44]。

如果决定采用安全气囊，那么接下来就面临着如何确定起爆的撞击强度与撞击速度问题。根据 ECER29 进行卡车正碰生存空间试验时，驾驶室的刚度需要满足 55 kJ 正面摆锤冲击试验要求（见图 11.7）。我们要问，满足了这项法规要求是否就能提供足够的乘员安全保证？对于该型号满载（质量 50 000 kg）卡车，55 kJ 的碰撞能量相当于 4 km/h 的碰撞，对于空载的牵引头（质量 8 800 kg），相当于 9 km/h 的正面刚性壁碰撞。然而，事故数据表明，30 km/h 应当是发生伤害的临界速度。对整车的 CAE 分析也证实了上述分析（见图 11.8 和图 11.9），因此最后决定将 30 km/h 作为气囊起爆的临界点，并以此进行约束系统的匹配调整（见图 11.10）。由于约束系统不是以广泛的统计数据为基础的，故随后根据实发事故模式和国际数据库又进行了主动避撞和预警系统开发（见图 11.11）。

图 11.7　卡车正面刚性壁碰撞仿真分析
（由一汽技术中心安全研究室提供）

图 11.8　驾驶室正面刚性壁碰撞响应

图 11.9　约束系统 30 km/h 台车试验
（由一汽技术中心安全研究室提供）

图 11.10　整车碰撞试验
（由一汽技术中心安全研究室提供）

（a）　　　　　　　　　　　（b）

图 11.11　商用车自动避撞系统试验（由一汽技术中心安全研究室提供）

在整个产品开发过程中，最大的问题就是系统参数的确定依据是什么。尽管车辆制造厂想竭尽全力为用户提供最安全的保护系统，但是，如果没有充分的数据统计做支持，约束系统只能在原有的基础上进行安全性能增强和改进，而不能把约束系统性能发挥到最优化，也无法从社会大环境的视角出发考虑如何改进车辆的安全系统。由此可见，高质量的道路交通安全数据库是一切道路安全战略的基础。

参考文献

［1］ United Nation, Decade of action for road safety in 2011, http://www.who.int/roadsafety/ decade_of_action/en/.

［2］ OECD, List of OECD Member countries–Ratification of the Convention on the OECD, http://www.oecd.org/about/membersandpartners/list-oecd-member-countries.htm.

［3］ 国际交通论坛 ITF (International Transport Forum), http://www.internationaltransport forum. org.

［4］ OECD, Towards Zero: Ambitious Road Safety Targets and the Safe System Approach. 2008 [J]. http://www.internationaltransportforum.org/jtrc/safety/targets/targets.html.

［5］ Sarah Goodyear, The Swedish Approach to Road Safety: 'The Accident Is Not the Major Problem, http://www.citylab.com/commute/2014/11/the-swedish-approach-to-road-safety-the- accident-is-not-the-major-problem/382995/.

［6］ Bryant Walker Smith, Human error as a cause of vehicle crashes, http://cyberlaw. stanford. edu/blog/2013/12/human-error-cause-vehicle-crashes.

［7］ Danish Road Safety Commission. Every Accident is One Too Many, Road Safety Starts with You: Towards New Objectives 2001–2012 [J]. 2000. http://www.trm.dk/en/publications/2001/ every-accident-is-one-too-many-road-safety-starts-with-you.

［8］ Danish Road Safety Commission, National Action Plan, 2013–2020, http://www.faerdse lssikkerhedskommissionen.dk.

［9］ German Road Safety Council (DVR), http://www.dvr.de/dvr/aufbau/kurzdarstellung_20.htm.

［10］ Department for Transport, UK, Tomorrow's roads-Safer for everyone, 2001 [J]. http://www.ukroads.org/ukroadsafety/articlespapers/tomorrowsroadssaferforeveryone.pdf.

［11］ WHITE PAPER ON TRAFFIC SAFETY IN JAPAN 2013, http://www8.cao.go.jp/koutu/ taisaku/h25kou_haku/english/wp2013–pdf.html.

［12］ Koornstra M, Lynam D, Nilsson G, et al. A comparative study of the development of road safety in Sweden [J]. The United Kingdom and the Netherlands, SWOV Institute of Road Safety Research, SWOV, Leidschendam, 2002.

［13］ Authority L T S. Road Safety Strategy 2010;A Consultation Document, National Road Safety Committee, LTSA, Wellington [J]. 2000.

［14］ OECD, The value of setting targets to improve road safety performance was acknowledged in the OECD's Safety on the Road: What's the Vision? 2002 http://www.internationaltrans portforum.org/Pub/pdf/02SafetyOnRoads.pdf.

［15］ SafetyNet, Quantitative road safety targets, 2009, http://ec.europa.eu/transport/road_safety/ specialist/knowledge/pdf/quantitative_road_safety_targets.pdf.

[16] TEALE G L, Towards zero, getting there together, road safety strategy to reduce road trauma in western Australia 2008–2020, OFFICE OF ROAD SAFETY [J]. http://www.ors.wa.gov.au/Towards-Zero.aspx.

[17] Buenos Aires Declaration on Better Safety Data for Better Road Safety Outcomes, (http://www.internationaltransportforum.org/jtrc/safety/Buenos-Aires-Declaration.html)

[18] Gennarelli T A. Abbreviated injury scale [M]. American Association for Automotive Medicine, 1985.

[19] OECD, List of IRTAD members and observers, Road Safety Annual Report 2014, http://www.oecd-ilibrary.org/list-of-irtad-members-and-observers.

[20] United Nations, Road Traffic Accidents–Statistical Database, http://w3.unece.org/pxweb/database/ STAT/40–TRTRANS/01–TRACCIDENTS/?lang=1.

[21] UNECE, Transport Statistics, http://www.unece.org/trans/main/wp6/wp6.html.

[22] WHO, Health statistics and information systems, http://www.who.int/healthinfo/mortality_data/en/.

[23] CHAPELON J. La sécurité routière en France Bilan de l'année 2007 [J]. Observatoire National Interministériel de Sécurité Routière, 2008.

[24] Jacobs G, Aeron-Thomas A, Astrop A. Estimating global road fatalities [M]. TRL, 2000.
http://www.transport-links.org/transport_links/filearea/publications/1_329_trl445.pdf.

[25] Martin, J.L., Kampen, L.T.B. van & Perez, C. (2006). Data analysis. Deliverable D9 of the PENDANT project, Pan-European Co-ordinated Accident and Injury Databases. European Commission, Brussels.

[26] Broughton J, Keigan M, Yannis G, et al. Estimation of the real number of road casualties in Europe [J]. Safety science, 2010, 48 (3): 365–371.

[27] Hakkert A S, Gitelman V. Road Safety Performance Indicators: Manual. Deliverable D3. 8 of the EU FP6 project SafetyNet [J]. 2010. http://erso.swov.nl/safetynet/fixed/WP3/sn_wp3_ d3p6_spi_theory.pdf.

[28] WHO, The current state of global road safety, http://www.who.int/violence_injury_prevention/road_safety_status/data/table_a7.pdf.

[29] 中华人民共和国国家卫生和计划生育委员会，www.nhfpc.gov.cn.

[30] Hu G, Baker T, Baker S P. Comparing road traffic mortality rates from police-reported data and death registration data in China [J]. Bulletin of the World Health Organization, 2011, 89 (1): 41–45.

[31] Ted Alcorn, Uncertainty clouds China's road-traffic fatality data, Vol 378 pp305–306 July 23, 2011, http://www.thelancet.com/pdfs/journals/lancet/PIIS0140–6736 (11) 61153–7.pdf.

[32] Zhou M, Hu G, Wang L, et al. Bicyclist mortality between 2006 and 2010 in China: findings from national Disease Surveillance Points (DSP) data [J]. Injury prevention,

[32] 2013: injuryprev-2012-040510. (http://injuryprevention.bmj.com/content/early/2013/05/24/injury prev-2012-040510.long).

[33] Toroyan T. Global status report on road safety [J]. Injury prevention, 2009, 15 (4): 286-286.
(http://www.who.int/violence_injury_prevention/road_safety_status/2013/en/).

[34] World Health Organization. World health report 2004 statistical annex [J]. Geneva: WHO, 2004. (http://www.who.int/violence_injury_prevention/road_safety_status/report/statistical_annexes_en.pdf?ua=1).

[35] Mathers C, Fat D M, Boerma J T. The global burden of disease: 2004 update [M]. World Health Organization, 2008. (http://www.who.int/healthinfo/global_burden_disease/2004_report_update/en/index.html, accessed 14 April 2009).

[36] Mathers C D, Ma Fat D, Inoue M, et al. Counting the dead and what they died from: an assessment of the global status of cause of death data [J]. Bulletin of the world health organization, 2005, 83 (3): 171-177c.

[37] WHO, global status report on road safety, 2009, www.who.int/violence_injury_prevention/ road_safety_status/2009.

[38] WHO, Global Health Observatory Data Repository, http://apps.who.int/gho/data/node.main.A997?lang=en.

[39] Hu G, Baker T, Baker S P. Comparing road traffic mortality rates from police-reported data and death registration data in China [J]. Bulletin of the World Health Organization, 2011, 89 (1): 41-45.

[40] 中华人民共和国国家卫生和计划生育委员会，国家卫生计生委公安部民政部关于进一步规范人口死亡医学证明和信息登记管理工作的通知，国卫规划发〔2013〕57号，2014-01-23，http: //www.nhfpc.gov.cn/guihuaxxs/s10741/201401/aadf7c912ca14ccaa28 db315487d49a9.shtml.

[41] 中国交通年鉴社，中国交通年鉴2013，2013，10.

[42] 唐洪斌，长春地区一汽卡车产品事故及成因（一汽与吉林省交通支队联合研究项目内部工作报告），2010.

[43] Campbell, K.L., Sullivan, K.P., 1991. Heavy truck cab safety study. Report no. UMTRI-91-28, University of Michigan Transportation Research Institute, Ann Arbor, MI.

[44] Alvick, M., Ritchie, N., Schmit, D., Koepke, B. et al., "Heavy Truck Frontal Crash Protection System Development," SAE Technical Paper 2007-01-4289, 2007, doi: 10.4271/2007-01-4289.

附 录

附录 I

序号	制造厂	型号	年型	试验号	得分
1	Chevrolet	Camaro	2012	7494	★★★★★
2	Honda	Accord	2012	7078	★★★★★
3	KIA	Optima	2011	7347	★★★★★
4	Mazda	Mazda3	2011	7108	★★★★★
5	Buick	Lacrosse	2011	7370	★★★★★
6	Volvo	S60	2006	5667	★★★★★
7	Chevrolet	Sonic	2012	7564	★★★★★
8	Chevrolet	Cruze	2011	7158	★★★★★
9	Nissan	Rouge	2011	7112	★★★★
10	Fort	Fiesta	2011	6996	★★★★
11	Audi	A4	2011	7027	★★★★
12	Fort	Focus	2012	7478	★★★★
13	Hyundai	Sonata	2011	6940	★★★★
14	Nissan	Altima	2011	7152	★★★★
15	Chevrolet	Malibu	2011	6998	★★★★
16	Chevrolet	Volt	2011	7393	★★★★
17	Dodge	Avenger	2012	7464	★★★★
18	Dodge	Caliber	2011	7189	★★★★
19	Ford	Taurus	2011	6964	★★★★
20	KIA	Forte	2011	7201	★★★★
21	Toyota	Corolla	2011	7350	★★★★
22	Toyota	Prius	2011	7358	★★★★
23	Volkswagen	Jetta	2011	7194	★★★★
24	Acura	TL	2012	7569	★★★
25	Hyundai	Elantra	2012	7516	★★★
26	Mazda	Mazda6	2012	7566	★★★
27	Nissan	Maxima	2012	7536	★★★
28	Mercedes	C-300	2011	7182	★★★
29	Nissan	Sentra	2011	7131	★★★
30	Nissan	Versa	2011	6994	★★★
31	Toyota	Camry	2011	6953	★★★
32	Honda	CR-Z	2011	7076	★★★
33	Hyundai	Sonata	2011	6940	★★★
34	Ford	Fusion	2011	7139	★★★

附录 Ⅱ

序号	制造厂	型号	年型	试验号
1	Acura	TL	2009	6548
2	Mazda	Mazda3	2010	6647
3	Mazda	6I	2009	6513
4	Mercedes	E350	2010	6822
5	Mitsubishi	Galant	2009	6512
6	Mitsubishi	Lancer	2008	6001
7	Nissan	Altima	2007	5895
8	Nissan	Maxima	2009	6462
9	Nissan	Sentra	2007	5876
10	Nissan	Versa	2007	5818
11	Pontiac	G6	2005	5250
12	SAAB	9-3	2007	6056
13	Saturn	Aura	2007	5844
14	Subaru	Impreza	2008	6181
15	Subaru	Legacy	2010	6820
16	Suzuki	Kizashi	2010	6858
17	Toyota	Camry	2007	5675
18	Toyota	Avalon	2005	5370
19	Toyota	Corolla	2009	6310
20	Volkswagen	Passat	2006	5545
21	Volkswagen	Jetta	2005	5374
22	Volvo	S40	2004	5092
23	Acura	3.5 RL	2005	5245

附录 III

序号	制造厂	型号	年型	试验号
1	Audi	A4	2009	6519
2	Hyundai	Elantra	2007	5884
3	Lincoln	MKS	2009	6475
4	Lexus	ES350	2007	5757
5	KIA	Rondo	2007	5909
6	KIA	Rio	2007	5912
7	KIA	Optima	2006	5853
8	Hyundai	Sonata	2009	6511
9	Hyundai	Genesis	2009	6477
10	Hyundai	Azera	2006	5591
11	Hyundai	Accent	2006	5586
12	Honda	Fit	2009	6517
13	Honda	Civic	2006	5573
14	Honda	Accord	2008	6229
15	Fort	Taurus	2010	6808
16	Chrysler	300	2005	5130
17	Chevrolet	C0balt	2005	5326
18	BMW	328i	2010	6826

附录Ⅳ

序号	制造厂	型号	年型	试验号
1	Acura	3.5 RL	2010	5245
2	Audi	A4	2010	6519
3	Honda	Accord	2011	7078
4	Nissan	Altima	2010	7152
5	Dodge	Avenger	2011	7464
6	Benc	C300	2010	7182
7	BMW	550i	2010	7024
8	Cadillac	CTS	2011	7521
9	Dodge	Caliber	2011	7189
10	Toyota	Camry	2010	6953
11	Toyota	Corolla	2011	7350
12	Chevrolet	Cruze	2010	7158
13	Ford	Fiesta	2010	6996
14	Ford	Focus	2011	7478
15	KIA	Forte	2011	7201
16	Ford	Fusion	2011	7139
17	Honda	CR-Z	2011	7076
18	Hyundai	Sonata	2011	6940
19	Volkswagen	Jetta	2011	7194
20	Buick	Lacrosse	2011	7370
21	Nissan	Leaf	2011	7419
22	Chevrolet	Malibu	2010	6998
23	Mazda	Mazda3	2010	7108
24	Mercury	Milan	2011	7139
25	KIA	Optima	2011	7347
26	Toyota	Prius	2011	7358
27	Nissan	Rouge	2010	7112
28	Nissan	Sentra	2010	7131
29	Hyundai	Sonata	2011	7203
30	Fort	Taurus	2010	6964
31	Nissan	Versa	2010	6994
32	Buick	Verano	2012	7995
33	Cadillac	XTS	2012	7989
34	Chevrolet	Sonic	2013	7564
35	Chrysler	200	2013	7482
36	Ford	CMAX	2013	8151

续表

序号	制造厂	型号	年型	试验号
37	Honda	Civic	2013	8204
38	Hyundai	Accent	2013	7504
39	Hyundai	Elantra	2013	7641
40	KIA	Rio 4	2013	7751
41	Mitsubishi	Lancer	2013	7720
42	Nissan	Maxima	2013	7536
43	Toyota	Yaris	2013	7605
44	Infiniti	M37	2013	6992
45	Buick	Regal	2013	7740
46	Chevrolet	Impala	2013	7488
47	Dodge	Dart	2013	7983
48	Lexus	ES350	2013	8038
49	Mazda	Mazda 6	2013	7566
50	Suzuki	Sx4	2013	7617
51	Toyota	Avalon	2013	8100
52	Volkswagen	Passat	2013	7526
53	Volvo	S60	2013	7526
54	Acura	ILX	2013	8027
55	Audi	S4	2013	8024

附录Ⅴ　缩写与符号说明

α	修正系数
ρ	在结束时间以前的气体密度
A_t	气囊与头部接触的载荷面积
C	车辆碰撞压溃距离
D	气囊充满后的厚度
D_o	在车辆达到最大溃缩距离时的乘员位移
D_1	达到安全带限力载荷时的乘员位移
D_2	乘员与展开气囊接触时的位移
D_{ov}	在 t_v 时刻，乘员相对车体的位移
D_{or}	乘员相对车体的最大位移
E_o	乘员的初始能量密度单位 $g \cdot m$（$1 g \cdot m = 9.8 J/kg$）
E_{rd}	叠加吸能能量密度
E_{rs}	基于叠加吸能效率控制方法，需要被约束系统吸收的乘员动能量密度
E_{rs1}	基于叠加吸能效率控制方法，需要在 $0 \sim t_v$ 时间域内被约束系统吸收的乘员动能量密度
E_{rs2}	基于叠加吸能效率设计控制方法，在 Δt 时间域内被约束系统吸收的乘员动能量密度
E_{belt}	基于叠加吸能效率控制方法，在 $0 \sim t_v$ 时间域内被安全带吸收的乘员动能量密度
E_{airbag}	基于叠加吸能效率控制方法，在 $0 \sim t_v$ 时间域内被安全气囊吸收的乘员动能量密度
ESW	平均方波加速度
ESW_o	乘员平均方波加速度
F_c	转向柱压溃力
F_1	安全带限力载荷
G_1	达到安全带限力载荷时乘员的加速度值
k	安全气囊刚度
k_0	泄气孔为0时的安全气囊刚度
k_1	安全带刚度
m	包括头部但不包括四肢的人体上躯干质量
p_a	大气压
p_s	气囊内部初始压力
p_e	乘员向前运动结束时刻气囊内部的压力
S	泄气孔尺寸
S_0	气囊定值刚度对应的泄气孔尺寸
t_c	乘员接触约束系统的时刻

续表

t_r	乘员向前运动停止的时刻
t_v	碰撞结束时刻
t_Δ	t_v 与 t_r 之间的时间间隔
TTF	气囊点火时间
v	泄气速率
v_a	躯干平均速度
v_0	初始速度
w	转向柱压溃行程
x_o,$\dot{x}_o$,$\ddot{x}_o$	乘员位移、速度及加速度
x_v,$\dot{x}_v$,$\ddot{x}_v$	车体位移、速度及加速度
x_{or},$\dot{x}_{or}$,$\ddot{x}_{or}$	乘员相对于车体的位移、速度及加速度